中国会计指数研究报告

2018

RESEARCH REPORT ON CHINA ACCOUNTING INDEX

主 编 王化成
副主编 叶康涛 刘 欢 李昕宇 刘金钊

中国人民大学出版社
· 北京 ·

前　言

随着我国经济形势日趋复杂、产业结构不断调整以及资本市场中投资标的日益丰富，寻找、构建一套能够及时准确地反映宏观经济运行、全面有效地评估行业发展以及科学合理地筛选投资标的的指标体系已经成为当下决策部门、企业和投资者等社会各界的迫切需求，也是当前科研工作者亟须攻克的一项重要任务。

近年来，微观企业会计信息与宏观和中观层面经济活动之间的内在联系受到国内外学术界的高度关注，其在宏观经济决策中所发挥的重要作用受到广泛认可。与其他数据相比，会计信息具有以下优势：一是会计信息经过专业的审计，企业相关会计人员、负责人和外部审计人员对会计信息负责，其准确性较高；二是随着会计实务的发展、会计准则的改革完善，会计信息不仅仅起到记录过去的作用，更有预测价值，有助于宏观经济决策、中观行业评价以及投资策略制定；三是在一个经济体中，宏观经济运行由所有微观企业构成，每一个微观企业的经济活动都是宏观经济运行的构成元素，把所有单个企业综合起来就构成宏观经济的主体。因此，经过汇总的会计信息能够反映宏观经济运行情况。

在这一背景下，会计指数课题组以深化和拓宽会计信息应用性为工作重点，近年来连续出版了《中国会计指数研究报告（2012）》《中国会计指数研究报告（2013—2014）》《中国会计指数研究报告（2015）》《中国会计指数研究报告（2016）》《中国会计指数研究报告（2017）》，分别对会计宏观价值指数、会计综合评价指数和会计投资价值指数的理论基础、研究方法和应用价值等进行了系统分析论证，构建了一套完整的分析宏观经济发展趋势、评估中观行业运行状况和反映微观企业投资价值的多功能指数体系。该系列研究成果在国内学术界和实务界引发了巨大反响，对实现会计信息在宏观经济决策、行业运行评价、投资决策制定等领域的应用发挥了重要的作用。

2017 年以来，我国的宏观经济运行情况发生了一些新的变化，不同产权性质、不同地区、不同行业的经济运行呈现出一些值得关注的新趋势、新特点。对会计宏观价值指数、会计综合评价指数和会计投资价值指数进行分析，有助于政府和有关部门、企业和投资者更好地掌握宏观经济的发展趋势，评估行业整体运行情况，以及判断个股的真实投资价值，从而提高决策的科学性和准确性。在近一年的不断探索中，会计指数的研究工作取得了新的突破，本报告就是课题组最新的研究成果。

本报告在《中国会计指数研究报告（2017）》的基础上，基于全样本编制了2017年第2季度至2018年第1季度的会计宏观价值指数，扩大了会计综合评价指数的行业覆盖范围，构建了更具信息含量与时效性的会计投资价值指数，优化了投资组合持有期收益率的计算方法。与前五份研究报告相比，本报告的特色和创新之处体现在以下几个方面。第一，《中国会计指数研究报告（2016）》对基于全样本和1 273家上市公司样本编制的会计宏观价值指数进行了对比分析，发现基于全样本编制的会计宏观价值指数能够更好地适应我国经济体量持续扩大、上市公司数量快速增长、产业结构不断变化的发展现状。因此，本报告采用全样本进行指数编制与分析，以较为全面地反映宏观经济运行情况和产业结构变化对宏观经济的影响。第二，会计综合评价指数的编制和分析体系日渐完善，行业评价覆盖范围进一步拓宽。在前一年度报告中，会计综合评价指数囊括了制造业次类行业、零售业、交通运输业和货币金融服务业等共计12个行业。在此基础上，本报告进一步将橡胶和塑料制品业，电子器械及器材制造业，电力、热力、燃气及水生产和供应业等三个制造业次类行业纳入研究范围，实现了会计综合评价指数理论基础的进一步验证和应用范围的进一步推广，增强了该指数的理论价值和实践意义。第三，会计投资价值指数的编制方法得到改进，投资组合持有期收益率的计算方法得以优化，会计投资价值指数的投资有效性进一步提升。在前一年度报告中，课题组将预测会计信息首次纳入指数构建之中。在此基础上，本报告进一步实现了对更多公司财务指标的科学预测，构建了基于预测会计信息的修正盈余价格比，兼顾了会计信息的时效性与完整性。与此同时，本报告还基于公司前三季度的财务报告，构建了基于前三季度会计信息的修正盈余价格比，较好地保障了会计信息的时效性和准确性。

本课题得到财政部、中国会计学会和中国人民大学的鼎力支持。财政部将会计指数列为部重大科研课题；中国人民大学高度重视会计指数的研究工作，在人员和经费上给予大力支持，组成了以本人为主持人的核心研究团队。中国人民大学商学院、财政金融学院、经济学院和统计学院的诸多专家参加了课题研究和讨论。中国人民大学国家发展与战略研究院专门成立了“会计、财务与经济运行研究中心”，支持会计指数课题的持续研究。中国人民大学科研处也高度重视会计指数的研究工作，将会计指数研究报告列入中国人民大学科学研究基金项目中的“中国人民大学研究报告系列”。在本报告付梓出版之际，我们特向以上相关机构表示感谢。希望在我们的不懈努力和各方的大力支持下，该系列研究能够为我国会计理论研究指明新的方向、开启新的篇章。

本报告是“中国人民大学研究基金项目（中央高校基本科研业务专项）研究品牌计划（项目编号 11XN1007）课题”的阶段性成果，得到了财政部“会计名家培养工程”的经费资助。

本报告是一项集体研究成果，由本人担任主编，叶康涛、刘欢、李昕宇、刘金钊任副主编，课题组成员完成初稿后，主编、副主编经多次讨论定稿。先后参加本报告撰写的课题组成员有：王化成、叶康涛、高升好、张伟华、卿小权、刘桂香、刘欢、张修平、钟凯、刘金钊、高鹏、王欣、李昕宇、侯粲然、孙昌玲、王灿、陈占燎、孙河涛、王子琪。

会计信息宏观有用性的研究在国内外都处于起步阶段，会计信息宏观有用性的理论基础、研究方法和研究结论都尚无定论，但无论是从宏观角度提高宏观经济预测决策的科学性，还是从微观角度拓宽会计信息的使用范围，有关会计信息宏观有用性的研究都具有重大的理论意义和现实意义。期待学术界同仁共同投入会计信息宏观有用性的研究，为会计理论研究做出更大的贡献。

王化成

于中国人民大学

目　录

上编　会计宏观价值指数

中编 会计综合评价指数

下编　会计投资价值指数

第1章 引 言

《中国会计指数研究报告（2012）》《中国会计指数研究报告（2013—2014）》《中国会计指数研究报告（2015）》《中国会计指数研究报告（2016）》《中国会计指数研究报告（2017）》分别在2013年、2014年、2016年、2017年和2018年出版①，书中对会计指数的定义及其理论框架、会计宏观价值指数编制的理论基础与方法、会计投资价值指数编制的理论基础与方法等进行了系统的阐述，引起了国内学术界和实务界的广泛关注，对推动会计信息在宏观经济决策领域和资本市场投资领域的应用起到了探索性的作用。

2017年以来，宏观经济的环境和形势发生了一些新的变化，不同行业、不同企业的经营状况出现一些新的趋势和特点。对会计宏观价值指数、会计投资价值指数和行业运行情况进行分析，有助于政府相关部门和企业对当前宏观经济形势和未来走势进行研判，进而提高决策的科学性和准确性。随着会计信息在政府和企业的决策中发挥越来越重要的作用，会计指数的编制和分析有了新的进展。本报告就是课题组最新的研究成果。

1.1 会计指数的定义及其理论框架

会计指数是以要素分配理论为依据，以数理统计方法为工具，利用企业会计信息编制的，用以反映一家企业、一个行业乃至宏观经济总体运行状况及发展趋势的一套指数体系。包括会计宏观价值指数、会计综合评价指数和会计投资价值指数，如图1-1所示。

① 感兴趣的读者可以参考王化成. 中国会计指数研究报告（2012）. 北京：中国人民大学出版社，2013；中国会计指数研究报告（2013—2014）. 北京：中国人民大学出版社，2014；中国会计指数研究报告（2015）. 北京：中国人民大学出版社，2016；中国会计指数研究报告（2016）. 北京：中国人民大学出版社，2017；中国会计指数研究报告（2017）. 北京：中国人民大学出版社，2018.

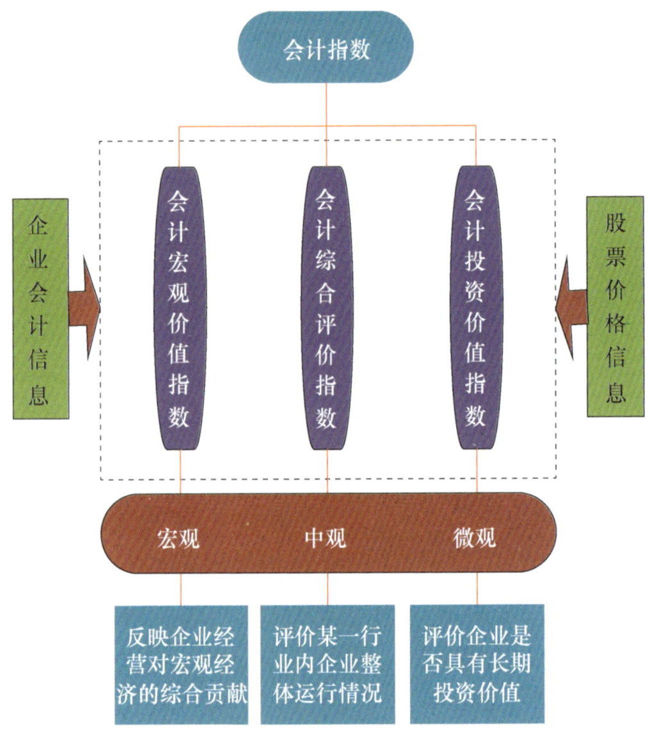

图 1-1　中国上市公司会计指数体系框架图

会计宏观价值指数（accounting macro-value，AMV）是以各利益相关主体分配的企业新创价值为计算基础，以数理统计方法为工具编制的，用以反映企业经营对宏观经济的综合贡献的指数。包括价值创造额指数和价值创造效率指数。

价值创造额指数是以企业新创价值为计算基础，以数理统计方法为工具编制的，用以反映企业总体在一定期间内价值创造总量及变动趋势的指数。将价值创造额在四类利益主体间的分配情况进一步指数化，可以反映企业为四类利益主体创造的价值总量及变动趋势。包括股东获利指数、债权人利息指数、员工薪酬指数和政府税收指数。

股东获利指数是以股东分享的企业新创价值为计算基础，以数理统计方法为工具编制的，用以反映一定期间内企业为股东所创造的价值总量及变动趋势的指数。债权人利息指数是以债权人分享的企业新创价值为计算基础，以数理统计方法为工具编制的，用以反映一定期间内企业为债权人所创造的价值总量及变动趋势的指数。员工薪酬指数是以员工分享的企业新创价值为计算基础，以数理统计方法为工具编制的，用以反映一定期间内企业为员工所创造的价值总量及变动趋势的指数。政府税收指数是以政府分享的企业新创价值为计算基础，以数理统计方法为工具编制的，用以反映一定期间内企业为政府所创造的价值总量及变动趋势的指数。

价值创造效率指数是以企业单位资产新创价值为计算基础，以数理统计方法为工具编制的，用以反映一定期间内宏观经济运行质量及变动趋势的指数。

会计综合评价指数（accounting comprehensive valuation，ACV）是利用企业会计信息编制的，用于综合评价某一行业中企业在特定会计期间内的经营情况和财务状况的指数。

会计投资价值指数（accounting investment value，AIV）是利用企业会计信息及其市场表现构建的，综合考虑企业盈利能力、盈利质量和成长能力，反映企业长期投资价值的指数。该指数反映了企业的真实投资价值，有助于引导投资者进行价值投资，充分发挥会计信息在资产定价中的基础性作用。

1.2 本报告研究框架概述

本报告分为三个部分：会计宏观价值指数、会计综合评价指数和会计投资价值指数，分别为本报告的上编、中编和下编，如图 1－2 所示。

上编为会计宏观价值指数，包括第 2 章会计宏观价值指数总体编制结果及分析，第 3 章大制造业会计宏观价值指数编制结果及分析，第 4 章大服务业会计宏观价值指数编制结果及分析，第 5 章农林牧渔业会计宏观价值指数编制结果及分析，第 6 章金融业会计宏观价值指数编制结果及分析。本着为读者提供增量信息的原则，本书上编的描述重点放在最近 4 个季度（2017 年第 2 季度到 2018 年第 1 季度）会计宏观价值指数的趋势分析上。

中编为会计综合评价指数，包括第 7 章食品制造业会计综合评价指数编制结果及分析，第 8 章医药制造业会计综合评价指数编制结果及分析，第 9 章橡胶和塑料制品业会计综合评价指数编制结果及分析，第 10 章非金属矿物制品业会计综合评价指数编制结果及分析，第 11 章金属制品业会计综合评价指数编制结果及分析，第 12 章通用设备制造业会计综合评价指数编制结果及分析，第 13 章专用设备制造业会计综合评价指数编制结果及分析，第 14 章汽车制造业会计综合评价指数编制结果及分析，第 15 章电子器械及器材制造业会计综合评价指数编制结果及分析，第 16 章计算机等电子设备制造业会计综合评价指数编制结果及分析，第 17 章电力、热力、燃气及水生产和供应业会计综合评价指数编制结果及分析，第 18 章零售业会计综合评价指数编制结果及分析，第 19 章交通运输业会计综合评价指数编制结果及分析，第 20 章房地产业会计综合评价指数编制结果及分析，第 21 章银行业会计综合评价指数编制结果及分析。通过召开专家座谈会、实地调研和问卷调查等方式，本报告从回报、风险和成长三个方面选取资产负债表和利润表主要项目进行预测和分析，并依据相关财务指标构建会计综合评价指数，实现从会计角度对上市公司的经营绩效进行评价。

下编为会计投资价值指数，其中第 22 章阐述了会计投资价值指数编制原理及分析方法，第 23～25 章为会计投资价值指数编制结果及分析，包括基于滞后会计信息的修正盈余价格比的结果分析、基于预测会计信息的修正盈余价格比的结果分析和基于前三季度会计信息的修正盈余价格比的结果分析。

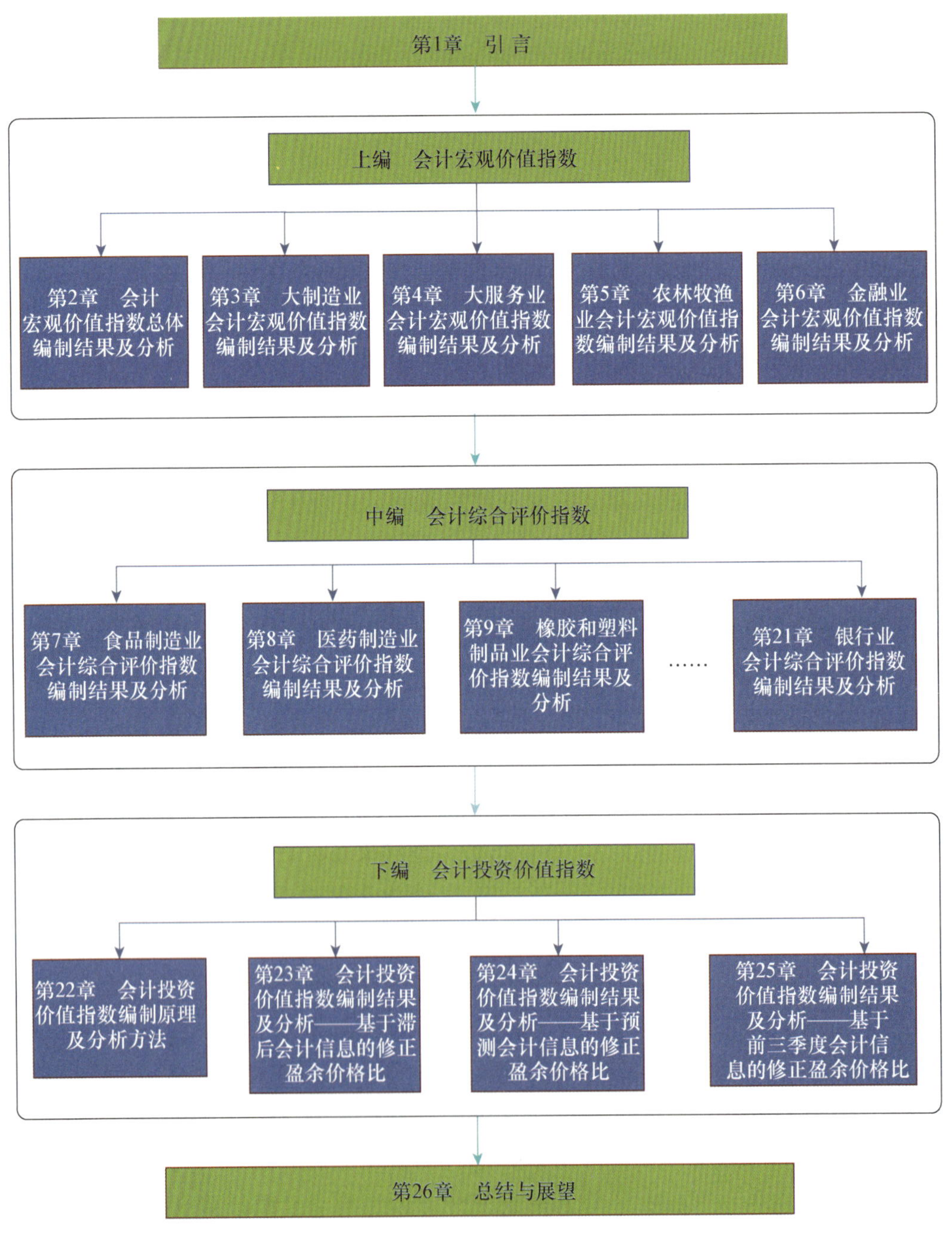

图 1-2　本报告研究框架

上　编

会计宏观价值指数

会计宏观价值指数的理论基础可以追溯到早期的要素分配理论。经济学家萨伊指出，产品的价值源自劳动、资本和自然力量（土地）的共同作用，只有将三个要素结合起来才能创造价值和财富；相应地，这三个要素应当参与新创价值的分配。其中，劳动对应工资，土地对应地租，资本对应利润，此即萨伊的“三位一体”公式，构成了早期的要素分配理论。马克思的劳动价值论认为，企业在一定时期内生产的商品价值由 c，v，m 三部分构成，其中，c 是生产资料的转移价值，v 是劳动者在必要时间内为自己创造的价值，m 是劳动者创造的剩余价值。$v+m$ 就是企业在生产过程中新创造的价值，v 表现为工资，m 表现为利息、利润等。可以说，二者对企业新创造价值所包含内容的看法是一致的。

按照要素分配理论，劳动者出让劳动力获得工资，土地所有者出让土地使用权获得地租，借贷资本与股权资本分别获得利息与利润。政府提供国防、环境治理等公共产品，为企业的正常经营提供安定的宏观环境；有关职能部门通过制定并执行与企业相关的经济法律、法规，确保市场有序竞争、企业内部安全生产。因此，政府以税收的形式参与企业新创价值的分配。会计宏观价值指数将增值额作为企业收益的核算中心，按照增值额的直接计算方法，企业在一定期间内的增值额等于参与价值创造的各要素所获得的收益之和，参与分配的主体包括政府、债权人、股东、员工。这一计算方法主要用于微观企业的价值增加核算，该思路构成了会计宏观价值指数计算的逻辑起点。

具体来讲，会计宏观价值指数包括价值创造额和价值创造效率两方面，其中，价值创造效率指数的编制以价值创造额为基础。价值创造额是指企业在特定会计期间内为股东、债权人、政府、员工等利益主体创造的价值之和，其计算公式设计如下：

$$\begin{aligned}\text{价值创造额}=&\text{净利润}+\text{财务费用}+\text{支付的各项税费}+\text{“应交税费”期末余额}-\text{“应交税费”期初余额}\\&+\text{支付给职工以及为职工支付的现金}+\text{“应付职工薪酬”期末余额}-\text{“应付职工薪酬”期初余额}\end{aligned}$$

“净利润”对应股东的价值分配，“财务费用”对应债权人的价值分配①，“支付的各项税费＋‘应交税费’期末余额－‘应交税费’期初余额”对应政府的价值分配，“支付给职工以及为职工支付的现金＋‘应付职工薪酬’期末余额－‘应付职工薪酬’期初余额”对应员工的价值分配。该指标立足会计增加值理论，体现了分配理论的思想，从四类利益主体参与企业经营成果分配的角度反映了上市

① 严格说来，债权人的价值分配对应“利息支出”，包括当期资本化的利息支出与财务费用，但在目前会计准则条件下，资本化的利息支出无法从报表项目中分离出来，故本研究暂不将其纳入计算公式。

公司对经济增长、充分就业等做出的贡献。

价值创造额属于绝对量指标，仅能反映企业在特定期间内新创价值的总量，而多个企业价值创造额的加总在一定程度上能反映宏观经济的增长情况。然而，由于单个企业以及企业总体在不同期间内投入使用的资源数量不同，因而不能通过简单地比较价值创造总量来判断宏观经济运行质量。在资源受限的情况下，除了维持经济总量的增长，还需兼顾投入产出效率。因此，我们在价值创造额基础上引入了价值创造效率指标，继而编制价值创造效率指数，以反映宏观经济总体、不同产业（行业）及单个企业的运行效率。

价值创造效率是指单个企业或企业总体在特定会计期间内利用单位资产新创造的价值，反映了经济资源的投入产出效率，其计算公式定义如下：

$$\text{价值创造效率}=\frac{\text{价值创造额}}{\text{总资产}}$$

就单个企业而言，价值创造效率从利益相关者角度揭示了企业全部资产的投资回报率；从企业总体乃至整个经济体角度看，价值创造效率反映了全社会经济资源的使用效率。

在定义了价值创造额与价值创造效率后，接下来我们将采用定基指数形式编制价值创造额指数和价值创造效率指数，并对指数进行除数修正，具体编制流程及有关计算过程详述如下：

1. 样本选取与基期确定

在国民经济活动中，企业是最主要的参与者和价值创造者。因此，国家内所有企业的价值创造额之和的变动情况，能够反映国家宏观经济的实际运行状况。由于只有上市公司存在公开披露财务信息的义务，而在我国资本市场迅速发展的情况下，上市公司在国民经济中的比重越来越高，使用上市公司数据能够在较大程度上反映国民经济的真实运行情况，因此样本初选范围为境内上市公司；同时，考虑到新旧会计准则下部分报表项目存在一定差异，且 2006 年以前的上市公司数量相对较少，因此，本课题组以 2007 年第 1 季度在 A 股上市交易的公司作为样本量的确认基础。为保证样本能够较为全面地反映宏观经济运行情况，更客观、有效地反映产业结构变化对宏观经济的影响，课题组采用 2007 年第 1 季度以来，在沪深两地上市时间超过一年的全部 A 股上市公司作为样本进行分析研究。

2. 指数公式的选择

目前最常见的指数类型有三种：定基指数、环比指数和链式指数，其中定基指数是基础，三者在指数的构造方法上可以相互转换，本报告选择定基指数的形式。

3. 指数的计算方法

本报告选择定基指数的形式，并采用除数修正法进行修正。具体原理如下：以2007年1月为基期，令2007年1月样本公司AMV之和为a_1，该月样本公司在2007年2月的AMV之和为a_2；2007年2月样本公司AMV之和为b_2，该月样本公司在2007年3月的AMV之和为b_3；2007年3月样本公司AMV之和为c_3，该月样本公司在2007年4月的AMV之和为c_4，依此类推……根据可比性原则得出如下关系式：2007年1月为基期，设为100，即a_1对应100；2007年2月的指数为$(b_2/b_1)\times100$，b_1未知，而1—2月的增长率为a_2/a_1，存在如下等比例关系式：

$$\frac{b_2}{b_1}=\frac{a_2}{a_1}$$

故2007年2月的价值创造额指数为：

$$\frac{a_2}{a_1}\times100$$

2007年3月的价值创造额指数为$(c_3/c_1)\times100$，c_1未知，1—3月包含两期增长率：a_2/a_1和b_3/b_2，存在如下等比例关系式：

$$\frac{c_3}{c_1}=\frac{b_3}{b_2}\times\frac{a_2}{a_1}$$

故2007年3月的价值创造额指数为：

$$\frac{b_3}{b_2}\times\frac{a_2}{a_1}\times100$$

后续编制依此类推。

由于按上述方法编制的价值创造额指数主要反映经济总量的增长，无法揭示宏观经济的运行效率，因此，我们以AMV为基础，先进行除数修正，再用AMV/ASSET编制价值创造效率指数，即单位资产的新创价值，以反映企业总体在特定期间的投入产出效率。

2017年以来，会计宏观价值指数呈现出一些新的趋势和特点，本书上编以先总后分的思路，对全行业以及大制造业、大服务业、农林牧渔业和金融业四大类行业的新趋势、新特点进行分析和解读，为政府、企业和个人投资者提供宏观经济运行形势及未来走向等相关信息，以提高各类经济主体决策的科学性和有效性。

第 2 章　会计宏观价值指数总体编制结果及分析

2.1　会计宏观价值指数总体编制结果分析

以全样本为基础编制的会计宏观价值指数总体结果见表 2－1。表 2－1 分别列示了各季度全样本的价值创造额以及据此编制的价值创造额指数和价值创造效率指数。为了检验价值创造额指数和价值创造效率指数对宏观经济运行情况的反映效果，我们以单季度的国内生产总值（GDP）为基础，运用环比指数计算法构建了 GDP 指数，通过比较不同指数在时序上的波动趋势，来反映宏观经济运行质量。三类指数的总体变化趋势见图 2－1。

表 2－1　全样本价值创造额、价值创造额指数、价值创造效率指数的总体编制结果

季度	价值创造额（亿元）	价值创造额指数	价值创造效率指数	GDP 指数
200701	3 860	100	100	100
200702	4 960	117	109	113
200703	5 350	114	101	122
200704	8 210	127	109	138
200801	6 940	107	87	121
200802	8 220	126	99	138
200803	6 970	106	82	144
200804	5 730	87	64	155
200901	6 410	97	65	130
200902	8 290	124	78	147
200903	8 330	124	76	157

续表

季度	价值创造额（亿元）	价值创造额指数	价值创造效率指数	GDP 指数
200904	9 570	138	81	177
201001	9 720	139	77	153
201002	12 000	156	84	174
201003	11 400	147	76	186
201004	13 600	173	86	209
201101	13 400	170	80	183
201102	14 800	187	84	208
201103	14 300	179	78	222
201104	15 100	189	80	242
201201	14 700	184	73	206
201202	15 800	194	74	230
201203	15 300	188	71	242
201204	17 100	210	77	267
201301	16 400	202	70	227
201302	18 300	224	76	252
201303	17 300	213	71	267
201304	19 300	234	76	295
201401	17 900	217	67	246
201402	20 100	243	73	274
201403	19 200	233	69	290
201404	21 200	256	74	317
201501	19 600	235	65	262
201502	23 100	275	72	293
201503	19 900	237	61	307
201504	21 500	253	64	336
201601	20 500	241	59	283
201602	22 600	266	63	316
201603	21 900	256	59	333
201604	26 000	301	67	370
201701	24 140	278	60	315
201702	26 480	304	65	351
201703	26 560	303	64	370
201704	29 060	330	68	410
201801	27 830	315	63	348

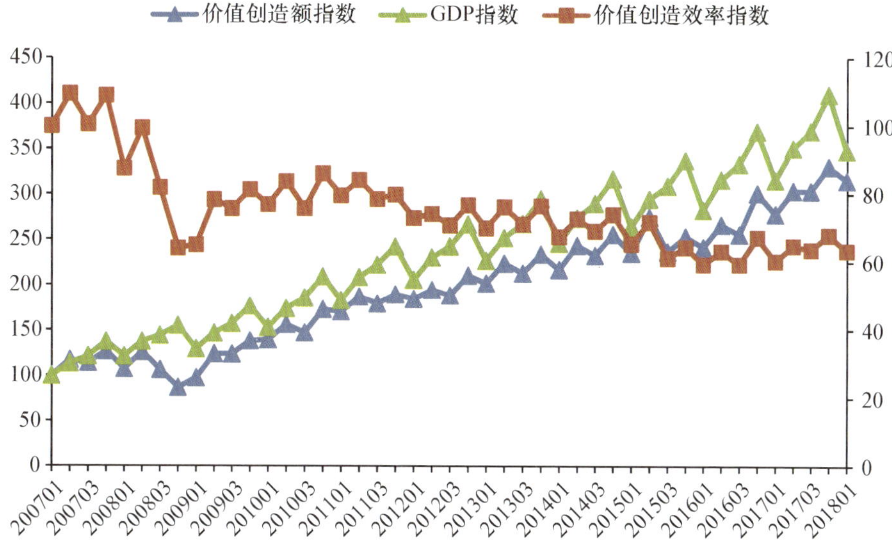

图 2－1　全样本价值创造额指数、价值创造效率指数、GDP 指数总体变化趋势

表 2－1 和图 2－1 显示，全样本的价值创造额指数在 2008 年第 3 季度迅速下滑，并在当年第 4 季度降至最低点，但自 2009 年第 1 季度以来整体呈明显上升趋势，且第 2、第 4 季度“翘尾”特征明显，随后维持稳定增长趋势；2016 年增长速度较快，从第 1 季度 241 点增长至第 4 季度 301 点，增长速度高达 25%；虽然此增速在 2017 年并没有延续，但数据仍呈稳定增长之势。

价值创造效率指数 2008 年各季度均比 2007 年同期大幅下降，从 2009 年第 1 季度至 2011 年第 3 季度逐步回升至 80 点附近，但进入 2012 年，整体又呈缓慢下降趋势，截至 2015 年第 4 季度降到 60 点左右；2016 年和 2017 年价值创造效率指数总体在 60～70 点之间小幅波动，没有进一步恶化的趋势。GDP 指数自 2007 年第 1 季度以来，每年相比上年同期均呈上升趋势，整体走势与价值创造额指数基本一致。

以上结果客观反映了我国经济自 2007 年第 1 季度以来始终保持正增长，但各时间段内增速不同。具体来讲，2008 年国内外金融危机全面爆发，国内经济增长速度放缓，2009 年以来经济复苏并良好发展，2015 年我国经济下行压力大，2016 年逐渐复苏，且 2016 年年末增长态势强劲。进入 2017 年，在国家“一去一降一补”政策的持续推进下，增长速度再次放缓。

此外，比较价值创造额指数与价值创造效率指数的走势不难发现，自 2008 年金融危机全面爆发以来，政府采取积极的财政政策及宽松的货币政策以刺激经济增长，随着四万亿元投资计划的逐步实施，以及利率、存款准备金率的数次下调，企业的价值创造总量从 2009 年第 1 季度起保持逐年递增的趋势，但经济刺激计划也引发了投资增长过快、产能利用率下降等问题，从而导致企业的价值创造效率指数一直停滞不前并呈现缓慢的下降趋势，直到2016年年末和2017年开始在60～70点之间小幅波动，没有出现进一步下滑。

反映经济增长速度的价值创造额指数与GDP指数相比较而言，除2008年第3、第4季度和2009年第1季度外，两类指数的大体走势基本一致，但在2012年以后GDP指数的增长速度明显快于价值创造额指数的增长速度，两类指数的差距逐渐扩大，GDP指数在2017年第4季度达到410点的高峰，同期价值创造额指数只有330点。考虑到两类指数在统计口径、核算方法等方面的差异，以及对宏观经济运行情况的反映效果，我们认为，价值创造额指数对宏观经济运行情况的反映更加客观。①

2.2 四类分配主体分析

对价值创造额的分配主体进行分析，可以反映股东、政府、员工及债权人等利益相关者的分配所得在企业新创造价值中所占的比重及变化趋势，为政府相关部门制定收入分配和税收等政策提供参考。考虑到金融业样本中债权人占比的特殊性，我们在分析全行业价值创造额的构成情况时剔除了金融业样本。

2.2.1 四类分配主体价值创造额指数分析

为更清晰地显示四类分配主体所获价值创造额，我们对其进行了指数化处理，得到四个价值创造额指数：股东获利指数、政府税收指数、员工薪酬指数和债权人利息指数。表2－2和图2－2描述了四类分配主体价值创造额指数的变动趋势。

表2－2 全样本四类分配主体价值创造额指数的编制结果（剔除金融业）

季度	价值创造额（亿元）				价值创造额指数			
	股东	政府	员工	债权人	股东	政府	员工	债权人
200701	884	961	522	179	100	100	100	100
200702	1 090	1 190	808	183	121	113	142	101
200703	1 090	1 150	715	217	120	108	124	119

① GDP的统计范围涵盖一段时期内整个经济体生产的所有产品，而在会计核算中，企业只有将所生产的产品销售出去才能确认收入。例如，某企业在一段时期内生产了5亿元的产品，其中只有1亿元的产品被销售出去，其他部分作为存货列示在资产负债表中。在计算GDP时，当期生产的5亿元产品均被涵盖其中；而计算价值创造额时仅考虑所有产品的人工成本和当期售出产品形成的利润，二者对产品价值的确认时点存在差异。事实上，只考察企业本期所销售的部分，才能更准确地反映本期宏观经济的真实运行情况。

续表

季度	价值创造额（亿元）				价值创造额指数			
	股东	政府	员工	债权人	股东	政府	员工	债权人
200704	1 680	2 370	1 810	232	140	118	195	120
200801	1 460	1 740	1 070	247	121	86	115	128
200802	1 660	2 490	1 240	272	136	122	132	141
200803	1 420	1 900	1 110	368	117	93	116	190
200804	68.9	1 940	1 780	423	5	94	185	218
200901	921	1 750	1 250	314	70	85	130	162
200902	1 600	2 310	1 440	281	120	110	146	143
200903	1 750	2 220	1 380	294	129	105	136	146
200904	1 660	2 540	2 280	316	118	117	216	155
201001	1 960	2 680	1 690	337	139	123	159	165
201002	2 360	3 110	1 930	388	165	142	180	189
201003	2 330	2 990	1 890	304	162	136	174	148
201004	2 740	3 530	2 840	385	186	158	255	185
201101	2 490	3 550	2 180	398	168	159	196	192
201102	2 890	4 050	2 470	440	193	180	218	209
201103	2 690	3 770	2 460	516	178	167	213	242
201104	2 320	4 070	3 470	572	153	180	301	268
201201	2 210	3 640	2 640	606	146	161	229	284
201202	2 310	4 060	3 040	685	149	177	253	318
201203	2 320	3 880	2 910	686	149	169	242	318
201204	2 590	4 640	3 970	687	166	202	331	318
201301	2 390	3 810	3 160	712	153	166	264	330
201302	2 820	4 850	3 340	698	180	210	277	322
201303	2 900	4 110	3 250	707	185	178	271	328
201304	3 050	5 030	4 560	734	192	213	368	333
201401	2 520	3 840	3 500	893	158	163	282	405
201402	3 160	5 030	3 730	875	199	213	300	397
201403	3 080	4 340	3 730	905	193	183	299	410
201404	2 610	5 440	5 210	912	162	229	417	412
201501	2 240	4 150	4 000	931	139	175	319	421
201502	3 540	5 050	4 330	919	218	212	343	411
201503	2 280	4 500	4 190	1 200	140	189	332	536

续表

季度	价值创造额（亿元）				价值创造额指数			
	股东	政府	员工	债权人	股东	政府	员工	债权人
201504	2 270	5 580	5 750	1 030	134	232	452	456
201601	2 510	4 460	4 520	923	149	186	355	410
201602	3 750	4 970	4 750	986	222	207	372	438
201603	3 490	4 890	4 700	993	205	203	366	440
201604	4 000	6 740	7 170	1 020	233	278	555	457
201701	3 942	5 142	5 390	1 027	228	211	413	457
201702	4 820	6 129	5 774	1 165	276	251	439	517
201703	5 068	5 799	5 828	1 211	291	238	440	538
201704	4 930	6 838	8 172	1 357	280	279	614	598
201801	5 062	5 912	6 298	1 278	286	241	470	561

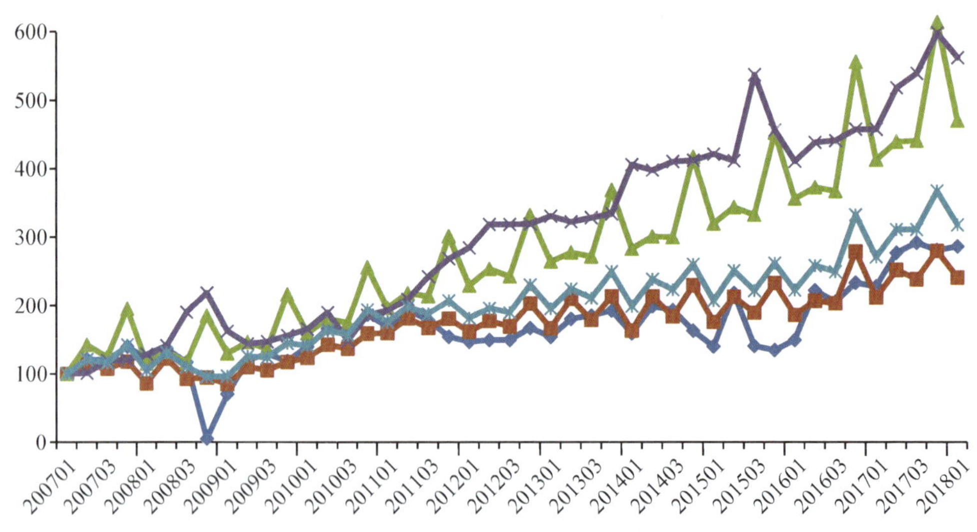

图 2-2 全样本四类分配主体价值创造额指数变化趋势（剔除金融业）

从总体趋势来看，自 2009 年第 1 季度以来，政府税收指数、员工薪酬指数、债权人利息指数和股东获利指数均呈上升趋势。其中，股东获利指数在 2008 年第 4 季度降至最低点，此后恢复性上升，但自 2014 年第 2 季度以来基本呈下降趋势，并于 2015 年第 4 季度降至 134 点；进入 2016 年，股东获利指数开始大幅攀升，2017 年保持了 2016 年快速增长态势，并于 2017 年第 3 季度达到历史最高点 291 点。政府税收指数自 2009 年以来逐渐上升，于 2016 年第 4 季度达到峰值，这与当季度经济态势良好有关；相比 2016 年，2017 年政府税收指数在第 1 季度有所下降，但从全年来看，仍呈上升之势。员工薪酬指数从 2011 年开始就大幅增长，与股东和政府的差距不断拉大，继 2016 年第 4 季度 555 点之后，2017 年再创新高，于第 4 季度达到 614 点，增幅高达 10.6%，这与近年来我国人口红利逐渐消失，人工成本不断上升相关。同时，员工薪酬指数受季节性因素影响较大，第 1、第 3 季度较低，第 2、第 4 季度较高，这与员工薪酬的季节分布密切相关，半年绩效奖金和年终绩效奖金的发放对该指数的走势影响显著。债权人利息指数虽然在 2015 年第 3 季度 536 高点后出现骤降，但在 2016 年第 2 季度马上止跌回升，进入 2017 年，债权人利息指数增速远高于 2016 年，于 2017 年第 4 季度达到历史新高 598 点。这表明上市公司融资难的问题没有得到有效解决，并且随着经济增速下降和外部经营环境恶化，企业面临的挑战和困难越来越多，上市公司的债务融资成本进一步上升。

此外，个别指数在个别季度出现一些异常值，这可能是一些权重较大的样本公司在当季度出现异常波动导致的。如债权人利息指数在 2008 年第 3 季度和第 4 季度出现异常波动，是由于部分公司财务费用突增，如中国中铁 2008 年第 3 季度的汇兑损失达 19 亿元，中国联通 2008 年第 4 季度的利息支出突增 24 亿元；债权人利息指数在 2015 年第 3 季度出现异常波动，主要是由于人民币中间价汇改、美元对人民币升值造成部分公司（主要航空公司、中国石化、宝钢股份等）汇兑损失激增。

2.2.2　四类分配主体价值创造额占比分析

对价值创造额按股东、政府、员工和债权人所得占比进行分析，可以揭示各类主体的分配格局及变化趋势，为政府相关部门制定收入分配和税收等政策提供参考。从图 2－3 中我们可以看到，股东、政府和员工三类主体在 2007—2017 年间所获价值创造额都出现了较大幅度的变动，而债权人占比总体平稳。员工薪酬所得占比自 2007 年开始出现持续上升，尤其在 2010 年之后，上升速度进一步加快，2015 年之后稳定在 35%左右，这表明 2010 年之后人工荒问题严峻，企业成本大幅攀升，虽然在 2015 年之后没有进一步上升，但仍高居不下。政府所得占比在 2008 年之后持续下降，2017 年下降速度开始放缓，在 35%上下浮动，这表明近年来我国政府的减税政策起到了较大的效果。与员工薪酬所得占比趋势相反，股东获利占比在 2010 年之后出现较大幅度的下滑，在 2015 年达到历史最低水平 19.88%，2016 年和 2017 年出现恢复性上涨，这表明近两年企业盈利水平有所提升，股东获得的回报额提高。以上分析说明，企业盈利能力提升较大程度上是由政府减税措施带来的，企业面临的劳动力成本和融资成本较高的问题仍未得到明显改善。

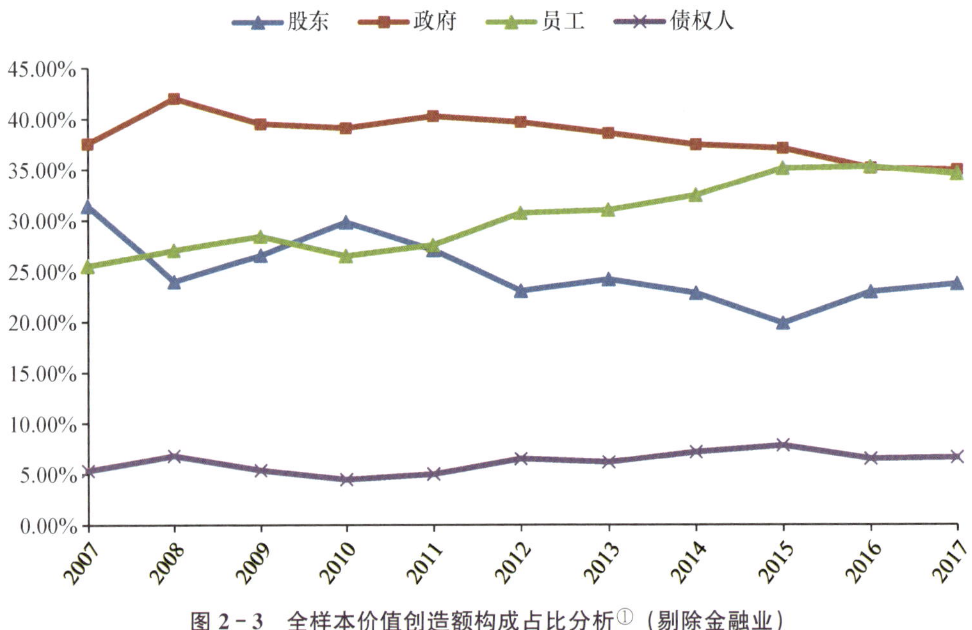

图 2-3　全样本价值创造额构成占比分析①（剔除金融业）

综合以上分析，为进一步保障我国经济社会健康发展，促进价值创造额在四类利益主体之间合理分配，我们认为应优化企业发展环境，降低实体经济企业成本，优化企业运营模式，增强企业盈利能力；应深化财税体制改革，建立税种科学、结构优化、法律健全、规范公平、征管高效的税收制度，保证财政收入合理增加；应调整国民收入分配格局，规范初次分配，加大再分配调节力度，健全科学的劳动报酬和工资水平的合理决定机制、正常增长机制、支付保障机制；应加快金融体制改革，提高金融服务实体经济效率，健全商业性金融、开发性金融、政策性金融、合作性金融分工合理、相互补充的金融机构体系，降低企业融资成本。

2.3　按经济性质分析

按经济性质对上市公司的价值创造额和价值创造效率进行分析，可以反映出不同产权性质的上市公司在企业发展和资源利用效率等方面的状况。按照上市公司实际控制人的性质，本研究将样本公司分为国有控股公司和非国有控股公司，同时在分析过程中剔除了金融业的样本。

从表 2-3 中可以看出，我国国有控股上市公司的季均总资产、单个公司季均

① 此处对全样本价值创造额的构成分析和后面四类分配主体所获价值创造额的指数变化趋势比较均不包括金融业，因为金融业的业务性质和财务报表与非金融业存在根本性差异。

总资产、季均价值创造额和单个公司季均价值创造额都远远大于非国有控股公司，这与国有经济在国民经济中起主导作用的现实相吻合。

表 2－3　全样本分经济性质描述性统计

经济性质	季均样本量	季均总资产（亿元）	单个公司季均总资产（亿元）	季均价值创造额（亿元）	单个公司季均价值创造额（亿元）
国有控股公司	966	204 711	212	8 075	8.36
非国有控股公司	1 282	61 394	48	2 281	1.78

2.3.1　分经济性质价值创造额指数分析

图 2－4 揭示了国有控股上市公司与非国有控股上市公司在各季度的价值创造额指数变化趋势。可以看出，一方面，国有控股上市公司的价值创造额远远超过非国有控股上市公司，国有控股上市公司和非国有控股上市公司的季均价值创造额分别为 8 075 亿元和 2 281 亿元，反映了国有经济在国民经济中占主导地位，对保持经济快速增长做出了较大贡献，单个国有上市公司的季均总资产和季均价值创造额也远远领先于非国有上市公司。另一方面，从价值创造额在时间序列上的波动趋势来看，进入 2017 年以来，非国有公司保持高速增长，而国有公司的增长趋势依旧相对平缓。

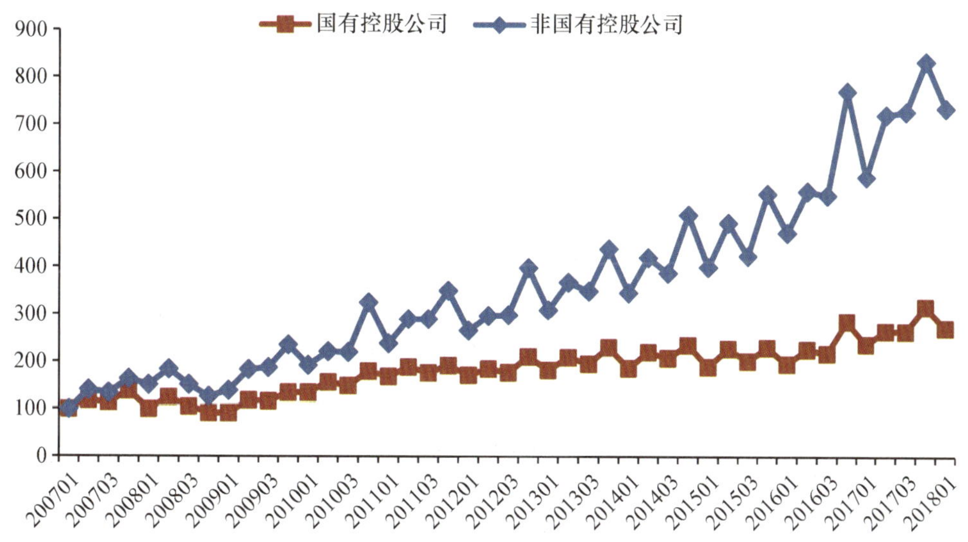

图 2－4　全样本分经济性质价值创造额指数变化趋势（剔除金融业）

2.3.2 分经济性质价值创造效率指数分析

图 2-5 揭示了不同经济性质的上市公司各季度的价值创造效率指数变化趋势。可以看出，两类经济性质的上市公司自 2011 年第 1 季度以来价值创造效率指数均呈下降趋势，反映出我国目前存在资源利用效率不高的问题。非国有控股上市公司价值创造效率指数下降趋势明显小于国有控股上市公司，说明非国有控股公司在提高单位资产价值创造额上取得了更好的成果，非国有经济在国民经济增长过程中表现出了非凡的活力，国有经济的运行效率有较大提升空间。进入 2017 年，国有控股公司和非国有控股公司价值创造效率的波动幅度都有所减小。

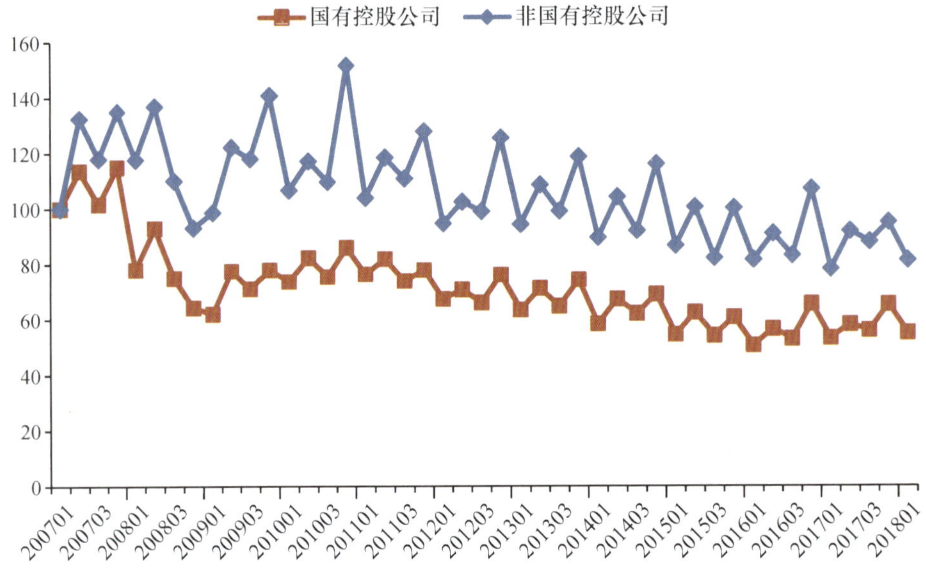

图 2-5 全样本分经济性质价值创造效率指数变化趋势（剔除金融业）

通过按经济性质分析，我们认为应坚持公有制为主体、多种所有制经济共同发展，毫不动摇巩固和发展公有制经济，毫不动摇鼓励、支持、引导非公有制经济发展；应深化国有企业改革，增强国有经济活力，提升国有经济的运行效率，推进国有资本布局战略性调整，坚定不移把国有企业做强做优做大，更好地服务于国家战略目标；应继续发展混合所有制经济，分类、分层推进国有企业混合所有制改革，鼓励和支持非公有资本、集体资本参与国有企业混合所有制改革，有序吸收外资参与国有企业混合所有制改革，建立健全混合所有制企业治理机制和依法合规的操作规则，营造国有企业混合所有制改革的良好环境；应鼓励、支持、引导非公有制经济发展，进一步贯彻落实促进非公有制经济健康发展的政策措施，鼓励非公有制企业参与国有企业改革，更好地激发非公有制经济活力和创造力，推动经济持续健康发展。

2.4　按行业分析

按行业对上市公司的价值创造额和价值创造效率进行分析，可以反映出不同行业的上市公司在企业发展和资源利用效率等方面的状况，为国家统筹各行业健康发展提供建议。由表 2－4 可以看出，大制造业在样本量与价值创造额上均领先于其他行业，这与第二产业在我国国民经济中的重要地位相一致；大服务业的样本量仅次于大制造业，但单个企业的资产规模较小，价值创造额位列第三；金融业上市公司数量虽然少，但公司规模与其他行业相比具有压倒性优势，价值创造额在四大行业中位列第二；农林牧渔业的季均样本量最少，公司规模最小，季均价值创造额最低。

表 2－4　全样本分行业描述性统计

行业大类	季均样本量	季均总资产（亿元）	单个公司季均总资产（亿元）	季均价值创造额（亿元）	单个公司季均价值创造额（亿元）
大制造业	1 617	194 247	120	8 196	5.07
大服务业	595	70 747	119	2 126	3.57
农林牧渔业	36	1 163	32	36	0.99
金融业	52	912 022	17 652	5 397	104.45
合计	2 300	—	—	—	—

2.4.1　分行业价值创造额指数分析

由表 2－5 和图 2－6 可知，自 2009 年第 1 季度以来，各行业价值创造额指数呈逐渐上升趋势。其中，全样本与大制造业价值创造额指数较为一致，均自 2008 年金融危机以来稳中有升，并于 2017 年第 4 季度创历史新高；大服务业价值创造额指数自 2009 年第 4 季度以来一直居各产业最高，且有逐渐拉大差距的趋势，增长势头强劲，并于 2017 年年底达到历史最高峰，反映出我国大服务业自 2009 年以来发展势头良好，这与近年来国家大力促进服务业发展和努力实现经济转型升级的政策导向密切相关；农林牧渔业由于样本量较少，价值创造额指数容易受单个企业价值创造额变化的影响，整体走势波动幅度较大；金融业价值创造额指数近年来有所波动，但总体呈上升趋势。

表 2-5　全样本分行业价值创造额指数的编制结果

季度	全样本	大制造业	大服务业	农林牧渔业	金融业
200701	100	100	100	100	100
200702	117	118	132	188	110
200703	114	112	136	104	109
200704	127	120	236	247	104
200801	107	92	147	156	120
200802	126	115	178	165	126
200803	106	100	130	120	108
200804	87	75	204	134	75
200901	97	84	134	152	108
200902	124	110	175	154	130
200903	124	113	139	139	133
200904	138	122	240	191	135
201001	139	124	193	184	147
201002	156	144	224	181	154
201003	147	135	234	147	141
201004	173	161	340	316	148
201101	170	156	229	168	171
201102	187	174	276	244	179
201103	179	164	266	258	175
201104	189	175	352	224	169
201201	184	160	247	180	202
201202	194	169	299	195	204
201203	188	162	300	197	197
201204	210	192	415	232	187
201301	202	171	282	170	226
201302	224	194	347	177	236
201303	213	182	329	162	228
201304	234	209	449	319	214
201401	217	173	321	222	258
201402	243	205	387	239	261
201403	233	191	372	159	258
201404	256	214	522	252	250
201501	235	176	374	135	293

续表

季度	全样本	大制造业	大服务业	农林牧渔业	金融业
201502	275	207	504	185	324
201503	237	182	444	217	270
201504	253	207	597	289	241
201601	241	185	436	292	282
201602	266	210	540	399	285
201603	256	204	513	387	269
201604	301	257	831	383	242
201701	278	225	531	291	293
201702	304	252	666	253	292
201703	303	255	634	338	291
201704	330	286	881	399	261
201801	315	262	641	323	311

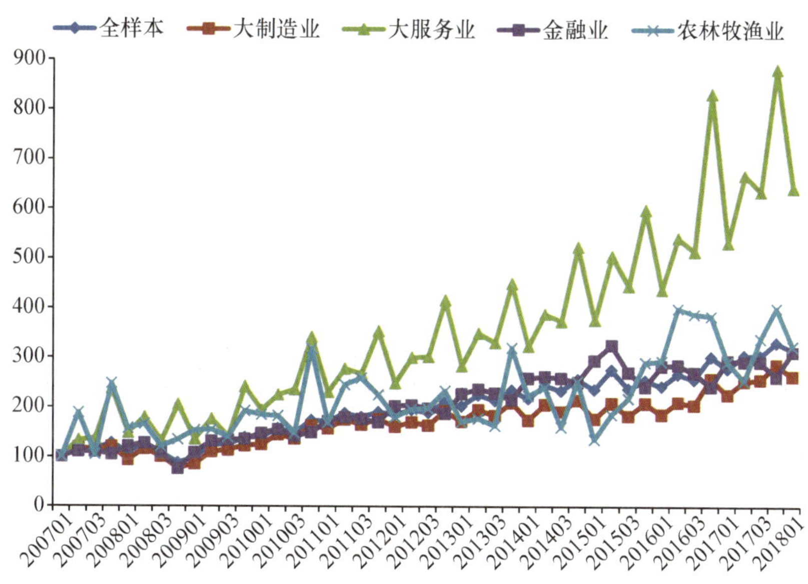

图 2-6　全样本分行业价值创造额指数变化趋势

2.4.2　分行业价值创造效率指数分析

由图 2-7 可知，自 2011 年第 1 季度以来，大服务业和农林牧渔业的价值创造效率指数呈现震荡下行趋势，大制造业、金融业价值创造效率指数在样本期间内较为平稳，但整体也呈下滑趋势，表明我国经济总体运行效率不高。该结果间接表明，积极的财政政策与适度宽松的货币政策虽然能刺激经济总量增长，但随着投资规模的迅速扩张，带来了资产使用效率下降等问题，导致价值创造效率与价值创造额的增长速度脱节。大制造业价值创造效率整体走低，原因包括：第一，经济处于转型期，大制造业仍旧存在产能过剩、创新不足等问题，导致企业盈利能力难以实现突破；第二，产业升级未能实现，大量资产拉低价值创造效率；第三，目前我国经济下行压力未减，实体经济困难重重，导致价值创造效率进一步恶化。2017 年，大服务业价值创造效率指数延续前期呈大幅震荡，但总体没有出现下滑趋势，同时表现出明显的季节特征；农林牧渔业价值创造效率指数波动性较明显且受季节影响较大。截至 2018 年第 1 季度，农林牧渔业价值创造效率指数为 81 点，与 2016 年第 2 季度 138 点相比，下降幅度较大，这表明近年来，农林牧渔业运行效率呈现下滑趋势。金融业价值创造效率指数近两年在 55～65 点之间小幅波动。

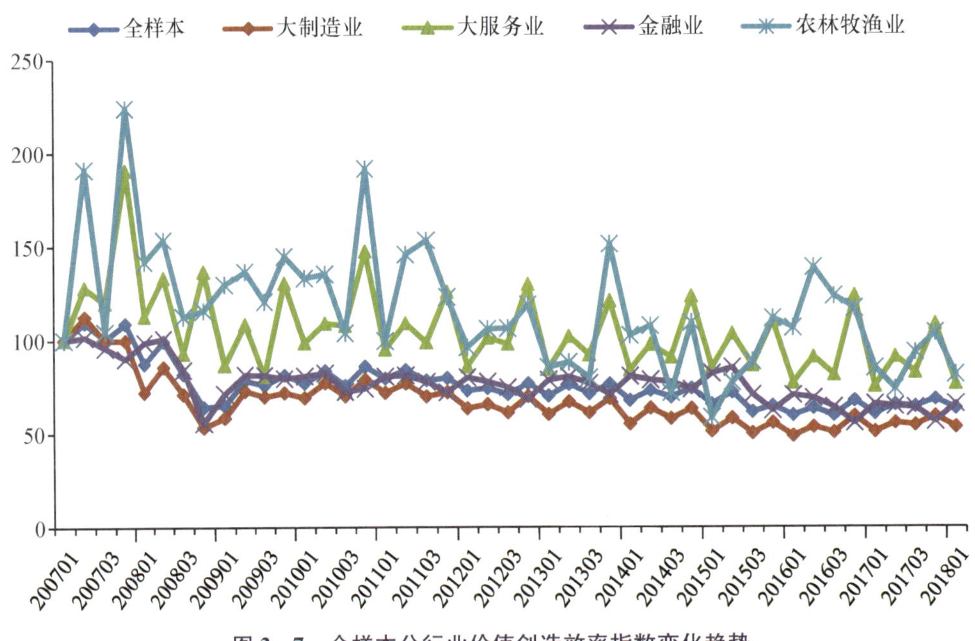

图 2－7 全样本分行业价值创造效率指数变化趋势

通过分析，我们认为应统筹产业发展，优化产业体系。加快建设制造强国，引导制造业朝着分工细化、协作紧密方向发展；加快发展现代服务业，促进服务业优质高效发展，推动生产性服务业向专业化和价值链高端延伸、生活性服务业向精细和高品质转变；大力推进农业现代化，加快转变农业发展方式，着力构建现代农业产业体系、生产体系、经营体系，提高农业质量效益和竞争力；提高金融业管理水平和服务质量，引导金融业发展同经济社会发展相协调，优化金融资源空间配置和金融机构布局，大力发展中小金融机构，不断增强金融服务实体经济的可持续性；支持节能环保、生物技术、信息技术、智能制造、高端装备、新能源等新兴产业发展，支持传统产业优化升级，培育产业发展新动力。

2.5　按地区分析

对上市公司价值创造额和价值创造效率进行分地区分析，可以反映全国不同地区的上市公司在企业发展和资源利用效率方面的情况，为国家制定区域发展战略和资源分配政策提供参考。本研究参考常见的区域划分标准，将全国 31 个省、自治区、直辖市分为华东、华南、华中、华北、西北、西南和东北七大地区，其中，华东地区包括山东、江苏、安徽、浙江、福建、上海，华南地区包括广东、广西、海南，华中地区包括湖北、湖南、河南、江西，华北地区包括北京、天津、河北、山西、内蒙古，西北地区包括宁夏、新疆、青海、陕西、甘肃，西南地区包括四川、云南、贵州、西藏、重庆，东北地区包括辽宁、吉林、黑龙江。在按地区分析的过程中，剔除了金融业的样本。

表 2－6 列示了各地区上市公司的季均样本量、季均总资产规模、单个公司季均总资产规模、季均价值创造额和单个公司季均价值创造额。由表 2－6 可知，华北地区季均总资产突破 10 万亿元，高居七大地区榜首，此外，华北地区单个公司季均总资产、季均价值创造额和单个公司季均价值创造额也均遥遥领先于其他地区。紧随华北的是华东地区，而其他地区不论在季均总资产还是在季均价值创造额上都远远小于这两个地区，尤其是东北和西北两个地区，季均总资产只达到 1 万亿元左右，产业发展规模具有较大的上升空间，应该重点开发和支持。目前，我国区域经济发展不平衡问题仍未得到圆满解决，这与我国主要经济产业主要分布在华北和华东区域，其他地区缺乏相应的经济支柱密切相关。为了调动各区域发展积极性，应充分发挥各区域地理资源优势，促进各区域平衡发展。

表 2－6　全样本分地区描述性统计

地区	季均样本量	季均总资产（亿元）	单个公司季均总资产（亿元）	季均价值创造额（亿元）	单个公司季均价值创造额（亿元）
华东	893	73 207	82	2 688	3.01
华南	383	34 915	91	1 252	3.27
华中	230	16 203	70	581	2.52
华北	319	108 793	341	4 786	14.99
西北	119	9 337	79	263	2.21
西南	177	13 238	75	487	2.74
东北	126	10 364	82	302	2.40

2.5.1 分地区价值创造额指数分析

图 2-8 揭示了各地区上市公司价值创造额指数的变动情况。自 2008 年金融危机以来，各地区价值创造额总体呈波动上升趋势。其中，华南地区的总体增长幅度最大，并且从 2016 年开始增长幅度进一步扩大，在 2017 年第 4 季度价值创造额指数达到最高值 909 点。西南地区在 2016 年以前保持缓慢增长的态势，进入 2016 年第 3 季度后高速攀升，2017 年第 4 季度价值创造额指数高达 615 点，接近 2016 年第 3 季度的两倍。华东和华中地区一直呈中速缓慢发展，而且增长幅度极其相似，进入 2016 年后都有一个较快的增长。东北和华北地区近年来增长幅度则相对平缓，十年来价值创造额指数仍然只在 300 点以下徘徊，因此在推动各地区不断发展的同时，应关注华北和东北地区新的增长点。随着西部大开发战略的不断推进，西北地区价值创造额指数呈现大幅上升趋势，但也出现较大的波动，这主要是由于西北地区样本数量较少，价值创造额指数容易受单个企业价值创造额波动的影响。

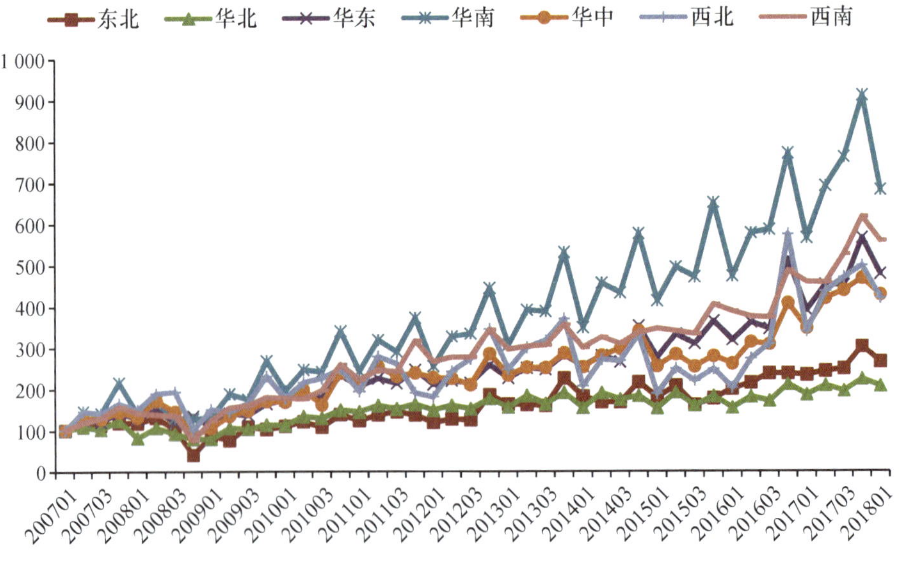

图 2-8　全样本分地区价值创造额指数变化趋势（剔除金融业）

2.5.2 分地区价值创造效率指数分析

图 2-9 揭示了各地区上市公司价值创造效率指数的整体情况。由图可知，七个地区的价值创造效率指数自 2011 年第 1 季度起总体处于下降走势，且呈现出明显的分层和季度周期性波动的特点。与价值创造额指数处于低位相似，华北和东北地区的价值创造效率指数也处于最下层，总体水平偏低，这表明华北和东北地

区的经济活力尚未得到充分释放，资源优势有待进一步发挥。西北地区价值创造效率指数自 2007 年起快速下滑，直至 2015 年才开始趋于平缓，但是只在 40 点左右，这意味着西部大开发战略在支持西部发展的过程中投入大量的资源，但资源利用效率较低，有待进一步提高。华中、西南和华东地区的价值创造效率指数处于中层，在 2015 年之前一直处于缓慢下滑态势，2015—2017 年间在 70 点上下浮动，没有进一步恶化。华南地区的价值创造效率指数处于最上层，并且呈现明显的季节性波动，每年几乎是从第 1 季度逐渐上升至第 4 季度，在其他地区价值创造效率指数远远低于 100 点时，华南地区表现出优良的经济活力，价值创造效率指数一年中至少有三个季度保持在 100 点以上。就各地区价值创造效率指数的波动情况来看，华北地区波动最小；东北、华东、华中、西南地区波动稍大；华南地区整体波动较大，且第 2、第 4 季度“翘尾”现象明显；西北地区在七个地区中波动幅度最大，这与其样本量较少有关。

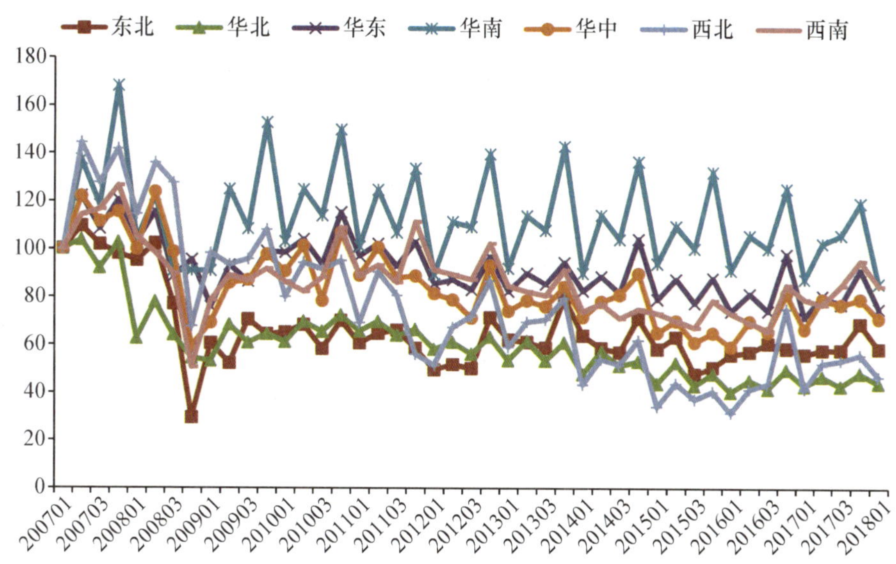

图 2-9　全样本分地区价值创造效率指数变化趋势（剔除金融业）

通过按地区的价值创造额和价值创造效率分析，可以看出，华南地区经济发展态势最佳，西南、华东、华中地区发展良好，西北地区发展不够稳定，东北、华北地区近年来经济发展较为平缓。因此，我们认为要努力推动区域协调发展，支持东部地区率先发展，更好辐射带动其他地区；加大国家支持力度，促进中部地区崛起；加快体制机制改革，推动东北地区等老工业基地振兴；深入实施西部大开发战略，支持西部地区改善基础设施、发展特色优势产业、强化生态环境保护。

2.6 本章小结

本章对以全样本为基础编制的价值创造额指数和价值创造效率指数进行多维分析，重点考察会计宏观价值指数与宏观经济运行之间的联系，主要研究结论如下：

（1）基于全样本编制的价值创造额指数和价值创造效率指数的波动情况与宏观经济总体的变化趋势基本一致，且二者相比 GDP 指数能够更加客观地反映经济的增长速度与运行效率。

（2）在剔除金融业后，价值创造额指数的总体走势与大制造业基本一致，无论是从公司数量、资产规模还是从价值创造额来看，大制造业都是主体，对国民经济发展发挥了重要的作用。

（3）对价值创造额的构成进行分析，可以反映股东、政府、员工和债权人等利益相关者的分配所得在企业新创造价值中所占的比重及变化趋势。2017 年季均员工薪酬所得占比最高，政府税收所得次之，接下来是股东获利所得，最后是债权人利息所得。

（4）对指数按经济性质进行分析，国有控股公司在价值创造总量中占有绝对优势，体现出国有经济在国民经济发展中起主导作用，但非国有控股公司的价值创造效率指数更大，资源利用效率相对更高。

（5）分地区的分析结果表明，华南地区经济发展增幅最大，西南、华东、华中地区稳中有升，趋势相似；东北、华北地区近年来增长较为平缓；西北地区由于样本量较少，整体走势波动幅度较大。

第3章　大制造业会计宏观价值指数编制结果及分析

中国作为全球制造业中心，制造业的运行状况对国民经济的发展至关重要，制造业企业的价值创造能力及经营效率的高低直接影响宏观经济的运行质量。近年来，大制造业整体受后经济危机影响，处于低位徘徊调整阶段。由于中国过去大多依靠廉价劳动力发展劳动密集型产业，随着劳动力成本不断上升，传统模式已经难以维系，行业迫切面临转型。本章将着重分析大制造业的相关情况及运行规律。

3.1　大制造业总体测算结果分析

以大制造业为基础编制的会计宏观价值指数总体结果见表3-1。表3-1分别列示了各季度大制造业的价值创造额指数和价值创造效率指数。为了检验价值创造额指数和价值创造效率指数对宏观经济运行情况的反映效果，我们以单季度的第二产业GDP为基础，运用环比指数计算法构建了第二产业GDP指数，通过比较不同指数在时序上的波动趋势，来反映宏观经济运行质量。三类指数的变化趋势见图3-1。

表3-1　大制造业价值创造额指数、价值创造效率指数的编制结果

季度	价值创造额指数	价值创造效率指数	第二产业GDP指数
200701	100	100	100
200702	118	112	120
200703	112	100	126
200704	120	100	142
200801	92	72	122

续表

季度	价值创造额指数	价值创造效率指数	第二产业 GDP 指数
200802	115	86	147
200803	100	71	150
200804	75	53	159
200901	84	58	125
200902	110	73	152
200903	113	70	159
200904	122	72	181
201001	124	69	151
201002	144	77	183
201003	135	70	188
201004	161	79	215
201101	156	72	182
201102	174	77	219
201103	164	70	226
201104	175	72	248
201201	160	63	201
201202	169	65	236
201203	162	61	240
201204	192	70	264
201301	171	60	215
201302	194	67	251
201303	182	61	257
201304	209	68	286
201401	173	55	228
201402	205	63	268
201403	191	58	273
201404	214	63	299
201501	176	51	234
201502	207	58	274
201503	182	50	276

续表

季度	价值创造额指数	价值创造效率指数	第二产业 GDP 指数
201504	207	55	302
201601	185	48	236
201602	210	53	283
201603	204	50	291
201604	257	59	330
201701	225	51	270
201702	253	55	320
201703	257	54	328
201704	289	59	370
201801	264	53	298

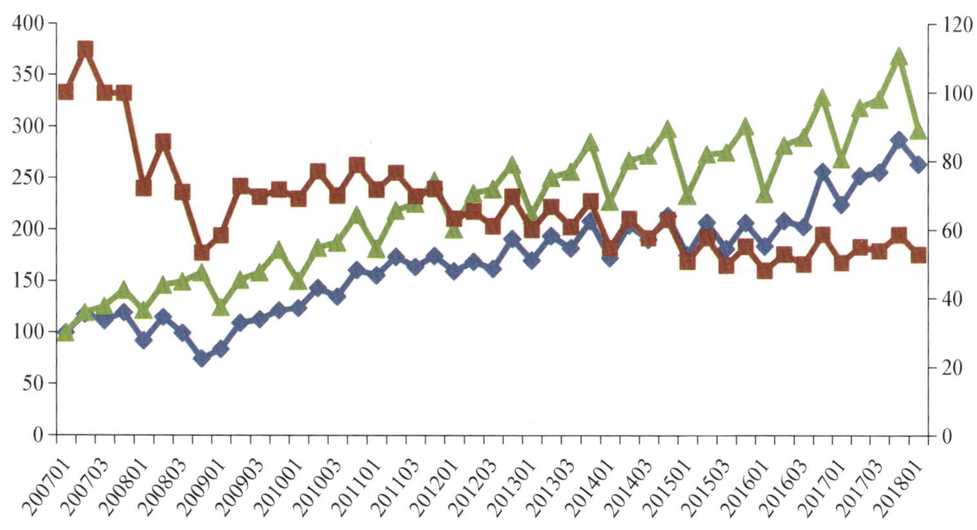

图 3-1　大制造业价值创造额指数、价值创造效率指数、第二产业 GDP 指数变化趋势

结合表 3-1 和图 3-1 可以看到，第二产业 GDP 指数与价值创造额指数基本呈现不断上升的趋势，这与政府四万亿元投资计划的逐步实施密切相关。大制造业价值创造效率指数在 2017 年以前整体走低，这与大制造业产能过剩问题突出、产业转型滞后、我国经济下行压力大有关。大制造业价值创造效率指数在 2017 年第 1 季度至第 4 季度较 2016 年同期有所上升，扭转了自 2012 年以来同期连年下降的趋势，我们认为是深化改革和“三去一降一补”等举措激发了企业创新发展活力，提升了企业价值创造效率。大制造业价值创造额指数与第二产业GDP指数的波动趋势一致，金融危机后，剔除季度因素，第二产业GDP指数与大制造业价值创造额指数之间的差距基本保持稳定，第二产业GDP指数与大制造业价值创造效率指数之间的差距则不断拉大。

3.2 四类分配主体分析

对大制造业价值创造额的构成进行分析，可以反映大制造业股东、债权人、政府及员工等利益相关者的分配所得在企业新创造价值中所占的比重及变化趋势，为政府相关部门有针对性地制定收入分配政策和税收政策等提供参考。

3.2.1 四类分配主体价值创造额指数分析

我们对大制造业四类分配主体所获价值创造额进行了指数化处理，得到四类大制造业价值创造额指数：大制造业股东获利指数、大制造业政府税收指数、大制造业员工薪酬指数和大制造业债权人利息指数。表3-2和图3-2描述了大制造业四类分配主体价值创造额指数的变动趋势。

表3-2 大制造业四类分配主体价值创造额指数的编制结果

季度	价值创造额（亿元）				价值创造额指数			
	股东	政府	员工	债权人	股东	政府	员工	债权人
200701	706	819	385	142	100	100	100	100
200702	851	991	582	157	118	109	140	109
200703	803	955	539	172	110	104	128	119
200704	1 140	2 020	1 470	197	100	102	189	127
200801	1 120	1 520	856	222	98	77	110	143
200802	1 260	2 200	989	247	108	111	126	159
200803	1 200	1 700	889	304	103	85	111	195
200804	−13.6	1 530	1 280	323	−2	76	158	206
200901	734	1 560	964	252	87	77	119	161
200902	1 280	2 030	1 140	223	149	98	138	141
200903	1 490	2 060	1 100	235	172	99	129	144
200904	1 260	2 110	1 840	258	140	98	205	156
201001	1 590	2 390	1 340	272	176	111	148	163
201002	1 900	2 770	1 550	328	207	128	169	196
201003	1 830	2 620	1 490	256	198	120	160	152

续表

季度	价值创造额（亿元）				价值创造额指数			
	股东	政府	员工	债权人	股东	政府	员工	债权人
201004	2 040	2 930	2 220	321	216	132	234	189
201101	2 070	3 160	1 730	334	218	142	182	197
201102	2 340	3 530	1 960	375	244	159	202	218
201103	2 160	3 300	1 940	456	223	147	195	261
201104	1 780	3 370	2 740	477	184	150	276	273
201201	1 860	3 230	2 080	488	192	144	209	280
201202	1 810	3 510	2 450	545	182	154	236	308
201203	1 820	3 330	2 290	546	182	146	219	308
201204	1 830	3 820	3 180	571	184	167	305	323
201301	1 980	3 320	2 500	583	199	145	240	329
201302	2 180	4170	2 670	609	216	181	255	342
201303	2 280	3 560	2 570	580	227	155	247	327
201304	2 300	4 150	3 600	597	225	175	332	329
201401	2 050	3 260	2 780	697	201	138	257	385
201402	2 520	4 270	2 970	703	247	180	273	388
201403	2 430	3 710	2 930	726	238	157	269	399
201404	1 640	4 440	4 170	745	159	187	381	408
201501	1 660	3 520	3 170	733	160	148	288	401
201502	2 630	4 080	3 370	721	250	170	304	390
201503	1 680	3 720	3 240	836	160	155	292	452
201504	1 230	4 410	4 450	747	116	184	400	404
201601	1 790	3 640	3 470	703	170	152	313	382
201602	2 760	3 880	3 630	691	262	161	326	374
201603	2 510	3 930	3 570	732	237	163	319	396
201604	2 470	5 120	5 310	661	231	211	472	359
201701	3 000	4 230	4 110	770	276	173	358	414
201702	3 540	4 800	4 350	884	325	196	379	475
201703	3 810	4 620	4 370	919	354	189	380	495
201704	3 240	5 080	6 160	990	297	207	533	528
201801	3 810	4 760	4 650	993	349	194	401	529

从表 3－2 和图 3－2 中可以看到，金融危机以后，大制造业整体股东获利所得波动很大。2013 年以来，随着我国宏观经济形势愈发严峻、内需不足、国际大宗商品价格在低位徘徊，采掘、钢材、水泥、石油化工等行业业绩表现不佳，股东

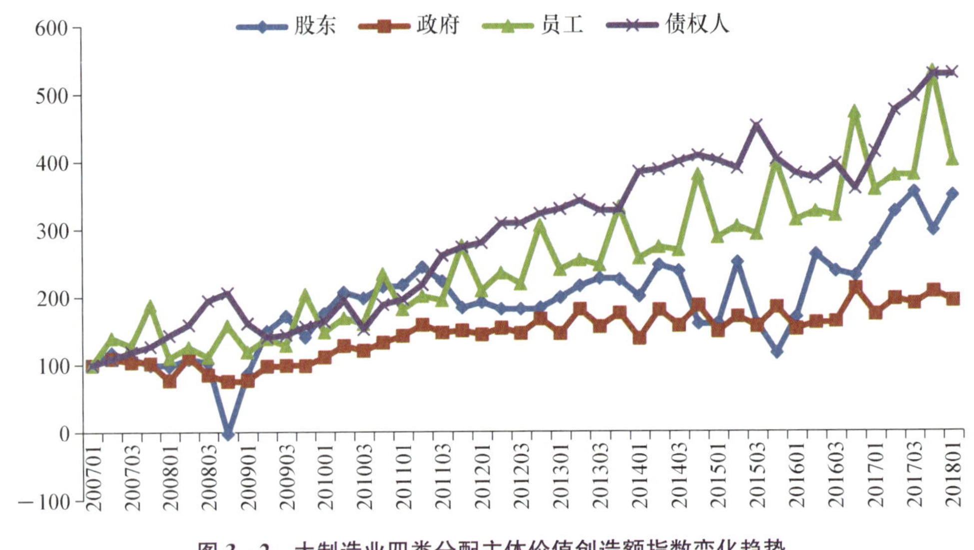

图 3-2　大制造业四类分配主体价值创造额指数变化趋势

获利指数整体开始大幅下滑，于 2015 年第 4 季度落到最低点 116 点。但在 2016 年，股东获利指数出现反弹，2017 年第 1 季度开始大幅上升，2017 年第 3 季度达到历史新高 354 点，表明自 2016 年以来尤其是 2017 年，大制造业企业盈利能力明显提升。债权人利息指数自 2009 年第 3 季度起，经过持续多年的快速上升之后，2015 年第 4 季度第一次出现大幅下降，反映出 2015 年年底的降息政策使得企业的债务融资成本出现下降。但自 2017 年起债权人利息指数增长明显，反映出我国大制造业整体融资成本回升，企业融资成本依旧较高，下降趋势并不稳定，政府依旧需要对资金流动进行积极引导。员工薪酬指数持续上升，未来预计会稳步增加，人力成本上升是必然趋势，因此未来我国的大制造业很难依靠廉价人力成本进行竞争。大制造业需要进行产业升级，加大新产品研发，向技术创新型产业转型。大制造业政府税收指数近年来则相对稳定。

3.2.2　四类分配主体价值创造额占比分析

从图 3-3 中我们可以看到，政府税收所得季均占比较大，为 39.07%。近年来，政府税收所得占比逐步下降，2017 年季度均值占比降至 34.13%，说明国家定向调整税收政策，给大制造业企业降低税负的举措初显成效。股东获利所得占比从 2007 年的 29.34%下降至 2016 年的 21.24%，降幅较大，但在 2017 年有所回升，说明大制造业企业的盈利能力明显增强。员工薪酬所得季均占比为 31.19%，2007 年季均占比为 24.95%，2016 年和 2017 年上升至 35.62%和 34.61%，充分反映了近年来我国制造业人力成本不断上升的现象，这对我国制造业企业的产业升级提出了新的要求。债权人利息所得占比值得关注，2017 年债权人利息所得占比较 2016 年有所上升，反映出我国大制造业企业融资成本依旧较高。

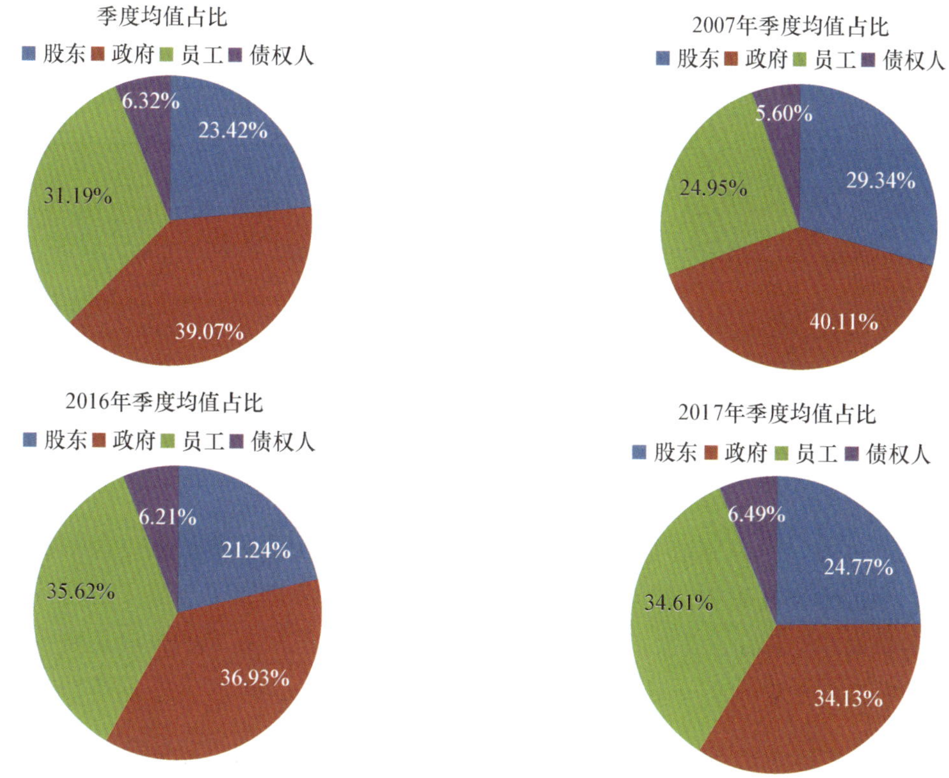

图 3－3　大制造业价值创造额构成占比分析

总体来说，大制造业在经历了数年的艰苦转型期后，逐步取得了一定成果，但仍面临人力成本上升、融资成本较高等问题。为此，我们认为政府需要从鼓励企业加大研发投入、积极推进税制改革、降低企业融资成本等方面着手，推动智能制造等中高端制造业的发展，促进产业结构实现转型升级。

3.3　按经济性质分析

为揭示大制造业中不同产权性质的上市公司在经济增长和资源使用效率方面的发展动态，给调整资源配置结构、提高资源配置效率提供决策参考，我们对大制造业上市公司按经济性质进行分类，分析不同性质企业的价值创造总量及资产使用效率。

根据上市公司实际控制人的性质，我们将大制造业中的样本公司划分为国有控股公司与非国有控股公司。表 3－3 是大制造业上市公司的经济性质、资产规模及价值创造额描述性统计表，由表 3－3 可知，国有控股公司季均总资产达到 155 884 亿元，单个公司季均总资产为 237 亿元，国有控股公司季均价值创造额为 6 614 亿元，单个公司季均价值创造额为 10.04 亿元。非国有控股公司季均总资产为 38 227 亿元，单个公司季均总资产为 40 亿元，非国有控股公司季均价值创造额为 1 582 亿元，单个公司季均价值创造额为 1.65 亿元。国有控股公司无论是资产还是价值创造额都远高于非国有控股公司。

表 3-3　大制造业分经济性质描述性统计

经济性质	季均样本量	季均总资产（亿元）	单个公司季均总资产（亿元）	季均价值创造额（亿元）	单个公司季均价值创造额（亿元）
国有控股公司	659	155 884	237	6 614	10.04
非国有控股公司	958	38 227	40	1 582	1.65

3.3.1　分经济性质价值创造额指数分析

图 3-4 揭示了大制造业国有控股公司与非国有控股公司价值创造额指数的变化趋势。由图 3-4 可知，非国有控股公司的价值创造额指数明显高于国有控股公司，且两者的差距明显增大，由此反映了非国有经济近 10 年来的发展速度明显快于国有经济。同时，2013 年以来，大制造业非国有控股公司的价值创造额指数波动幅度逐渐增大，而国有控股公司价值创造额指数波动幅度相对较小，这可能与国有企业规模较大、经营模式相对固定且难以调整有关。值得注意的是，2016 年第 4 季度非国有控股公司的价值创造额指数出现大幅上升，虽在 2017 年第 1 季度有所回落，但在 2017 年第 2 季度至第 4 季度再次强势回升，说明非国有控股公司自 2016 年第 4 季度以来发展态势良好。

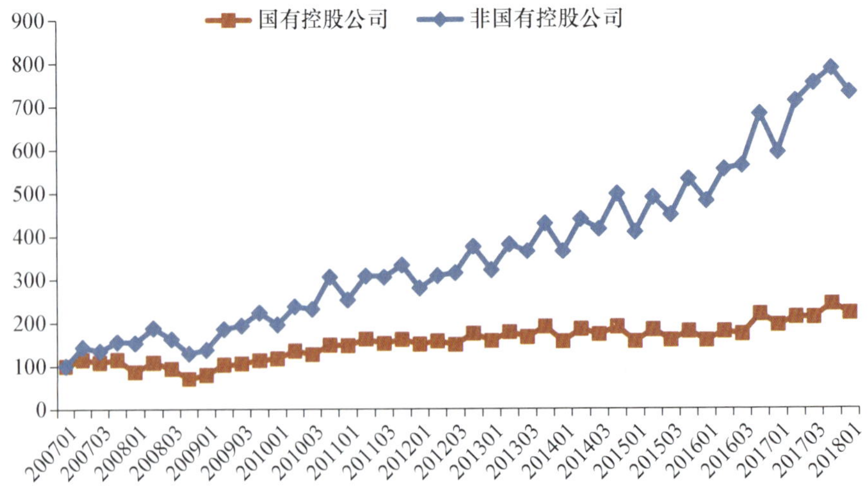

图 3-4　大制造业分经济性质价值创造额指数变化趋势

3.3.2　分经济性质价值创造效率指数分析

图 3-5 揭示了大制造业不同经济性质的上市公司价值创造效率指数及其变化趋势。可以看到，在 2011 年以前，非国有控股公司的价值创造效率指数出现一定的上升趋势，与此同时，国有控股公司的价值创造效率指数出现明显的下滑，表明在这一时期，非国有控股公司更注重提升单位资产的价值创造能力。进入 2012 年，两类性质企业的价值创造效率指数基本处于同步下滑状态，表明在此阶段，国有企业和非国有企业都存在价值创造效率下滑问题。但自 2016 年第 4 季度以来，国有控股公司的价值创造效率指数较之前同期有所回升，侧面反映出国有企业整体运行效率提高，国有企业深化改革初显成效。

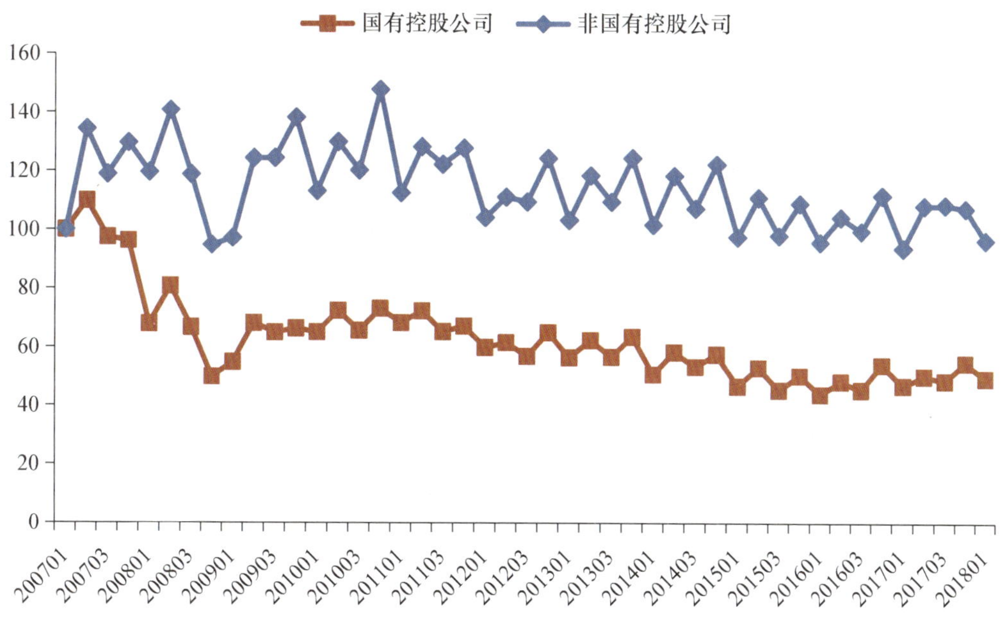

图 3-5　大制造业分经济性质价值创造效率指数变化趋势

3.4　按行业分析

对大制造业上市公司的价值创造额和价值创造效率按细分行业进行分析，可以反映不同细分行业受宏观经济变化影响的程度，揭示不同细分行业的经济运行特点，为国家有针对性地制定行业政策提供依据。

3.4.1　分行业价值创造额指数分析

从表 3-4 中大制造业上市公司的行业分布、资产规模及价值创造额可以看出，采掘业和制造业的价值创造额领先于其他行业，主要原因在于采掘业样本公司的规模较大，制造业样本公司的数量占优。从图 3－6 中可以看到，除采掘业在 2013 年之后出现小幅下滑，其他三个行业的价值创造额指数在样本期间内均保持上升态势。具体来说，采掘业自 2016 年以来开始缓慢回升。制造业自 2016 年以来大幅增长，并于 2016 年第 4 季度创历史新高，反映出我国制造业逐步进行转型升级，从相对依赖资源的发展模式向创新型发展模式转型。电力、热力、燃气及水生产和供应业自 2016 年以来先上升再下降，这与国家通过“去产能”解决传统制造业，特别是钢铁、水泥、电解铝等高消耗、高排放行业产能普遍过剩的举措相关。建筑业价值创造额指数经过 2007 年快速增长后，在 2008 年第 1 季度出现大幅下滑。这主要是受到中国铁建（601890）和中国中铁（601390）在 2008 年第 1 季度应交税费和应付职工薪酬大幅下降所导致的政府所得与员工所得双双下滑的影响。建筑业自 2016 年以来整体趋势变动不大，符合当前“去库存”举措的预期。

表 3－4　大制造业分行业描述性统计

行业代码	行业名称	季均样本量	季均总资产（亿元）	单个公司季均总资产（亿元）	季均价值创造额（亿元）	单个公司季均价值创造额（亿元）
B	采掘业	66	45 130	687	2 937	44.69
C	制造业	1 398	97 924	70	3 774	2.70
D	电力、热力、燃气及水生产和供应业	90	20 261	224	558	6.18
E	建筑业	63	30 845	490	927	14.74

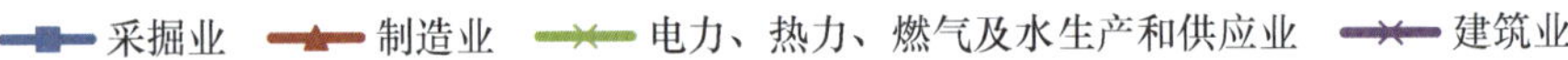

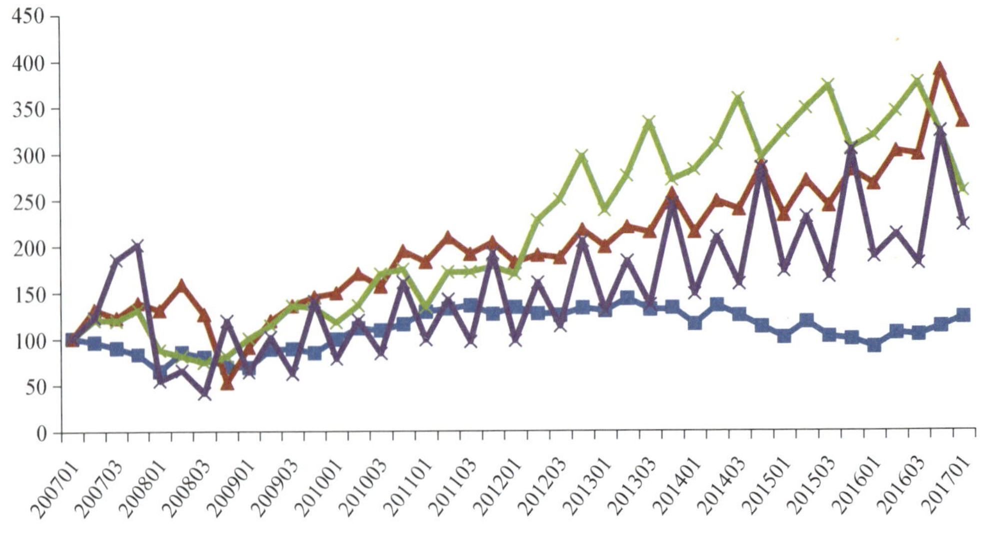

图 3－6　大制造业分行业价值创造额指数变化趋势

3.4.2　分行业价值创造效率指数分析

图 3-7 显示了大制造业细分行业的价值创造效率指数。从四个细分行业的价值创造效率指数变动趋势来看，采掘业在 2011 年之前呈现较大的波动性，在 2011 年之后出现明显的下滑趋势，但在 2016 年第 2 季度开始缓慢回升。受 2008 年金融危机的影响，制造业价值创造效率指数在 2008 年第 4 季度出现大幅下降，并在随后期间呈现出先缓慢下降后缓慢回升的变动趋势。电力、热力、燃气及水生产和供应业价值创造效率指数在 2012 年以前波动较大，从 2012 年第 2 季度开始增长，2013—2016 年较为稳定，但在 2017 年第 1 季度大幅下降。建筑业呈现明显的季节性特征，受中国铁建（601890）和中国中铁（601390）的影响，建筑业 2007 年第 3、第 4 季度的价值创造效率指数明显高于其他季度，近年来则较为平稳。

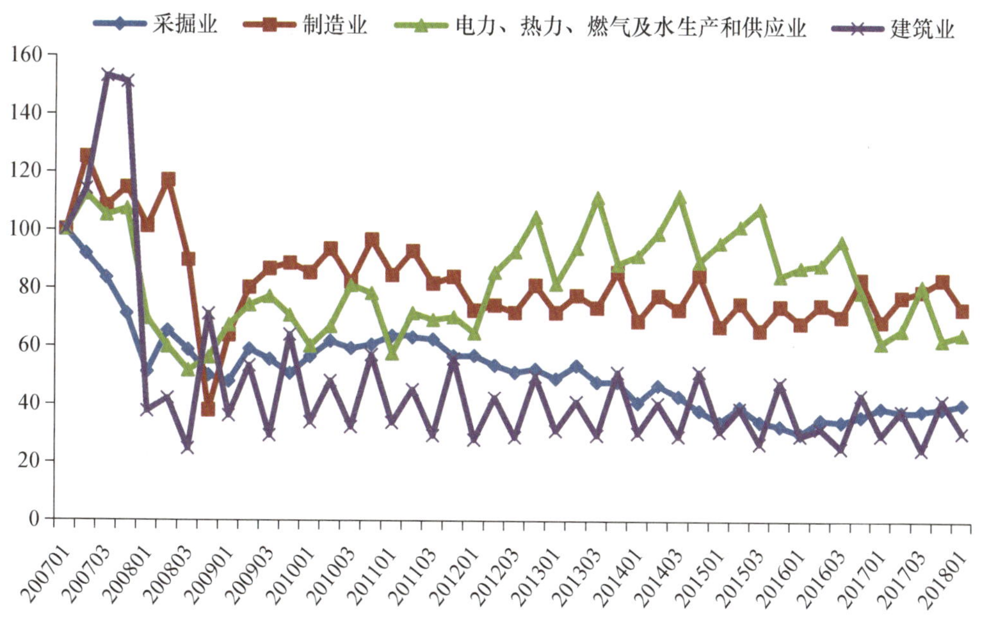

图 3-7　大制造业分行业价值创造效率指数变化趋势

3.5　按地区分析

对大制造业上市公司价值创造总量及效率进行分地区分析，可以反映全国各地区的大制造业上市公司在经济增长及资源使用效率方面的发展动态，为国家及地方政府制定相关行业的区域发展战略、资源分配政策提供参考。表 3-5 列示了大制造业各地区季度平均样本公司数量和季度平均资产规模。图 3－8 和图 3－9 展示了大制造业各地区价值创造额指数变化趋势和价值创造效率指数变化趋势。

表 3－5 大制造业分地区描述性统计

地区	季均样本量	季均总资产（亿元）	单个公司季均总资产（亿元）	季均价值创造额（亿元）	单个公司季均价值创造额（亿元）
华东	646	45 118	70	1 839	2.85
华南	262	16 620	63	702	2.68
华中	180	12 996	72	481	2.68
华北	215	93 540	436	4 315	20.09
西北	92	7 765	84	229	2.49
西南	138	10 404	76	412	2.99
东北	85	7 755	91	218	2.57

3.5.1 分地区价值创造额指数分析

从图 3－8 大制造业各地区价值创造额指数变化趋势中可以看到，受 2008 年金融危机的影响，全国七大区域的价值创造额指数均在 2008 年第 3 季度出现明显的下滑，并在第 4 季度触底，之后随着国家一系列经济政策的实施，七大区域的价值创造额指数开始逐步回升。金融危机后，除华北地区的价值创造额指数稳定保持在低位以外，华东、华南、华中、西北、西南、东北地区的价值创造额指数均呈现上升趋势，2013 年之后，各地区的价值创造额指数的差距开始逐渐扩大。华南地区的价值创造额指数上升幅度较大并逐渐保持领先地位，尤其是 2017 年第 1 季度以来增幅较大，说明华南地区经济发展态势良好，华东、华中、西北、西南地区的价值创造额指数紧随其后，同样实现了一定幅度的增长。其中，值得注意的是，与其他地区相对稳定的价值创造额指数相比，2016 年第 4 季度，西北地区样本公司由于受到中油工程注入优质资产、剥离不良资产的重大资产重组事项影响，价值创造额指数出现剧烈攀升。华北地区的价值创造额指数长期保持在低位，说明该地区的经济状况受宏观经济不景气及国有企业转型困难等问题的影响尤为严重。

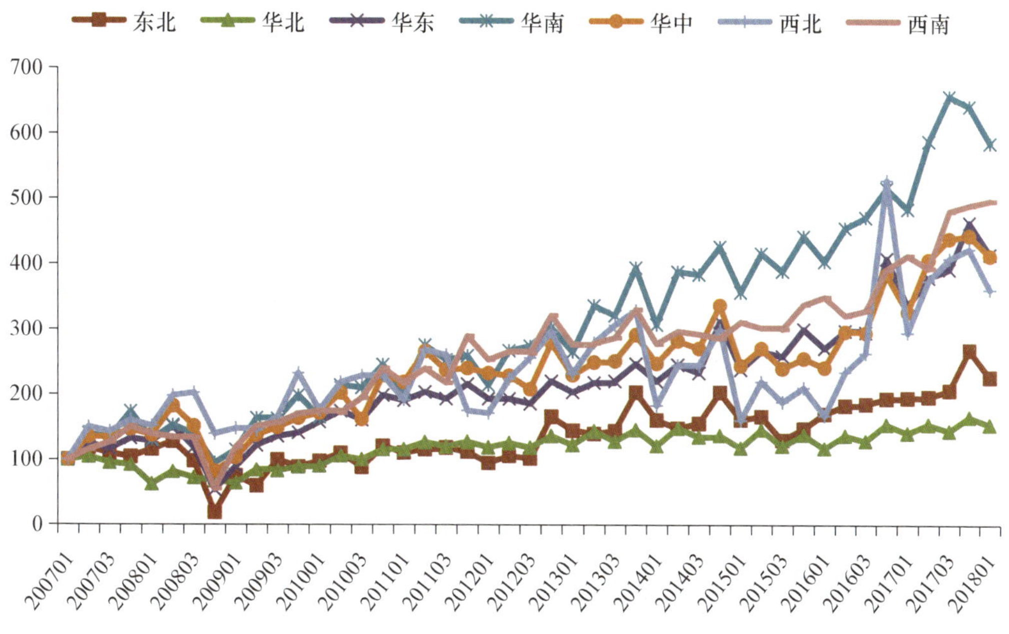

图 3-8　大制造业分地区价值创造额指数变化趋势

3.5.2　分地区价值创造效率指数分析

图 3-9 揭示了各地区大制造业上市公司的价值创造效率指数的变化趋势。由图 3-9 可见，在样本期间内，华北地区的价值创造效率指数总体呈下滑趋势，且多数时间在七大区域中垫底。为缓解 2008 年金融危机的冲击，中央政府制定了四万亿元投资计划，华北地区作为大型国有企业的注册所在地，获得了较多的投资份额，但不断下滑的价值创造效率指数说明华北地区企业的投资并未达到预期效果。进入 2016 年以来，随着国有企业深化改革的不断推进，华北地区的价值创造效率指数出现稳步回升的态势。华南地区的价值创造效率指数在 2009 年之后开始普遍高于国内其他地区，2017 年第 2 季度有较大幅度增长，可以看出华南地区的大制造业价值创造效率很高。东北老工业区的价值创造效率指数呈现震荡调整的趋势，2016 年之后趋于稳定，2017 年第 4 季度大幅上升。华中和华东地区的价值创造效率指数 2008 年之后呈围绕季度均值波动的趋势，在 2016 年第 4 季度以前整体呈下降趋势，2016 年第 4 季度开始回升。西南地区的价值创造效率指数自 2016 年第 4 季度以来大幅上升，呈现良好势头。西北地区的价值创造效率指数在 2009 年之前受益于大规模的国家政策红利，小幅高于国内其他地区，但 2009 年之后开始逐步下跌，到 2016 年第 1 季度和第 2 季度已接近华北地区水平，2016 年第 4 季度受到中油工程重大资产重组事项的影响，西北地区的价值创造效率指数出现剧烈攀升。

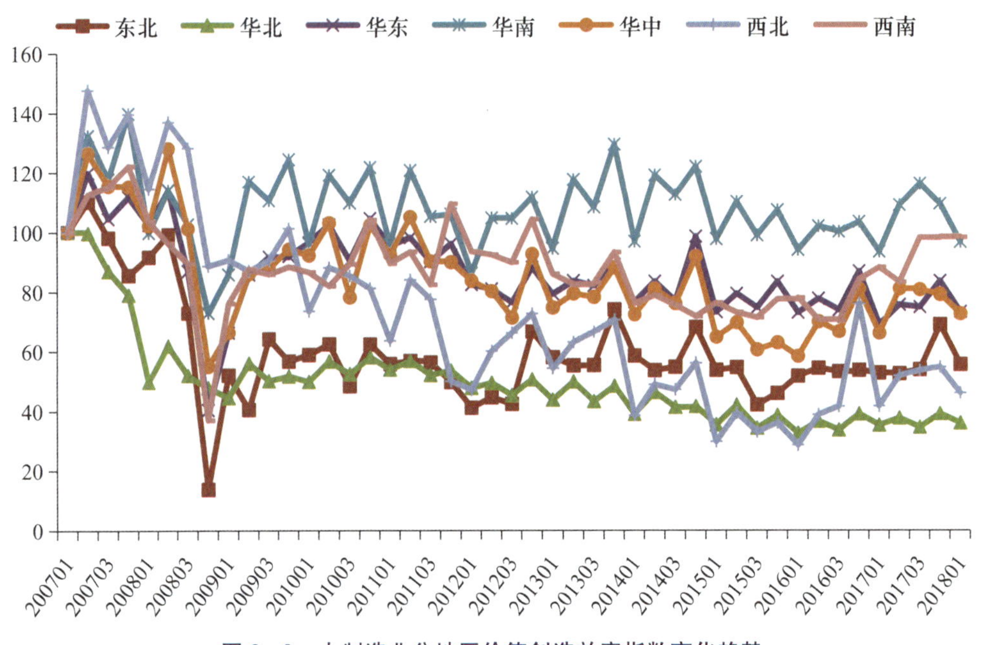

图 3-9 大制造业分地区价值创造效率指数变化趋势

3.6 本章小结

为深入分析大制造业的运行规律，揭示其对宏观经济的影响，本章从四类分配主体、企业经济性质、行业属性及地区分布等角度对大制造业会计宏观价值指数的相关结果进行研究分析，结果发现：

（1）大制造业价值创造额指数与第二产业 GDP 指数波动趋势一致，基本呈现不断上升的趋势，这与政府四万亿元投资计划的逐步实施密切相关，二者之间的差距基本保持稳定。大制造业的价值创造效率整体走低，原因主要有三方面：一是处于经济转型期，大制造业仍存在产能过剩、创新缓慢等问题，导致企业盈利能力无法实现突破；二是产业转型滞后，大量资产拉低了价值创造效率；三是目前我国经济下行压力大，实体经济困难重重，使得价值创造效率进一步下降。

（2）四类分配主体的分析结果表明，大制造业在经历了数年的艰苦转型期后，取得了一定成果，但仍面临人力成本上升、融资成本较高等问题。

（3）分经济性质的分析结果表明，在样本期间内，大制造业国有控股公司的价值创造额指数与价值创造效率指数明显低于非国有控股公司，进一步深化国有企业改革任务艰巨。

（4）分行业的分析结果表明，我国大制造业正逐步从相对依赖资源的发展模式向创新型发展模式转型升级，与此同时，解决传统制造业产能普遍过剩，调整高消耗、高排放行业的“去产能”相关举措初显成效。

（5）分地区的分析结果表明，华东、华南、华中、西北、西南、东北地区的大制造业发展均呈上升趋势，2013 年之后各地区间大制造业发展的差距开始逐渐扩大，华南地区发展态势最好，保持领先地位，而华北地区长期在低位徘徊，说明该地区的经济状况受宏观经济不景气及国有企业转型困难等问题的影响尤为严重。

第 4 章　大服务业会计宏观价值指数编制结果及分析

作为国民经济三大支柱产业之一，近年来，服务业在推动总体经济增长、创造就业机会、增加外贸出口以及刺激内需等方面发挥了越来越重要的作用，服务业上市公司作为同行业的佼佼者，在促进行业繁荣、推动整个经济发展的过程中具有举足轻重的作用。因此，本章从总体测算结果、包含金融业在内的总体测算结果分析、四类分配主体分析、按经济性质分析、按行业分析以及按地区分析共六个方面展开。

4.1　大服务业总体测算结果分析

以大服务业为基础编制的会计宏观价值指数总体结果见表 4-1。表 4-1 分别列示了各季度大服务业的价值创造额指数和价值创造效率指数。为了检验价值创造额指数和价值创造效率指数对宏观经济运行情况的反映效果，我们以单季度的第三产业 GDP 为基础，运用环比指数计算法构建了第三产业 GDP 指数，通过比较不同指数在时序上的波动趋势，来反映宏观经济运行质量。三类指数的变化趋势见图 4-1。

表 4-1　大服务业价值创造额指数、价值创造效率指数的编制结果

季度	价值创造额指数	价值创造效率指数	第三产业 GDP 指数
200701	100	100	100
200702	132	128	102
200703	136	120	103
200704	236	191	114
200801	147	113	121
200802	178	133	121

续表

季度	价值创造额指数	价值创造效率指数	第三产业 GDP 指数
200803	130	93	122
200804	204	137	130
200901	134	87	134
200902	175	108	136
200903	139	81	139
200904	240	130	150
201001	193	99	156
201002	224	109	159
201003	234	108	164
201004	340	147	178
201101	229	95	187
201102	276	109	191
201103	266	99	195
201104	352	126	207
201201	247	86	211
201202	299	101	216
201203	300	98	221
201204	415	130	235
201301	282	84	241
201302	347	102	245
201303	329	92	251
201304	449	121	266
201401	321	84	267
201402	387	97	272
201403	372	91	278
201404	522	123	296
201501	374	85	298
201502	504	103	306
201503	444	86	314
201504	597	110	331
201601	436	77	330
201602	540	91	339

续表

季度	价值创造额指数	价值创造效率指数	第三产业 GDP 指数
201603	513	81	348
201604	831	123	370
201701	531	75	367
201702	665	91	376
201703	634	82	387
201704	880	108	412
201801	640	76	406

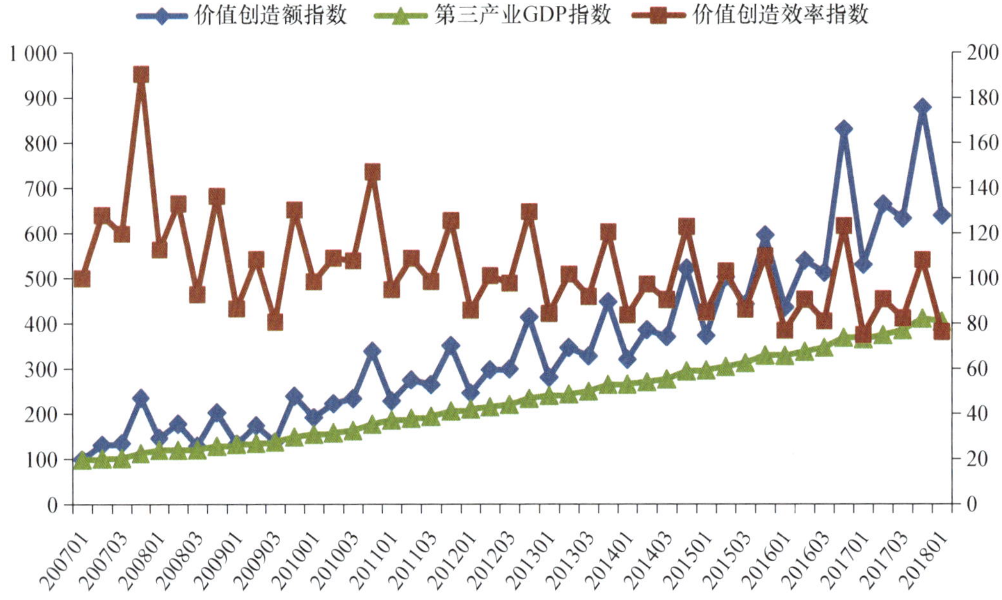

图 4-1　大服务业价值创造额指数、价值创造效率指数、第三产业 GDP 指数变化趋势

结合表 4-1 和图 4-1 可以看到，2007 年第 1 季度至 2018 年第 1 季度，大服务业价值创造额指数与第三产业 GDP 指数波动趋势一致，表现出明显的上升趋势。大服务业价值创造额指数一直保持明显的上升趋势，进入 2014 年，该指数的增长趋势已高于第三产业 GDP 指数，特别是在 2016 年，出现大幅上扬趋势。2017 年，价值创造额指数继续保持这一较高水平。价值创造效率指数在 2016 年之前维持下滑趋势，2016 年第 4 季度有所反弹，2017 年又出现下滑。从大服务业价值创造额指数和价值创造效率指数的相对走势来看，二者在波动形态上高度一致，具有较强的季节性，在同一年内表现出“1、3 季度偏低，2、4 季度走高”的特征，大致呈 N 形波动趋势，并且二者之间的差距逐渐拉大，这说明我国大服务业新增投资效率较低。

4.2　大服务业（含金融业）总体测算结果分析

2007 年第 1 季度以来大服务业（含金融业）的价值创造额指数、价值创造效率指数的编制结果见表 4－2。为了检验大服务业（含金融业）的价值创造额指数和价值创造效率指数对宏观经济运行情况的反映效果，延续前期指数报告的方法，我们以单季度的第三产业 GDP 为基础，运用环比指数计算法构建了第三产业 GDP 指数。大服务业（含金融业）价值创造额指数、价值创造效率指数和第三产业 GDP 指数的变化趋势如图 4－2 所示。

表 4－2　大服务业价值创造额指数、价值创造效率指数的编制结果（含金融业）

季度	价值创造额指数	价值创造效率指数	第三产业 GDP 指数
200701	100	100	100
200702	116	108	102
200703	116	102	103
200704	133	115	114
200801	127	104	121
200802	139	110	121
200803	113	88	122
200804	103	76	130
200901	114	76	134
200902	141	88	136
200903	136	83	139
200904	159	93	150
201001	158	87	156
201002	170	91	159
201003	161	82	164
201004	185	92	178
201101	185	87	187
201102	200	90	191
201103	195	86	195
201104	204	86	207
201201	213	84	211
201202	224	85	216
201203	220	83	221
201204	231	84	235
201301	241	83	241
201302	260	88	245

续表

季度	价值创造额指数	价值创造效率指数	第三产业 GDP 指数
201303	251	84	251
201304	260	85	266
201401	274	85	267
201402	289	86	272
201403	283	84	278
201404	304	88	296
201501	313	87	298
201502	364	94	306
201503	307	79	314
201504	310	78	331
201601	316	77	330
201602	337	79	339
201603	319	73	348
201604	354	78	370
201701	343	74	367
201702	362	78	376
201703	357	75	387
201704	376	78	412
201801	374	76	406

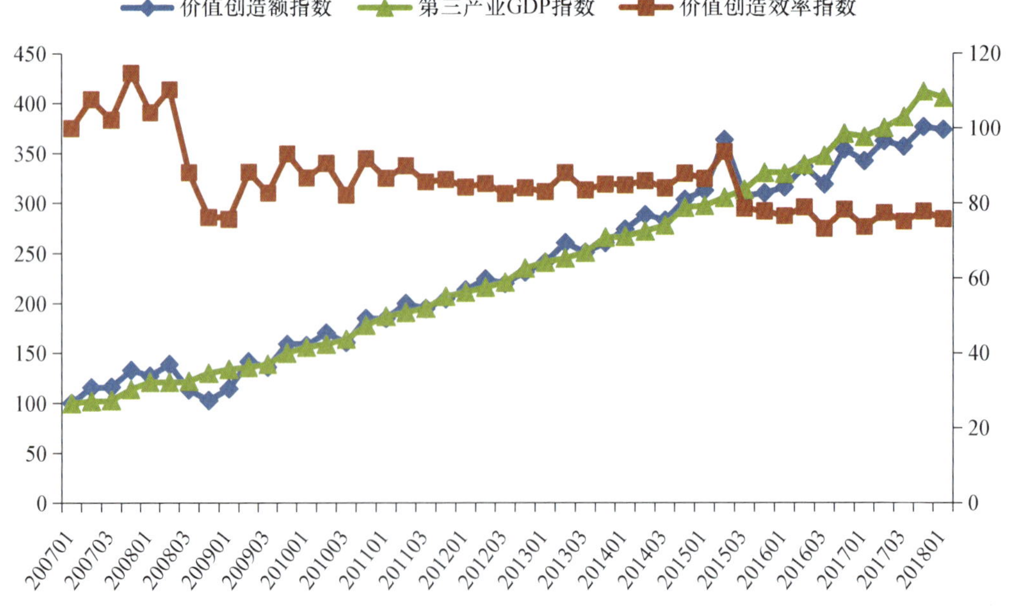

图 4-2 大服务业价值创造额指数、价值创造效率指数、第三产业 GDP 指数变化趋势（含金融业）

结合表4－2和图4－2可以看到，包含金融业上市公司之后，2015年第2季度，大服务业（含金融业）的价值创造额指数快速上扬，反映了这一期间股价快速上涨带来的价值创造额提升。2015年股灾之后，大服务业（含金融业）的价值创造额指数依旧与第三产业GDP指数保持一致。从大服务业（含金融业）的价值创造额指数和价值创造效率指数的相对走势来看，二者较强的季节效应在加入金融业后几乎消失，但二者的差距依然逐渐变大，这说明我国大服务业（含金融业）新增投资效率也比较低。

4.3 四类分配主体分析

对大服务业价值创造额的构成进行分析，可以反映大服务业股东、债权人、政府及员工等利益相关者的分配所得在企业新创造价值中所占的比重及变化趋势，为政府相关部门有针对性地制定收入分配政策和税收政策等提供参考。

4.3.1 四类分配主体价值创造额指数分析

对大服务业价值创造额按股东、政府、员工和债权人占比进行构成分析，可以揭示大服务业各类主体的分配格局，但是，分配结构分析相当于存量静态分析，并不能展现大服务业各类主体所获价值创造额在时序上的动态变化趋势，不能揭示大服务业各类主体分配所得在不同宏观经济形势下的波动规律。为此，本部分对大服务业四类分配主体所获价值创造额进行了指数化处理，得到四类大服务业价值创造额指数：大服务业股东获利指数、大服务业政府税收指数、大服务业员工薪酬指数和大服务业债权人利息指数。

表4－3和图4－3描述了大服务业四类分配主体价值创造额指数的变动趋势。从表4－3和图4－3中可以看到，从总体趋势来看，2007年第1季度以来，大服务业的政府税收、员工薪酬和债权人利息所得基本保持了同步快速增长，2017年第4季度，政府税收指数达到了926点，员工薪酬指数达到了972点，债权人利息指数达到了922点；而股东获利指数的增长趋势要明显低于其他三类指数，2017年第4季度，股东获利指数为742点。债权人利息指数在2015年第3季度达到了最高点963点，表明企业融资成本大幅上升。这主要是受央行中间价汇改、美联储加息的影响。特别是交通运输仓储业中的航空公司（南方航空、中国国航、东方航空、海南航空），受汇兑损益的影响较大。

表 4-3　大服务业四类分配主体价值创造额指数的编制结果（剔除金融业）

季度	价值创造额（亿元）				价值创造额指数			
	股东	政府	员工	债权人	股东	政府	员工	债权人
200701	175	142	134	35.8	100	100	100	100
200702	229	198	222	25.4	131	133	149	70
200703	289	190	173	43.4	165	127	116	120
200704	535	346	336	32.9	305	215	215	93
200801	331	211	212	24.2	189	131	136	68
200802	400	281	249	24.1	226	173	159	67
200803	218	197	217	62.7	123	121	138	175
200804	81.6	417	495	98.9	46	257	314	276
200901	183	196	281	60	103	121	178	167
200902	316	278	290	57	177	171	184	158
200903	253	160	280	58.1	140	98	176	161
200904	395	432	439	56.6	214	261	270	156
201001	367	287	346	63.6	199	173	212	175
201002	458	346	377	58	247	206	228	161
201003	499	368	396	45.9	265	217	237	126
201004	687	604	605	61.9	358	348	345	168
201101	409	391	450	61.3	215	226	257	167
201102	531	519	490	62.7	278	296	275	164
201103	512	471	503	57.4	267	268	282	150
201104	529	697	716	93.3	276	397	401	244
201201	342	415	553	115	178	236	310	301
201202	491	554	573	137	252	314	314	361
201203	493	542	607	137	252	306	332	361
201204	753	823	772	112	384	464	422	295
201301	400	496	647	126	204	280	354	332
201302	646	680	649	85.8	329	383	355	226
201303	618	546	659	123	313	307	362	326
201304	744	878	932	131	375	490	503	348
201401	459	569	704	192	231	318	380	510
201402	640	760	744	167	323	424	401	443

续表

季度	价值创造额（亿元）				价值创造额指数			
	股东	政府	员工	债权人	股东	政府	员工	债权人
201403	646	626	777	175	325	348	417	462
201404	962	994	1 020	161	481	549	542	425
201501	585	633	821	193	294	358	436	515
201502	915	965	945	193	458	543	499	512
201503	602	777	923	363	301	437	487	963
201504	1 020	1 170	1 250	276	478	630	655	722
201601	675	824	1 020	215	316	442	529	562
201602	920	1 090	1 090	291	430	585	565	761
201603	923	961	1 090	256	429	514	560	669
201604	1 490	1 610	1 800	358	693	856	920	936
201701	912	904	1 250	253	427	482	654	664
201702	1 260	1 320	1 380	273	581	698	701	714
201703	1 220	1 170	1 420	285	549	619	712	740
201704	1 670	1 760	1 950	356	742	926	972	922
201801	1 220	1 150	1 610	279	529	600	783	709

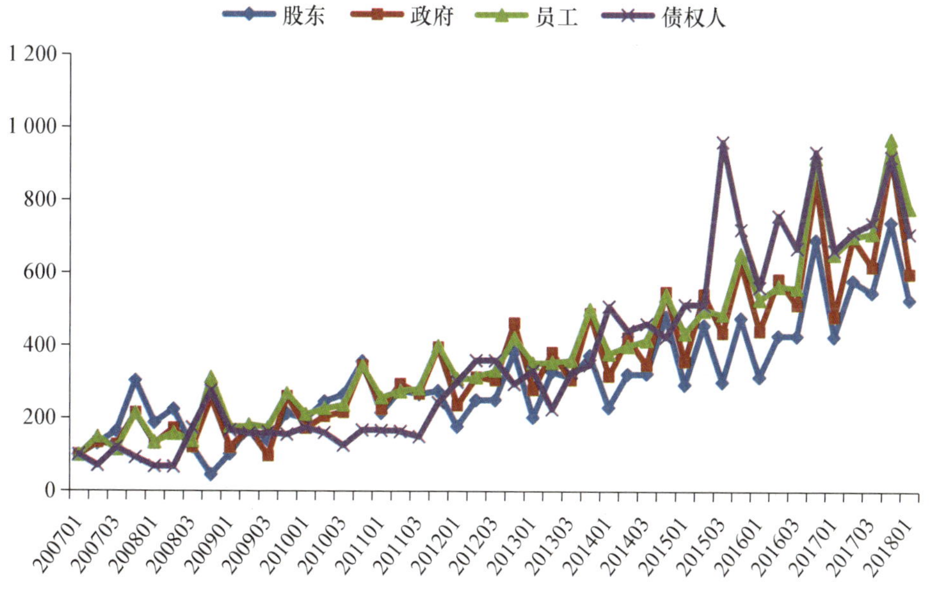

图 4-3　大服务业四类分配主体价值创造额指数变化趋势（剔除金融业）

4.3.2 四类分配主体价值创造额占比分析

图4-4是大服务业价值创造额构成占比分析图。首先，从2007年以来所有季度的均值看，员工薪酬所得占比最高，达到33.48%；政府税收所得占比次之，达到30.58%；股东获利所得占比排在第三位，为29.34%；债权人利息所得占比排在最后，为6.60%。其次，与2007年季度均值相比，2017年大服务业分配结构发生了显著变化。2007年，股东获利所得占比最高，达到39.53%，到2017年下降至29.12%。2007年，员工薪酬所得占比为27.84%，到2017年大幅上升，达到34.52%，在四类分配主体中占比最高，增加约6个百分点。政府税收所得占比也出现较大幅度的上升，从2007年的28.20%上升至2017年的29.65%。总的来说，大服务业的价值创造额中员工薪酬所得、政府税收所得和债权人利息所得占比均有上升，股东获利所得占比大幅下降。综上可见，大服务业中员工薪酬所得、股东获利所得和政府税收所得占大服务业价值创造额的比重比较均衡，与大制造业企业相比，大服务业企业的政府税收负担较轻，股东获利能力较强。这有利于大服务业加快发展，进一步提高第三产业在国民经济中的比重，进而有利于我国经济结构转型升级。

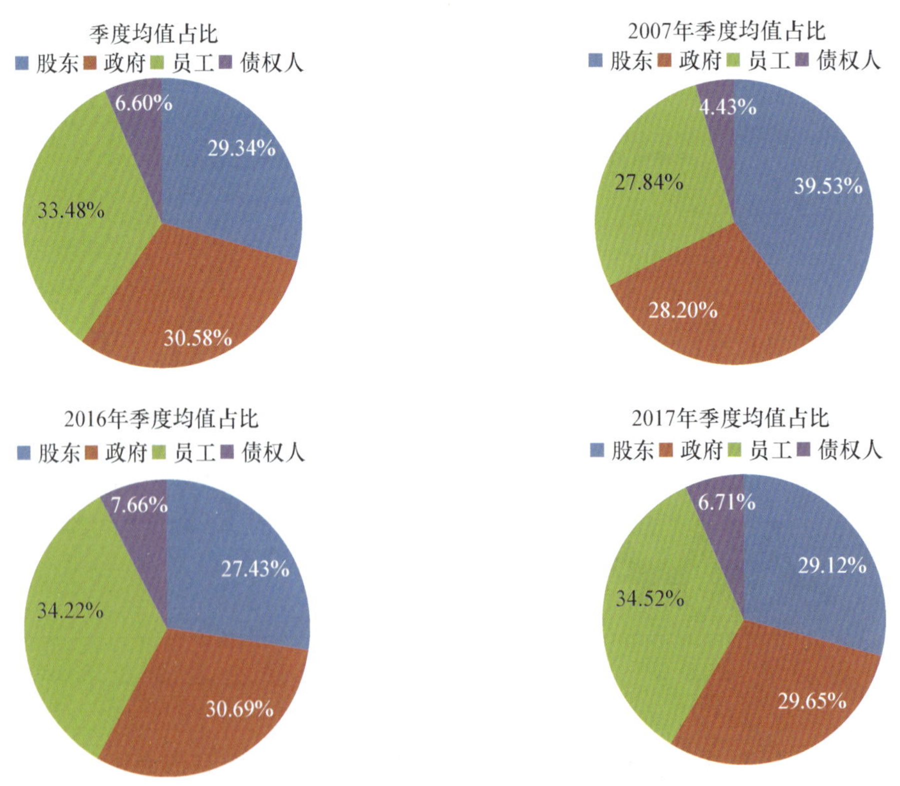

图4-4 大服务业价值创造额构成占比分析（剔除金融业）

综上可见，大服务业中员工薪酬所得、政府税收所得和股东获利所得占比相当，从 2007 年第 1 季度到 2017 年第 4 季度，大服务业价值创造额在四类主体之间的分配结构变化较大。与大制造业不同，政府税收所得、员工薪酬所得和债权人利息所得的同步快速增长，是金融危机后大服务业股东获利能力下降的主要原因。这种增长会影响股东的投资积极性，从长远看可能影响我国经济的结构调整和转型升级。

4.4　按经济性质分析

对大服务业上市公司价值创造总量及价值创造效率按经济性质进行分析，可以反映不同产权性质的上市公司在经济增长及资源使用效率方面的发展动态，为国家针对大服务业企业完善基本经济制度、制定合理的税收政策提供参考。

与前面的章节类似，本章按照上市公司实际控制人性质将大服务业上市公司分为国有控股公司与非国有控股公司。表 4－4 列示了两类企业的样本量、季均总资产、单个公司季均总资产、季均价值创造额以及单个公司季均价值创造额。

表 4－4　大服务业分经济性质描述性统计

经济性质	季均样本量	季均总资产（亿元）	单个公司季均总资产（亿元）	季均价值创造额（亿元）	单个公司季均价值创造额（亿元）
国有控股公司	289	48 293	167	1 452	5.01
非国有控股公司	284	22 468	79	675	2.38

4.4.1　分经济性质价值创造额指数分析

图 4－5 揭示了大服务业两类经济性质上市公司自 2007 年第 1 季度至 2018 年第 1 季度的价值创造额指数。分析表 4－4 可以看出，虽然在样本量上，非国有控股公司与国有控股公司之间不存在明显差距，但在资产规模和价值创造额上，大服务业非国有控股公司与国有控股公司对比悬殊。具体来看，非国有控股公司与国有控股公司季均价值创造额分别为 675 亿元和 1 452 亿元。该结果在一定程度上表明，国有控股公司为大服务业的价值创造做出了重要贡献，国有经济在大服务业上市公司中居于主导地位。分析图 4－5 可以看出，虽然两类企业的价值创造额指数均保持增长趋势，但非国有控股公司价值创造额指数的增长明显大于国有控

股公司，表明非国有控股公司的成长性要优于国有控股公司。另外，从价值创造额指数在时序上的波动趋势来看，国有控股公司与非国有控股公司均表现出“1、3季度偏低，2、4季度走高”的特点，与大服务业总体价值创造额指数波动趋势一致。

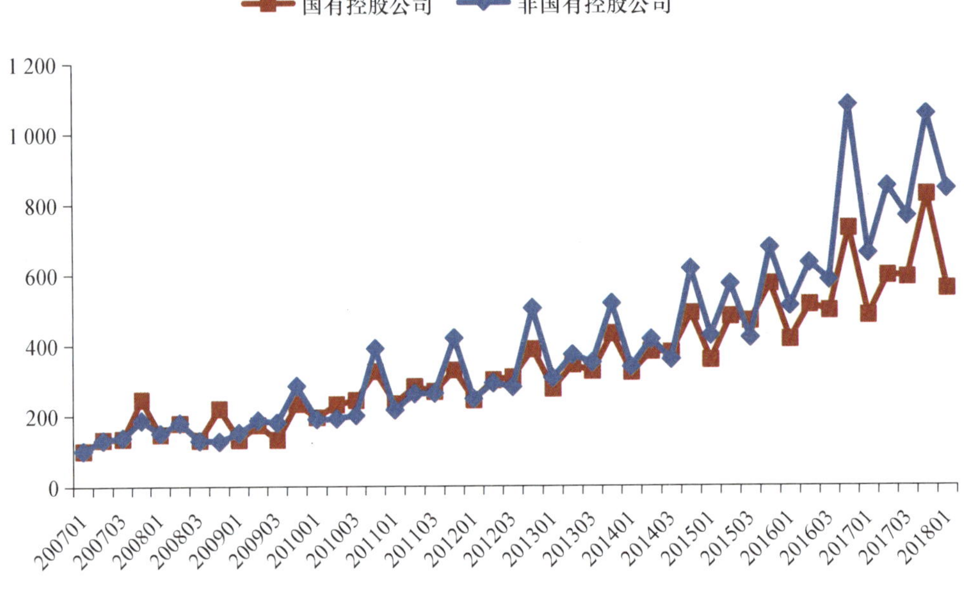

图 4-5　大服务业分经济性质价值创造额指数变化趋势（剔除金融业）

4.4.2　分经济性质价值创造效率指数分析

图 4-6 揭示了大服务业两类经济性质上市公司自 2007 年第 1 季度至 2018 年第 1 季度的价值创造效率指数的变化趋势。由图 4-6 可知，2008 年金融危机之后，两类企业的价值创造效率指数均呈现下降趋势，2011 年之前，非国有控股公司价值创造效率指数的下降趋势要小于国有控股公司，该结果在一定程度上表明，四万亿元投资计划对国有控股公司的价值创造效率产生了更大的冲击，增加投资虽然能刺激经济总量增长，却难以保证资金的配置效率。2011 年之后，国有控股公司的价值创造效率处于稳定状态，而非国有控股公司的价值创造效率持续下滑。至 2018 年第 1 季度，两个效率指数基本重合。这表明虽然非国有控股公司的价值创造额增长快速，但新进入企业的价值创造效率较低，非国有控股公司需要改变粗放的扩张方式，提高单位资产的价值创造能力。此外，可以发现国有控股公司和非国有控股公司的价值创造效率具有明显的第 4 季度效应，主要原因是第 4 季度企业的股东分红和政府税收较高。

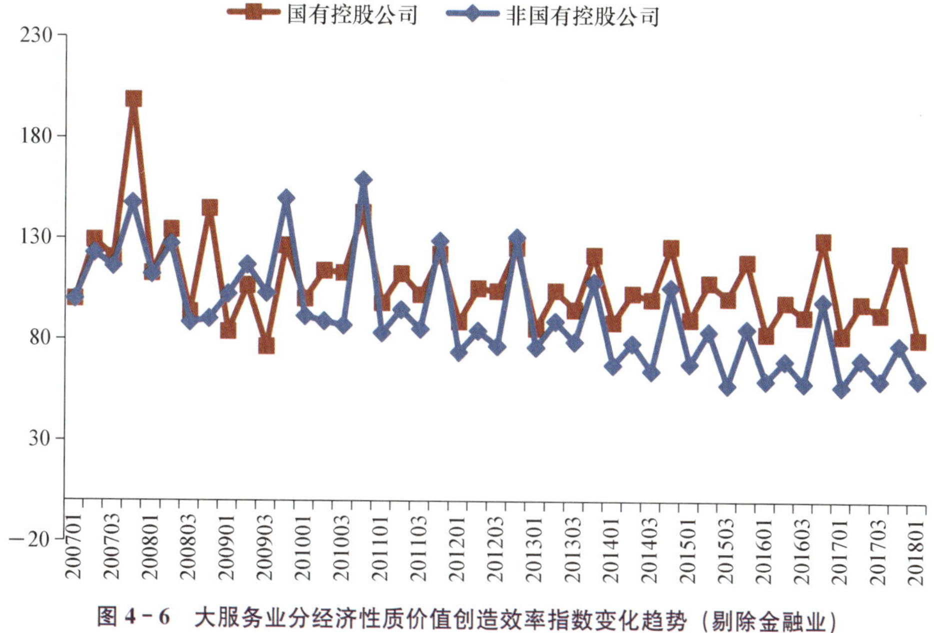

图 4－6　大服务业分经济性质价值创造效率指数变化趋势（剔除金融业）

以上结果的政策启示在于，在当前国际市场需求疲软、出口贸易受阻、国内消费增速缓慢的大环境下，加大对大服务业相关行业的投资、刺激内需对于保持经济总量平稳增长、增加就业机会具有极为重要的现实意义。

4.5　按行业分析

对大服务业上市公司的价值创造额与价值创造效率按细分行业进行分析，可以反映各细分行业受宏观经济变化影响的程度，揭示不同行业的经济运行特点，为国家有针对性地制定行业政策提供依据。

4.5.1　分行业价值创造额指数分析

结合表 4－5 与图 4－7 可以发现，在大服务业的 11 个细分行业中，季均价值创造额从高到低依次为：房地产业；交通运输业、仓储和邮政业；批发和零售业；信息传输、软件和信息技术服务业；租赁和商务服务业；文化、体育和娱乐业；水利、环境和公共设施管理业；科学研究和技术服务业；住宿和餐饮业；卫生和社会工作；教育。其中，2017 年，排名靠前的四个行业价值创造额占大服务业的比例约为 46.75%，因而这四个行业价值创造额的增减变化直接决定了大服务业的变化趋势。因此，当宏观经济出现剧烈波动导致整个服务业受到影响时，政府部门应当优先考虑针对敏感性强、影响力大的行业制定调控政策，以确保经济总体平稳运行。

表 4-5　大服务业分行业描述性统计（剔除金融业）

行业代码	行业名称	季均样本量	季均总资产（亿元）	单个公司季均总资产（亿元）	季均价值创造额（亿元）	单个公司季均价值创造额（亿元）
F	批发和零售业	136	11 163	82	383	2.81
G	交通运输业、仓储和邮政业	79	16 341	207	563	7.15
H	住宿和餐饮业	11	336	32	14	1.34
I	信息传输、软件和信息技术服务业	131	8 110	62	297	2.27
K	房地产业	123	28 887	235	661	5.37
L	租赁和商务服务业	33	2 525	77	71	2.16
M	科学研究和技术服务业	15	320	22	17	1.12
N	水利、环境和公共设施管理业	26	1 511	57	53	2.03
P	教育	2	28	13	2	1.01
Q	卫生和社会工作	6	152	25	9	1.42
R	文化、体育和娱乐业	34	1 363	40	56	1.65

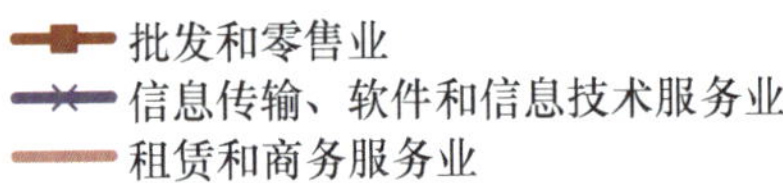

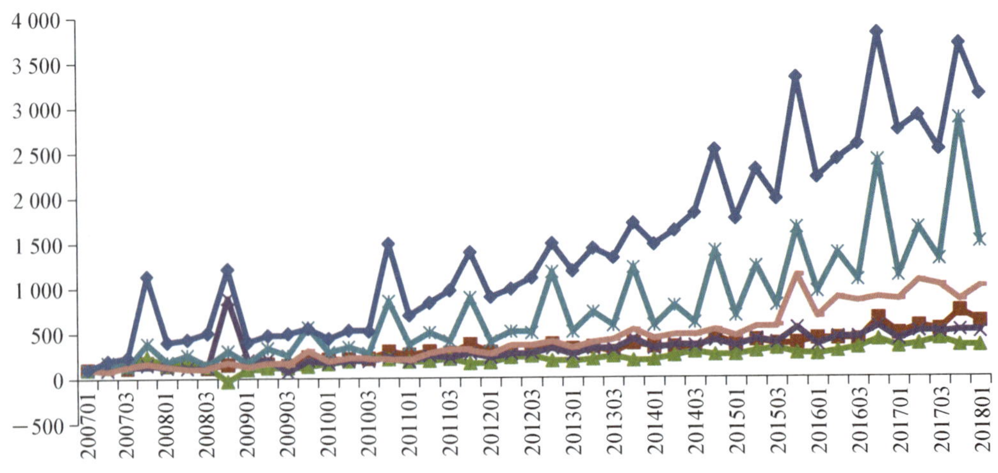

图 4-7　大服务业分行业价值创造额指数变化趋势（剔除金融业）

在大服务业包含的 11 个行业中，部分行业存在样本企业偏少的情况，此时这些行业的价值创造额指数和价值创造效率指数容易受到单一企业变动的影响，难以准确反映行业变动情况。因此本课题组在分析两类指数的变动趋势时，剔除了样本量小于 30 的行业。

从图 4-7 中可以看出，增长最快的三个行业分别是文化、体育和娱乐业，房地产业以及租赁和商务服务业，批发和零售业，交通运输业、仓储和邮政业，信息传输、软件和信息技术服务业增长相对缓慢。文化、体育和娱乐业的增速明显超过其余细分行业，这反映了我国文化产业快速发展的态势。

对价值创造额指数波动情况进行分析，可以发现：（1）房地产业存在明显的季度效应，即每年第 2、第 4 季度较高而第 1、第 3 季度较低，与大服务业总体的变化趋势相一致。房地产业的销售素有“金九银十”之称，销售旺季通常出现在 9 月和 10 月，而 10 月实现的成交额在一年内最为集中，导致第 4 季度的价值创造额趋高。交通运输业、仓储和邮政业同样存在明显的季度效应，价值创造额指数高点主要集中在每年第 3 季度，其余三个季度相对较低。（2）文化、体育和娱乐业，信息传输、软件和信息技术服务业以及批发和零售业存在明显的年末效应，即每年前三个季度增长缓慢，而第 4 季度出现跳跃式增长。对于文化、体育和娱乐业而言，年底的影视艺术新作频呈、媒体广告异常活跃、出版物和印刷品激增都将导致相关企业营业收入的集中增长。就批发和零售业而言，第 4 季度包含较多的法定节假日，消费品需求旺盛，消费时间比较集中。（3）租赁和商务服务业不存在明显的波动趋势。

需要特别指出的是，交通运输业、仓储和邮政业在 2008 年第 4 季度价值创造额指数为负，是因为在 2008 年金融危机全面爆发期，建筑行业的开工项目减少，东南沿海中小制造企业接连关闭，航空公司客运业务骤减。信息传输、软件和信息技术服务业的价值创造额指数在 2008 年第 4 季度出现快速增长，是因为中国联通在 2008 年第 4 季度出售 CDMA 业务实现处置收益 356.27 亿元。

4.5.2　分行业价值创造效率指数分析

对大服务业的价值创造效率做进一步细分，可以深入反映各具体行业的经营特点及其受宏观经济变化影响的程度，为政府制定具体行业政策提供参考。从图 4-8 中可以看出：（1）批发和零售业的价值创造效率指数在 2012 年之后表现出明显的下滑趋势。（2）交通运输业、仓储和邮政业的价值创造效率指数在 2008 年之后处于相对稳定状态，并表现出较明显的季度规律，即第 3 季度较高，第 1、第 2、第 4 季度较低。（3）信息传输、软件和信息技术服务业的价值创造效率指数除去 2008 年第 4 季度的异常值外，一直处于十分稳定的状态，并表现出明显的年末效应。

（4）房地产业的价值创造效率指数存在明显的波动性，在 2007 年第 4 季度达到最高点，随后呈现出先上升后下降的波动状态。这表明虽然房地产业的价值创造额增长迅速，但更多依赖于大量资产进入，单位资产价值创造额并不高。（5）租赁和商务服务业的价值创造效率指数在 2010 年以前上升，在 2011 年之后下降。（6）文化、体育和娱乐业的价值创造效率指数在 2011 年出现大幅下滑，并在随后保持稳定状态。同时，文化、体育和娱乐业的价值创造效率指数明显高于其他行业，反映出我国文化、体育和娱乐业良好的发展态势。与价值创造额指数波动趋势一致，房地产业以及交通运输业、仓储和邮政业的价值创造效率指数存在明显的季度效应，文化、体育和娱乐业，信息传输、软件和信息技术服务业以及批发和零售业存在明显的年末效应，租赁和商务服务业不存在明显的波动趋势。

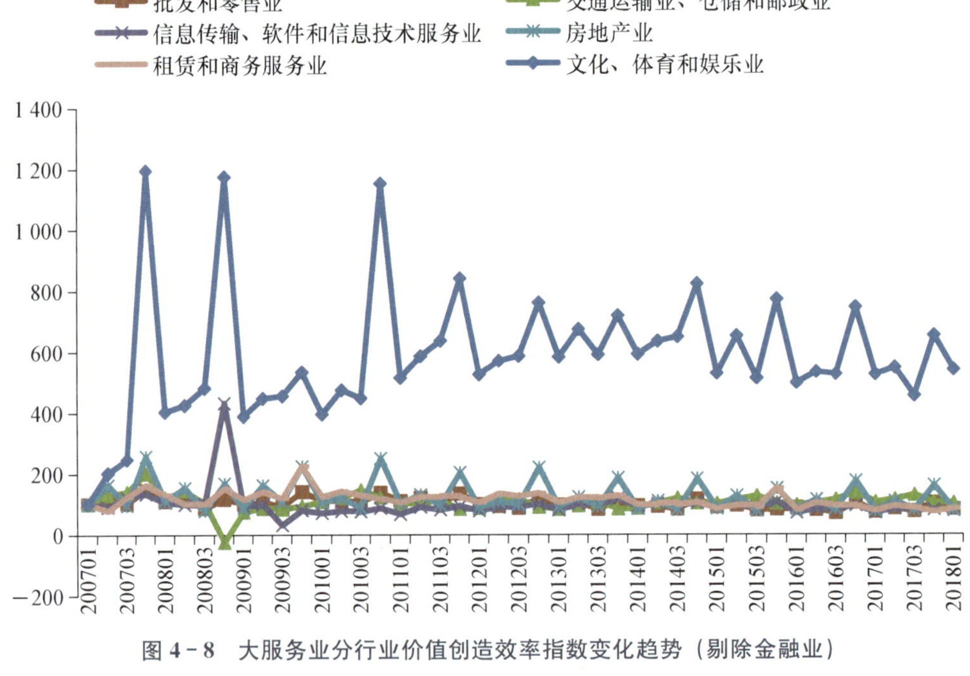

图 4－8 大服务业分行业价值创造效率指数变化趋势（剔除金融业）

4.6 按地区分析

对大服务业上市公司价值创造总量及效率按地区进行分析，一定程度上可以反映不同地区大服务业的经济增长速度及资源使用效率，为国家制定区域发展战略和资源分配政策提供参考。

本章对地区的划分方法与前面一致，表 4－6 列示了各地区季均样本量、季均总资产、单个公司季均总资产、季均价值创造额和单个公司季均价值创造额。

表 4-6 大服务业分地区描述性统计（剔除金融业）

地区	季均样本量	季均总资产（亿元）	单个公司季均总资产（亿元）	季均价值创造额（亿元）	单个公司季均价值创造额（亿元）
华东	238	27 862	117	843	3.55
华南	116	18 045	155	536	4.61
华中	45	2 970	65	93	2.06
华北	101	15 229	150	469	4.62
西北	20	1 411	69	32	1.55
西南	38	2 817	74	75	1.99
东北	36	2 418	66	78	2.16

4.6.1 分地区价值创造额指数分析

结合表 4-6 可以看出，大服务业企业主要集中在华东、华南和华北地区，季均总资产占七大地区大服务业企业的 86.41%，价值创造额同样集中在上述三大地区。这表明东南沿海省区和北京、天津地区的大服务业比较发达，西部省区则相对落后，与整个宏观经济增长在地域上的分布格局一致。分析图 4-9 可以看出，在七大地区中，西南地区的价值创造额指数增长最为迅速，其次是西北地区和华南地区，东北地区和华中地区增长最为缓慢。上述结果表明，西南地区和西北地区的大服务业企业发展最为迅速，而东北地区和华中地区的大服务业企业发展最为缓慢。西北地区大服务业价值创造额指数在 2008 年第 4 季度出现大幅下滑，原因在于 ST 宏盛董事长涉嫌逃汇、虚假出资、抽逃出资罪，导致公司出现大幅亏损。

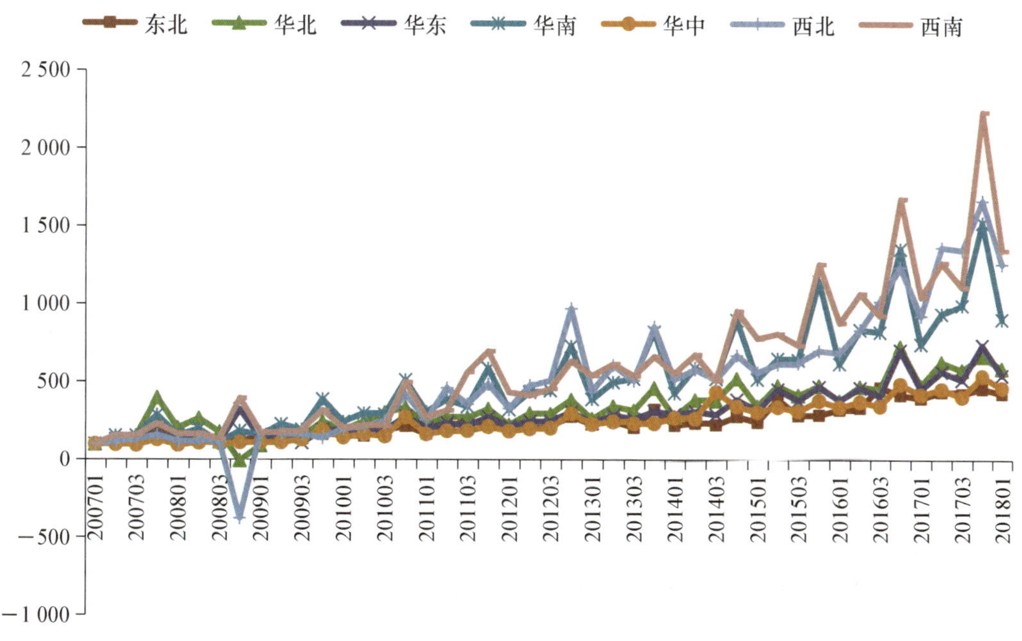

图 4-9 大服务业分地区价值创造额指数变化趋势（剔除金融业）

西南和西北地区大服务业价值创造额指数增长迅速，一方面得益于政府积极进行产业改革，扶持本地区大服务业企业发展，另一方面得益于本地区大服务业企业基础较差，更容易实现快速发展。华南地区能够实现快速增长，主要因为该地区市场化程度更高，对大服务业企业的发展更为重视。对七大地区综合分析，可以发现七大地区价值创造额指数存在明显的年末效应，即第4季度价值创造额指数较高。2007—2017年，各地区大服务业发展增速有逐年扩大的趋势，表明各地区大服务业企业增长速度的差距进一步扩大。

4.6.2 分地区价值创造效率指数分析

图4-10表明七大地区的大服务业价值创造效率指数均呈下滑趋势，且存在较明显的年末效应，即第4季度的价值创造效率指数较高。具体分析，东北地区呈现持续下滑趋势；华北地区在2008年出现大幅下滑，2009年第1季度出现明显反弹，并在随后年度维持相对稳定状态；华东地区在2008年第4季度出现大幅上涨，2019年第1季度大幅回落，并在随后年度轻微下滑；华南地区存在明显的波动性，截至2018年第1季度，价值创造效率指数并未出现明显下滑；华中地区在2013年以前有明显下滑趋势，在随后样本期间内维持相对稳定状态；西北地区经过最初的快速增长，2011年以后存在明显的下滑趋势；西南地区在2008年第4季度出现大幅上扬，并在随后季度回落，在之后的样本期间里存在轻微下滑趋势。上述结论表明，虽然西北地区和西南地区价值创造额增长迅速，但需要考虑转变经济发展方式、提高经济效率的问题。

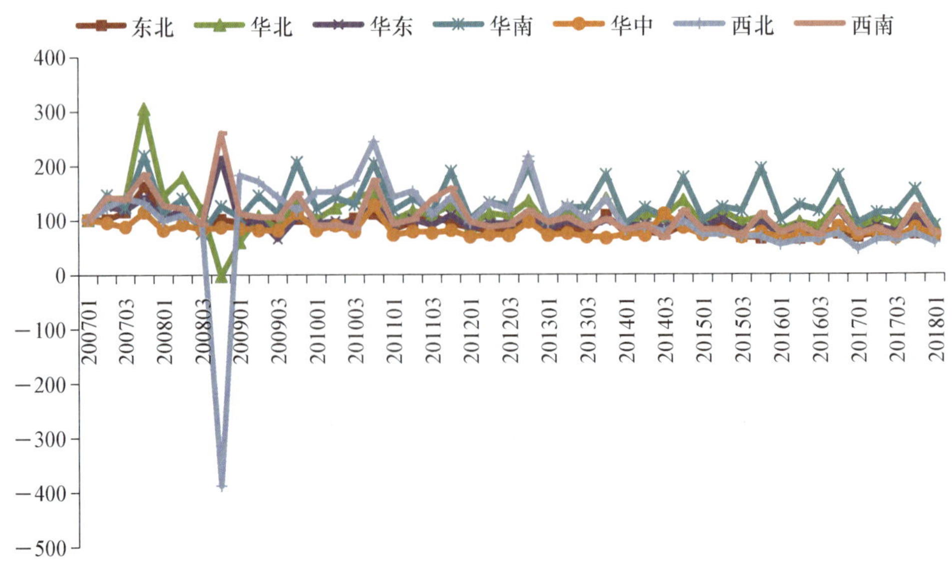

图4-10　大服务业分地区价值创造效率指数变化趋势（剔除金融业）

4.7　本章小结

本章着重研究了大服务业上市公司的价值创造总量及价值创造效率，从企业经济性质、行业属性及地区分布三个角度出发，对大服务业的经济增长趋势及资源使用效率进行了分析。

主要研究结论如下：

(1) 大服务业的价值创造额指数与价值创造效率指数在波动形态上高度一致，具有较强的季节性，在同一年内表现出“1、3 季度偏低，2、4 季度走高”的特征，大致呈 N 形波动趋势，第三产业 GDP 指数呈稳步增长趋势。

(2) 大服务业中存在一批资产规模大、盈利水平高的国有控股公司，其价值创造量远远超过非国有控股公司，表明国有经济在大服务业上市公司中的主导地位；同时，就价值创造效率而言，2011 年之前，非国有控股公司价值创造效率指数的下降趋势要小于国有控股公司，在一定程度上表明，四万亿元投资计划对国有控股公司的价值创造效率产生了更大的冲击，增加投资虽然能刺激经济总量增长，却难以保证资金的配置效率。而 2011 年之后，国有控股公司的价值创造效率处于稳定状态，而非国有控股公司的价值创造效率持续下滑。

(3) 大服务业各具体行业的价值创造实力分布不均，批发和零售业，交通运输业、仓储和邮政业，信息传输、软件和信息技术服务业，房地产业的上市公司数量最多，资产规模相对较大；房地产业上市公司不但数量较多，其资产规模也远远超过其他行业；就价值创造额指数来看，文化、体育和娱乐业及房地产业增长最快。

(4) 大服务业的地区发展极不平衡，华东、华南及华北地区大服务业上市公司的价值创造总量远高于其他地区；从增长速度分析，西南地区的价值创造额指数增长最为迅速，其次是西北地区和华南地区；从价值创造效率来看，除华北、西北、西南、华东和华南地区以外，大服务业各细分地区在研究期间内均表现出缓慢下降的趋势，但不同地区价值创造效率指数走势的差异不明显；另外，各细分地区价值创造效率指数存在明显的年末效应。

第 5 章　农林牧渔业会计宏观价值指数编制结果及分析

为了突出产业特征和分析的针对性，本研究对多个行业进行了分类分析，如大制造业、大服务业和金融业等。考虑到农林牧渔业对应国民经济中的第一产业，自身的行业特点较为明显，故本章对其单独进行研究，着重从行业总体、构成主体和企业的经济性质角度对农林牧渔业的价值创造额及价值创造效率进行深入分析。根据样本选择方法，每季度有不同数量的农林牧渔业上市公司进入计算样本。

5.1　农林牧渔业总体测算结果分析

自 2007 年第 1 季度以来，农林牧渔业价值创造额指数、价值创造效率指数的编制结果见表 5-1。为了检验农林牧渔业价值创造额指数和价值创造效率指数对宏观经济运行情况的反映效果，延续前期指数报告的方法，我们以单季度的第一产业 GDP 为基础，运用环比指数计算法构建了第一产业 GDP 指数。农林牧渔业价值创造额指数、价值创造效率指数和第一产业 GDP 指数的变化趋势见图 5-1。

表 5-1　农林牧渔业价值创造额指数、价值创造效率指数的编制结果

季度	价值创造额指数	价值创造效率指数	第一产业 GDP 指数
200701	100	100	100
200702	188	191	159
200703	104	104	241
200704	247	224	298
200801	156	142	126
200802	165	153	198
200803	120	112	284

续表

季度	价值创造额指数	价值创造效率指数	第一产业 GDP 指数
200804	134	116	331
200901	152	130	127
200902	154	136	200
200903	139	121	292
200904	191	145	360
201001	184	133	142
201002	181	135	229
201003	147	104	342
201004	316	192	417
201101	168	100	165
201102	244	146	270
201103	258	153	410
201104	224	123	479
201201	180	96	192
201202	195	106	295
201203	197	106	436
201204	232	119	537
201301	170	85	206
201302	177	88	311
201303	162	80	476
201304	319	151	594
201401	222	102	223
201402	239	107	334
201403	159	71	507
201404	252	109	617
201501	135	58	223
201502	185	77	358
201503	217	88	519
201504	289	111	646
201601	292	106	252
201602	399	138	381
201603	387	123	533

续表

季度	价值创造额指数	价值创造效率指数	第一产业 GDP 指数
201604	383	117	660
201701	291	85	248
201702	253	74	382
201703	338	93	552
201704	399	104	695
201801	323	81	255

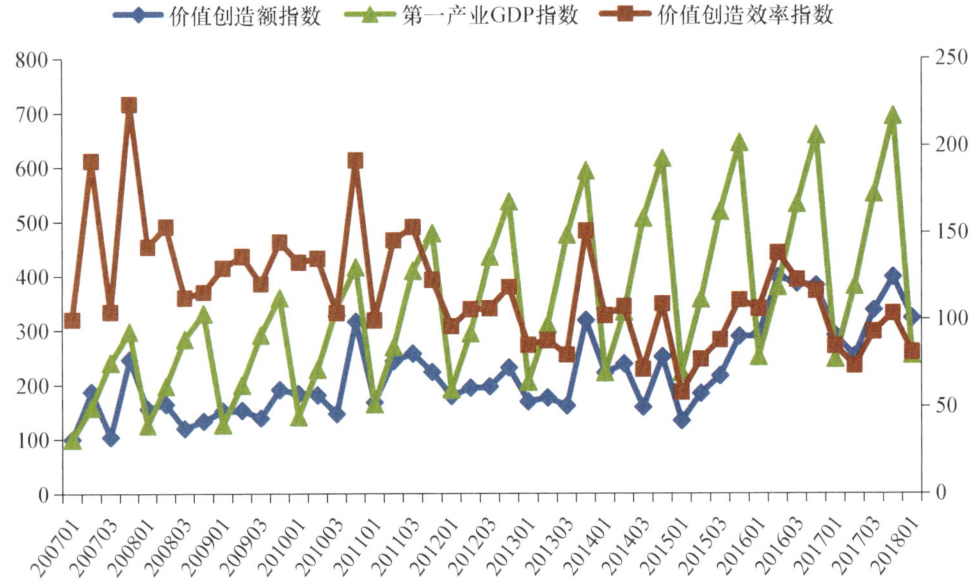

图 5-1 农林牧渔业价值创造额指数、价值创造效率指数、第一产业 GDP 指数变化趋势

结合表 5-1 和图 5-1 可以看到，整体而言，近几年农林牧渔业的价值创造额指数趋于上升，特别是 2015 年第 1 季度之后，一方面是因为最近几年农林牧渔业上市企业增多，与 2007 年第 1 季度相比，2018 年第 1 季度增加了 19 家上市公司；另一方面是因为农林牧渔业相比其他行业，样本量比较少，容易受到单个公司异常值的影响。与往年相比，2014 年第 3 季度农林牧渔业价值创造额指数出现大幅下降，2015 年第 1 季度仍在下降，上述变动趋势可能是因为 2014 年第 4 季度爆发的獐子岛（002069）"黑天鹅"事件，这意味着我国农林牧渔业企业的价值创造能力下降，需要引起有关部门足够重视。

在价值创造效率方面，从趋势图看，价值创造效率指数的变化趋于平稳，略有下降。近年来，农林牧渔业的价值创造效率指数波动较大，2015 年第 1 季度到 2016 年第 2 季度，农林牧渔业的价值创造效率指数持续上升，这表明近期农林牧渔业的运行效率随价值创造总量持续上升。相比 2016 年，2017 年价值创造效率指数小幅下降。

从农林牧渔业价值创造额指数和价值创造效率指数的相对走势来看，图 5－1 中价值创造额指数的变化趋势与价值创造效率指数的变化趋势基本一致，2011 年第 1 季度以前，二者的走势几乎一致。2011 年第 1 季度之后，两者开始存在差距，并且差距越来越大，说明农林牧渔业价值创造额的增长幅度明显大于资产的增长幅度。从农林牧渔业价值创造额指数和第一产业 GDP 指数的相对走势来看，2016 年第 1 季度以前，农林牧渔业价值创造额指数与第一产业 GDP 指数之间的差距比较大，这说明从近年来的发展趋势来看，农林牧渔业上市公司价值创造额的增长速度落后于第一产业 GDP 的增长速度。但是从 2016 年开始，上市公司价值创造额的增长速度逐渐提高，与第一产业 GDP 增长速度的差距变小，说明 2016 年农林牧渔业的上市公司表现较好。2017 年价值创造额指数的变化趋势与第一产业 GDP 指数的变化趋势一致。

5.2　四类分配主体分析

对农林牧渔业价值创造额的构成进行分析，可以反映农林牧渔业股东、债权人、政府及员工等利益相关者的分配所得在企业新创造价值中所占的比重及变化趋势。图 5－2 反映了农林牧渔业价值创造额的构成情况。从图 5－2 中可以看出，股东所得占比出现明显的变化，2007 年为 46.66%，到 2017 年下降至 33.63%，但是从季度均值看，股东占比为 32.45%，2016 年股东占比急速变大，超过 50%。这表明农林牧渔业为股东创造价值的能力整体上呈现上升趋势，主要是因为 2016 年是我国供给侧结构改革初步见效的年份，农林牧渔业企业的净利润得到提高，股东的价值创造额有所增加，在四类主体中占比最高。2017 年股东占比下降到 33.63%，可能是因为农林牧渔业样本量少，容易受到单个样本的影响，2017 年獐子岛公司再次上演“扇贝跑了”事件，当年净利润亏损了大约 8 亿元。2007 年以来，政府所得的季均占比为 7.32%，2007 年为 8.74%，2016 年为 5.15%，2017 年又升至 6.81%，政府所得占比在四类主体中最低。这主要是因为农林牧渔业作为关系民生的第一产业，受政策影响较为明显，政府会根据实际经济形势通过税收减免、财政补贴等方式影响农林牧渔业上市公司的经营业绩。股东占比与政府占比呈现相反的方向，当股东占比增大的时候，政府占比减少。从季度均值看，员工所得占比在四类主体中最高，2007 年以来的 45 个季度平均占比达到 50.37%，相当于农林牧渔业全部价值创造额的一半，且呈现出上升趋势，从 2007 年的 32.78%上升至 2016 年的 38.68%，主要原因在于农林牧渔业为劳动密集型产业，近年来劳动力成本的上升也推动了员工所得占比的上升。2017 年员工占比为 50.34%，与 2016 年相比增加了 11.66 个百分点，说明 2017 年员工价值创造额相对增加。债权人所得占比从 2007 年的 11.83%下降至 2017 年的 9.22%，降幅较小，主要是因为 2016 年是我国经济治理推进的攻坚期，供给侧改革初步见效，提高了农林牧渔业企业的净利润，股东价值创造额增大，占比增加，导致债权人占比下降较少。

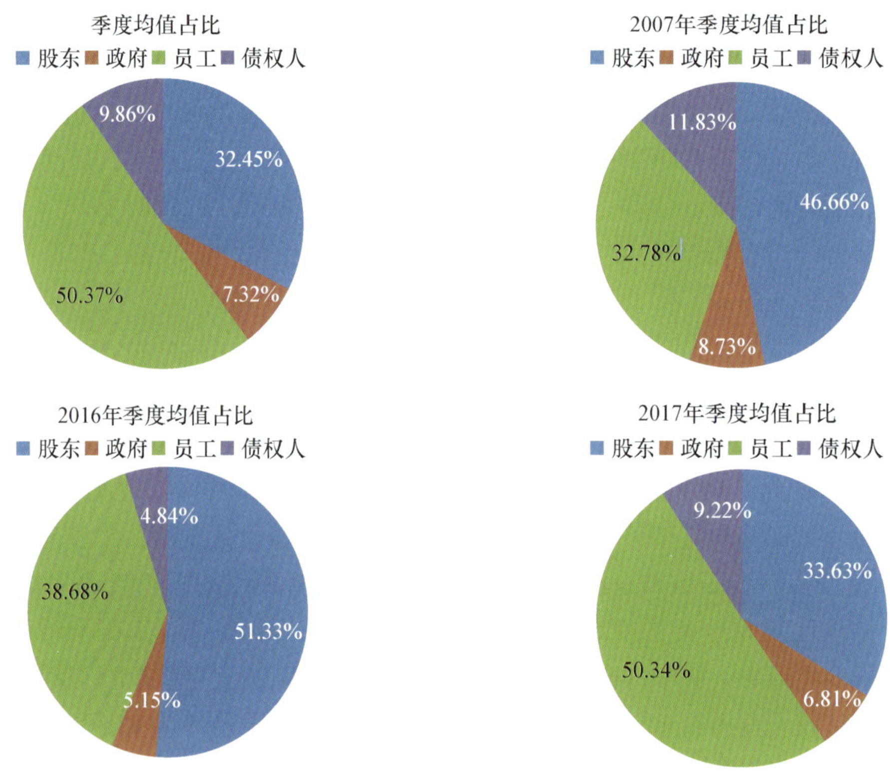

图 5－2　农林牧渔业价值创造额构成占比分析

图 5－3 是农林牧渔业与大制造业价值创造额构成情况的对比图。从图 5－3 中可以看出，农林牧渔业中政府季度均值占比为 7.32%，大制造业中政府季度均值占比为 39.07%；农林牧渔业中 2017 年政府季度均值占比为 6.81%，大制造业中 2017 年政府季度均值占比为 34.13%。农林牧渔业中政府季度均值占比与 2017 年季度均值占比都明显低于大制造业，这表明相对于大制造业，政府通过税收优惠、补贴等方式对农林牧渔业提供了较大的扶持，如瑞茂通（600180）2015 年的政府补助金额为 1.44 亿元，海南橡胶（601118）2015 年的政府补助金额为 1.13 亿元，獐子岛（002069）2015 年的政府补助金额为 0.65 亿元。

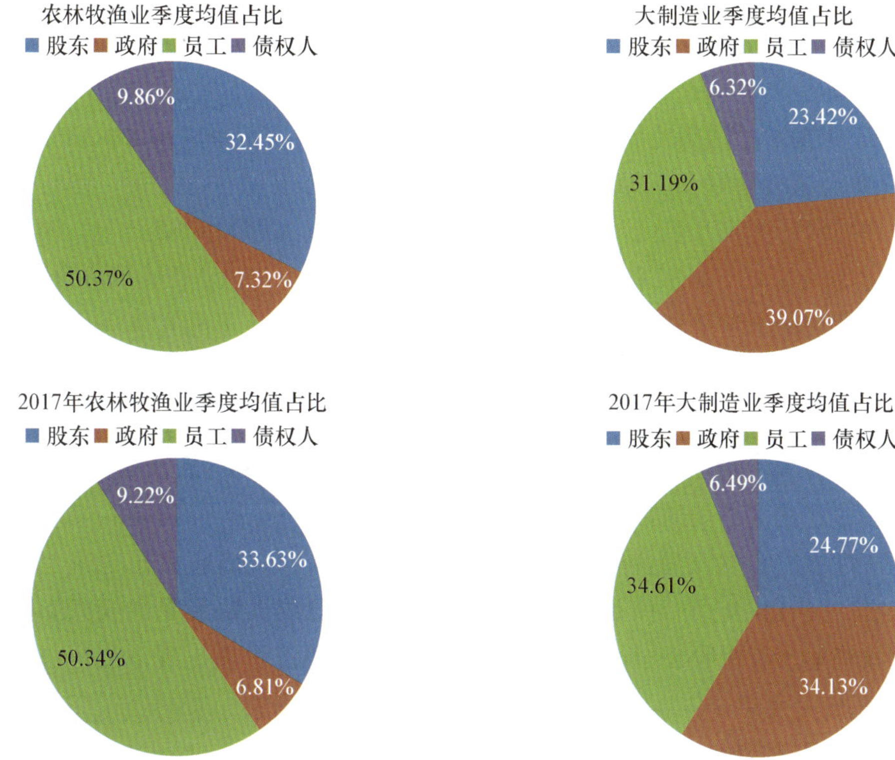

图 5-3　农林牧渔业与大制造业价值创造额构成占比对比分析

5.3　按经济性质分析

对农林牧渔业上市公司价值创造总量及价值创造效率按经济性质进行分析，可以反映不同产权性质的上市公司在经济增长及资源使用效率方面的发展动态，为国家制定相关产业政策提供参考。按照上市公司实际控制人的性质，我们将农林牧渔业样本公司分为国有控股公司与非国有控股公司。表 5-2 列示了不同性质企业的季均样本量、季均总资产、单个公司季均总资产、季均价值创造额及单个公司季均价值创造额。不同经济性质上市公司的价值创造总量及价值创造效率的统计结果分别见图 5-4 和图 5-5。

表 5-2　农林牧渔业分经济性质描述性统计

经济性质	季均样本量	季均总资产（亿元）	单个公司季均总资产（亿元）	季均价值创造额（亿元）	单个公司季均价值创造额（亿元）
国有控股公司	15	476	32	11	0.77
非国有控股公司	21	688	32	24	1.15

5.3.1 分经济性质价值创造额指数分析

图 5－4 揭示了国有控股公司与非国有控股公司在 45 个季度中的价值创造总量（绝对额）及其变化趋势。结合表 5－2 与图 5－4 可以看出：一方面，国有控股公司的季均总资产为 476 亿元，非国有控股公司的季均总资产为 688 亿元；国有控股单个公司季均总资产为 32 亿元，非国有控股单个公司季均总资产也为 32 亿元。非国有控股公司的季均总资产大于国有控股公司。国有控股公司的季均价值创造额为 11 亿元，非国有控股公司的季均价值创造额为 24 亿元；国有控股单个公司季均价值创造额为 0.77 亿元，非国有控股单个公司季均价值创造额为 1.15 亿元。非国有控股公司的季均价值创造额及单个公司季均价值创造额均大于国有控股公司。该结果在一定程度上表明，非国有经济性质的农林牧渔业上市公司的表现略好于国有经济性质的农林牧渔业上市公司。另一方面，从价值创造额在时序上的波动趋势来看，国有和非国有控股公司中均有公司在金融危机期间受到较大影响，导致农林牧渔业国有控股公司价值创造总额在 2008 年第 3 季度出现低点，非国有控股公司在 2008 年第 4 季度出现低点。金融危机之后，两类性质的公司在价值创造额上均开始大幅增长。

此外，从图 5－4 可以看出，国有控股公司的价值创造额在大多数季度高于非国有控股公司，但 2015 年第 3 季度到 2018 年第 1 季度，非国有控股公司的价值创造额明显高于国有控股公司，主要是 2015 年 11 月上市的非国有控股公司温氏股

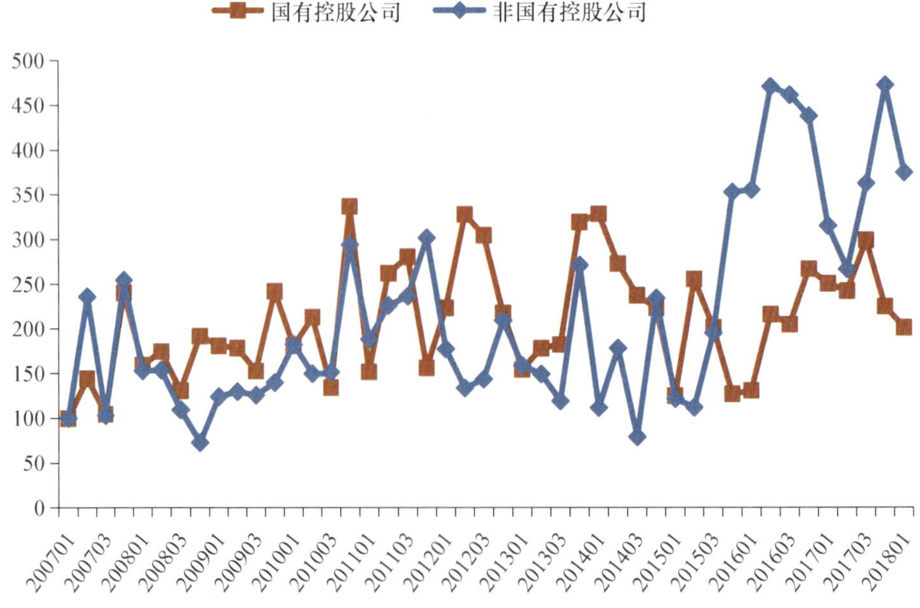

图 5－4 农林牧渔业分经济性质价值创造额指数变化趋势

份（300498）加入样本公司所致。温氏股份 2015 年第 4 季度及 2016 年第 1 季度的价值创造额显著高于国有控股公司的价值创造额，其中 2015 年第 4 季度和 2016 年第 1 季度的价值创造额分别为 34.3 亿元和 41.8 亿元，为其价值创造额提供有力支撑的是净利润和员工薪酬，而该公司净利润的增长主要得益于温氏股份猪肉业务和鸡肉业务的良好发展。

5.3.2　分经济性质价值创造效率指数分析

图 5－5 和图 5－6 揭示了不同经济性质的农林牧渔业上市公司在 45 个季度中的价值创造效率指数及其变化趋势。从图 5－5 中可以发现，农林牧渔业企业的价值创造效率指数波动比较大，主要是因为样本量比较少，容易受到单个样本波动的影响。整体上，国有控股公司的价值创造效率指数略有下降，非国有控股公司的价值创造效率指数也有所下降，但是相比之下，国有控股公司的价值创造效率指数在绝大部分季度高于非国有控股公司。由于 2016 年供给侧改革初显成效，农产品价格上升，国有控股公司的价值创造效率指数在 2016 年第 1 季度有所增长，至 2018 年第 1 季度高于非国有控股公司。图 5－4 表明在绝大多数季度，国有控股公司的价值创造额指数较高，从图 5－5 中也可以看出，国有控股公司的价值创造效率指数在绝大多数季度高于非国有控股公司，说明国有控股公司价值创造效率的增长趋势好于非国有控股公司。金融危机期间，两类公司的价值创造效率均受到较大影响，只不过国有控股公司的最低点出现在 2008 年第 3 季度，而非国有控股

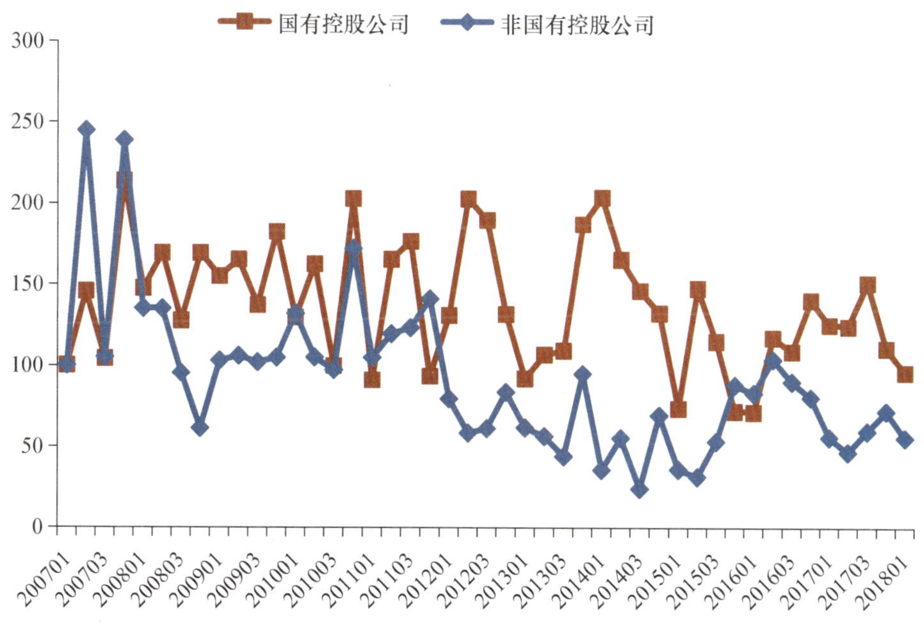

图 5－5　农林牧渔业分经济性质价值创造效率指数变化趋势

公司的最低点出现在2008年第4季度，这与前述农林牧渔业价值创造额指数的表现一致。该结果表明，如果宏观经济出现波动，政府在制定和执行相关产业扶持政策时，应适当兼顾国有控股与非国有控股经济。

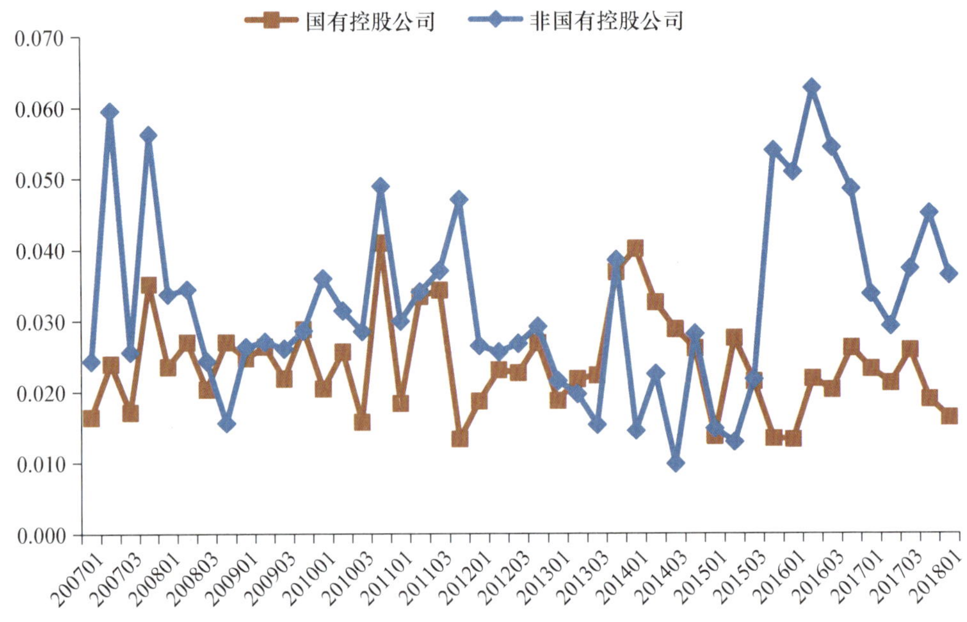

图5-6　农林牧渔业分经济性质价值创造效率变化趋势

图5-6中的结果显示，样本期间内非国有控股公司的价值创造效率在大部分年度高于国有控股公司。此外，2014年第1至第3季度，国有控股公司的价值创造效率发生反转，超过非国有控股公司，这主要是由于2014年第1季度北大荒（600598）为摘除*ST处置了控股的北大荒米业，导致资产大幅下降，盈利情况逆转，而同期非国有企业的业绩下滑明显。2015年第4季度至2018年第1季度，非国有控股公司的价值创造效率显著高于国有控股公司，这主要是由于新加入样本的2015年11月上市的非国有控股公司温氏股份（300498）的价值创造额较大。

5.4　本章小结

为了深入分析农林牧渔业自身的经济运行规律，同时揭示其对宏观经济的影响，本章从总体测算结果、四类分配主体和企业的经济性质等角度对农林牧渔业会计宏观价值指数的相关结果进行了深入分析，研究结果表明：

（1）我国农林牧渔业受宏观经济运行的影响明显，2008年金融危机导致农林牧渔业的价值创造额指数和价值创造效率指数均出现下降，危机过后两者均有所回升。

(2) 从四类主体的构成情况来看，2007—2017 年，股东和债权人所得占比呈现明显下降趋势，而员工所得占比上升明显，且其占比最高，约占农林牧渔业价值创造总额的 50%。

(3) 分经济性质来看，农林牧渔业国有控股公司在多数季度的价值创造额高于非国有控股公司。国有和非国有控股公司均在金融危机期间受到较大影响，导致农林牧渔业国有控股公司的价值创造额在 2008 年第 3 季度出现历史低点，非国有控股公司在 2008 年第 4 季度出现历史低点。近两期非国有控股公司受到新上市的畜牧业巨头温氏股份的影响，其价值创造额显著高于国有控股公司。

(4) 虽然在绝大多数季度国有控股公司的价值创造额较高，但非国有控股公司的价值创造效率多高于国有控股上市公司。特别地，样本期间内非国有控股公司的价值创造效率在大部分年度高于国有控股公司。金融危机期间，两类公司在价值创造效率上均受到较大影响。

第 6 章　金融业会计宏观价值指数编制结果及分析

金融业是第三产业中的重要行业，也是国民经济发展的“晴雨表”，在国民经济中处于牵一发而动全身的地位，该行业的运行状况直接关系到整个国家的经济发展和社会稳定。金融业的数据指标从各个角度反映了国民经济的整体状态和个体情况，经常被用作宏观经济决策的参考指标。本章将对金融业上市公司的价值创造额及价值创造效率进行深入分析。需要指出的是，由于我国金融业上市公司数量较少①，且许多规模较大的金融类企业在沪深两市上市时间较晚②，因此，根据样本选择方法，每季度有不同数量的金融业上市公司进入计算样本。

6.1　金融业总体测算结果分析

金融业上市公司价值创造额指数及价值创造效率指数的编制结果见表 6－1。为了检验金融业上市公司价值创造额指数和价值创造效率指数对宏观经济运行情况的反映效果，我们以 2007 年第 1 季度的第三产业 GDP 为基础，构建了第三产业 GDP 指数。三类指数的变化趋势见图 6－1。

表 6－1　金融业价值创造额指数、价值创造效率指数的编制结果

季度	价值创造额指数	价值创造效率指数	第三产业 GDP 指数
200701	100	100	100
200702	110	102	102

① 金融业包括的上市公司较少，截至 2018 年第 1 季度，金融业共有上市公司 80 家，其中银行 26 家，证券信托 38 家，保险 6 家，其他金融业 10 家。

② 如交通银行（601328）上市时间为 2007 年 5 月，建设银行（601939）上市时间为 2007 年 9 月，农业银行（601288）上市时间为 2010 年 7 月。

续表

季度	价值创造额指数	价值创造效率指数	第三产业 GDP 指数
200703	109	96	103
200704	104	90	114
200801	120	99	121
200802	126	101	121
200803	108	84	122
200804	75	56	130
200901	108	71	134
200902	130	82	136
200903	133	81	139
200904	135	79	150
201001	147	81	156
201002	154	82	159
201003	141	72	164
201004	148	74	178
201101	171	81	187
201102	179	81	191
201103	175	78	195
201104	169	72	207
201201	202	80	211
201202	204	78	216
201203	197	75	221
201204	187	68	235
201301	226	79	241
201302	236	80	245
201303	228	77	251
201304	214	71	266
201401	258	81	267
201402	261	78	272
201403	258	77	278
201404	250	73	296
201501	293	82	298
201502	324	85	306
201503	270	71	314
201504	241	62	331
201601	282	70	330
201602	285	69	339
201603	269	64	348
201604	242	55	370

续表

季度	价值创造额指数	价值创造效率指数	第三产业 GDP 指数
201701	293	65	367
201702	292	64	376
201703	291	63	387
201704	261	56	412
201801	312	65	406

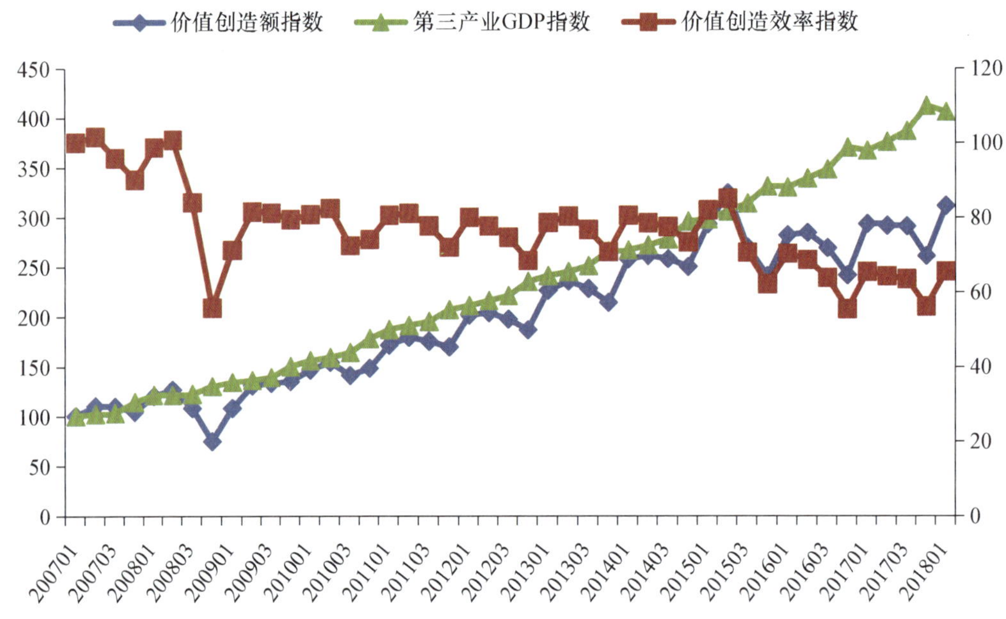

图 6－1　金融业价值创造额指数、价值创造效率指数、第三产业 GDP 指数变化趋势

金融业作为现代经济的核心及国民经济发展的润滑剂，与宏观经济的运行密切相关。结合表 6－1 与图 6－1 可以看到，整体而言，金融业的价值创造额指数呈现上升趋势。2008 年第 4 季度，金融业的价值创造额指数显著下降主要是受金融危机冲击。2015 年第 3 季度，金融业的价值创造额指数下降，主要是因为中国人寿（601628）和中信证券（600030）2015 年第 3 季度较第 2 季度业绩下滑均超过 50%。2015 年第 4 季度，金融业的价值创造额指数显著下降，原因主要有三点：第一，新华保险（601336）2015 年第 4 季度亏损 4 300 万元；第二，北京银行（601169）和农业银行（601288）2015 年第 4 季度较第 3 季度业绩下滑均超过 40%；第三，股灾对金融机构和第三产业的冲击。相比 2015 年第 4 季度，从 2016 年第 1 季度开始，价值创造额指数有所上升，说明 2015 年股灾对金融业的影响有所缓解。金融业的价值创造额指数整体来看呈现上升趋势，截至 2018 年第 1 季度，金融业的价值创造额指数达到 312 点，与 2007 年第 1 季度相比上升了 212%。

从2010年第4季度起，金融业的价值创造额指数呈现出比较明显的季节特点，即每年的第1季度大幅上升，第2季度至第4季度缓慢回调，到2017年季度效应一直存在，2018年第1季度价值创造额指数开始上升，这可能与银行为了充分利用当年的信贷额度提高盈利水平而在年初发放大量贷款有关。比较金融业的价值创造额指数和第三产业GDP指数，可以发现二者均有明显的第4季度效应，不同的是，第三产业GDP指数的年度内最高点出现在第4季度，而价值创造额指数的年度内最低点出现在第4季度。

在价值创造效率方面，2010年第1季度到2014年第4季度，金融业的价值创造效率指数基本稳定在70～80点之间，2015年第3、第4季度，金融业的价值创造效率指数有所下降，这主要是对应的季度价值创造额指数下降导致的。2018年第1季度，金融业的价值创造效率指数为65点，与2007年第1季度相比，下降35个点，这表明从长期来看，我国金融业运行效率较低，但是变化不大，基本处于比较稳定的状态。

从金融业价值创造额指数和价值创造效率指数的相对走势来看，2008年第4季度以前，二者走势保持一致，从2009年第1季度开始，二者之间的差距逐渐拉大，这说明金融危机期间的刺激性信贷投放降低了金融业的运行效率。迄今为止，这种负面作用并没有随着时间的推移而减小，反而随着新增贷款的增加进一步恶化，这与全样本、大制造业和大服务业的走势基本一致。从金融业价值创造额指数和第三产业GDP指数的相对走势来看，金融业价值创造额指数与第三产业GDP指数的走势基本一致，这说明从近年来的发展趋势看，金融业上市公司价值创造额的增长速度与第三产业GDP的增长速度基本保持一致。由于受到2015年股灾的影响，从2015年第3季度开始，金融业价值创造额指数与第三产业GDP指数的变化趋势有点差距，但是从整体上看基本一致。

6.2　按行业分析

对金融业上市公司价值创造额指数及价值创造效率指数进行深入考察，我们发现银行、证券信托及保险类上市公司在价值创造额及价值创造效率方面存在显著差异。由于股票市场在2014年以前持续低迷，2015年经历了一波牛市以及股价波动过大，按照课题的样本筛选方法，2012年第2、第3季度和2013年第2季度无证券信托类公司进入样本，所以在此不分析证券信托类上市公司，仅对银行业和保险业进行比较分析（见图6－2和图6－3）。其中，在2014年第4季度之前，银行业上市公司价值创造额指数与保险业基本上保持一致的变化趋势。由于受到2008年金融危机的影响，2008年第4季度出现下降的凹点。2015年第1季度，保险业的价值创造额指数出现急速增长，这是因为受到上市公司西水股份公司的影响，2015 年第 1 季度该公司的净利润同比增长了 108%，此外，平安银行的净利润同比增长了 84.7%。由于受到 2015 年股灾的影响，第 3 季度和第 4 季度保险业和银行业的价值创造额指数都出现下降趋势。但是，随着经济的回暖，与 2015 年第 4 季度相比，2016 年保险业和银行业的价值创造额指数开始上升，价值创造额均值也在增加，特别是保险业，从 2016 年第 1 季度至 2018 年第 1 季度出现大幅上升。

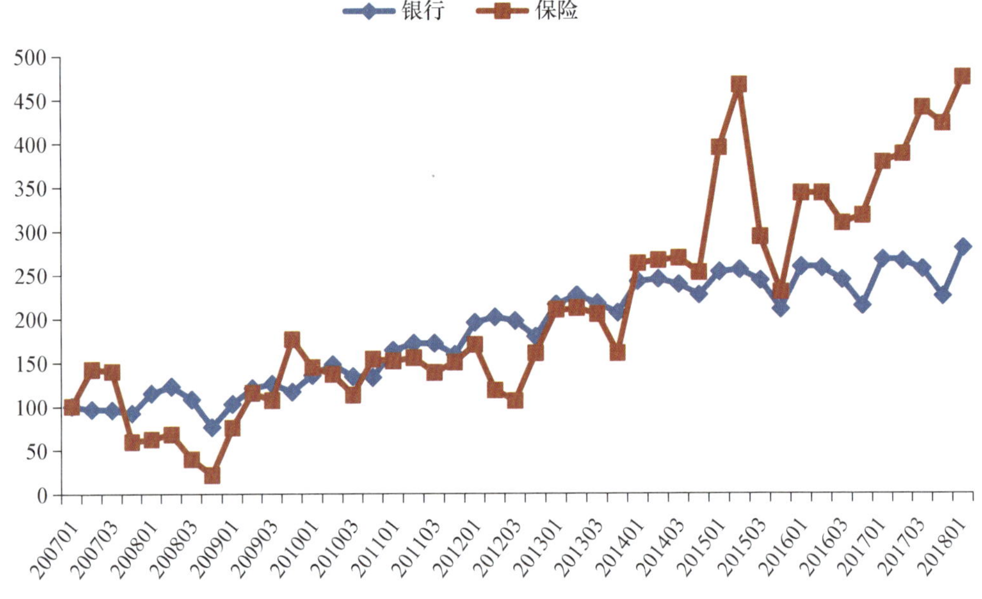

图 6-2　银行与保险行业样本价值创造额指数趋势比较

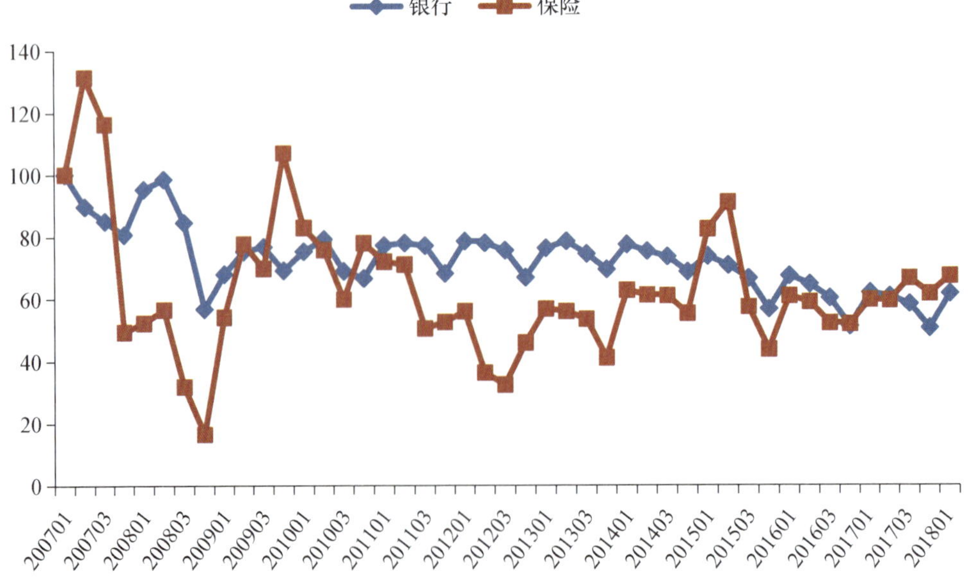

图 6-3　银行与保险行业样本价值创造效率指数趋势比较

此外，从图 6－3 中可以看出，金融业的价值创造效率波动比较大，特别是保险业，在 2007 年第 3 季度至 2008 年第 4 季度、2010 年第 1 季度至 2012 年第 3 季度出现较大下跌。由于保险业的样本量比较少，到 2012 年第 1 季度才有 5 家上市公司，因此，只要有一家公司出现价值创造额上升或者下降，就会对保险业的价值创造效率指数产生很大的影响。比如，2007 年第 4 季度，中国人寿（601628）净利润的降低引起保险业价值创造效率急速下降。由于受到 2008 年金融危机和 2015 年股灾的影响，与同年第 1 季度比，价值创造效率第 4 季度下降的幅度比较大。但是，从 2016 年第 1 季度开始，保险业和银行业的价值创造效率开始逐渐上升。考虑到银行业上市公司价值创造额占金融业上市公司价值创造总额的比重达 90％以上，且每季度银行业上市公司数目远多于保险业上市公司，二者差异较大，下面分别对银行业和保险业进行深入分析。

6.3 银行业上市公司测算结果分析

银行业作为一国金融体系的核心组成部分，受国家宏观经济政策的影响巨大，同时能直接感知宏观经济状况的变化。因此，对银行业上市公司价值创造额指数、价值创造效率指数进行分析，可以反映银行业上市公司的经营对宏观经济的综合贡献。

图 6－4 为银行业上市公司价值创造额指数变化趋势图，从图中可以看出，总体来说，银行业上市公司的价值创造额指数逐年上升，至 2018 年第 1 季度达到 280 点，这得益于我国宏观经济的持续快速增长。银行业的季度效应比较明显，在第 4 季度都出现下降的现象。尽管 2008 年第 4 季度银行业上市公司的价值创造额略有下降，但总体来说，银行业受金融危机和 2015 年股灾的影响比较小。价值创造额的下降主要源于银行不良贷款拨备的增加。从 2009 年第 1 季度开始，银行对贷款利率的议价能力逐渐提升，加之通货膨胀预期上升，银行信贷规模保持快速增长，银行的价值创造额也相应增加。未来随着利率市场化的推进，银行业的价值创造额增长趋势可能会放缓。

图 6－5 为银行业上市公司价值创造效率指数变化趋势图，尽管银行业上市公司的价值创造额逐年上升，但随着银行业上市公司的资产规模快速增长，价值创造效率并未随之提高，与 2007 年第 1 季度基期相比，价值创造效率并未提高。由于受到 2008 年金融危机的影响，银行业上市公司的价值创造效率指数出现最低值，达到 57 点。2018 年第 1 季度的价值创造效率指数比 2007 年第 1 季度下降了 38 个点。该结果意味着当前银行业虽然发展迅速，但仍未摆脱注重规模扩张的粗放型经营模式。银行业应拓宽业务范围，提升服务水平，提高经营效率。

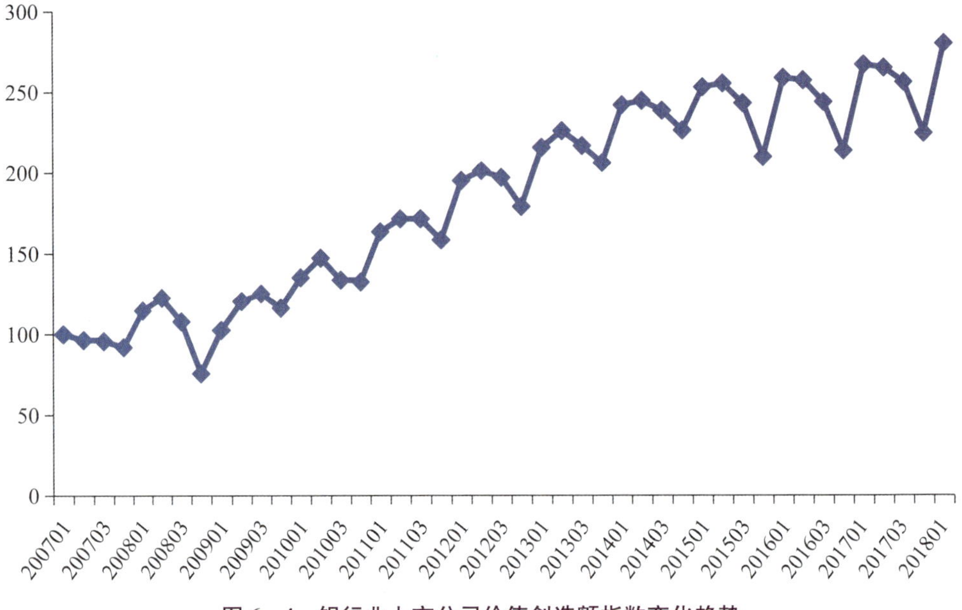

图 6-4 银行业上市公司价值创造额指数变化趋势

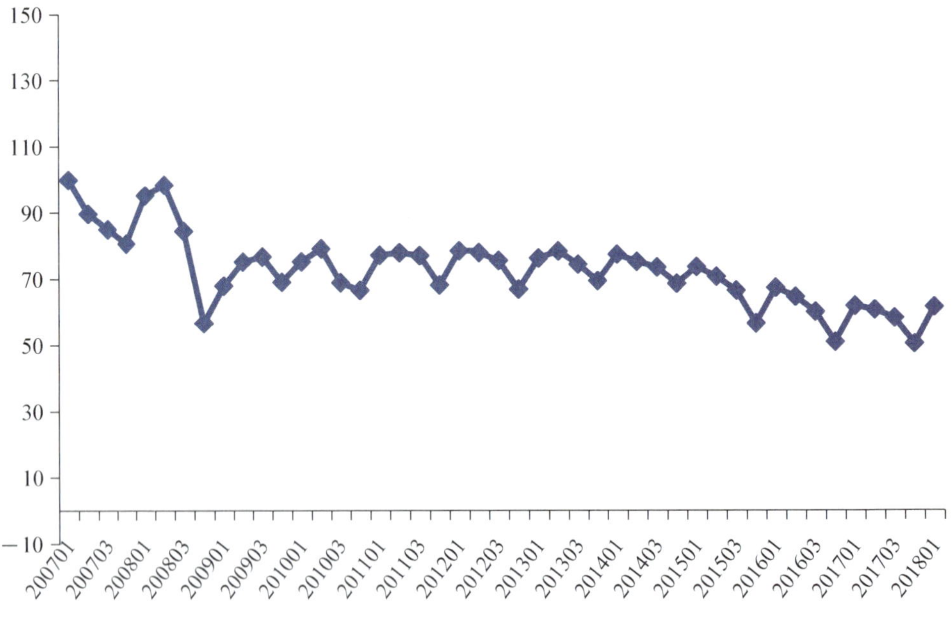

图 6-5 银行业上市公司价值创造效率指数变化趋势

图 6-6 为银行业与大制造业价值创造额指数趋势对比图，由图可知，银行业虽然上市公司数量较少，但价值创造额指数在 2011 年之前与大制造业基本一致，从 2012 年起，银行业的价值创造额指数开始领先于大制造业，并且差距有逐渐扩大的趋势，这意味着最近几年银行业在国民经济中的地位较大制造业有所上升。由于 2017 年第 4 季度大制造业的价值创造额比较高，再加上银行业季度效应的影

响，2017 年第 4 季度大制造业的价值创造额指数高于银行业。对比银行业与大制造业价值创造效率指数（见图 6－7）可以看到，同样受到 2008 年金融危机的影响，价值创造效率指数在 2008 年第 4 季度急速下降，同时我们发现，大制造业的价值创造效率指数从 2008 年第 1 季度开始低于银行业的价值创造效率指数，差距不大，但是从 2012 年第 1 季度开始差距有所变大，大制造业的价值创造效率指数略有下降，而银行业的价值创造效率指数在 2015 年股灾之前基本不变。这与我国实体经济最近几年发展速度有所减缓基本一致，银行业作为实体经济的润滑剂，并没有给实体经济让利。

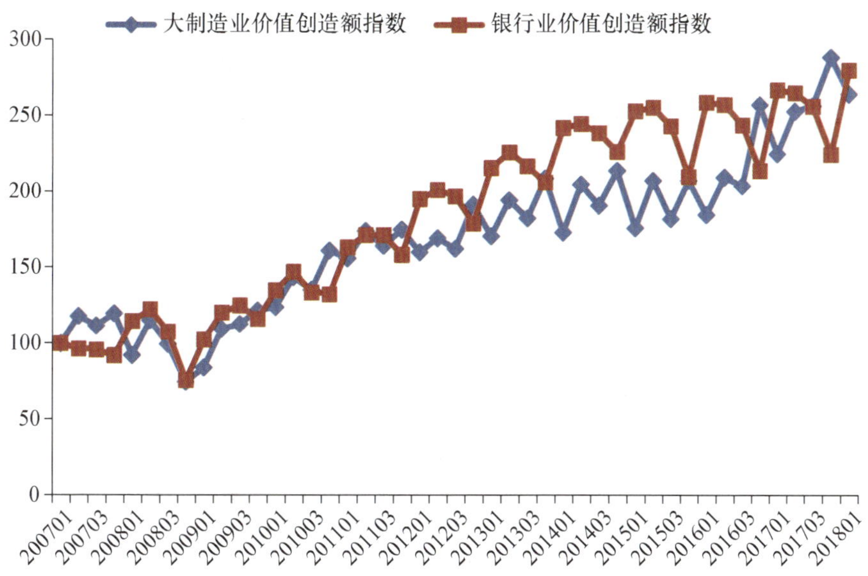

图 6－6　银行业与大制造业公司样本价值创造额指数趋势比较

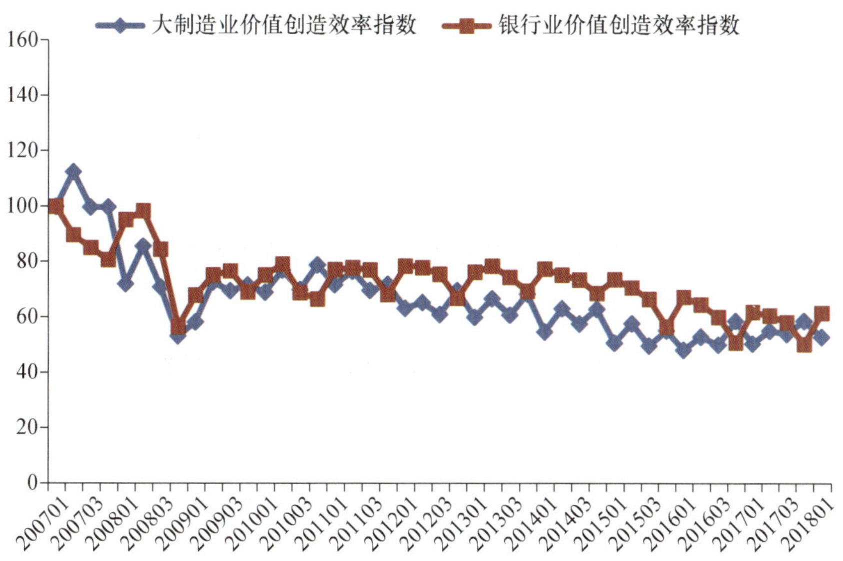

图 6－7　银行业与大制造业公司样本价值创造效率指数趋势比较

由前面对大制造业的分析可知，债权人利息所得过快增长是大制造业股东获利在价值创造额中的占比下降的重要原因。为了对这一论断进行进一步验证，我们在本节绘制了 2007 年第 1 季度至 2018 年第 1 季度银行业股东获利指数和大制造业股东获利指数趋势对比图，如图 6－8 所示。2008 年第 4 季度，受金融危机影响，银行业股东获利指数和大制造业股东获利指数同时达到历史低点，此后，二者均出现复苏。大制造业股东获利指数在 2011 年第 2 季度达到历史高点，此后一度有企稳迹象，但从 2014 年第 3 季度开始又呈下降趋势，在 2015 年第 4 季度股灾期间达到新的最低点，截至 2018 年第 1 季度，大制造业的股东获利指数为 349 点。而银行业股东获利指数在金融危机后一直呈上升趋势，2018 年第 1 季度，银行业股东获利指数达到 641 点，与 2007 年第 1 季度相比上涨幅度超过 5.4 倍。银行业股东获利指数的上升速度大大快于大制造业股东获利指数的上升速度，在每年的第 4 季度出现季度效应，这在一定程度上说明，银行业股东获利过快增长导致大制造业股东获利在价值创造额中的占比下降。

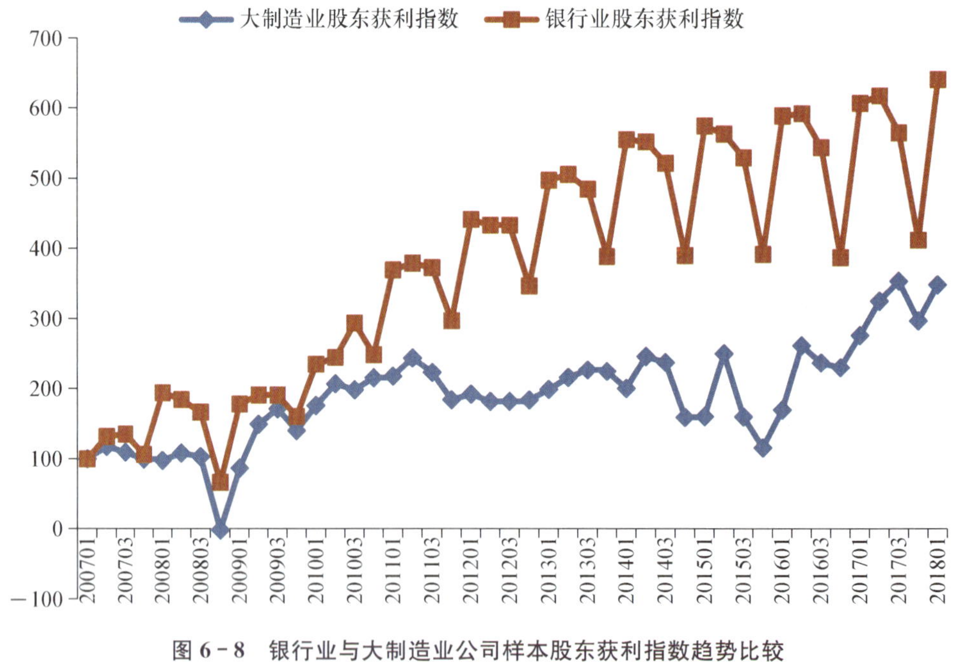

图 6－8　银行业与大制造业公司样本股东获利指数趋势比较

6.4　保险业上市公司测算结果分析

保险是社会生产发展必不可少的一个保障因素，保险业作为一国金融体系的重要组成部分，为社会生产的发展提供了可靠的后备和动力，保证了国民经济平稳发展。所以，对保险业上市公司价值创造额、价值创造效率进行分析，可以反映保险业上市公司的经营对宏观经济的综合贡献。

图 6－9 为保险业上市公司价值创造额指数变化趋势图，从图中可以看出，总体来说，保险业上市公司的价值创造额指数呈上升趋势，这主要得益于我国国民经济的持续快速增长。受金融危机影响，2008 年保险业上市公司的价值创造额指数降幅明显，并于第 4 季度达到历史最低点。保险业价值创造额的下降主要是由于金融危机导致资本市场下调，保险公司投资收益大幅下降。从 2009 年第 1 季度开始，随着宏观经济好转，资本市场回暖，保险公司投资收益上升，保险业的价值创造额也相应增长。2012 年由于保险业会计政策调整，保险公司大量计提资产减值，在当期确认损益，所以当期保险业价值创造额明显下降。2015 年第 3、第 4 季度价值创造额指数大幅下降，一方面是由于股灾对金融市场的冲击，另一方面是由于中国人寿（601628）2015 年第 3 季度业绩下滑超过 50%，新华保险（601336）2015 年第 4 季度出现业绩反转，亏损 4 300 万元，保险业上市企业数量有限，所以单个公司业绩变化对保险业的价值创造额变动趋势影响较大。随着经济的恢复，2016 年第 1 季度，保险业的价值创造额指数开始上升，2018 年第 1 季度，价值创造额指数达到 475 点。

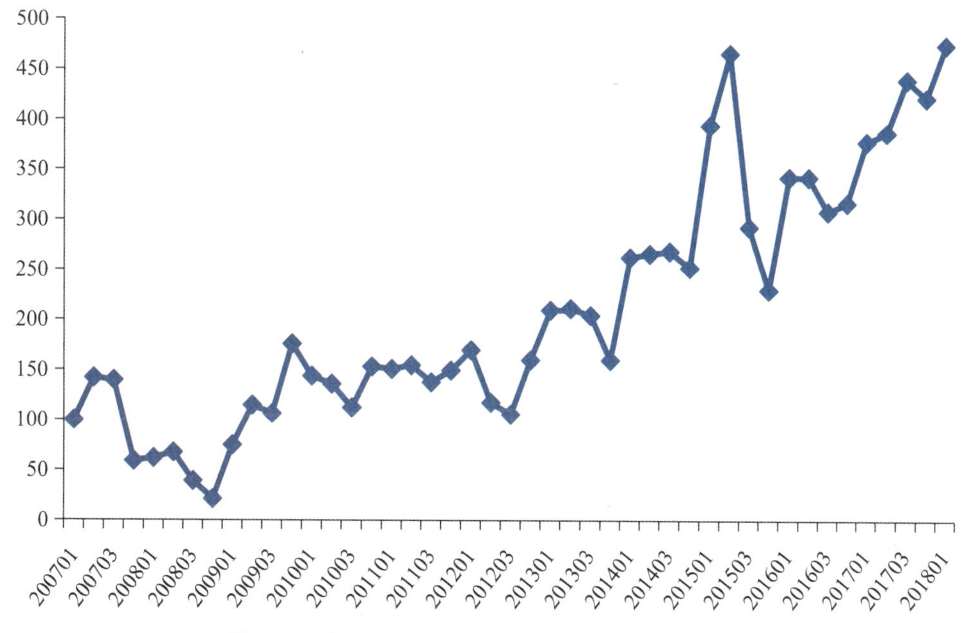

图 6－9　保险业公司样本价值创造额指数变化趋势

图 6－10 为保险业上市公司价值创造效率指数变化趋势图，从图中可以看出，2008 年受金融危机影响，价值创造效率指数下降幅度明显，并于 2008 年第 4 季度达到最低点。从 2009 年起，保险业的价值创造效率开始反弹，并于 2009 年第 4 季度恢复到金融危机爆发前的水平，这主要得益于三点：一是宏观经济形势好转；

二是中国平安（601318）在 2009 年 8 月完成了对深发展 A（000001）的收购；三是保险公司 2009 年年报实施了会计新规，利润在 2009—2010 年提前释放。2011—2012 年，由于保险公司大量计提资产减值，在当期确认损益，所以保险业的价值创造效率明显下降。从 2012 年第 4 季度开始，保险业的价值创造效率整体呈现上升趋势。2015 年第 3、第 4 季度，保险业的价值创造效率下降主要是由于中国人寿（601628）、新华保险（601336）业绩的变化和股灾对金融保险市场的冲击。2016 年价值创造效率指数开始上升，2016 年第 4 季度的价值创造效率指数高于 2015 年第 4 季度，说明随着宏观经济增长，2015 年股灾对保险业的影响有所缓解。从 2017 年第 1 季度开始，价值创造效率指数逐步上升，至 2018 年第 1 季度一直处于上升状态。

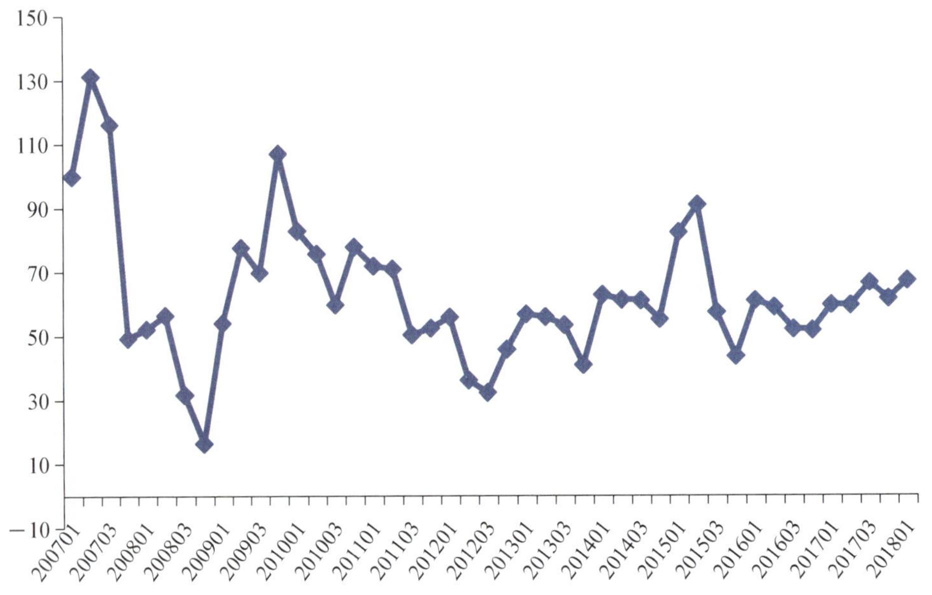

图 6-10　保险业公司样本价值创造效率指数变化趋势

6.5　本章小结

本章研究了金融业上市公司的价值创造总量及价值创造效率，并对细分行业银行业和保险业进行了深入分析。研究发现：

（1）金融业上市公司的价值创造额指数与第三产业 GDP 指数总体发展趋势一致。2008 年席卷全球的金融危机使得金融业的价值创造额指数在 2008 年第 4 季度降至最低点。金融危机之后，金融业的价值创造额指数保持上升趋势，自 2010 年第 4 季度起呈现较明显的季度特点。

（2）与大制造业及大服务业上市公司类似，金融业上市公司的价值创造效率在金融危机之后并未与价值创造额同比提高，甚至未完全恢复到金融危机前的水平。

（3）银行业上市公司的价值创造额逐年上升，总体而言，2008年银行业受金融危机的影响较小。然而由于银行业上市公司的资产规模同步快速增长，其价值创造效率并未随之提高。

（4）保险业上市公司的价值创造额在样本期间内整体呈上升趋势，近期上升趋势尤其明显，但是受金融危机和保险业会计新规影响，保险业的价值创造效率波动较大。由于保险业上市公司数量较少，个别公司的业绩变化会给保险业上市公司的价值创造额和价值创造效率带来较大影响。

中编

会计综合评价指数

传统上，金融机构（以券商为主）、统计机构（各类财务数据库和国家统计局）和行业协会等均对行业运行与发展状况较为关注。但是，上述三类机构的行业分析均存在一定的不足之处。首先，券商等金融机构较多以行业研究报告的方式对行业发展状况进行分析，较多关注企业盈利能力（EPS、P/E 等），存在指标选择单一、分析标准不一致等问题，为企业财务决策提供参考的作用较弱。其次，统计机构较多以企业原始数据的分类整理为主要内容，缺乏对行业运行状况的相关讨论，难以实现企业财务指标的横向比较。最后，行业协会更多关注行业政策法规、新闻动态等，多从政策层面对行业运行状况、发展前景进行讨论，缺乏严谨的财务数据分析。

会计综合评价指数（accounting comprehensive valuation，ACV）是一套基于预测数据的行业效益综合评价方法，构建初衷源于上市公司年报披露的迟滞性。一般来说，上市公司年报大多在第二年三四月披露，这使得企业管理层、投资者、商业银行等很难基于公司的行业地位进行及时、有效的财务决策。因此，会计综合评价指数便力图基于行业前期业绩表现估计其年度财务指标，以期实现行业财务信息的提前披露，增加会计信息的含量，扩大企业及其利益相关者决策的科学依据。这样，会计综合评价指数的应用范围可不断推广，其对企业薪酬考核、预算制定、战略规划及外部投资者的投资和贷款决策等均具有很强的借鉴意义。

会计综合评价指数的构建主要包括以下几个步骤：第一，对行业财务报表关键项目进行预测。本报告主要采用除数占比、周期移动平均等方法，以 3 季报为基础对资产负债表和利润表主要项目的第 4 季度财务数据进行预测，作为构建财务指标的基础数据。第二，构建财务指标体系，综合评价行业运行状况。本报告基于第 4 季度财务报表主要项目的预测值，从回报、风险和成长三个方面构建财务指标，用以衡量行业运行状况。第三，基于行业财务指标实际值，从会计角度构建计量模型，对相关行业上市公司的经营绩效进行评价，最终完成会计综合评价指数的构建工作。需要说明的是，构建会计综合评价指数的最终目的是以预测数据为基础，对各公司经营业绩进行科学评价，以期为政府、企业和投资者提供有价值的财务信息。但是，现阶段较难对单个上市公司的财务指标进行准确预测，因此，在构建预测模型的过程中，主要以行业均值作为评价行业运行状况的基准。

经过多次反复测算，会计综合评价指数综合行业经营季度特征、会计项目变动趋势等因素，将除数占比和周期移动平均两种方法相结合，完成了对资产负债表和利润表中关键会计项目的预测。其中，资产负债表的主要项目分别采用 B 周期移动平均（basic cycle method，BCM）和 A 周期移动平均（advanced cycle method，ACM）两种方法进行预测；利润表的主要项目也采用 B 周期移动平均和 A 周期移动平均两种方法，以提高预测精度。需要说明的是，B 周期移动平均是以当前行业代码为基准，A 周期移动平均是以历史行业代码为基准，因此，两种方法的计算结果略有差异，且不同年度的计算结果会发生一定的变化。

根据会计综合评价指数的基本思想，对行业财务指标的选取和赋权是构建会计综合评价指数的基础。课题组历经多轮专家论证，走访上百家上市公司的财务总监或财务总经理，并委托元年科技股份有限公司对 54 家企业的经理、业务分析员、产品经理、销售负责人等进行问卷调查，以全方位、立体地了解企业的实际需求，增强会计综合评价指数编制的理论基础和现实意义。最终，根据专家座谈会、问卷调查和国务院国有资产监督管理委员会颁布的《中央企业综合绩效评价实施细则》，按照普遍性和重要性原则，主要从回报、风险和成长三个方面选取财务指标用以衡量行业运行状况。

制造业是国民经济发展的重要方面，中编分别选取食品制造业（C13，C14，C15）[①]、医药制造业（C27）、橡胶和塑料制品业（C29）、非金属矿物制品业（C30）、金属制品业（C33）、通用设备制造业（C34）、专用设备制造业（C35）、汽车制造业（C36）、电子器械及器材制造业（C38）、计算机等电子设备制造业（C39）等作为主要研究样本，对上述行业的会计综合评价指数进行编制和分析。具体指标筛选结果主要包括以净资产收益率（ROE：扣除非经常性损益后的净利润/本期期末所有者权益和上期期末所有者权益的均值）、总资产收益率（ROA：扣除非经常性损益后的净利润/本期期末总资产和上期期末总资产的均值）和销售净利率（ROS：扣除非经常性损益后的净利润/营业总收入）为代表的回报类财务指标，以资产负债率（LEV：负债总额/资产总额）、流动比率（CUR：流动资产/流动负债）为代表的风险类指标，以总资产周转率（TOA：营业总收入/本期期末总资产和上期期末总资产的均值）、应收账款周转率（TOR：营业总收入/本期期末应收账款和上期期末应收账款的均值）、营业总收入增长率（RG：本期营业总收入/上期营业总收入）和总资产增长率（AG：本期总资产/上期总资产）为代表的成长类指标。根据调研结果，按照百分制，制造业回报类指标所占权重为 36，风险类指标所占权重为 24，成长类指标所占权重为 40。

零售业作为服务业的一部分，其经营结构、行业特征与制造业有差异，本报告选取零售业（F52）作为标的，对其会计综合评价指数编制结果进行分析与讨论。根据会计综合评价指数的基本思想，通过专家座谈、实地走访上市公司财务总监及企业相关负责人，零售业财务指标选取和赋权结果包括以销售净利率、净资产收益率和总资产收益率为代表的回报类指标，以流动比率、资产负债率为代

① C13 为农副食品加工业，C15 为酒、饮料和精制茶制造业，因为上述两个行业的样本量较少，所以统一归为食品制造业。

表的风险类指标，以存货周转率（TOI：营业总成本/本期期末存货和上期期末存货的均值）、总资产周转率、应付账款周转率、营业总收入增长率、总资产增长率为代表的成长类指标。根据调研结果，按照百分制，零售业回报类指标所占权重为 36，风险类指标所占权重为 24，成长类指标所占权重为 40。

电力、热力、燃气及水生产和供应业（D44，D45，D46）、房地产业（K70）和交通运输业（G53，G54，G55，G56，G57，G58）作为服务业的重要方面，均对我国经济和社会发展起着显著的前导性作用，因此，本报告进一步扩展服务业的研究范畴，将以上三个行业纳入研究体系。虽然这三个行业属于服务业，但其经营特点与制造业存在诸多类似之处，因此，本报告采用制造业会计综合评价体系对这三个行业进行综合分析。

银行业（J66）作为现代金融业的主体，对经济、社会的发展至关重要。根据会计综合评价指数的基本思想，结合银行业的基本特点，参考专家座谈、实地调研结果和财政部颁布的《金融企业绩效评价办法》等，该行业会计综合评价指数的选取主要从四个角度衡量：(1) 盈利能力，包括净资产收益率、总资产收益率、成本收入比（营业费用/营业收入）、中间业务收入占比（手续费及佣金净收入/营业收入）；(2) 成长能力，包括营业总收入增长率、总资产增长率；(3) 资产质量，包括不良贷款率（次级类贷款、可疑类贷款与损失类贷款之和/各项贷款总额）、拨备覆盖率（一般准备、专项准备与特种准备之和/次级类贷款、可疑类贷款与损失类贷款之和）、存贷比（贷款余额/存款余额）；(4) 偿付能力，包括资本充足率（资本净额/风险加权资产与 12.5 倍的市场风险资本之和）、一级资本充足率（一级资本净额/风险加权资产与 12.5 倍的市场风险资本之和）。根据调研结果，按照百分制，银行业盈利能力类指标所占权重为 36，成长能力类指标所占权重为 24，资产质量类指标所占权重为 20，偿付能力类指标所占权重为 20。

根据前期调研所确定的指标、权重等，结合公司相应财务指标实际数值，本报告采用正态分布标准化的方法，对企业单个财务指标得分进行计算，以此为基础从回报（ACV_{return}）、风险（ACV_{risk}）和成长（ACV_{grow}）三个方面将企业财务指标汇总相加，最终形成会计综合评价指数（$ACV_{comprehensive}$）：

$$ACV_{comprehensive}=(ACV_{return}+ACV_{risk}+ACV_{grow}) \tag{1}$$

为了使分析更为方便，我们对会计综合评价指数进行了一定程度的权重调整，使行业最优公司的得分为 100，公司得分越低，用会计综合评价指数衡量的经营业绩越差。根据样本分布比例，当行业公司数量少于等于 50 家时，设定行业最优公司（得分为 100）的数量为 1 家；当行业公司数量多于 50 家，且少于等于 100 家时，设定行业最优公司（得分为 100）的数量为 2 家；当行业公司数量多于 100 家时，设定行业最优公司（得分为 100）的数量为 3 家。

现阶段，根据企业财务数据可得性和准确性原则，会计综合评价指数的研究对象主要集中于沪深 A 股的上市公司，行业分类依据证监会上市公司行业分类指引（2012），财务数据主要来源于 Wind 和 CSMAR 数据库。为了保证测算结果的准确性，在具体测算过程中，我们对经营管理存在显著异常的公司进行了缩尾处理。

第 7 章　食品制造业会计综合评价指数编制结果及分析

为了保证样本数据的充足性，使预测结果更准确，本章选取的食品制造业为证监会新行业分类下三类相近行业的汇总，具体包括农副食品加工业（行业代码为 C13)、食品制造业（行业代码为 C14)，以及酒、饮料和精制茶制造业（行业代码为 C15)。农副食品加工业是指直接以农、林、牧、渔业产品为原料进行的谷物磨制、饲料加工、植物油和制糖加工、屠宰及肉类加工、水产品加工，以及蔬菜、水果和坚果等食品的加工。食品制造业包括焙烤食品制造，糖果、巧克力及蜜饯制造，方便食品制造，乳制品制造，罐头食品制造，调味品、发酵制品制造和其他食品制造。酒、饮料和精制茶制造业是指酒、饮料和精制茶加工业。精制食品制造行业是跨部门、多门类的综合性工业行业，其发展状况、结构和水平从一个侧面反映了经济发展的水平，与人民生活水平和国民身体素质的提高具有密切的联系。食品制造业具有点多、面广、投资小、见效快的特点，对安排就业、稳定社会、回笼货币、搞活流通、提高农产品深加工和附加值、促进经济发展具有重要的作用。在中央及各级政府的高度重视下，在市场需求快速增长和科技进步的有力推动下，我国食品制造业已发展成为门类比较齐全，既能满足国内市场需求又具有一定出口竞争能力的产业，并实现了持续、快速、健康发展的良好态势。上市公司作为行业龙头，其经营业绩和财务绩效等均对评价行业整体发展状况具有一定的示范作用。本章以上市公司为样本，从发展趋势、回报、风险和成长四个角度对食品制造行业的经营状况进行分析，以期为食品制造行业的健康发展提供一些有益的经验和借鉴。

7.1　食品制造业发展趋势分析

为了对食品制造业的发展趋势进行分析，我们以 2007 年第 1 季度以来所有季度作为样本区间，截至 2018 年第 1 季度，我们所选样本 45 个季度的季均总资产为 4 843.33 亿元，季均营业总收入为 153.18 亿元，季均价值创造额为 363.20 亿元。

为了研究食品制造业的发展趋势，我们以样本公司的季度总资产、季度营业总收入和季度价值创造额为基础构建了食品制造业的资产指数、收入指数和价值创造额指数（见表 7-1）。三类指数的总体波动趋势如图 7-1 所示。

表 7-1　食品制造业资产指数、收入指数、价值创造额指数的编制结果

季度	资产指数	收入指数	价值创造额指数
200701	100	100	100
200702	100	105	95
200703	106	120	108
200704	110	118	105
200801	115	125	128
200802	118	130	124
200803	120	137	114
200804	123	107	79
200901	127	123	148
200902	129	140	148
200903	137	151	159
200904	143	153	148
201001	150	157	189
201002	155	161	171
201003	161	190	196
201004	177	189	200
201101	188	201	260
201102	194	207	241
201103	204	241	253
201104	224	381	295
201201	230	282	349
201202	236	322	331
201203	249	322	366
201204	263	287	331
201301	276	303	390
201302	277	310	320
201303	283	343	338

续表

季度	资产指数	收入指数	价值创造额指数
201304	291	315	343
201401	301	310	362
201402	305	326	333
201403	309	347	334
201404	322	322	350
201501	338	324	409
201502	338	336	357
201503	359	353	373
201504	360	322	377
201601	373	344	469
201602	373	340	385
201603	391	368	420
201604	413	379	443
201701	433	403	544
201702	433	393	465
201703	451	450	564
201704	473	421	469
201801	504	466	686

图 7-1　食品制造业三类指数总体波动趋势

由表7-1和图7-1可知，从总体运行趋势来看，食品制造业资产指数自2007年第1季度以来一直呈上升趋势，2018年第1季度达到504点，与2007年第1季度相比上升了404%。从食品制造业收入指数变动趋势来看，2011年第4季度，收入指数较2011年第3季度上升较大，这主要是由于新希望公司（000876）完成了农牧产业整体上市的重大资产重组，2011年第4季度之后，食品制造业的收入指数保持相对稳定且出现明显的第4季度效应，说明食品制造业受季节性影响较大。从食品制造业价值创造额指数的变动趋势来看，自2007年第1季度以来，指数呈现明显上升趋势，但2013年第1季度之后，指数增长速度有所放缓，2015年第1季度之后，又出现快速增长趋势。

从三类指数运行趋势之间的关系来看，2011年第3季度之前，该行业的资产增长速度与收入和价值创造额的增长速度保持相对稳定，但是2011年第3季度之后，受新希望公司完成农牧产业整体上市的重大资产重组影响，该行业资产增长速度开始低于收入和价值创造额的增长速度，从2014年第4季度开始，资产增长速度开始高于收入增长速度但一直低于价值创造额增长速度。从收入指数和价值创造额指数的运行趋势看，2008年第4季度之前，该行业价值创造额增速略微低于收入增速，但是2008年第4季度之后，除2011年第4季度受新希望公司影响之外，价值创造额指数几乎始终在收入指数的上方，说明该行业的价值创造额增速高于收入增速。综合三类指数近几年的运行趋势可以发现，随着该行业资产规模的扩大，价值创造额波动上升，但收入提升相对缓慢，说明近年来该行业的运行效率有所下降。

7.2　食品制造业财务指标预测

7.2.1　资产负债表主要项目预测

根据会计综合评价指数（ACV）的构建需要，我们分别对食品制造业2012—2017年的资产均值、负债均值、所有者权益均值、流动资产均值、流动负债均值和应收账款均值进行了预测。

表7-2列示了食品制造业的资产、负债、所有者权益、流动资产、流动负债和应收账款的行业真实值和预测值，其中预测值分别采用B周期移动平均（BCM）和A周期移动平均（ACM）两种方法进行预测。表7-3则分别列示了资产负债表主要项目真实值与预测值的差异，从计算结果可以看出，无论是B周期移动平均还是A周期移动平均，均能够对资产负债表主要项目进行准确预测，模型稳定性较好。

表7-2　资产负债表主要项目预测结果

单位：亿元

年份		资产	负债	所有者权益	流动资产	流动负债	应收账款
2012	BCM真实值	44.20	20.50	24.20	22.50	17.60	1.21
	BCM预测值	44.10	20.10	24.80	23.10	17.30	1.21
	ACM真实值	53.40	25.00	29.80	27.00	21.70	1.35
	ACM预测值	55.10	25.80	30.90	28.40	22.80	1.44
2013	BCM真实值	45.40	19.60	26.30	23.40	17.00	1.28
	BCM预测值	47.00	20.80	27.00	23.80	17.70	1.23
	ACM真实值	49.90	21.50	29.60	25.40	18.80	1.41
	ACM预测值	51.70	22.80	30.30	25.60	19.90	1.37
2014	BCM真实值	46.80	19.60	27.60	24.30	16.70	1.37
	BCM预测值	47.20	19.70	27.60	24.20	17.00	1.32
	ACM真实值	50.50	21.20	30.10	25.90	18.20	1.57
	ACM预测值	50.60	21.10	29.80	25.40	18.40	1.43
2015	BCM真实值	49.50	19.70	30.50	25.50	16.70	1.51
	BCM预测值	50.70	20.60	30.30	26.00	17.50	1.43
	ACM真实值	54.70	22.30	33.40	27.40	18.70	1.65
	ACM预测值	55.20	23.00	32.80	28.10	19.40	1.58
2016	BCM真实值	51.60	20.40	31.80	25.80	17.20	1.66
	BCM预测值	51.90	20.30	32.60	25.90	17.10	1.58
	ACM真实值	61.50	25.10	37.50	30.10	21.00	1.93
	ACM预测值	59.70	24.10	37.50	29.30	20.00	1.80
2017	BCM真实值	54.40	22.30	32.80	27.70	18.70	1.80
	BCM预测值	53.00	21.00	32.70	26.90	17.50	1.73
	ACM真实值	65.00	27.50	38.70	32.30	23.00	2.07
	ACM预测值	65.00	26.50	39.90	32.10	22.00	2.00

表7-3　资产负债表主要项目预测差异

年份		资产	负债	所有者权益	流动资产	流动负债	应收账款
2012	BCM	−0.31%	−2.28%	2.62%	2.93%	−2.10%	0.33%
	ACM	3.28%	3.44%	3.78%	4.94%	4.96%	6.78%
2013	BCM	3.46%	6.16%	2.71%	1.88%	4.54%	−4.19%
	ACM	3.50%	6.26%	2.46%	0.78%	6.01%	−2.90%

续表

年份		资产	负债	所有者权益	流动资产	流动负债	应收账款
2014	BCM	0.87%	0.49%	0.21%	−0.70%	1.50%	−4.17%
	ACM	0.13%	−0.38%	−1.12%	−1.82%	0.70%	−9.28%
2015	BCM	2.32%	4.82%	−0.57%	2.25%	4.94%	−4.81%
	ACM	0.85%	3.16%	−2.01%	2.36%	3.60%	−4.63%
2016	BCM	0.56%	−0.56%	2.62%	0.28%	−0.55%	−4.99%
	ACM	−2.89%	−4.14%	0.09%	−2.46%	−4.44%	−6.81%
2017	BCM	−2.65%	−5.88%	−0.32%	−3.04%	−6.21%	−3.77%
	ACM	0.04%	−3.76%	2.84%	−0.48%	−4.51%	−3.34%

注：表中数据以项目预测结果取两位小数前的数据计算。下同。

7.2.2　利润表主要项目预测

根据会计综合评价指数的构建需要，我们对利润表中营业总收入、营业总成本和扣除非经常性损益后的净利润三个会计项目进行了预测。需要说明的是，由于净利润包括企业的投资收益等非经常性损益，难以准确衡量企业主营业务所产生的回报，因此在对行业回报进行计算的过程中，选取扣除非经常性损益后的净利润进行预测。根据利润表的特点，在对营业总收入、营业总成本和扣除非经常性损益后的净利润进行预测的过程中，将除数占比和周期移动平均两种方法结合起来使用。

表 7－4 列示了利润表中营业总收入、营业总成本和扣除非经常性损益后的净利润的真实值和预测值，其中预测值分别采用 B 周期移动平均和 A 周期移动平均两种方法进行预测。表 7－5 进一步计算了利润表主要项目真实值和预测值的差异，结果显示利润表主要项目的预测差异较小，说明采取的方法能够较好地对利润表主要项目进行预测。

表 7－4　利润表主要项目预测结果　　单位：亿元

年份		营业总收入	营业总成本	扣除非经常性损益后的净利润
2012	BCM 真实值	50.70	43.20	4.58
	BCM 预测值	52.00	44.30	4.52
	ACM 真实值	54.40	44.60	3.68
	ACM 预测值	55.70	45.60	3.78
2013	BCM 真实值	54.50	47.10	4.17
	BCM 预测值	55.60	47.70	4.49
	ACM 真实值	49.70	42.90	3.02
	ACM 预测值	50.60	43.30	3.12

续表

年份		营业总收入	营业总成本	扣除非经常性损益后的净利润
2014	BCM 真实值	54.20	47.50	3.93
	BCM 预测值	54.90	48.20	4.15
	ACM 真实值	47.50	41.50	2.73
	ACM 预测值	47.90	41.80	2.75
2015	BCM 真实值	53.90	47.00	4.18
	BCM 预测值	54.30	47.60	4.14
	ACM 真实值	47.10	41.40	2.87
	ACM 预测值	47.80	42.10	2.82
2016	BCM 真实值	55.10	47.70	4.64
	BCM 预测值	53.90	46.60	4.49
	ACM 真实值	50.80	44.30	3.57
	ACM 预测值	49.20	42.90	3.52
2017	BCM 真实值	58.90	50.80	5.01
	BCM 预测值	58.70	50.30	4.92
	ACM 真实值	55.40	48.60	3.94
	ACM 预测值	55.50	48.40	3.91

表 7-5　利润表主要项目预测差异

年份		营业总收入	营业总成本	扣除非经常性损益后的净利润
2012	BCM	2.63%	2.53%	−1.44%
	ACM	2.49%	2.14%	2.77%
2013	BCM	1.96%	1.38%	7.85%
	ACM	1.71%	0.88%	3.39%
2014	BCM	1.34%	1.48%	5.53%
	ACM	0.89%	0.77%	0.69%
2015	BCM	0.78%	1.13%	−1.00%
	ACM	1.29%	1.69%	−1.78%
2016	BCM	−2.19%	−2.14%	−3.41%
	ACM	−3.24%	−3.13%	−1.52%
2017	BCM	−0.28%	−0.88%	−1.88%
	ACM	0.09%	−0.44%	−0.60%

7.2.3　基于预测指标测算行业回报、风险和成长

在完成对营业总收入、营业总成本、扣除非经常性损益后的净利润、资产、负债、所有者权益、流动资产、流动负债和应收账款行业均值的预测之后，我们

以预测值为基准，根据行业回报、风险和成长，计算了行业的净资产收益率、总资产收益率、销售净利率、资产负债率、流动比率、总资产周转率、应收账款周转率、营业总收入增长率和总资产增长率 9 个财务指标。具体预测结果列示在表 7－6 中。

表 7－6　食品制造业回报、风险和成长预测结果

年份		回报			风险		成长			
		净资产收益率	总资产收益率	销售净利率	资产负债率	流动比率	总资产周转率	应收账款周转率	营业总收入增长率	总资产增长率
2012	BCM 真实值	0.199	0.108	0.090	0.46	1.28	1.19	42.51	1.19	1.09
	BCM 预测值	0.196	0.109	0.087	0.46	1.34	1.26	45.22	1.27	1.14
	ACM 真实值	0.131	0.072	0.068	0.47	1.25	1.06	38.53	1.17	1.09
	ACM 预测值	0.135	0.075	0.068	0.47	1.25	1.11	42.02	1.25	1.21
2013	BCM 真实值	0.165	0.093	0.076	0.43	1.38	1.22	43.82	1.08	1.03
	BCM 预测值	0.173	0.099	0.081	0.44	1.34	1.22	45.59	1.07	1.07
	ACM 真实值	0.102	0.058	0.061	0.43	1.35	0.96	36.00	0.91	0.94
	ACM 预测值	0.102	0.058	0.062	0.44	1.29	0.95	35.96	0.91	0.94
2014	BCM 真实值	0.146	0.085	0.073	0.42	1.45	1.18	40.84	0.99	1.03
	BCM 预测值	0.152	0.088	0.076	0.42	1.42	1.17	43.20	0.99	1.00
	ACM 真实值	0.091	0.054	0.057	0.42	1.42	0.95	31.80	0.95	1.01
	ACM 预测值	0.091	0.054	0.057	0.42	1.38	0.94	34.22	0.95	0.98
2015	BCM 真实值	0.144	0.087	0.078	0.40	1.53	1.12	37.41	0.99	1.06
	BCM 预测值	0.143	0.085	0.076	0.41	1.49	1.11	39.48	0.99	1.07
	ACM 真实值	0.090	0.054	0.061	0.41	1.46	0.90	29.23	0.99	1.08
	ACM 预测值	0.090	0.053	0.059	0.42	1.45	0.90	31.80	1.00	1.09
2016	BCM 真实值	0.149	0.092	0.084	0.40	1.50	1.09	34.80	1.02	1.04
	BCM 预测值	0.143	0.087	0.083	0.39	1.52	1.05	35.80	0.99	1.02
	ACM 真实值	0.101	0.061	0.070	0.41	1.43	0.87	28.35	1.08	1.12
	ACM 预测值	0.100	0.061	0.072	0.40	1.46	0.86	29.12	1.03	1.08
2017	BCM 真实值	0.155	0.095	0.085	0.41	1.49	1.11	34.02	1.07	1.05
	BCM 预测值	0.151	0.094	0.084	0.40	1.54	1.12	35.46	1.09	1.02
	ACM 真实值	0.103	0.062	0.071	0.42	1.40	0.88	27.72	1.09	1.06
	ACM 预测值	0.101	0.063	0.071	0.41	1.46	0.89	29.21	1.13	1.09

表 7－7 进一步列示了食品制造业回报、风险和成长类财务指标预测值与真实值之间的差异。对比食品制造业采用 B 周期移动平均和 A 周期移动平均所预测的财务指标与该行业财务指标的真实值可知，所选用的预测模型的预测效果较好，预测能力比较稳定。

表 7-7 食品制造业回报、风险和成长预测差异

年份		回报			风险		成长			
		净资产收益率	总资产收益率	销售净利率	资产负债率	流动比率	总资产周转率	应收账款周转率	营业总收入增长率	总资产增长率
2012	BCM	−1.27%	1.15%	−3.96%	−1.98%	5.13%	5.32%	6.37%	6.73%	4.93%
	ACM	3.15%	4.29%	0.28%	0.16%	−0.03%	4.00%	9.06%	6.90%	10.60%
2013	BCM	5.05%	6.15%	5.78%	2.61%	−2.55%	0.35%	4.03%	−0.65%	3.78%
	ACM	0.26%	0.00%	1.65%	2.66%	−4.94%	−1.62%	−0.12%	−0.76%	0.22%
2014	BCM	4.04%	3.31%	4.13%	−0.38%	−2.18%	−0.79%	5.76%	−0.61%	−2.50%
	ACM	0.04%	−1.09%	−0.19%	−0.51%	−2.50%	−0.90%	7.62%	−0.81%	−3.26%
2015	BCM	−0.81%	−2.58%	−1.77%	2.45%	−2.57%	−0.83%	5.53%	−0.56%	1.44%
	ACM	−0.20%	−2.27%	−3.03%	2.29%	−1.19%	0.79%	8.79%	0.40%	0.72%
2016	BCM	−4.42%	−4.77%	−1.26%	−1.11%	0.83%	−3.56%	2.86%	−2.94%	−1.72%
	ACM	−0.62%	−0.39%	1.78%	−1.28%	2.06%	−2.14%	2.72%	−4.48%	−3.71%
2017	BCM	−2.97%	−0.81%	−1.61%	−3.32%	3.38%	0.82%	4.26%	1.95%	−3.19%
	ACM	−2.06%	0.79%	−0.69%	−3.79%	4.22%	1.50%	5.37%	3.44%	3.02%

7.3 食品制造业运行状况分析

会计综合评价指数分别采用B周期移动平均和A周期移动平均两种方法，对行业运行状况基准值进行预测。具体来讲，B周期移动平均的样本数量以年度最新行业样本为准，进行滚动预测，样本数量较多，更能代表行业当前发展状况；A周期移动平均则按照样本基期进行滚动预测，样本选取比较稳定，对行业历史发展状况的讨论更为充分。

7.3.1 食品制造业回报分析

图7-2、图7-3和图7-4分别为食品制造业的净资产收益率、总资产收益率和销售净利率的变动趋势图，其中，净资产收益率和总资产收益率的分母分别采用本年末所有者权益（总资产）与上年末所有者权益（总资产）的均值计算，因此净资产收益率和总资产收益率的基期均为2008年。基于对食品制造业财务指标的预测，在评价食品制造业回报的过程中，我们分别在图中画出了基于B周期移动平均和A周期移动平均所计算的2012—2017年净资产收益率、总资产收益率和销售净利率的预测值。

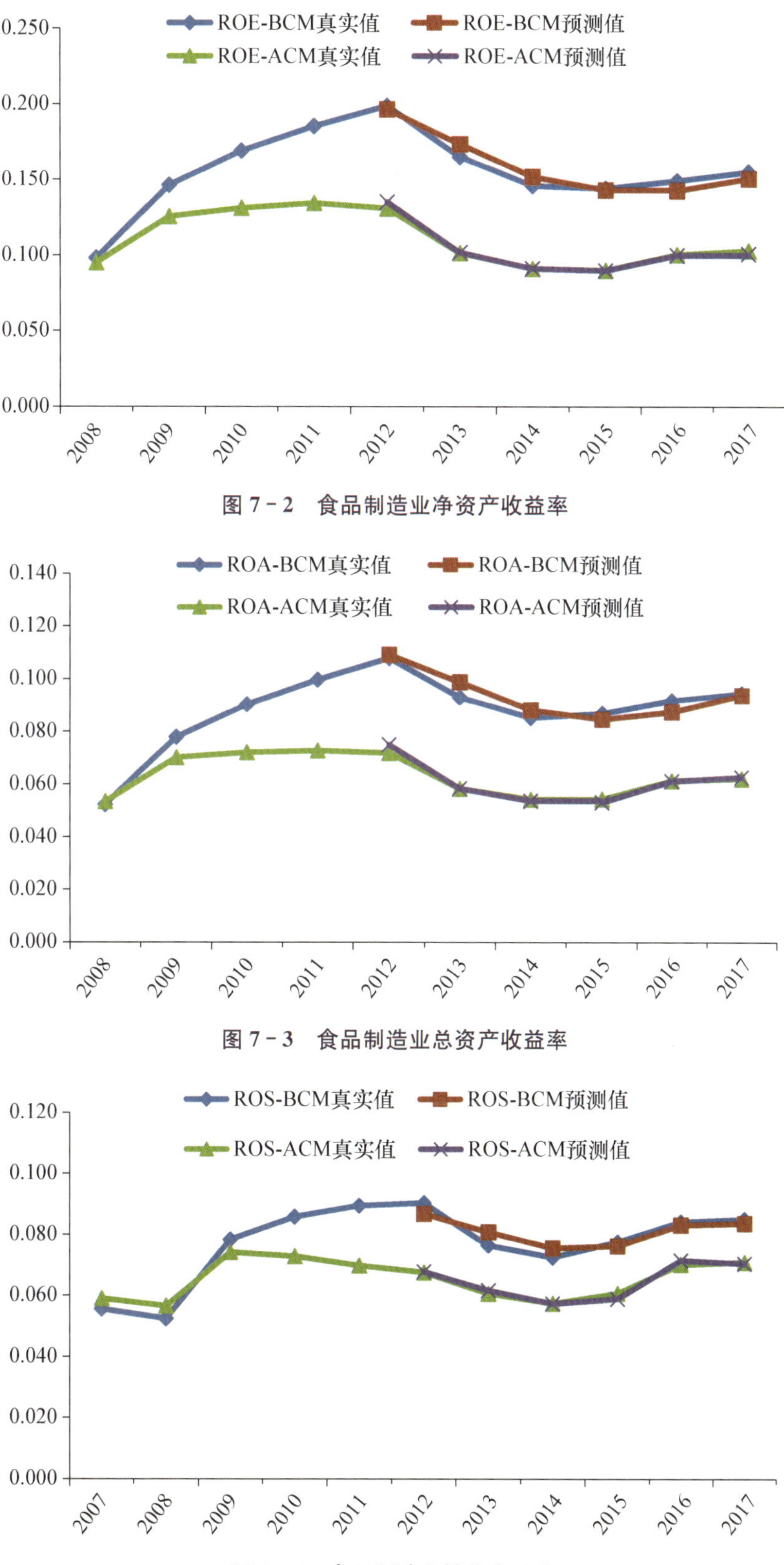

图 7－2　食品制造业净资产收益率

图 7－3　食品制造业总资产收益率

图 7－4　食品制造业销售净利率

观察图 7－2、图 7－3 和图 7－4 可以发现，食品制造业 B 周期移动平均和 A 周期移动平均所选取样本的回报类财务指标的变动趋势大体一致。具体来说，该行业净资产收益率、总资产收益率和销售净利率在 2008—2012 年上升，2012 年开始呈现明显的下滑趋势，虽然三项指标自 2015 年以来有所上升，但仍低于 2012 年的水平，说明 2012 年之后该行业发展进入瓶颈期。综合回报的三项指标可以看出，近年来食品制造业的回报下降较快，急需采取措施改善行业回报状况。

在食品制造业回报分析中，从预测财务指标与真实财务指标的对比可以看出，无论是 B 周期移动平均还是 A 周期移动平均，预测值与真实值的差异均较小，确认了行业发展处于瓶颈期，回报在近几年有所下滑的现象。

7.3.2　食品制造业风险分析

图 7－5、图 7－6 分别从资产负债率和流动比率两个角度对食品制造业的风险类进行了分析。与行业回报的分析类似，2007—2017 年食品制造业的风险类财务指标根据行业真实值进行计算，同时采用 B 周期移动平均和 A 周期移动平均计算了资产负债率和流动比率的预测值。

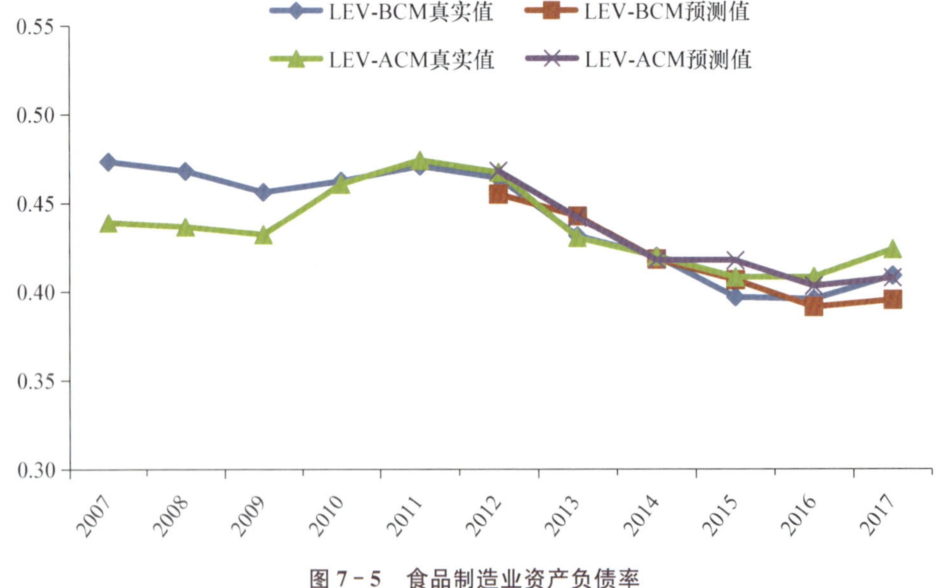

图 7－5　食品制造业资产负债率

观察图 7－5 和图 7－6 可以发现，食品制造业 B 周期移动平均和 A 周期移动平均所选取样本的风险类财务指标的变动趋势大体一致。具体来说，该行业资产负债率在样本期间内一直维持在 50%以下，且自 2011 年以来逐年下降；该行业流动比率一直维持在 1.1 以上并基本保持逐年上升的趋势。综合该行业资产负债率和流动比率的变动趋势可知，尽管近年来该行业发展陷入瓶颈期，回报有所下滑，但是行业的风险比较稳定而且有所下降，财务风险相对较小。如果该行业能够深入挖掘消费者需求，通过科技创新和人才引进提高产品的质量，完善产品结构，改善行业的回报，其发展前景依然看好。

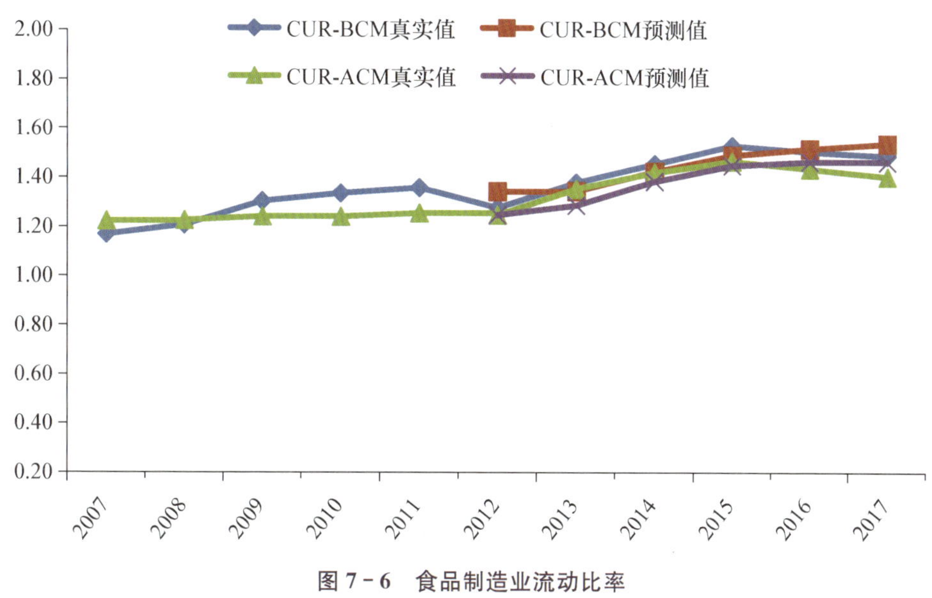

图 7-6　食品制造业流动比率

从食品制造业资产负债率和流动比率的预测值可以发现，采用 B 周期移动平均和 A 周期移动平均所计算的 2012—2017 年行业资产负债率和流动比率与真实值的差距较小，能够较好地反映行业风险变动趋势，说明模型的预测效果较好。

7.3.3　食品制造业成长分析

图 7-7、图 7-8、图 7-9 和图 7-10 分别从食品制造业周转速度（总资产周转率、应收账款周转率）和成长速度（营业总收入增长率、总资产增长率）两个角度衡量该行业的成长。由于行业样本区间为 2007—2017 年，而周转速度计算的分母为前一期期末和本期期末的均值，因此我们在进行周转速度分析时，将基期确定为 2008 年；同样，行业成长速度采用本年度财务指标与上一年度财务指标的比值，因此成长速度的基期也为 2008 年。

从周转速度看，B 周期移动平均和 A 周期移动平均所选样本的变动趋势比较一致。食品制造业 2008—2013 年总资产周转率和应收账款周转率有所上升，但 2013 年以来总资产周转率和应收账款周转率呈现轻微的下滑趋势，说明近年来该行业的运行效率下降。

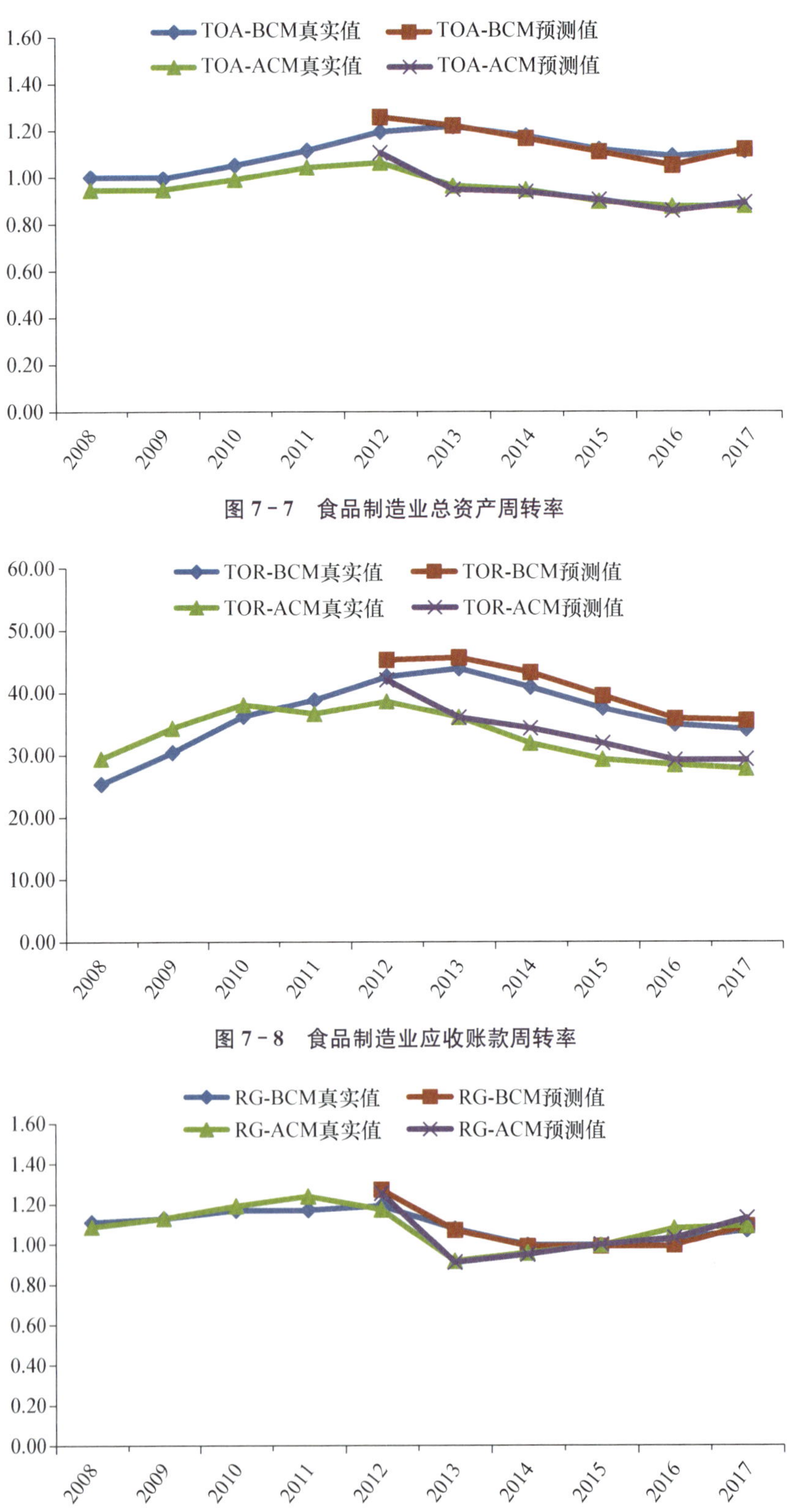

图 7-7　食品制造业总资产周转率

图 7-8　食品制造业应收账款周转率

图 7-9　食品制造业营业总收入增长率

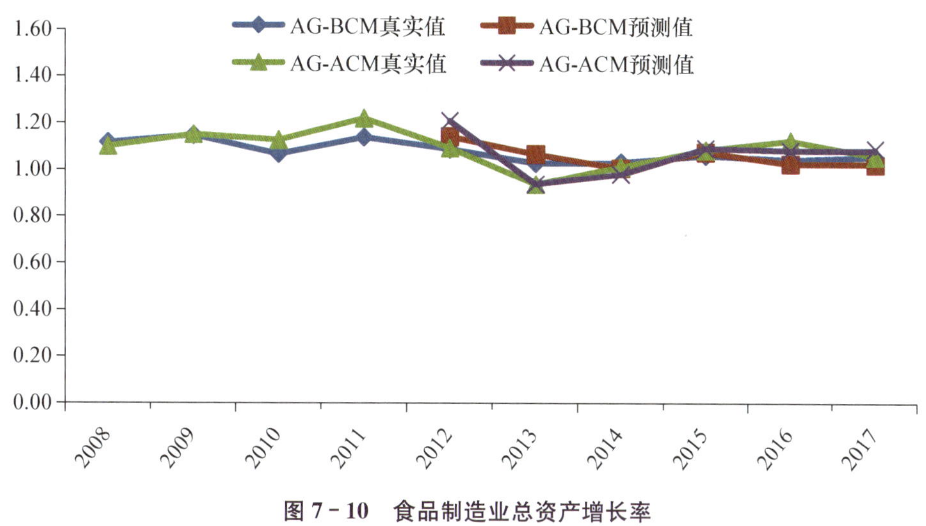

图 7－10　食品制造业总资产增长率

从成长速度看，B 周期移动平均和 A 周期移动平均所选样本的变动趋势比较一致。具体而言，食品制造业的营业总收入增长率在 2008—2012 年有所上升，2012 年以来呈现下滑趋势；从 2008 年开始，食品制造业的总资产增长率有所波动但一直在 0.8 以上，2011 年以来有下降趋势。整体来看，食品制造业的成长速度有待提升。

从食品制造业的周转速度（总资产周转率、应收账款周转率）和成长速度（营业总收入增长率、总资产增长率）的预测值可以发现，采用 B 周期移动平均和 A 周期移动平均所计算的 2012—2017 年行业预测值与真实值的差距较小，能够较好地反映行业的变动趋势，说明模型预测效果较好。

7.4　食品制造业会计综合评价指数构建

根据制造业会计综合评价指数的计算方法，表 7－8 列示了食品制造业上市公司的前 20 名。由表 7－8 可知，食品制造业会计综合评价指数排名前五的上市公司分别为桃李面包（603866）、泸州老窖（000568）、涪陵榨菜（002507）、花园生物（300401）和千禾味业（603027）。

表 7－8　2017 年会计综合评价指数食品制造业前 20 名上市公司

股票简称	股票代码	会计综合评价指数	排名
桃李面包	603866	100.00	1
泸州老窖	000568	100.00	1
涪陵榨菜	002507	100.00	1
花园生物	300401	99.94	4

续表

股票简称	股票代码	会计综合评价指数	排名
千禾味业	603027	93.94	5
爱普股份	603020	92.51	6
五粮液	000858	90.79	7
双汇发展	000895	90.33	8
洋河股份	002304	89.90	9
承德露露	000848	89.35	10
汤臣倍健	300146	88.69	11
口子窖	603589	87.51	12
龙大肉食	002726	87.49	13
金达威	002626	87.43	14
量子生物	300149	86.08	15
广弘控股	000529	85.88	16
煌上煌	002695	85.03	17
今世缘	603369	84.58	18
安记食品	603696	83.68	19
伊力特	600197	83.66	20

注：① ST 春天（600381）原排在第 6 名，但由于涉及资产重组、行业变化和公司名称变更等而被剔除。
②会计综合评价指数的构建以公开财务数据真实有效为前提。

第8章　医药制造业会计综合评价指数编制结果及分析

医药制造业（行业代码为C27），是指原料经物理变化或化学变化后成为新的医药类产品的行业，包含通常所说的中西药制造、兽用药品和医药原药及卫生材料等。作为传统产业和现代产业相结合的行业，医药制造业是我国工业行业中的一个重要子类，也是我国国民经济的重要组成部分。我国医药需求的特点是起点低、总量大，居民人均消费水平相比发达国家仍然较低，增长潜力大。随着社会经济发展、科技进步、政府投入加大以及居民健康意识提升，人们越来越重视防治各类疾病，居民对医药产品的需求从根本上拉动了医药制造业的快速发展。与此同时，日趋增长的卫生需求对我国医药制造业提出更高的技术和创新要求。本章以上市公司为样本，从发展趋势、回报、风险和成长四个角度对医药制造业的经营状况进行分析，以期为医药制造业的健康发展提供一些有益的经验和借鉴。

8.1　医药制造业发展趋势分析

为了对医药制造业的发展趋势进行分析，我们以2007年第1季度以来的所有季度作为样本区间，截至2018年第1季度，我们所选样本45个季度的季均总资产为5 297.33亿元，季均营业总收入为812.16亿元，季均价值创造额为279.39亿元。

为了研究医药制造业的发展趋势，我们以样本公司的季度总资产、季度营业总收入和季度价值创造额为基础构建了医药制造业的资产指数、收入指数和价值创造额指数（见表8－1）。三类指数的总体波动趋势如图8－1所示。

表 8-1 医药制造业资产指数、收入指数、价值创造额指数的编制结果

季度	资产指数	收入指数	价值创造额指数
200701	100	100	100
200702	104	109	132
200703	109	116	141
200704	110	122	142
200801	111	123	145
200802	112	133	167
200803	114	116	145
200804	115	120	137
200901	120	124	152
200902	125	133	162
200903	131	134	182
200904	135	149	201
201001	142	151	196
201002	148	154	193
201003	152	162	189
201004	161	175	215
201101	172	181	220
201102	178	183	222
201103	185	182	221
201104	190	199	228
201201	199	205	245
201202	205	216	244
201203	211	216	249
201204	223	243	300
201301	234	239	288
201302	243	259	317
201303	253	253	300
201304	263	288	367
201401	275	274	338
201402	283	292	362
201403	293	287	350

续表

季度	资产指数	收入指数	价值创造额指数
201404	311	317	439
201501	327	299	398
201502	339	311	434
201503	348	308	439
201504	371	352	485
201601	388	334	484
201602	405	358	498
201603	430	352	503
201604	450	422	566
201701	468	385	531
201702	481	416	590
201703	503	421	678
201704	528	512	674
201801	545	490	690

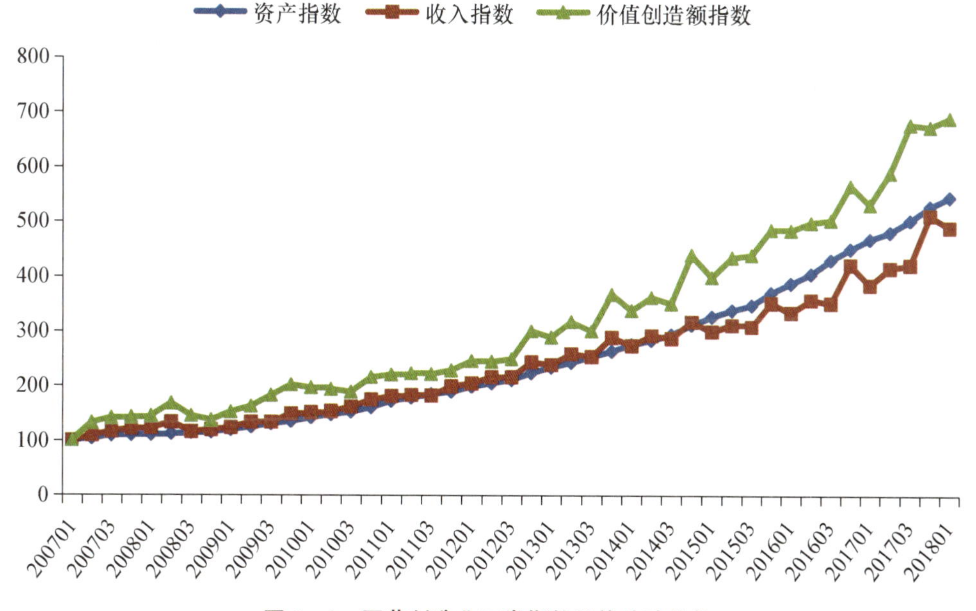

图 8-1　医药制造业三类指数总体波动趋势

由表 8-1 和图 8-1 可知，从总体运行趋势来看，医药制造业资产指数自 2007 年第 1 季度以来一直呈上升趋势，2018 年第 1 季度达到 545 点，与 2007 年第 1 季度相比上升了 445%。从医药制造业收入指数的变动趋势来看，随着我国经济持续增长，人民生活水平不断提高，医疗保障制度逐渐完善，人口老龄化问题日益突出，医药制造业呈现出持续良好的发展趋势。2008 年第 3 季度医药制造业收入指数有小幅下降，从某种程度上是受到金融危机的冲击，2008 年第 3 季度之后，除了 2011 年第 3 季度略降，收入指数稳步上升，这种上涨趋势延续到了 2012 年第 4 季度，此后收入指数在波动中缓慢上升，并在 2017 年第 4 季度达到历史最高点。从医药制造业价值创造额指数的变动趋势来看，2007 年第 1 季度以来，价值创造额指数一直在波动中保持上升趋势，显示了医药制造业的良好发展趋势，2009 年第 3、第 4 季度，价值创造额指数有一个显著提升，这主要是由于 2009 年我国做出深化医药卫生体制改革的重要战略部署，确立了新农合作在农村基本医疗保障制度中的地位。

从三类指数运行趋势之间的关系来看，2014 年第 4 季度之前，该行业的资产增长速度与收入增长速度相当，且二者均低于价值创造额增速，但是 2015 年第 1 季度之后，该行业的资产增长速度开始超过收入增长速度，并且增速差距呈现逐步扩大的趋势。从收入指数和价值创造额指数的运行趋势来看，该行业的收入指数始终在价值创造额指数下方，说明该行业的价值创造额增速高于收入增速。综合三类指数的运行趋势可以发现，随着资产规模的扩大，该行业价值创造额一直较快上升，收入一直保持上升趋势，虽然近几年增速有所放缓，但是在 2016 年第 4 季度得到大幅提升。随着医改的深化，政府逐步加大卫生投入，扩大基本医疗的受益面，这些举措将会进一步扩大药品需求规模，同时为研发能力较为突出、质量控制较为有效的医药制造企业提供了快速发展的契机。

8.2 医药制造业财务指标预测

8.2.1 资产负债表主要项目预测

根据会计综合评价指数的构建需要，我们分别对医药制造业 2012—2017 年的资产均值、负债均值、所有者权益均值、流动资产均值、流动负债均值和应收账款均值进行了预测。

表 8－2 列示了医药制造业的资产、负债、所有者权益、流动资产、流动负债和应收账款的行业真实值和预测值，其中预测值分别采用 B 周期移动平均和 A 周期移动平均两种方法进行预测。表 8－3 则分别列示了资产负债表主要项目真实值与预测值的差异，从计算结果可以看出，无论是 B 周期移动平均还是 A 周期移动平均，均能够对资产负债表主要项目进行准确预测，模型稳定性较好。

表 8-2　资产负债表主要项目预测结果　　单位：亿元

年份		资产	负债	所有者权益	流动资产	流动负债	应收账款
2012	BCM 真实值	31.60	11.70	19.30	17.30	8.69	2.87
	BCM 预测值	28.10	9.59	18.10	16.40	7.34	2.30
	ACM 真实值	35.80	14.60	21.20	19.40	10.90	3.31
	ACM 预测值	35.30	14.60	20.70	18.90	11.30	3.28
2013	BCM 真实值	35.80	13.20	21.40	18.70	10.10	3.36
	BCM 预测值	35.90	13.30	21.60	19.00	9.98	3.19
	ACM 真实值	40.30	15.90	24.60	21.80	11.60	3.85
	ACM 预测值	40.90	15.90	25.10	22.20	11.30	3.78
2014	BCM 真实值	40.10	14.40	24.40	20.20	11.00	3.67
	BCM 预测值	39.70	14.40	24.00	20.20	10.90	3.67
	ACM 真实值	46.00	17.50	28.90	24.30	13.60	4.52
	ACM 预测值	45.30	17.40	28.20	24.00	12.90	4.31
2015	BCM 真实值	43.60	14.90	27.80	21.90	11.70	4.02
	BCM 预测值	42.60	14.60	27.10	21.10	11.30	4.03
	ACM 真实值	52.40	19.40	33.50	26.70	15.30	5.05
	ACM 预测值	52.40	19.40	33.50	26.60	15.60	5.15
2016	BCM 真实值	48.30	15.90	31.40	24.50	12.10	4.50
	BCM 预测值	49.20	16.20	32.10	24.50	12.40	4.50
	ACM 真实值	63.10	22.70	40.50	32.60	17.50	6.23
	ACM 预测值	63.80	22.50	41.60	32.60	17.80	6.13
2017	BCM 真实值	47.90	15.90	31.00	24.80	12.10	4.98
	BCM 预测值	48.20	15.40	31.70	24.50	11.80	4.54
	ACM 真实值	63.10	22.70	40.50	32.60	17.50	6.23
	ACM 预测值	67.70	24.00	43.60	35.80	18.50	6.80

表 8-3　资产负债表主要项目预测差异

年份		资产	负债	所有者权益	流动资产	流动负债	应收账款
2012	BCM	−3.98%	−6.25%	−2.48%	−2.76%	−3.84%	−6.38%
	ACM	−1.32%	0.59%	−2.43%	−2.60%	2.99%	−1.13%
2013	BCM	0.17%	0.72%	0.87%	1.43%	−0.86%	−5.08%
	ACM	1.47%	0.13%	1.94%	1.96%	−2.89%	−1.76%
2014	BCM	−1.10%	0.21%	−1.94%	−0.16%	−1.41%	−0.05%
	ACM	−1.71%	−0.90%	−2.58%	−1.34%	−5.03%	−4.45%

续表

年份		资产	负债	所有者权益	流动资产	流动负债	应收账款
2015	BCM	−2.28%	−2.02%	−2.81%	−3.39%	−3.25%	0.14%
	ACM	−0.15%	0.32%	0.18%	−0.40%	2.30%	2.05%
2016	BCM	1.92%	1.99%	2.29%	−0.05%	2.37%	−0.15%
	ACM	1.15%	−0.72%	2.59%	−0.01%	1.33%	−1.64%
2017	BCM	0.58%	−3.10%	2.35%	−1.49%	−2.46%	−8.79%
	ACM	−0.14%	−2.07%	0.35%	−2.35%	−2.08%	−7.66%

8.2.2 利润表主要项目预测

根据会计综合评价指数的构建需要，我们对利润表中营业总收入、营业总成本和扣除非经常性损益后的净利润三个会计项目进行了预测。需要说明的是，由于净利润包括企业的投资收益等非经常性损益，难以准确衡量企业主营业务所产生的回报，因此在对行业回报进行计算的过程中，选取扣除非经常性损益后的净利润进行预测。根据利润表的特点，在对营业总收入、营业总成本和扣除非经常性损益后的净利润进行预测的过程中，将除数占比和周期移动平均两种方法结合起来使用。

表 8－4 列示了利润表中营业总收入、营业总成本和扣除非经常性损益后的净利润的真实值和预测值，其中预测值分别采用 B 周期移动平均和 A 周期移动平均两种方法进行预测。表 8－5 进一步计算了利润表主要项目真实值和预测值的差异，结果显示利润表主要项目的预测差异较小，说明采取的方法能够较好地对利润表主要项目进行预测。

表 8－4　利润表主要项目预测结果　　单位：亿元

年份		营业总收入	营业总成本	扣除非经常性损益后的净利润
2012	BCM 真实值	20.60	18.50	1.75
	BCM 预测值	20.00	18.00	1.74
	ACM 真实值	24.80	22.20	2.07
	ACM 预测值	24.60	22.10	2.02
2013	BCM 真实值	24.10	21.60	2.03
	BCM 预测值	23.90	21.50	2.00
	ACM 真实值	25.50	22.80	2.26
	ACM 预测值	25.60	23.00	2.28

续表

年份		营业总收入	营业总成本	扣除非经常性损益后的净利润
2014	BCM 真实值	26.40	23.50	2.34
	BCM 预测值	26.60	23.80	2.29
	ACM 真实值	27.00	23.90	2.64
	ACM 预测值	27.30	24.10	2.61
2015	BCM 真实值	26.50	23.30	2.67
	BCM 预测值	26.60	23.60	2.58
	ACM 真实值	28.50	25.20	2.89
	ACM 预测值	28.50	25.10	2.88
2016	BCM 真实值	28.70	24.90	3.13
	BCM 预测值	28.30	24.50	3.13
	ACM 真实值	33.50	29.50	3.39
	ACM 预测值	32.90	29.00	3.38
2017	BCM 真实值	29.90	26.00	3.18
	BCM 预测值	29.50	25.60	3.23
	ACM 真实值	36.20	31.80	3.58
	ACM 预测值	35.60	31.30	3.66

表 8-5　利润表主要项目预测差异

年份		营业总收入	营业总成本	扣除非经常性损益后的净利润
2012	BCM	−2.74%	−2.72%	−0.90%
	ACM	−0.94%	−0.57%	−2.32%
2013	BCM	−0.90%	−0.76%	−1.32%
	ACM	0.52%	0.94%	0.66%
2014	BCM	1.08%	1.25%	−1.97%
	ACM	0.95%	0.90%	−0.90%
2015	BCM	0.56%	0.94%	−3.50%
	ACM	0.04%	−0.28%	−0.26%
2016	BCM	−1.60%	−1.79%	−0.06%
	ACM	−1.94%	−1.72%	−0.46%
2017	BCM	−1.39%	−1.55%	1.75%
	ACM	−1.49%	−1.68%	2.07%

8.2.3 基于预测指标测算行业回报、风险和成长

在完成对营业总收入、营业总成本、扣除非经常性损益后的净利润、资产、负债、所有者权益、流动资产、流动负债和应收账款行业均值的预测之后，我们以预测值为基准，根据行业回报、风险和成长，计算了行业的净资产收益率、总资产收益率、销售净利率、资产负债率、流动比率、总资产周转率、应收账款周转率、营业总收入增长率和总资产增长率9个财务指标。具体预测结果列示在表8-6中。

表8-6 医药制造业回报、风险和成长预测结果

年份		回报			风险		成长			
		净资产收益率	总资产收益率	销售净利率	资产负债率	流动比率	总资产周转率	应收账款周转率	营业总收入增长率	总资产增长率
2012	BCM真实值	0.095	0.059	0.085	0.37	1.99	0.69	7.73	1.12	1.12
	BCM预测值	0.094	0.059	0.087	0.36	2.02	0.68	8.03	1.10	1.08
	ACM真实值	0.104	0.060	0.083	0.41	1.78	0.72	7.49	1.04	1.09
	ACM预测值	0.099	0.060	0.089	0.39	1.97	0.67	7.26	1.04	1.16
2013	BCM真实值	0.100	0.060	0.084	0.37	1.86	0.71	7.74	1.17	1.14
	BCM预测值	0.099	0.060	0.084	0.37	1.90	0.72	8.13	1.19	1.18
	ACM真实值	0.099	0.059	0.089	0.39	1.87	0.67	7.12	1.03	1.13
	ACM预测值	0.099	0.060	0.089	0.39	1.97	0.67	7.26	1.04	1.16
2014	BCM真实值	0.102	0.062	0.089	0.36	1.83	0.69	7.50	1.09	1.12
	BCM预测值	0.101	0.061	0.086	0.36	1.86	0.71	7.77	1.12	1.10
	ACM真实值	0.098	0.061	0.098	0.38	1.78	0.63	6.46	1.06	1.14
	ACM预测值	0.098	0.061	0.096	0.38	1.85	0.63	6.74	1.06	1.11
2015	BCM真实值	0.102	0.064	0.101	0.34	1.87	0.63	6.89	1.01	1.09
	BCM预测值	0.101	0.063	0.097	0.34	1.86	0.65	6.92	1.00	1.07
	ACM真实值	0.093	0.059	0.101	0.37	1.75	0.58	5.95	1.05	1.14
	ACM预测值	0.093	0.059	0.101	0.37	1.70	0.58	6.02	1.04	1.16
2016	BCM真实值	0.106	0.068	0.109	0.33	2.02	0.63	6.74	1.08	1.11
	BCM预测值	0.106	0.068	0.111	0.33	1.98	0.62	6.63	1.06	1.15
	ACM真实值	0.092	0.059	0.101	0.36	1.86	0.58	5.95	1.18	1.20
	ACM预测值	0.090	0.058	0.103	0.35	1.83	0.57	5.83	1.15	1.22
2017	BCM真实值	0.102	0.066	0.106	0.33	2.04	0.62	6.31	1.04	0.99
	BCM预测值	0.101	0.066	0.110	0.32	2.07	0.61	6.53	1.04	0.98
	ACM真实值	0.085	0.055	0.099	0.36	1.94	0.55	5.32	1.08	1.07
	ACM预测值	0.086	0.056	0.103	0.35	1.93	0.54	5.51	1.08	1.06

表8-7进一步列示了医药制造业回报、风险和成长类财务指标预测值与真实

值之间的差异。对比医药制造业采用 B 周期移动平均和 A 周期移动平均所预测的财务指标与该行业财务指标的真实值可知，所选用的预测模型的预测效果较好，预测能力比较稳定。

表 8-7 医药制造业回报、风险和成长预测差异

年份		回报			风险		成长			
		净资产收益率	总资产收益率	销售净利率	资产负债率	流动比率	总资产周转率	应收账款周转率	营业总收入增长率	总资产增长率
2012	BCM	−0.84%	1.24%	1.89%	−2.36%	1.12%	−0.64%	3.81%	−2.37%	−3.95%
	ACM	−1.95%	−1.67%	−1.39%	1.93%	−5.42%	−0.29%	2.55%	−2.29%	−1.39%
2013	BCM	−0.61%	0.46%	−0.42%	0.55%	2.31%	0.88%	5.06%	1.89%	4.32%
	ACM	0.74%	0.50%	0.13%	−1.32%	5.00%	0.36%	2.02%	1.48%	2.83%
2014	BCM	−1.35%	−1.48%	−3.02%	1.32%	1.27%	1.59%	3.63%	2.01%	−1.27%
	ACM	−0.40%	−0.68%	−1.84%	0.82%	3.89%	1.18%	4.30%	0.43%	−3.13%
2015	BCM	−1.13%	−1.82%	−4.04%	0.27%	−0.14%	2.31%	0.51%	−0.52%	−1.19%
	ACM	0.85%	0.62%	−0.30%	0.47%	−2.64%	0.92%	1.06%	−0.91%	1.59%
2016	BCM	0.05%	0.01%	1.57%	0.07%	−2.36%	−1.53%	−1.59%	−2.15%	4.29%
	ACM	−1.93%	−1.01%	1.51%	−1.85%	−1.32%	−2.49%	−1.95%	−1.98%	1.30%
2017	BCM	−0.56%	0.49%	3.18%	−3.66%	0.99%	−2.60%	3.46%	0.22%	−1.31%
	ACM	0.63%	1.58%	3.62%	−1.93%	−0.27%	−1.96%	3.59%	0.46%	−1.28%

8.3 医药制造业运行状况分析

会计综合评价指数分别采用 B 周期移动平均和 A 周期移动平均两种方法，对行业运行状况基准值进行预测。具体来讲，B 周期移动平均的样本数量以年度最新行业样本为准，进行滚动预测，样本数量较多，更能代表行业当前发展状况；A 周期移动平均则按照样本基期进行滚动预测，样本选取比较稳定，对行业历史发展状况的讨论更为充分。

8.3.1 医药制造业回报分析

图 8-2、图 8-3 和图 8-4 分别为医药制造业的净资产收益率、总资产收益率和销售净利率的变动趋势图，其中，净资产收益率和总资产收益率的分母分别采用本年末所有者权益（总资产）与上年末所有者权益（总资产）的均值计算，因此净资产收益率和总资产收益率的基期均为 2008 年。基于对医药制造业财务指标

的预测，在评价医药制造业回报的过程中，我们分别在图中画出了基于 B 周期移动平均和 A 周期移动平均所计算的 2012—2017 年净资产收益率、总资产收益率和销售净利率的预测值。

观察图 8－2、图 8－3 和图 8－4 可以发现，医药制造业 B 周期移动平均和 A 周期移动平均所选取样本的净资产收益率和总资产收益率的变动趋势比较一致。具体来说，该行业净资产收益率、总资产收益率和销售净利率在 2008—2010 年上升，在 2010—2012 年呈现下滑趋势，自 2012 年以来，净资产收益率和总资产收益率保持相对稳定，而销售净利率呈现缓慢上升的趋势。

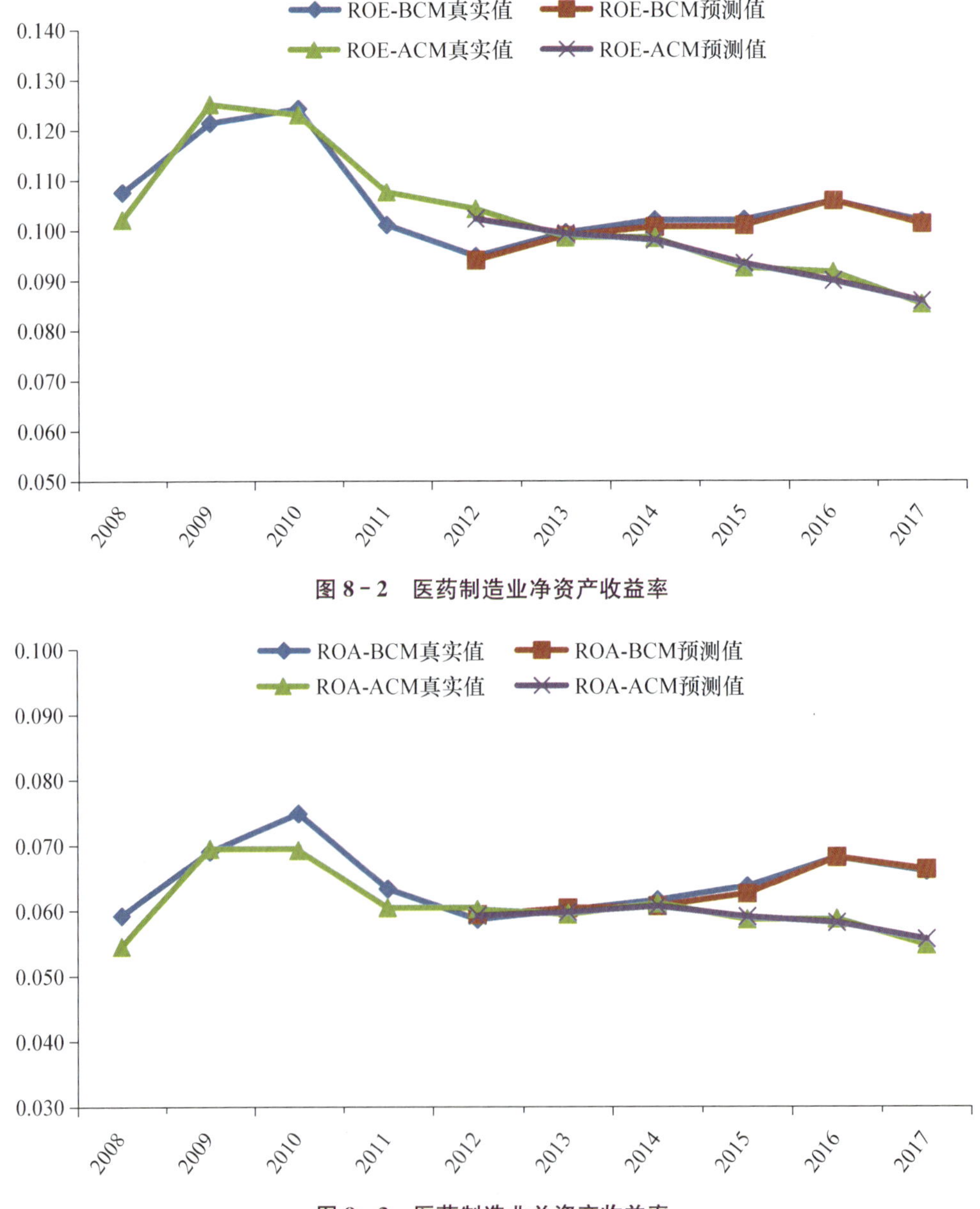

图 8－2　医药制造业净资产收益率

图 8－3　医药制造业总资产收益率

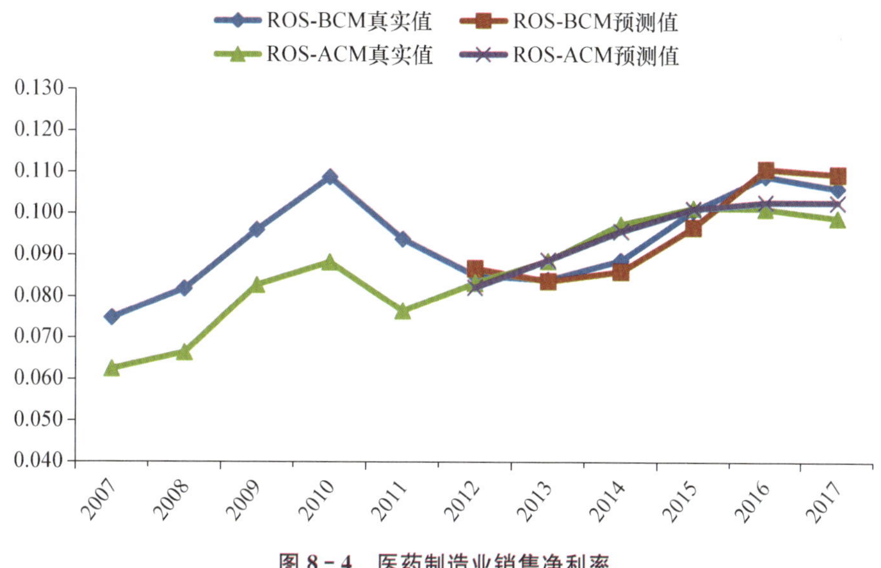

图8-4　医药制造业销售净利率

在医药制造业回报分析中，从预测财务指标与真实财务指标的对比可以看出，无论是B周期移动平均还是A周期移动平均，预测值与真实值的差异均较小，确认了行业发展前景良好，回报在近几年有所回升的现象。

8.3.2　医药制造业风险分析

图8-5、图8-6分别从资产负债率和流动比率两个角度对医药制造业的风险进行了分析。与行业回报的分析类似，2007—2017年医药制造业的风险类财务指标根据行业真实值进行计算，同时采用B周期移动平均和A周期移动平均计算了资产负债率和流动比率的预测值。

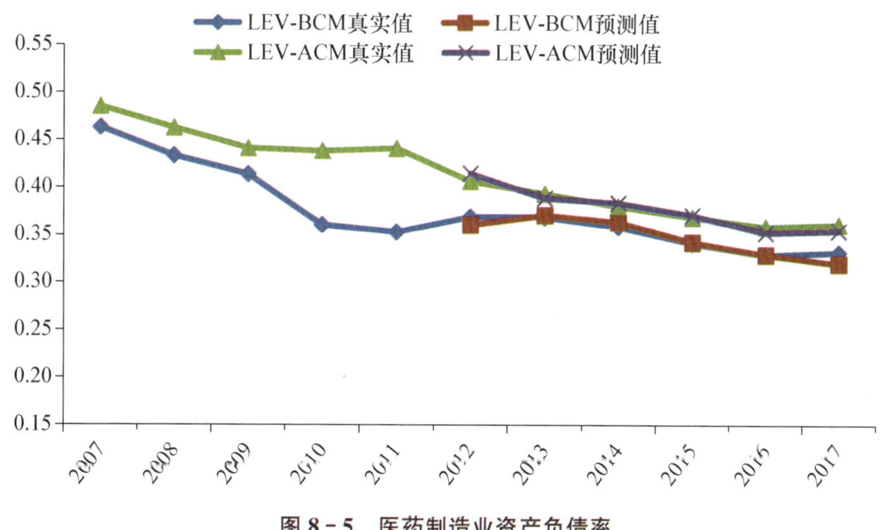

图8-5　医药制造业资产负债率

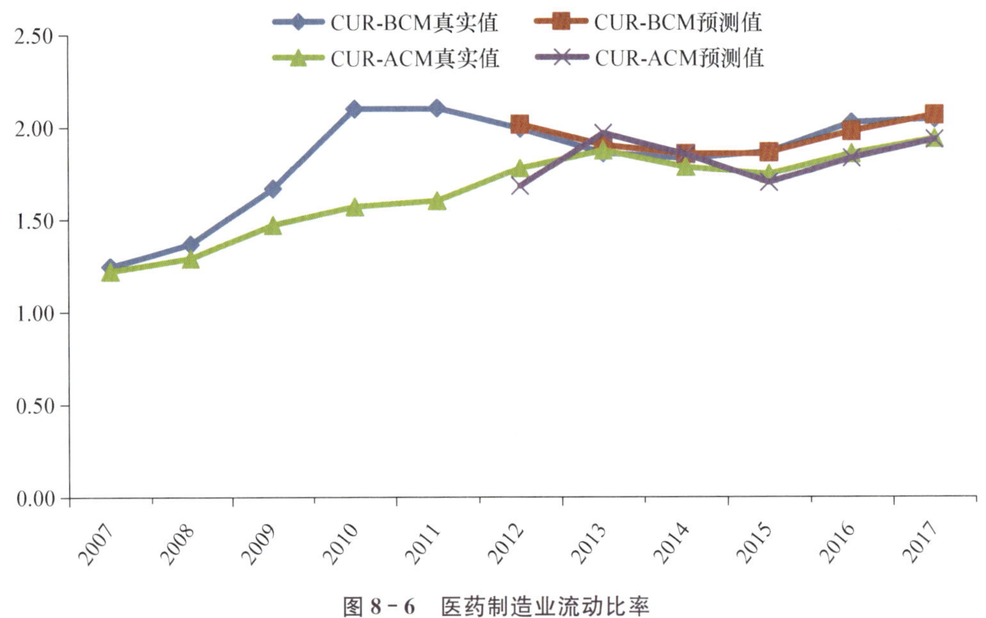

图 8-6　医药制造业流动比率

从资产负债率来看，医药制造业 B 周期移动平均和 A 周期移动平均所选样本的变动趋势比较一致，2007 年行业资产负债率在 0.47 左右，是近几年的高点，从 2007 年开始呈现缓慢下降的趋势。从流动比率来看，医药制造业 B 周期移动平均和 A 周期移动平均所选样本的变动趋势大体一致，2007 年行业流动比率在 1.22 左右，是近几年的低谷，2007—2010 年处于上升阶段，2010—2014 年略有下降，从 2015 年开始又有所上升。综合该行业资产负债率和流动比率变动趋势可知，该行业的风险在近几年比较稳定而且有所下降，运行风险相对较小。随着我国人口老龄化趋势加速，药品的需求量上升，同时国家深化医药卫生体制改革，为医药行业良好的发展提供了契机，医药制造业的发展前景看好。

从医药制造业资产负债率和流动比率的预测值可以发现，采用 B 周期移动平均和 A 周期移动平均所计算的 2012—2017 年行业资产负债率和流动比率与真实值的差距较小，能够较好地反映行业风险变动趋势，说明模型的预测效果较好。

8.3.3　医药制造业成长分析

图 8-7、图 8-8、图 8-9 和图 8-10 分别从医药行业周转速度（总资产周转率、应收账款周转率）和成长速度（营业总收入增长率、总资产增长率）两个角度衡量该行业的成长。由于行业样本区间为 2007—2017 年，而周转速度计算的分母为前一期期末和本期期末的均值，因此我们在进行周转速度分析时，将基期确定为 2008 年；同样，行业成长速度采用本年度财务指标与上一年度财务指标的比值，因此成长速度的基期也为 2008 年。

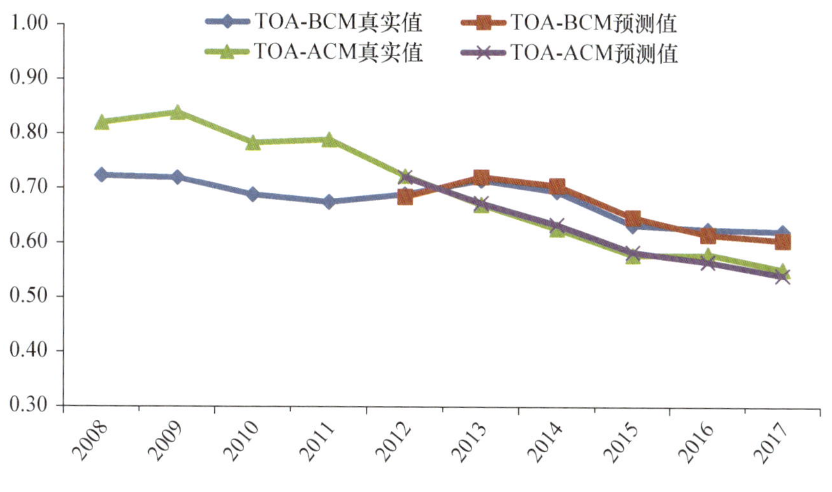

图 8-7　医药制造业总资产周转率

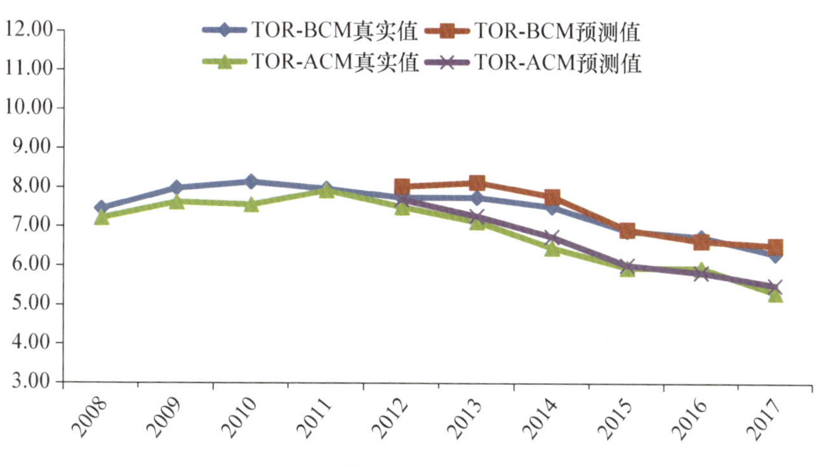

图 8-8　医药制造业应收账款周转率

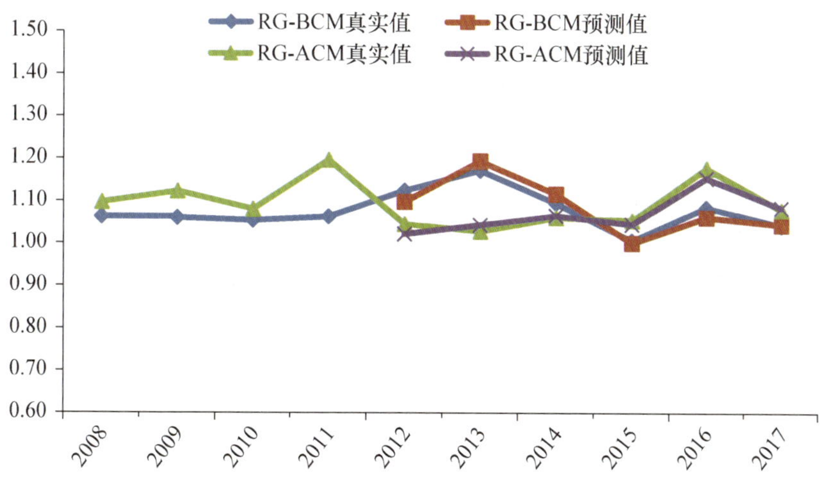

图 8-9　医药制造业营业总收入增长率

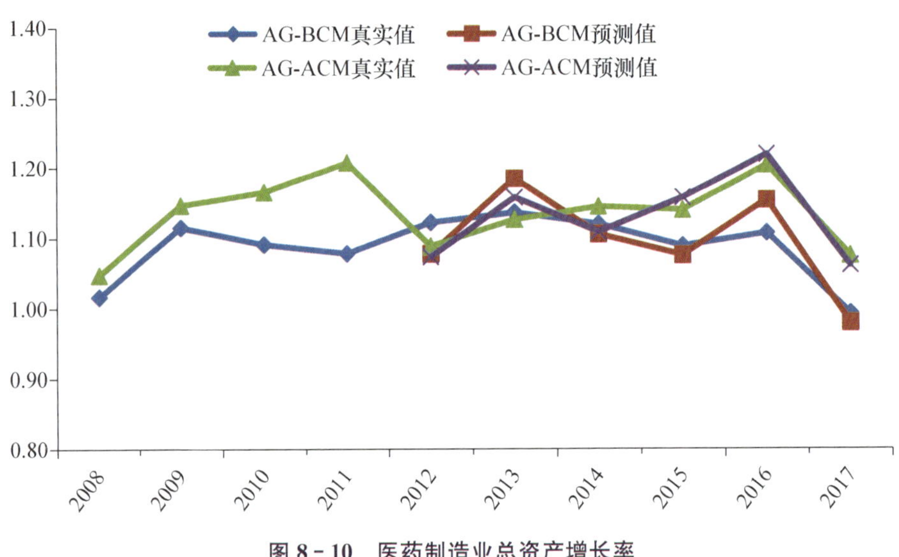

图 8-10 医药制造业总资产增长率

从周转速度看，B 周期移动平均和 A 周期移动平均所选样本的变动趋势比较一致。医药制造业的总资产周转率自 2007 年以来呈现缓慢下滑的趋势；医药制造业的应收账款周转率在 2008—2010 年缓慢上升，自 2010 年以来，与总资产周转率类似，也进入下滑周期，说明该行业运行效率较差。从成长速度看，医药制造业的营业总收入增长率 B 周期所选样本在 2008—2011 年保持平稳态势，2011—2013 年呈现上升趋势，2013—2015 年有所下滑，2015 年之后有所回升；A 周期所选样本在 2011 年、2016 年达到两个小高点，总体保持稳定，确认了 B 周期所述震荡调整的状态。从总资产增长率来看，B 周期移动平均和 A 周期移动平均所选样本的变动趋势比较稳定，一直保持在 1.1 左右，说明行业资产规模整体处于稳定状态。

从医药制造业的周转速度（总资产周转率、应收账款周转率）和成长速度（营业总收入增长率、总资产增长率）的预测值可以发现，采用 B 周期移动平均和 A 周期移动平均所计算的 2012—2017 年行业预测值与真实值的差距较小，能够较好地反映行业的变动趋势，说明模型预测效果较好。

8.4 医药制造业会计综合评价指数构建

根据制造业会计综合评价指数的计算方法，表 8-8 列示了医药制造业上市公司的前 20 名。由表 8-8 可知，医药制造业会计综合评价指数排名前五的上市公司分别为康弘药业（002773）、恒瑞医药（600276）、江中药业（600750）、东阿阿胶（000423）和信立泰（002294）。

表 8－8　2017 年会计综合评价指数医药制造业前 20 名上市公司

股票简称	股票代码	会计综合评价指数	排名
康弘药业	002773	100.00	1
恒瑞医药	600276	100.00	1
江中药业	600750	100.00	1
东阿阿胶	000423	96.07	4
信立泰	002294	94.75	5
奇正藏药	002287	94.17	6
我武生物	300357	93.86	7
通化东宝	600867	93.70	8
华兰生物	002007	92.62	9
桂林三金	002275	92.48	10
片仔癀	600436	92.15	11
万孚生物	300482	91.26	12
赛升药业	300485	90.50	13
九强生物	300406	89.45	14
长生生物	002680	88.53	15
新和成	002001	86.51	16
天坛生物	600161	86.46	17
九芝堂	000989	85.66	18
智飞生物	300122	85.15	19
舒泰神	300204	84.77	20

注：①德展健康（000813）原排在第 2 名，由于发生重大资产重组而被剔除。
②会计综合评价指数的构建以公开财务数据真实有效为前提。

第9章　橡胶和塑料制品业会计综合评价指数编制结果及分析

橡胶和塑料制品业（行业代码为C29）中的橡胶制品业包括以天然及合成橡胶为原料生产各种橡胶制品的活动，还包括利用废橡胶再生产橡胶制品的活动；塑料制品业是指以合成树脂（高分子化合物）为主要原料，经采用挤塑、注塑、吹塑、压延、层压等工艺加工成型的各种制品的生产，以及利用回收的废旧塑料加工再生产塑料制品的产业。橡胶制品业是国民经济传统的重要基础性产业之一，橡胶制品因具有良好的弹性、绝缘性和可塑性，以及隔水隔气、抗拉和耐磨等特点，广泛应用于采掘、轨道交通、建筑、机械、航空、电子、军工等工业领域，许多橡胶制品还可作为最终产品直接用于日常生活、文体活动和医疗卫生等方面。未来，随着橡胶制品业的快速发展，其下游运用领域将会得到进一步的拓展和延伸。塑料制品应用广泛，庞大的下游行业为中国塑料制品行业的发展提供了强有力的支撑。相对于金属、石材、木材，塑料制品具有成本低、可塑性强等优点，在国民经济中应用广泛。如今塑料制品业在全球占有极为重要的地位，多年来塑料制品的生产在世界各地高速发展。上市公司作为行业龙头，其经营业绩和财务绩效等均对评价行业整体发展状况具有一定的示范作用。本章以上市公司为样本，从发展趋势、回报、风险和成长四个角度对橡胶和塑料制品业的经营状况进行分析，以期为橡胶和塑料制品业的健康发展提供一些有益的经验和借鉴。

9.1　橡胶和塑料制品业发展趋势分析

为了对橡胶和塑料制品业的发展趋势进行分析，我们以2007年第1季度以来的所有季度作为样本区间，截至2018年第1季度，我们所选样本45个季度的季均总资产为1 351.02亿元，季均营业总收入为268.16亿元，季均价值创造额为53.86亿元。

为了研究橡胶和塑料制品业的发展趋势，我们以样本公司的季度总资产额、季度营业总收入和季度价值创造额为基础构建了橡胶和塑料制品业的资产指数、收入指数和价值创造额指数（见表9－1）。三类指数的总体波动趋势如图9－1所示。

表9－1　橡胶和塑料制品业资产指数、收入指数、价值创造额指数的编制结果

季度	资产指数	收入指数	价值创造额指数
200701	100	100	100
200702	103	125	145
200703	109	125	134
200704	107	117	132
200801	114	115	128
200802	118	147	157
200803	123	140	139
200804	113	97	49
200901	119	92	126
200902	122	125	210
200903	123	140	233
200904	126	133	172
201001	137	134	167
201002	142	167	200
201003	143	173	222
201004	148	170	218
201101	160	176	223
201102	164	203	233
201103	170	204	237
201104	170	195	245
201201	182	181	226
201202	183	195	260
201203	188	195	256
201204	191	199	256
201301	197	180	236
201302	201	216	310
201303	204	219	285

续表

季度	资产指数	收入指数	价值创造额指数
201304	207	224	258
201401	215	196	264
201402	224	229	337
201403	239	237	335
201404	240	243	349
201501	245	207	310
201502	255	247	416
201503	265	243	365
201504	268	255	380
201601	278	228	366
201602	282	269	439
201603	297	273	431
201604	310	311	427
201701	332	284	419
201702	336	325	455
201703	343	334	491
201704	351	357	471
201801	363	310	451

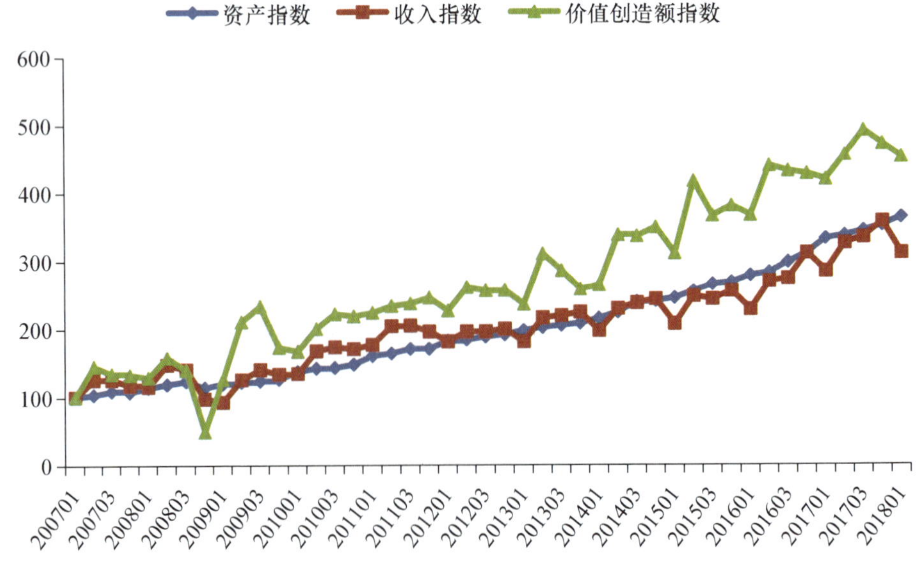

图 9-1　橡胶和塑料制品业三类指数总体波动趋势

由表 9－1 和图 9－1 可知，从总体运行趋势来看，橡胶和塑料制品业资产指数自 2007 年第 1 季度以来一直呈上升趋势，2018 年第 1 季度，该行业资产指数达到 363 点，与 2007 年第 1 季度相比上升了 263%。从橡胶和塑料制品业收入指数的变动趋势来看，自 2007 年第 1 季度以来在波动中保持上升趋势，2008 年第 4 季度，受金融危机的影响，收入指数下降较大。收入指数呈现明显的第 4 季度效应，说明橡胶和塑料制品业受季节性影响较大。从橡胶和塑料制品业价值创造额指数的变动趋势来看，2007 年第 1 季度以来呈现明显上升趋势，2008 年第 4 季度，受金融危机的影响，价值创造额指数大幅下降。

从三类指数运行趋势之间的关系来看，除了 2008 年第 4 季度外，价值创造额的增长速度一直居于资产和收入之上。从收入指数和资产指数的运行趋势来看，收入的增长速度和资产的增长速度大体保持一致，但 2015 年第 1 季度以来收入增速开始低于资产增速，说明行业运行效率有待提升。从收入指数和价值创造额指数的运行趋势来看，2008 年第 4 季度之前，该行业价值创造额增速略微高于收入增速，2009 年第 1 季度之后，价值创造额指数显著高于收入指数，说明价值创造额增速高于收入增速。综合三类指数近几年的运行趋势可以发现，随着该行业资产规模的扩大，价值创造额在波动中上升，但收入提升相对缓慢，说明近年来该行业运行效率有所下降。

9.2　橡胶和塑料制品业财务指标预测

9.2.1　资产负债表主要项目预测

根据会计综合评价指数的构建需要，我们分别对橡胶和塑料制品业 2012—2017 年的资产均值、负债均值、所有者权益均值、流动资产均值、流动负债均值和应收账款均值进行了预测。

表 9－2 列示了橡胶和塑料制品业的资产、负债、所有者权益、流动资产、流动负债和应收账款的行业真实值和预测值，其中预测值分别采用 B 周期移动平均和 A 周期移动平均两种方法进行预测。表 9－3 则分别列示了资产负债表主要项目真实值与预测值的差异，从计算结果可以看出，无论是 B 周期移动平均还是 A 周期移动平均，均能够对资产负债表主要项目进行准确预测，模型稳定性较好。

表 9-2　资产负债表主要项目预测结果

单位：亿元

年份		资产	负债	所有者权益	流动资产	流动负债	应收账款
2012	BCM 真实值	28.70	13.80	15.20	16.20	10.60	3.74
	BCM 预测值	27.20	12.70	15.00	15.80	9.84	3.45
	ACM 真实值	33.30	18.20	15.70	18.30	14.20	4.59
	ACM 预测值	33.60	18.20	16.00	18.90	14.10	4.31
2013	BCM 真实值	30.40	14.60	16.20	16.30	10.70	4.26
	BCM 预测值	30.40	14.30	16.30	16.40	10.60	4.01
	ACM 真实值	30.20	15.10	15.40	16.60	11.10	4.43
	ACM 预测值	30.30	15.40	15.60	16.40	12.00	4.06
2014	BCM 真实值	32.20	14.70	18.00	17.60	11.30	4.84
	BCM 预测值	32.40	15.20	17.90	17.40	11.40	4.33
	ACM 真实值	31.10	14.00	17.20	16.40	10.70	4.47
	ACM 预测值	31.00	14.20	17.00	16.20	10.90	4.09
2015	BCM 真实值	32.40	14.60	18.20	17.40	11.00	4.88
	BCM 预测值	33.00	15.20	18.30	17.70	11.60	4.93
	ACM 真实值	32.70	15.30	17.40	17.00	11.40	4.89
	ACM 预测值	33.00	15.60	17.50	17.50	12.10	5.05
2016	BCM 真实值	32.30	14.70	18.20	17.90	11.30	4.95
	BCM 预测值	34.40	15.30	19.70	18.50	11.60	5.01
	ACM 真实值	36.80	17.20	19.60	19.60	13.40	5.67
	ACM 预测值	35.60	15.90	19.70	18.70	12.10	5.46
2017	BCM 真实值	31.70	14.20	17.50	17.70	11.10	4.93
	BCM 预测值	31.60	14.10	17.60	17.50	11.00	4.92
	ACM 真实值	36.80	17.20	19.60	19.60	13.40	5.67
	ACM 预测值	39.70	18.20	20.40	21.40	14.40	6.21

表 9-3　资产负债表主要项目预测差异

年份		资产	负债	所有者权益	流动资产	流动负债	应收账款
2012	BCM	−5.34%	−7.49%	−1.70%	−2.35%	−6.77%	−7.65%
	ACM	0.95%	0.24%	2.29%	2.78%	−0.45%	−5.99%
2013	BCM	−0.01%	−1.62%	0.68%	0.58%	−1.42%	−5.87%
	ACM	0.32%	2.37%	1.26%	−1.67%	8.13%	−8.50%
2014	BCM	0.71%	3.17%	−0.86%	−1.05%	1.33%	−10.48%
	ACM	−0.25%	2.03%	−1.39%	−1.16%	1.52%	−8.51%

续表

年份		资产	负债	所有者权益	流动资产	流动负债	应收账款
2015	BCM	1.69%	3.89%	0.63%	1.70%	5.25%	1.11%
	ACM	0.72%	2.23%	0.41%	3.31%	5.60%	3.16%
2016	BCM	6.31%	4.30%	8.26%	3.59%	2.32%	1.25%
	ACM	−3.14%	−7.55%	0.81%	−4.95%	−9.70%	−3.80%
2017	BCM	−0.29%	−0.84%	0.84%	−1.21%	−0.48%	−0.24%
	ACM	0.62%	0.64%	0.64%	0.06%	1.11%	2.34%

9.2.2　利润表主要项目预测

根据会计综合评价指数的构建需要，我们对利润表中营业总收入、营业总成本和扣除非经常性损益后的净利润三个会计项目进行了预测。需要说明的是，由于净利润包括企业的投资收益等非经常性损益，难以准确衡量企业主营业务所产生的回报，因此在对行业回报进行计算的过程中，选取扣除非经常性损益后的净利润进行预测。根据利润表的特点，在对营业总收入、营业总成本和扣除非经常性损益后的净利润进行预测的过程中，将除数占比和周期移动平均两种方法结合起来使用。

表 9－4 列示了利润表中营业总收入、营业总成本和扣除非经常性损益后的净利润的真实值和预测值，其中预测值分别采用 B 周期移动平均和 A 周期移动平均两种方法进行预测。表 9－5 进一步计算了利润表主要项目真实值和预测值的差异，结果显示利润表主要项目的预测差异较小，说明采取的方法能够较好地对利润表主要项目进行预测。

表 9－4　利润表主要项目预测结果　　单位：亿元

年份		营业总收入	营业总成本	扣除非经常性损益后的净利润
2012	BCM 真实值	23.50	22.30	1.04
	BCM 预测值	23.20	22.00	0.98
	ACM 真实值	27.70	26.80	0.98
	ACM 预测值	27.70	26.70	0.92
2013	BCM 真实值	24.10	23.00	1.04
	BCM 预测值	23.60	22.30	1.03
	ACM 真实值	23.60	23.00	0.86
	ACM 预测值	23.00	22.20	0.82

续表

年份		营业总收入	营业总成本	扣除非经常性损益后的净利润
2014	BCM 真实值	24.70	23.30	1.05
	BCM 预测值	24.60	23.30	1.06
	ACM 真实值	23.90	22.80	0.87
	ACM 预测值	24.00	23.10	0.92
2015	BCM 真实值	24.60	23.00	1.09
	BCM 预测值	24.60	22.90	1.07
	ACM 真实值	24.10	22.80	0.93
	ACM 预测值	24.10	22.70	0.90
2016	BCM 真实值	25.70	24.10	1.21
	BCM 预测值	25.70	24.20	1.20
	ACM 真实值	26.70	25.50	1.05
	ACM 预测值	26.40	25.10	1.04
2017	BCM 真实值	25.30	24.10	1.05
	BCM 预测值	25.30	24.20	1.03
	ACM 真实值	29.40	28.20	0.92
	ACM 预测值	29.30	28.20	0.93

表 9-5　利润表主要项目预测差异

年份		营业总收入	营业总成本	扣除非经常性损益后的净利润
2012	BCM	−1.41%	−1.17%	−5.15%
	ACM	−0.09%	−0.16%	−5.94%
2013	BCM	−2.15%	−3.10%	−0.95%
	ACM	−2.31%	−3.75%	−4.40%
2014	BCM	−0.43%	0.07%	0.96%
	ACM	0.38%	1.48%	4.87%
2015	BCM	−0.06%	−0.45%	−2.33%
	ACM	−0.05%	−0.46%	−3.14%
2016	BCM	0.18%	0.59%	−1.34%
	ACM	−1.35%	−1.22%	−0.83%
2017	BCM	0.09%	0.42%	−2.39%
	ACM	−0.22%	0.15%	0.59%

9.2.3　基于预测指标测算行业回报、风险和成长

在完成对营业总收入、营业总成本、扣除非经常性损益后的净利润、资产、负债、所有者权益、流动资产、流动负债和应收账款行业均值的预测之后，我们以预测值为基准，根据行业回报、风险和成长，计算了行业的净资产收益率、总资产收益率、销售净利率、资产负债率、流动比率、总资产周转率、应收账款周转率、营业总收入增长率和总资产增长率 9 个财务指标。具体预测结果列示在表 9－6 中。

表 9－6　橡胶和塑料制品业回报、风险和成长预测结果

年份		回报			风险		成长			
		净资产收益率	总资产收益率	销售净利率	资产负债率	流动比率	总资产周转率	应收账款周转率	营业总收入增长率	总资产增长率
2012	BCM 真实值	0.069	0.036	0.044	0.48	1.53	0.82	6.51	0.93	1.01
	BCM 预测值	0.067	0.036	0.042	0.47	1.61	0.85	6.83	0.94	0.99
	ACM 真实值	0.065	0.030	0.035	0.55	1.29	0.84	6.65	1.01	1.03
	ACM 预测值	0.060	0.027	0.033	0.54	1.33	0.83	6.69	1.00	1.01
2013	BCM 真实值	0.067	0.035	0.043	0.48	1.52	0.82	6.03	1.02	1.06
	BCM 预测值	0.066	0.036	0.044	0.47	1.55	0.82	6.32	1.02	1.12
	ACM 真实值	0.055	0.027	0.036	0.50	1.50	0.74	5.22	0.85	0.91
	ACM 预测值	0.052	0.026	0.036	0.51	1.36	0.72	5.50	0.83	0.90
2014	BCM 真实值	0.061	0.034	0.042	0.46	1.56	0.79	5.44	1.03	1.06
	BCM 预测值	0.062	0.034	0.043	0.47	1.52	0.78	5.90	1.04	1.07
	ACM 真实值	0.053	0.028	0.037	0.45	1.52	0.78	5.36	1.01	1.03
	ACM 预测值	0.056	0.030	0.038	0.46	1.48	0.78	5.88	1.04	1.02
2015	BCM 真实值	0.060	0.034	0.044	0.45	1.58	0.76	5.07	1.00	1.01
	BCM 预测值	0.059	0.033	0.043	0.46	1.53	0.75	5.32	1.00	1.02
	ACM 真实值	0.054	0.029	0.038	0.47	1.48	0.76	5.15	1.01	1.05
	ACM 预测值	0.052	0.028	0.037	0.47	1.45	0.75	5.28	1.01	1.06
2016	BCM 真实值	0.067	0.038	0.047	0.45	1.58	0.79	5.23	1.04	1.00
	BCM 预测值	0.063	0.036	0.047	0.44	1.60	0.76	5.18	1.04	1.04
	ACM 真实值	0.057	0.030	0.039	0.47	1.47	0.77	5.06	1.11	1.12
	ACM 预测值	0.056	0.030	0.039	0.45	1.55	0.77	5.02	1.09	1.08
2017	BCM 真实值	0.059	0.033	0.042	0.45	1.60	0.79	5.13	0.99	0.98
	BCM 预测值	0.055	0.031	0.041	0.45	1.59	0.77	5.10	0.98	0.92
	ACM 真实值	0.046	0.024	0.031	0.46	1.51	0.77	5.00	1.10	1.07
	ACM 预测值	0.046	0.025	0.032	0.46	1.49	0.78	5.02	1.11	1.11

表 9－7 进一步列示了橡胶和塑料制品业回报、风险和成长类财务指标预测值

与真实值之间的差异。对比橡胶和塑料制品业采用B周期移动平均和A周期移动平均所预测的财务指标与该行业财务指标的真实值可知，所选用的预测模型的预测效果较好，预测能力比较稳定。

表9-7　橡胶和塑料制品业回报、风险和成长预测差异

年份		回报			风险		成长			
		净资产收益率	总资产收益率	销售净利率	资产负债率	流动比率	总资产周转率	应收账款周转率	营业总收入增长率	总资产增长率
2012	BCM	-2.30%	-0.43%	-3.79%	-2.27%	4.75%	3.49%	5.01%	1.57%	-1.26%
	ACM	-8.19%	-7.73%	-5.86%	-0.71%	3.25%	-1.99%	0.55%	-1.72%	-1.95%
2013	BCM	-0.48%	1.69%	1.23%	-1.61%	2.03%	0.46%	4.88%	-0.75%	5.63%
	ACM	-6.06%	-5.01%	-2.13%	2.05%	-9.07%	-2.95%	5.29%	-2.23%	-0.63%
2014	BCM	1.09%	0.59%	1.40%	2.44%	-2.34%	-0.79%	8.61%	1.75%	0.72%
	ACM	5.01%	4.83%	4.47%	2.29%	-2.64%	0.35%	9.70%	2.75%	-0.57%
2015	BCM	-2.22%	-3.49%	-2.27%	2.16%	-3.37%	-1.25%	4.83%	0.38%	0.98%
	ACM	-2.67%	-3.38%	-3.10%	1.51%	-2.17%	-0.29%	2.42%	-0.42%	0.97%
2016	BCM	-5.54%	-5.14%	-1.52%	-1.89%	1.24%	-3.68%	-0.99%	0.24%	4.54%
	ACM	-1.44%	0.50%	0.52%	-4.55%	5.25%	-0.02%	-0.77%	-1.30%	-3.83%
2017	BCM	-6.70%	-5.28%	-2.48%	-0.55%	-0.74%	-2.87%	-0.42%	-0.09%	-6.21%
	ACM	-0.13%	1.81%	0.81%	0.02%	-1.04%	0.99%	0.41%	1.15%	3.89%

9.3　橡胶和塑料制品业运行状况分析

会计综合评价指数分别采用B周期移动平均和A周期移动平均两种方法，对行业运行状况基准值进行预测。具体来讲，B周期移动平均的样本数量以年度最新行业样本为准，进行滚动预测，样本数量较多，更能代表行业当前发展状况；A周期移动平均则按照样本基期进行滚动预测，样本选取比较稳定，对行业历史发展状况的讨论更为充分。

9.3.1　橡胶和塑料制品业回报分析

图9-2、图9-3和图9-4分别为橡胶和塑料制品业的净资产收益率、总资产收益率和销售净利率的变动趋势图，其中，净资产收益率和总资产收益率的分母分别采用本年末所有者权益（总资产）与上年末所有者权益（总资产）的均值计算，因此净资产收益率和总资产收益率的基期均为2008年。基于对橡胶和塑料制品业财务指标的预测，在评价橡胶和塑料制品业回报的过程中，我们分别在图中

画出了基于B周期移动平均和A周期移动平均所计算的2012—2017年净资产收益率、总资产收益率和销售净利率的预测值。

观察图9-2、图9-3和图9-4可以发现，橡胶和塑料制品业B周期移动平均和A周期移动平均所选取样本的回报类财务指标的变动趋势大体一致。具体来说，该行业净资产收益率、总资产收益率和销售净利率在2008—2009年上升，2009年开始呈现明显下滑趋势，2012—2017年逐渐趋于稳定，说明2009年之后该行业的盈利能力有所下滑，但近年相对稳定。综合回报的三项指标可以看出，近年来橡胶和塑料制品业的回报下降较快，急需采取措施改善行业回报状况，以促进公司快速向好发展。

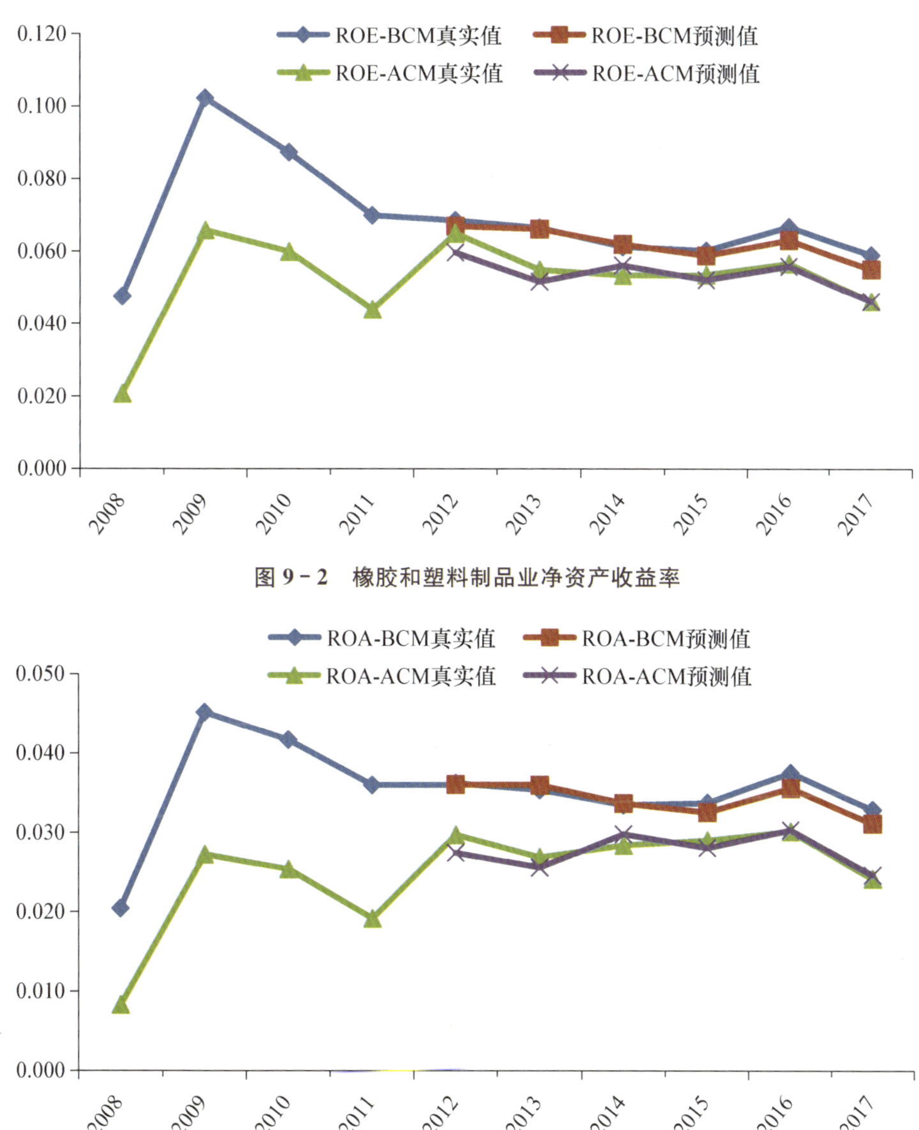

图9-2　橡胶和塑料制品业净资产收益率

图9-3　橡胶和塑料制品业总资产收益率

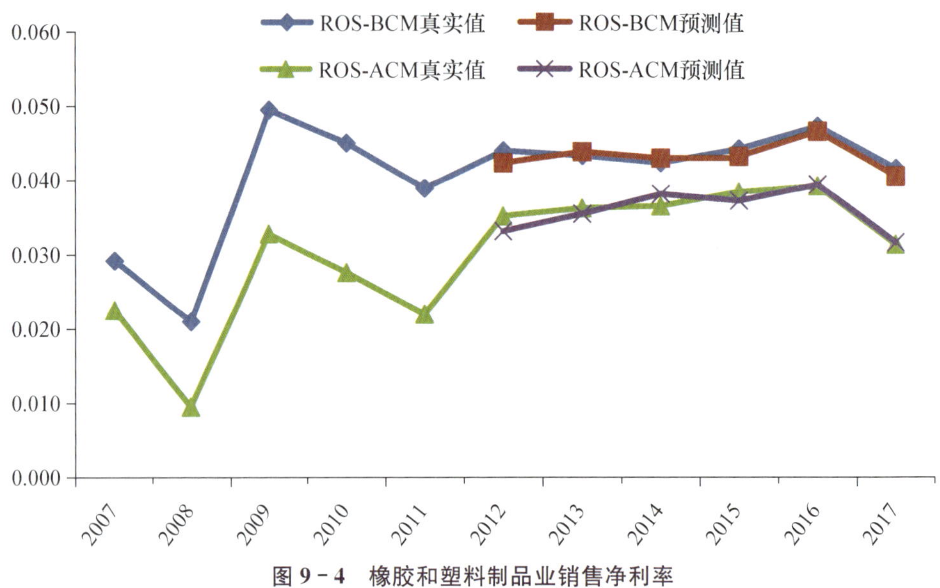

图 9-4　橡胶和塑料制品业销售净利率

在橡胶和塑料制品业回报分析中，从预测财务指标与真实财务指标的对比可以看出，无论是B周期移动平均还是A周期移动平均，预测值与真实值的差异均较小，确认了行业发展处于瓶颈期，回报在近几年有所下滑的现象。

9.3.2　橡胶和塑料制品业风险分析

图 9-5、图 9-6 分别从资产负债率和流动比率两个角度对橡胶和塑料制品业的风险进行了分析。与行业回报的分析类似，2007—2017 年橡胶和塑料制品业的风险类财务指标根据行业真实值进行计算，同时采用B周期移动平均和A周期移动平均计算了资产负债率和流动比率的预测值。

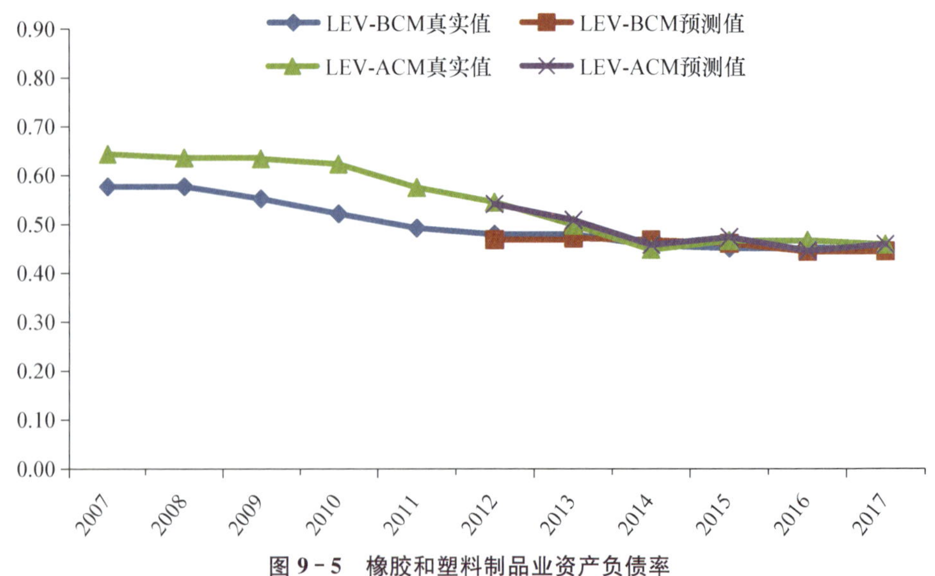

图 9-5　橡胶和塑料制品业资产负债率

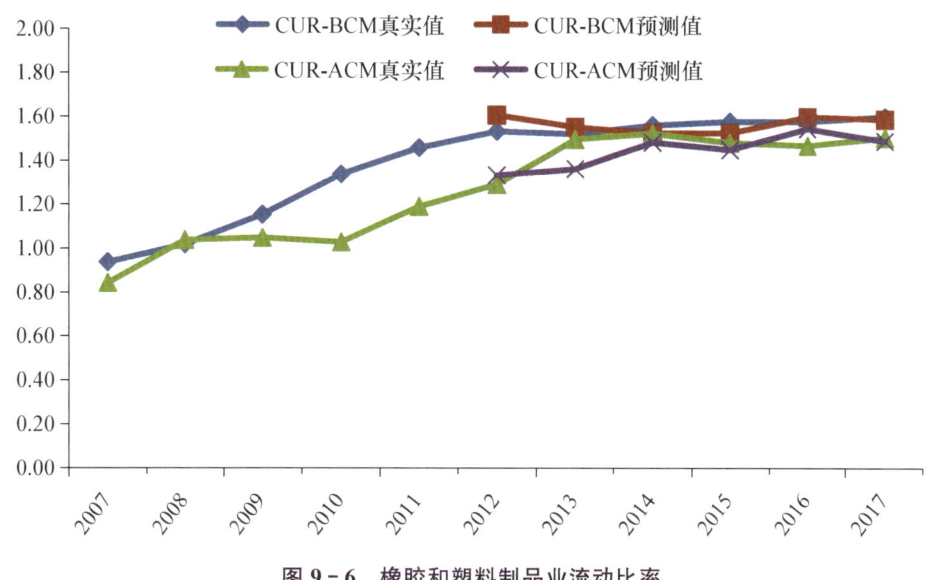

图 9-6　橡胶和塑料制品业流动比率

观察图 9-5 和图 9-6 可以发现，橡胶和塑料制品业 B 周期移动平均和 A 周期移动平均所选取样本的风险类财务指标的变动趋势大体一致。具体来说，该行业资产负债率自 2007 年以来逐年下降，近年走势相对平稳；该行业流动比率自 2007 年以来逐年上升，从 2013 年开始，与资产负债率类似，进入稳定周期。综合该行业资产负债率和流动比率变动趋势可知，尽管近年来该行业回报有所下滑，但是行业的风险下降，一旦行业提高产品质量，完善产品结构，改善行业回报，橡胶和塑料制品业的发展前景依然看好。

从橡胶和塑料制品业资产负债率和流动比率的预测值可以发现，采用 B 周期移动平均和 A 周期移动平均所计算的 2012—2017 年行业资产负债率和流动比率与真实值的差距较小，能够较好地反映行业风险变动趋势，说明模型预测效果较好。

9.3.3　橡胶和塑料制品业成长分析

图 9-7、图 9-8、图 9-9 和图 9-10 分别从橡胶和塑料制品业周转速度（总资产周转率、应收账款周转率）和成长速度（营业总收入增长率、总资产增长率）两个角度衡量该行业的成长。由于行业样本区间为 2007—2017 年，而周转速度计算的分母为前一期期末和本期期末的均值，因此我们在进行周转速度分析时，将基期确定为 2008 年；同样，行业成长速度采用本年度财务指标与上一年度财务指标的比值，因此成长速度的基期也为 2008 年。

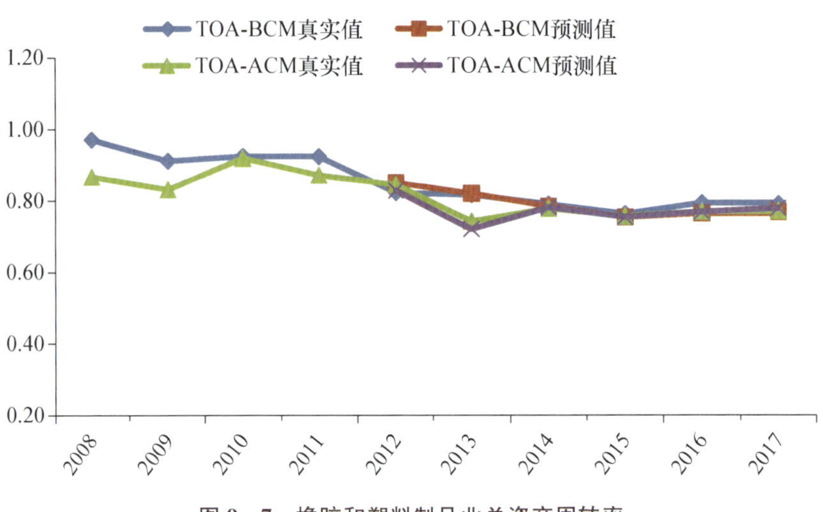

图 9－7　橡胶和塑料制品业总资产周转率

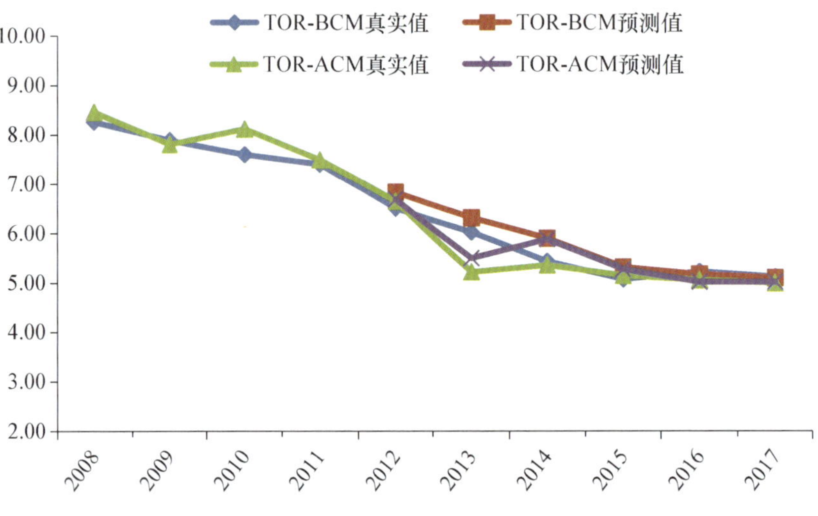

图 9－8　橡胶和塑料制品业应收账款周转率

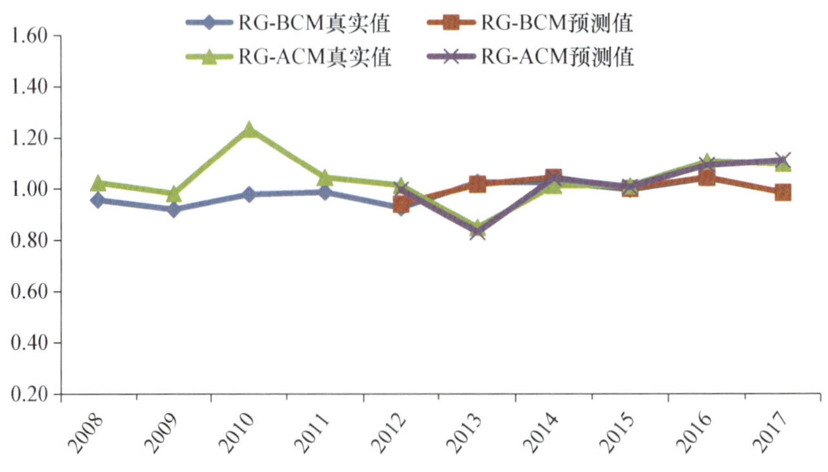

图 9－9　橡胶和塑料制品业营业总收入增长率

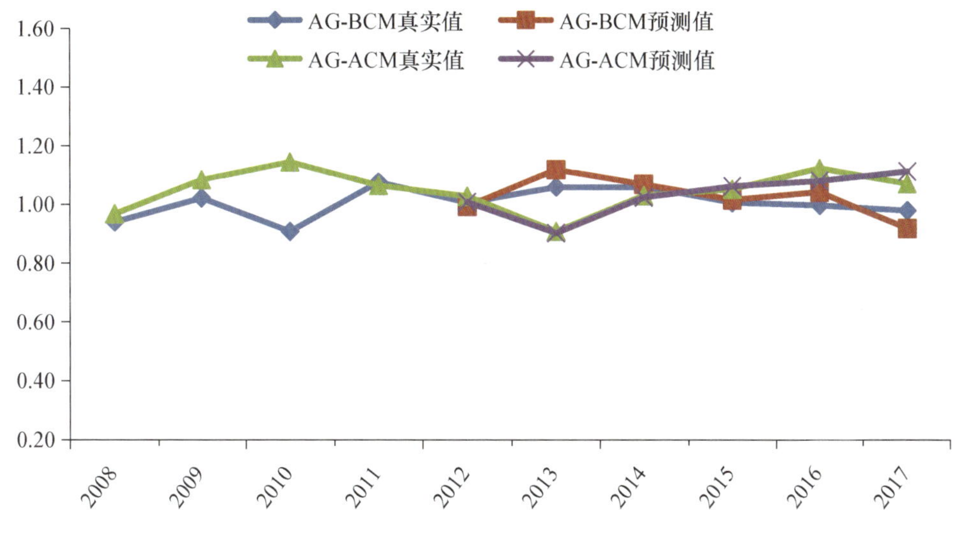

图 9－10　橡胶和塑料制品业总资产增长率

无论从周转速度看还是从成长速度看，B 周期移动平均和 A 周期移动平均所选样本的变动趋势均比较一致。具体而言，从周转速度来看，橡胶和塑料制品业 2008—2017 年的总资产周转率和应收账款周转率一直呈现下滑趋势，其中，应收账款周转率的下降趋势尤其明显，说明近年来该行业的运行效率下降。整体来看，橡胶和塑料制品业的周转速度较慢。从成长速度来看，橡胶和塑料制品业 2008—2017 年的营业总收入增长率和总资产增长率始终保持相对平稳，在 1 左右徘徊。整体来看，橡胶和塑料制品业的成长速度比较稳定。

从橡胶和塑料制品业的周转速度（总资产周转率、应收账款周转率）和成长速度（营业总收入增长率、总资产增长率）的预测值可以发现，采用 B 周期移动平均和 A 周期移动平均所计算的 2012—2017 年行业预测值与真实值的差距较小，能够较好地反映行业的变动趋势，说明模型预测效果较好。

9.4　橡胶和塑料制品业会计综合评价指数构建

根据制造业会计综合评价指数的计算方法，表 9－8 列示了橡胶和塑料制品业上市公司的前 20 名。由表 9－8 可知，橡胶和塑料制品业会计综合评价指数排名前五的上市公司分别为伟星新材（002372）、沧州明珠（002108）、三力士（002224）、瑞尔特（002790）和福斯特（603806）。

表 9-8 2017 年会计综合评价指数橡胶和塑料制品业前 20 名上市公司

股票简称	股票代码	会计综合评价指数	排名
伟星新材	002372	100.00	1
沧州明珠	002108	96.01	2
三力士	002224	94.88	3
瑞尔特	002790	90.65	4
福斯特	603806	90.07	5
蓝帆医疗	002382	88.13	6
鹏翎股份	300375	85.05	7
银禧科技	300221	82.37	8
永新股份	002014	80.37	9
海达股份	300320	79.94	10
国恩股份	002768	79.55	11
朗迪集团	603726	78.01	12
华峰超纤	300180	77.86	13
中鼎股份	000887	75.69	14
康得新	002450	75.57	15
裕兴股份	300305	75.46	16
同大股份	300321	74.03	17
王子新材	002735	73.05	18
浙江众成	002522	72.00	19
永利股份	300230	70.95	20

注：会计综合评价指数的构建以公开财务数据真实有效为前提。

第10章　非金属矿物制品业会计综合评价指数编制结果及分析

非金属矿物制品业（行业代码为C30），是指以水泥为主，包括玻璃、陶瓷、石膏等产品在内的制造业。非金属矿，即非金属矿物材料，是指以非金属矿物和岩石为基本或主要原料，通过深加工或精加工制备的具有一定功能的现代新材料。非金属矿物制品则是这些非金属矿物材料经过进一步加工形成的产品。非金属矿物制品广泛应用于化工、机械、汽车、轻工、食品加工、冶金、建材等传统产业以及航空、电子信息、新材料等高新技术产业和环境保护生态建设等领域，因此非金属矿物制品业是现代社会的朝阳工业之一。

随着科学技术的进步、生活水平的提高和环保意识的增强，人类迎来了应用非金属矿物制品的新时代。中国是全球非金属矿产资源品种较多、储量较为丰富的国家之一，许多非金属矿种的储量和年产量都位居世界前列，因此非金属矿物制品业的发展前景较好。上市公司作为行业龙头，其经营业绩和财务绩效等均对评价行业整体发展状况具有一定的示范作用。本章以上市公司为样本，从发展趋势、回报、风险和成长四个角度对非金属矿物制品业的经营状况进行分析，以期为非金属矿物制品业的健康发展提供一些有益的经验和借鉴。

10.1　非金属矿物制品业发展趋势分析

为了对非金属矿物制品业的发展趋势进行分析，我们以2007年第1季度以来的所有季度作为样本区间，截至2018年第1季度，我们所选样本45个季度的季均总资产为4 910.22亿元，季均营业总收入为578.06亿元，季均价值创造额为186.18亿元。

为了研究非金属矿物制品业的发展趋势，我们以样本公司的季度总资产额、季度营业总收入和季度价值创造额为基础构建了非金属矿物制品业的资产指数、收入指数和价值创造额指数（见表 10－1）。三类指数的总体波动趋势如图 10－1 所示。

表 10－1　非金属矿物制品业资产指数、收入指数、价值创造额指数的编制结果

季度	资产指数	收入指数	价值创造额指数
200701	100	100	100
200702	106	142	181
200703	113	148	189
200704	119	161	214
200801	125	125	151
200802	140	178	233
200803	146	183	212
200804	149	173	179
200901	155	129	144
200902	164	191	248
200903	173	207	274
200904	180	209	252
201001	192	169	198
201002	202	254	307
201003	212	274	299
201004	224	310	451
201101	238	231	300
201102	258	348	535
201103	269	341	504
201104	279	336	409
201201	283	226	254
201202	293	344	361
201203	301	344	391
201204	309	346	432
201301	318	256	269
201302	330	415	503
201303	342	399	503
201304	351	467	621
201401	357	314	378
201402	364	445	600
201403	373	417	505

续表

季度	资产指数	收入指数	价值创造额指数
201404	385	457	558
201501	394	291	314
201502	405	400	553
201503	412	390	405
201504	418	430	474
201601	421	298	319
201602	434	474	596
201603	448	430	591
201604	501	544	712
201701	509	403	484
201702	530	592	826
201703	549	624	858
201704	563	748	1006
201801	571	517	730

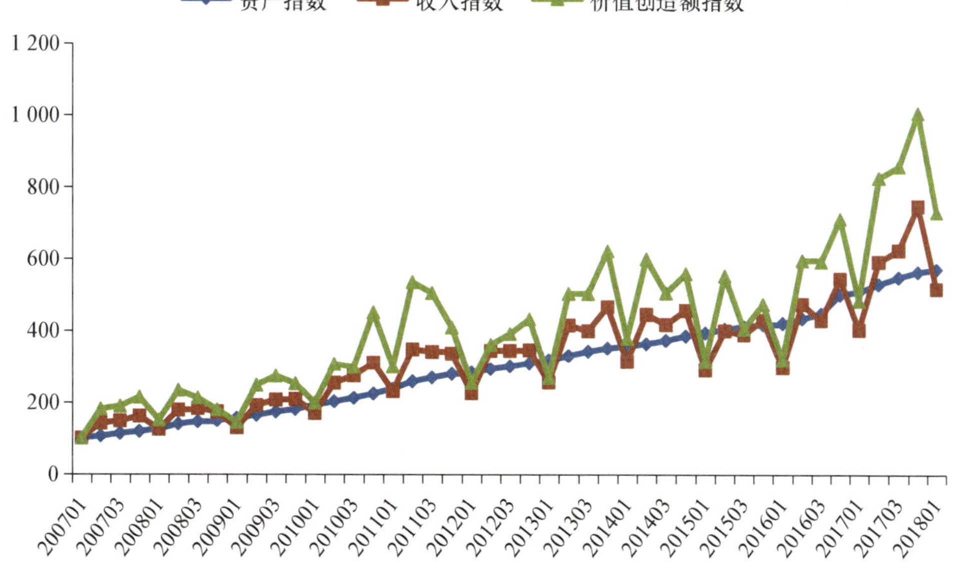

图 10－1　非金属矿物制品业三类指数总体波动趋势

由表 10－1 和图 10－1 可知，从总体运行趋势来看，非金属矿物制品业资产指数自 2007 年第 1 季度以来一直呈稳步上升趋势，并在 2017 年第 4 季度出现较大幅度增长。2018 年第 1 季度，资产指数达到 571 点，与 2007 年第 1 季度相比上升了 471%。从非金属矿物制品业收入指数的变动趋势来看，收入指数在 2008 年并未出现明显的降幅，说明非金属矿物制品业的需求没有受到2008年金融危机的影响。非金属矿物制品业的收入指数缓慢上升且呈现第4季度效应，说明该行业受季节的影响。从非金属矿物制品业价值创造额指数的变动趋势来看，价值创造额指数的走势与收入指数基本相似，整体呈现上升趋势，并略高于收入指数。

从三类指数运行趋势之间的关系来看，自2007年第1季度以来，非金属矿物制品业的资产指数、收入指数与价值创造额指数的变动趋势整体上基本保持一致；收入指数与价值创造额指数的运行趋势高度相似，且呈现第4季度效应；对比资产指数与收入指数可以发现，2015年之前，收入指数在大部分季度均高于资产指数，但近年来下降至资产指数之下，说明该行业收入增速有待提升。综合三类指数的运行趋势可以发现，近十年来非金属矿物制品业整体的资产规模逐渐扩大，同时行业收入及价值创造额也不断提升，说明该行业的发展前景较好。

10.2 非金属矿物制品业财务指标预测

10.2.1 资产负债表主要项目预测

根据会计综合评价指数的构建需要，我们分别对非金属矿物制品业2012—2017年的资产均值、负债均值、所有者权益均值、流动资产均值、流动负债均值和应收账款均值进行了预测。

表10-2列示了非金属矿物制品业的资产、负债、所有者权益、流动资产、流动负债和应收账款的行业真实值和预测值，其中预测值分别采用B周期移动平均和A周期移动平均两种方法进行预测。表10-3则分别列示了资产负债表主要项目真实值与预测值的差异，从计算结果可以看出，无论是B周期移动平均还是A周期移动平均，均能够对资产负债表主要项目进行准确预测，模型稳定性较好。

表10-2 资产负债表主要项目预测结果 单位：亿元

年份		资产	负债	所有者权益	流动资产	流动负债	应收账款
2012	BCM真实值	49.30	25.70	24.00	19.70	18.50	3.63
	BCM预测值	47.50	25.10	23.10	19.00	17.40	3.00
	ACM真实值	57.70	30.00	25.70	20.90	21.40	3.55
	ACM预测值	54.80	28.40	24.90	20.40	20.80	3.46
2013	BCM真实值	54.20	27.80	26.60	21.00	20.40	4.28
	BCM预测值	54.30	28.20	26.40	21.50	20.80	4.11
	ACM真实值	56.70	28.50	26.50	20.90	20.80	4.24
	ACM预测值	56.40	28.50	26.20	21.20	20.90	4.02

续表

年份		资产	负债	所有者权益	流动资产	流动负债	应收账款
2014	BCM 真实值	53.90	27.60	26.60	21.00	20.30	4.44
	BCM 预测值	57.30	28.80	28.60	21.80	20.90	4.51
	ACM 真实值	59.20	29.50	28.00	22.30	21.40	4.65
	ACM 预测值	59.40	29.40	27.80	21.60	20.40	4.48
2015	BCM 真实值	54.10	27.50	27.10	20.90	20.50	4.86
	BCM 预测值	53.90	27.50	26.80	20.90	20.20	4.68
	ACM 真实值	61.10	30.00	29.70	22.20	20.80	5.07
	ACM 预测值	61.60	30.30	29.90	22.80	22.10	5.04
2016	BCM 真实值	58.70	29.60	29.80	22.90	21.70	5.14
	BCM 预测值	57.40	28.80	29.00	21.90	21.00	4.92
	ACM 真实值	65.50	30.80	32.50	24.90	22.40	5.29
	ACM 预测值	63.90	30.30	31.70	23.70	21.90	5.08
2017	BCM 真实值	58.50	28.80	29.80	23.90	21.10	5.02
	BCM 预测值	58.50	28.90	30.00	23.30	21.30	4.92
	ACM 真实值	65.50	30.80	32.50	24.90	22.40	5.29
	ACM 预测值	64.30	30.50	31.50	24.80	21.90	5.20

表 10－3　资产负债表主要项目预测差异

年份		资产	负债	所有者权益	流动资产	流动负债	应收账款
2012	BCM	0.70%	0.77%	2.13%	2.10%	1.27%	−3.71%
	ACM	−4.95%	−5.50%	−3.07%	−2.40%	−2.80%	−2.51%
2013	BCM	0.12%	1.58%	−0.59%	1.97%	2.28%	−3.96%
	ACM	−0.50%	0.11%	−1.06%	1.76%	0.19%	−5.17%
2014	BCM	6.41%	4.41%	7.40%	3.85%	2.69%	1.55%
	ACM	0.28%	−0.44%	−0.72%	−3.12%	−4.56%	−3.63%
2015	BCM	−0.36%	−0.04%	−0.98%	−0.14%	−1.23%	−3.60%
	ACM	0.81%	1.17%	0.59%	2.87%	6.36%	−0.68%
2016	BCM	−2.34%	−2.78%	−2.44%	−4.64%	−3.23%	−4.20%
	ACM	−2.37%	−1.55%	−2.35%	−4.69%	−2.49%	−3.96%
2017	BCM	−0.02%	0.42%	0.42%	−2.34%	0.92%	−1.94%
	ACM	0.28%	0.65%	1.22%	−0.93%	0.14%	−1.30%

10.2.2 利润表主要项目预测

根据会计综合评价指数的构建需要，我们对利润表中营业总收入、营业总成本和扣除非经常性损益后的净利润三个会计项目进行了预测。需要说明的是，由于净利润包括企业的投资收益等非经常性损益，难以准确衡量企业主营业务所产生的回报，因此在对行业回报进行计算的过程中，选取扣除非经常性损益后的净利润进行预测。根据利润表的特点，在对营业总收入、营业总成本和扣除非经常性损益后的净利润进行预测的过程中，将除数占比和周期移动平均两种方法结合起来使用。

表 10－4 列示了利润表中营业总收入、营业总成本和扣除非经常性损益后的净利润的真实值和预测值，其中预测值分别采用 B 周期移动平均和 A 周期移动平均两种方法进行预测。表 10－5 进一步计算了利润表主要项目真实值和预测值的差异，结果显示利润表主要项目的预测差异较小，说明采取的方法能够较好地对利润表主要项目进行预测。

表 10－4　利润表主要项目预测结果　　单位：亿元

年份		营业总收入	营业总成本	扣除非经常性损益后的净利润
2012	BCM 真实值	23.80	22.20	1.17
	BCM 预测值	24.00	22.50	1.21
	ACM 真实值	27.40	25.90	1.07
	ACM 预测值	27.40	26.10	1.13
2013	BCM 真实值	26.90	24.70	1.51
	BCM 预测值	26.30	24.20	1.42
	ACM 真实值	28.80	26.80	1.37
	ACM 预测值	28.00	26.20	1.22
2014	BCM 真实值	28.30	26.00	1.64
	BCM 预测值	28.60	26.20	1.73
	ACM 真实值	29.40	27.30	1.47
	ACM 预测值	29.40	27.20	1.53
2015	BCM 真实值	25.20	23.90	1.01
	BCM 预测值	25.10	23.80	0.95
	ACM 真实值	27.80	26.40	1.00
	ACM 预测值	27.80	26.40	0.98

续表

年份		营业总收入	营业总成本	扣除非经常性损益后的净利润
2016	BCM 真实值	27.60	25.10	1.51
	BCM 预测值	27.00	24.60	1.43
	ACM 真实值	29.90	27.30	1.47
	ACM 预测值	29.20	26.70	1.38
2017	BCM 真实值	30.60	27.30	2.01
	BCM 预测值	30.20	27.10	2.04
	ACM 真实值	32.50	29.10	2.00
	ACM 预测值	32.30	29.10	2.10

表 10-5　利润表主要项目预测差异

年份		营业总收入	营业总成本	扣除非经常性损益后的净利润
2012	BCM	0.74%	1.37%	3.61%
	ACM	−0.18%	0.66%	5.36%
2013	BCM	−2.46%	−1.94%	−6.00%
	ACM	−2.86%	−2.20%	−10.56%
2014	BCM	1.10%	0.85%	5.60%
	ACM	−0.19%	−0.54%	4.15%
2015	BCM	−0.51%	−0.48%	−6.12%
	ACM	−0.02%	0.03%	−1.89%
2016	BCM	−2.13%	−2.00%	−5.01%
	ACM	−2.25%	−2.02%	−6.35%
2017	BCM	−1.22%	−0.70%	1.68%
	ACM	−0.41%	0.01%	5.42%

10.2.3　基于预测指标测算行业回报、风险和成长

在完成对营业总收入、营业总成本、扣除非经常性损益后的净利润、资产、负债、所有者权益、流动资产、流动负债和应收账款行业均值的预测之后，我们以预测值为基准，根据行业回报、风险和成长，计算了行业的净资产收益率、总资产收益率、销售净利率、资产负债率、流动比率、总资产周转率、应收账款周转率、营业总收入增长率和总资产增长率 9 个财务指标。具体预测结果列示在表 10-6 中。

表 10－6　非金属矿物制品业回报、风险和成长预测结果

年份		回报			风险		成长			
		净资产收益率	总资产收益率	销售净利率	资产负债率	流动比率	总资产周转率	应收账款周转率	营业总收入增长率	总资产增长率
2012	BCM 真实值	0.050	0.024	0.049	0.52	1.06	0.49	7.18	0.96	1.04
	BCM 预测值	0.051	0.025	0.050	0.52	1.07	0.49	7.38	0.94	1.05
	ACM 真实值	0.045	0.020	0.039	0.52	0.98	0.52	8.75	1.08	1.21
	ACM 预测值	0.048	0.022	0.044	0.50	1.02	0.50	7.49	1.02	1.03
2013	BCM 真实值	0.060	0.029	0.056	0.51	1.03	0.52	6.81	1.13	1.10
	BCM 预测值	0.056	0.027	0.054	0.52	1.03	0.51	6.91	1.09	1.09
	ACM 真实值	0.052	0.024	0.047	0.50	1.00	0.50	7.41	1.05	0.98
	ACM 预测值	0.048	0.022	0.044	0.50	1.02	0.50	7.49	1.02	1.03
2014	BCM 真实值	0.062	0.030	0.058	0.51	1.03	0.52	6.50	1.05	0.99
	BCM 预测值	0.063	0.031	0.060	0.50	1.05	0.51	6.65	1.09	1.06
	ACM 真实值	0.054	0.025	0.050	0.50	1.04	0.51	6.62	1.02	1.04
	ACM 预测值	0.057	0.026	0.052	0.49	1.06	0.51	6.91	1.05	1.05
2015	BCM 真实值	0.038	0.019	0.040	0.51	1.02	0.47	5.42	0.89	1.00
	BCM 预测值	0.034	0.017	0.038	0.51	1.03	0.45	5.46	0.88	0.94
	ACM 真实值	0.035	0.017	0.036	0.49	1.07	0.46	5.71	0.94	1.03
	ACM 预测值	0.034	0.016	0.035	0.49	1.03	0.46	5.83	0.95	1.04
2016	BCM 真实值	0.053	0.027	0.055	0.50	1.06	0.49	5.52	1.09	1.09
	BCM 预测值	0.051	0.026	0.053	0.50	1.04	0.49	5.62	1.08	1.06
	ACM 真实值	0.047	0.023	0.049	0.47	1.11	0.47	5.77	1.08	1.07
	ACM 预测值	0.045	0.022	0.047	0.47	1.08	0.47	5.77	1.05	1.04
2017	BCM 真实值	0.067	0.034	0.066	0.49	1.13	0.52	6.02	1.11	1.00
	BCM 预测值	0.069	0.035	0.068	0.49	1.10	0.52	6.13	1.12	1.02
	ACM 真实值	0.063	0.031	0.061	0.47	1.14	0.50	6.15	1.09	0.98
	ACM 预测值	0.067	0.033	0.065	0.47	1.13	0.50	6.29	1.11	1.01

表 10－7 进一步列示了非金属矿物制品业回报、风险和成长类财务指标预测值与真实值之间的差异。对比非金属矿物制品业采用 B 周期移动平均和 A 周期移动平均所预测的财务指标与该行业财务指标的真实值可知，所选用的预测模型的预测效果较好，预测能力比较稳定。

表 10－7　非金属矿物制品业回报、风险和成长预测差异

年份		回报			风险		成长			
		净资产收益率	总资产收益率	销售净利率	资产负债率	流动比率	总资产周转率	应收账款周转率	营业总收入增长率	总资产增长率
2012	BCM	1.74%	3.05%	2.85%	0.07%	0.82%	0.19%	2.86%	−1.53%	0.31%
	ACM	5.65%	7.50%	5.55%	−0.58%	0.41%	1.85%	0.60%	−4.31%	−6.44%
2013	BCM	−6.66%	−6.37%	−3.64%	1.46%	−0.30%	−2.84%	1.45%	−3.17%	−0.58%
	ACM	−8.69%	−8.03%	−7.92%	0.62%	1.57%	−0.12%	1.14%	−2.69%	4.68%
2014	BCM	2.13%	2.27%	4.46%	−1.89%	1.13%	−2.09%	2.28%	3.64%	6.29%
	ACM	5.08%	4.26%	4.34%	−0.72%	1.50%	−0.08%	4.37%	2.75%	0.79%
2015	BCM	−9.00%	−8.87%	−5.64%	0.32%	1.10%	−3.43%	0.64%	−1.59%	−6.36%
	ACM	−1.84%	−2.42%	−1.87%	0.36%	−3.29%	−0.56%	2.12%	0.17%	0.53%
2016	BCM	−3.32%	−3.67%	−2.94%	−0.45%	−1.46%	−0.75%	1.85%	−1.63%	−1.99%
	ACM	−5.46%	−5.56%	−4.19%	0.84%	−2.25%	−1.43%	0.10%	−2.23%	−3.15%
2017	BCM	2.71%	2.89%	2.94%	0.44%	−3.24%	−0.04%	1.92%	0.93%	2.38%
	ACM	6.06%	6.55%	5.86%	0.37%	−1.06%	0.65%	2.28%	1.88%	2.71%

10.3　非金属矿物制品业运行状况分析

会计综合评价指数分别采用 B 周期移动平均和 A 周期移动平均两种方法，对行业运行状况基准值进行预测。具体来讲，B 周期移动平均的样本数量以年度最新行业样本为准，进行滚动预测，样本数量较多，更能代表行业当前发展状况；A 周期移动平均则按照样本基期进行滚动预测，样本选取比较稳定，对行业历史发展状况的讨论更为充分。

10.3.1　非金属矿物制品业回报分析

图 10－2、图 10－3 和图 10－4 分别为非金属矿物制品业的净资产收益率、总资产收益率和销售净利率的变动趋势图，其中，净资产收益率和总资产收益率的分母分别采用本年末所有者权益（总资产）与上年末所有者权益（总资产）的均值计算，因此净资产收益率和总资产收益率的基期均为 2008 年。基于对非金属矿物制品业财务指标的预测，在评价非金属矿物制品业回报的过程中，我们分别在图中画出了基于 B 周期移动平均和 A 周期移动平均所计算的 2012—2017 年净资产收益率、总资产收益率和销售净利率的预测值。

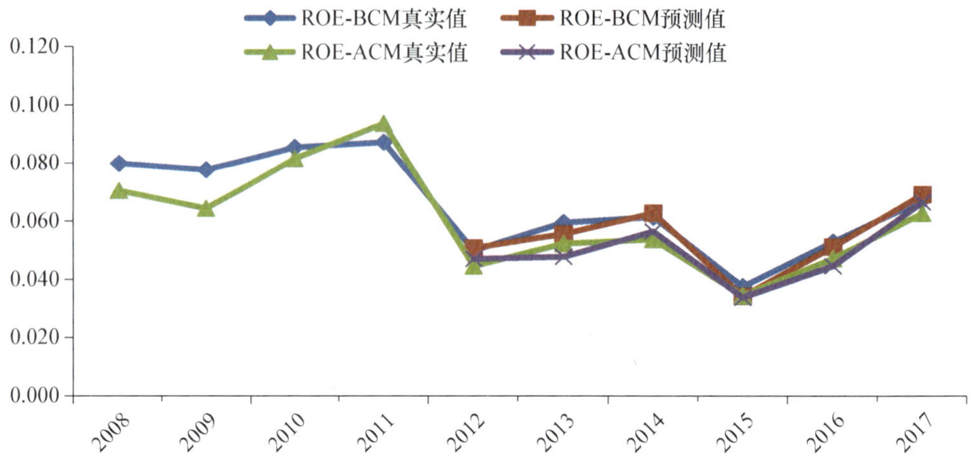

图 10－2　非金属矿物制品业净资产收益率

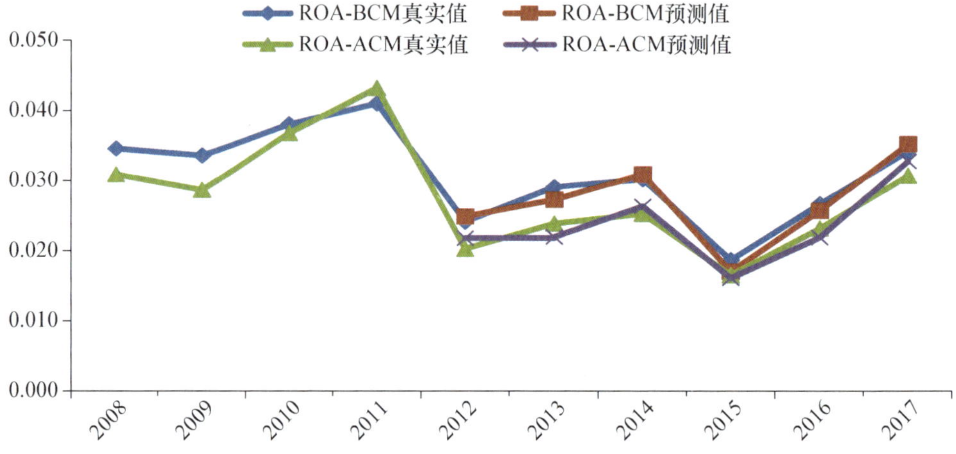

图 10－3　非金属矿物制品业总资产收益率

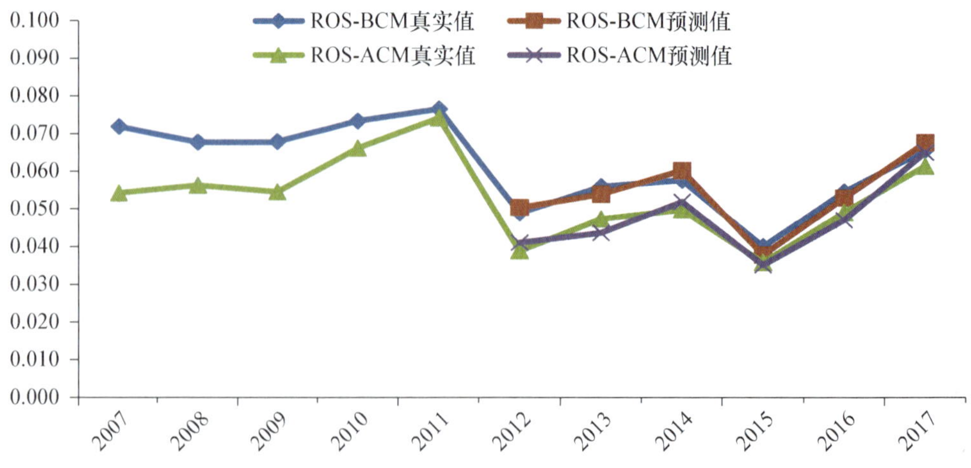

图 10－4　非金属矿物制品业销售净利率

观察图 10－2、图 10－3 和图 10－4 可以发现，非金属矿物制品业 B 周期移动平均和 A 周期移动平均所选取样本的回报类财务指标的变动趋势大体一致。具体来说，该行业的净资产收益率和总资产收益率在 2008—2009 年有所下降，2009—2011 年上升至历史最高点。2012 年净资产收益率和总资产收益率出现大幅下降，2013 年有所回升，2015 年又出现大幅下降。行业销售净利率在 2007—2011 年整体上保持较为稳定的状态，2011 年达到历史最高点。2011 年之后，其变化趋势与净资产收益率和总资产收益率相似，确认了行业净资产收益率和总资产收益率的变化趋势。总体来说，近年来非金属矿物制品业的回报有所下滑。

在非金属矿物制品业回报分析中，从预测财务指标与真实财务指标的对比可以看出，无论是 B 周期移动平均还是 A 周期移动平均，预测值与真实值的差异均较小，表明模型预测效果较好。

10.3.2　非金属矿物制品业风险分析

图 10－5、图 10－6 分别从资产负债率和流动比率两个角度对非金属矿物制品业的风险进行了分析。与行业回报的分析类似，2007—2017 年非金属矿物制品业的风险类财务指标根据行业真实值进行计算，同时采用 B 周期移动平均和 A 周期移动平均计算了资产负债率和流动比率的预测值。

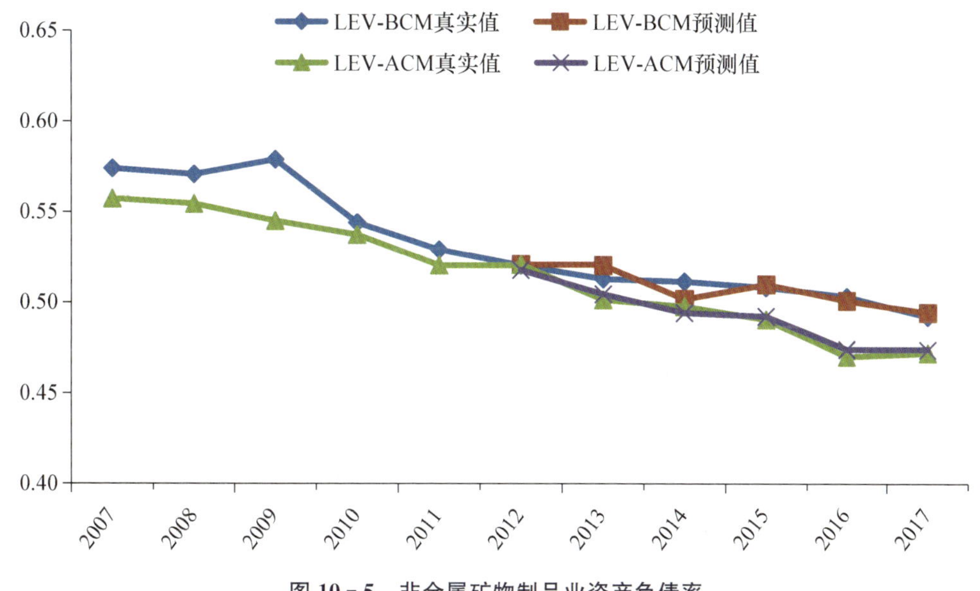

图 10－5　非金属矿物制品业资产负债率

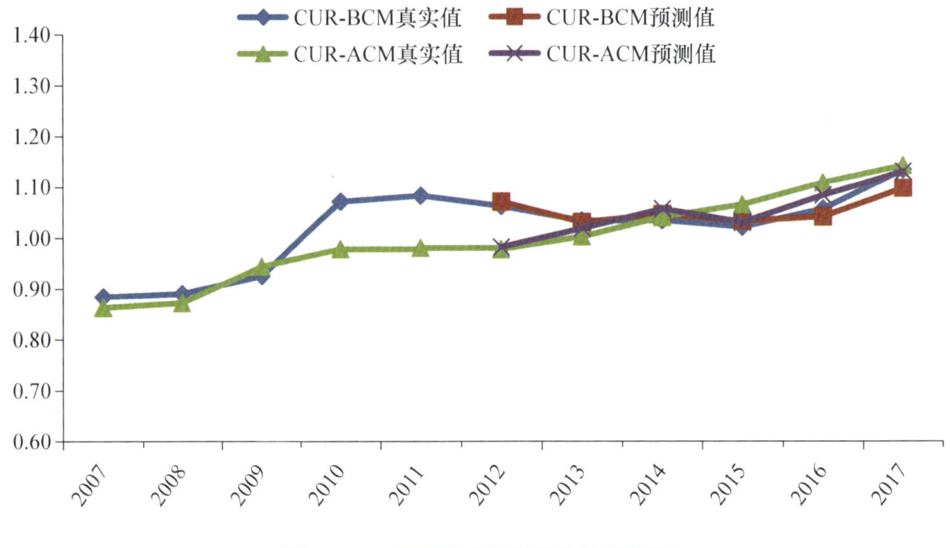

图 10-6　非金属矿物制品业流动比率

从资产负债率来看，无论是B周期移动平均所选样本还是A周期移动平均所选样本，其资产负债率在样本期间均呈小幅下滑趋势，说明非金属矿物制品业近年来风险有所降低。从流动比率来看，非金属矿物制品业B周期移动平均所选样本和A周期移动平均所选样本的变动趋势比较一致，该行业流动比率在2008—2017年呈现小幅上升趋势。综合资产负债率和流动比率变动趋势可以发现，近年来该行业的整体风险比较稳定。

从非金属矿物制品业资产负债率和流动比率的预测值可以发现，采用B周期移动平均和A周期移动平均所计算的2012—2017年行业资产负债率和流动比率与真实值的差距较小，能够较好地反映行业风险变动趋势，说明模型预测效果较好。

10.3.3　非金属矿物制品业成长分析

图10-7、图10-8、图10-9和图10-10分别从非金属矿物制品业周转速度（总资产周转率、应收账款周转率）和成长速度（营业总收入增长率、总资产增长率）两个角度衡量该行业的成长。由于行业样本区间为2007—2017年，而周转速度计算的分母为前一期期末和本期期末的均值，因此我们在进行周转速度分析时，将基期确定为2008年；同样，行业成长速度采用本年度财务指标与上一年度财务指标的比值，因此成长速度的基期也为2008年。

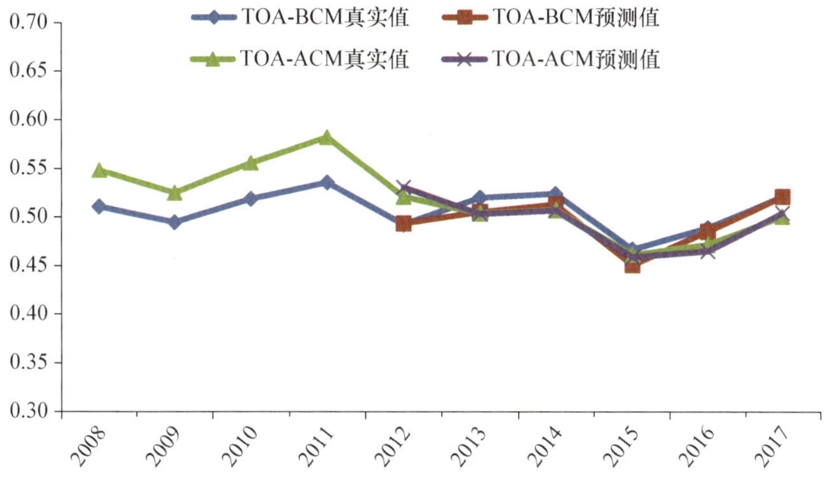

图 10－7　非金属矿物制品业总资产周转率

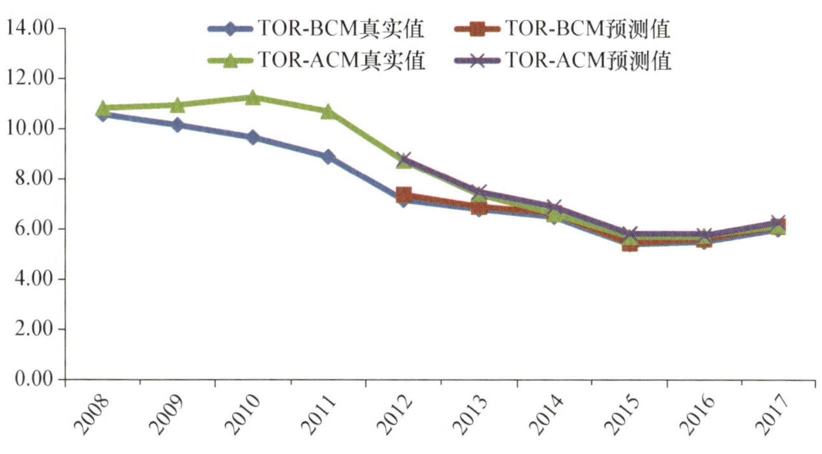

图 10－8　非金属矿物制品业应收账款周转率

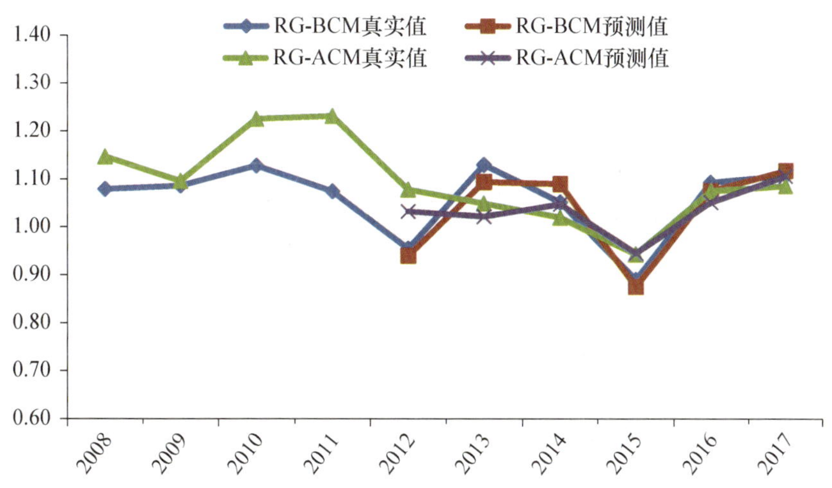

图 10－9　非金属矿物制品业营业总收入增长率

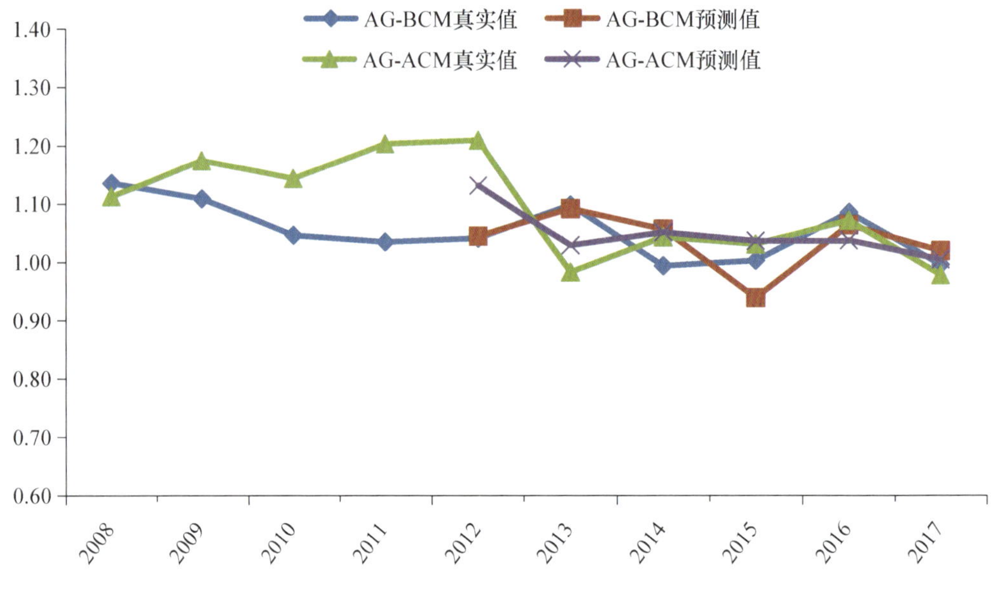

图 10－10　非金属矿物制品业总资产增长率

从周转速度看，B周期移动平均所选样本和A周期移动平均所选样本的变动趋势比较一致。自2008年开始，非金属矿物制品业总资产周转率相对比较稳定，出现小幅下滑，应收账款周转率呈现大幅下滑趋势，说明该行业的运行效率逐渐降低。从成长速度看，非金属矿物制品业的营业总收入增长率与总资产增长率整体上在波动中保持稳定，维持在0.9～1.2之间。综合分析非金属矿物制品业的周转速度和成长速度可以发现，该行业的成长性有待提高，可以通过加强运营管理、提高运行效率等方式提升行业成长性。

从非金属矿物制品业的周转速度（总资产周转率、应收账款周转率）和成长速度（营业总收入增长率、总资产增长率）的预测值可以发现，采用B周期移动平均和A周期移动平均所计算的2012—2017年行业预测值与真实值的差距较小，能够较好地反映行业的变动趋势，说明模型预测效果较好。

10.4　非金属矿物制品业会计综合评价指数构建

根据制造业会计综合评价指数的计算方法，表10－8列示了非金属矿物制品业上市公司的前20名。由表10－8可知，非金属矿物制品业会计综合评价指数排名前五的上市公司分别为方大炭素（600516）、北新建材（000786）、海螺水泥（600585）、塔牌集团（002233）和东方雨虹（002271）。

表 10-8　2017 年会计综合评价指数非金属矿物制品业前 20 名上市公司

股票简称	股票代码	会计综合评价指数	排名
方大炭素	600516	100.00	1
北新建材	000786	100.00	1
海螺水泥	600585	94.58	3
塔牌集团	002233	90.12	4
东方雨虹	002271	89.90	5
鲁阳节能	002088	87.14	6
隆基股份	601012	85.14	7
四方达	300179	84.74	8
菲利华	300395	84.41	9
上峰水泥	000672	83.34	10
金圆股份	000546	81.06	11
道氏技术	300409	79.26	12
当升科技	300073	78.95	13
石英股份	603688	78.87	14
再升科技	603601	76.96	15
三峡新材	600293	76.72	16
旗滨集团	601636	75.88	17
福耀玻璃	600660	75.28	18
尖峰集团	600668	73.57	19
四川金顶	600678	73.53	20

注：会计综合评价指数的构建以公开财务数据真实有效为前提。

第 11 章　金属制品业会计综合评价指数编制结果及分析

金属制品业（行业代码为 C33）是制造业下属行业，包括结构性金属制品制造、金属工具制造、集装箱及金属包装容器制造、不锈钢及类似日用金属制品制造等。金属制品是国民经济建设中的一种基础材料，产品属工业消费品，广泛用于建筑、交通、汽车、铁路、水利、能源、电力、机械、家具、橡胶轮胎等国民经济及国防军工各领域。随着社会的进步和科技的发展，金属制品在工业、农业以及人们生活中的运用越来越广泛，给社会创造了越来越大的价值。金属制品业是劳动密集、附加值较高的产业。

改革开放以来，我国金属制品业得到极大的发展，有了长足的进步，产量迅速增长，跃居世界首位，工艺技术装备水平不断提高，品种结构不断变化，部分产品执行国际先进标准，质量接近世界先进水平。行业内出现了一批具备一定生产规模、工艺装备先进、技术实力强、人员素质高、产品质量好、生产效率高、生产成本低、管理机制先进、经济效益好的企业。但是，在工艺技术、装备状况、产品质量方面与发达国家仍存在一定差距。上市公司作为行业龙头，其经营业绩和财务绩效等均对评价行业整体发展状况具有一定的示范作用。本章以上市公司为样本，从发展趋势、回报、风险和成长四个角度对金属制品业的经营状况进行分析，以期为金属制品业的健康发展提供一些有益的经验和借鉴。

11.1　金属制品业发展趋势分析

为了对金属制品业的发展趋势进行分析，我们以 2007 年第 1 季度以来的所有季度作为样本区间，截至 2018 年第 1 季度，我们所选样本 45 个季度的季均总资产为 2 048.60 亿元，季均营业总收入为 406.67 亿元，季均价值创造额为 70.15 亿元。

为了研究金属制品业的发展趋势，我们以样本公司的季度总资产额、季度营业总收入和季度价值创造额为基础构建了金属制品业的资产指数、收入指数和价值创造额指数（见表 11－1）。三类指数的总体波动趋势如图 11－1 所示。

表 11－1　金属制品业资产指数、收入指数、价值创造额指数的编制结果

季度	资产指数	收入指数	价值创造额指数
200701	100	100	100
200702	110	123	124
200703	119	123	115
200704	136	127	156
200801	150	128	118
200802	149	176	149
200803	146	141	145
200804	134	80	114
200901	135	83	111
200902	133	98	133
200903	138	105	100
200904	150	106	142
201001	178	129	129
201002	189	174	169
201003	200	195	211
201004	202	180	211
201101	229	213	222
201102	236	234	256
201103	244	205	194
201104	242	205	184
201201	250	195	177
201202	257	210	197
201203	265	210	201
201204	261	212	199
201301	275	203	185
201302	287	251	212
201303	295	221	204
201304	305	241	309
201401	321	214	201
201402	331	265	270
201403	347	247	251

续表

季度	资产指数	收入指数	价值创造额指数
201404	351	250	297
201501	359	214	243
201502	365	241	275
201503	377	205	247
201504	389	220	286
201601	406	193	233
201602	422	240	227
201603	446	246	268
201604	471	264	350
201701	485	238	280
201702	493	282	330
201703	510	291	359
201704	506	279	427
201801	519	275	337

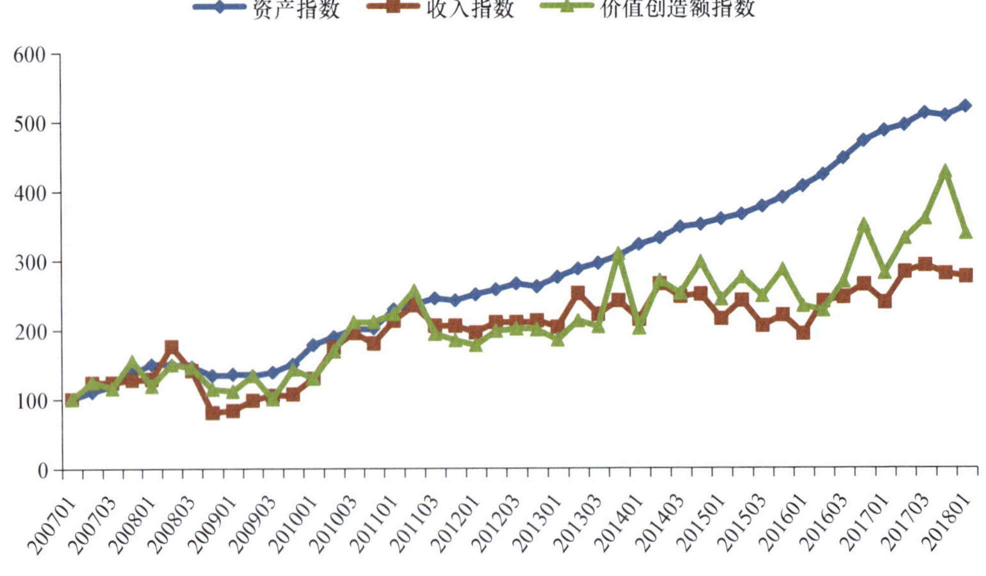

图 11-1　金属制品业三类指数总体波动趋势

由表 11-1 和图 11-1 可知，从总体运行趋势来看，金属制品业资产指数自 2007 年第 1 季度以来基本呈稳步上升趋势，2018 年第 1 季度，资产指数上升至 519 点，与 2007 年第 1 季度相比上升了 419%。由于受到金融危机的影响，金属制品业的收入指数从 2008 年第 3 季度至 2009 年第 4 季度一直在低位徘徊，2010 年第 1

季度至 2011 年第 2 季度持续走高，之后增速放缓，保持震荡调整的状态。金属制品业价值创造额指数的变动趋势在 2014 年第 3 季度之前与收入指数类似，从 2014 年第 4 季度开始略高于收入指数，说明金属制品业的价值创造能力有所提升。

从三类指数运行趋势之间的关系来看，2008 年第 3 季度之前，该行业的资产增长速度与收入和价值创造额的增长速度基本保持一致，2008 年第 4 季度之后，资产增长速度开始超过收入和价值创造额的增长速度，并且增速差距呈现逐步扩大的趋势。从收入指数和价值创造额指数之间的关系来看，二者变动趋势类似，但价值创造额指数从 2014 年第 4 季度开始超过收入指数。综合三类指数的运行趋势可以发现，虽然该行业资产规模扩大，但收入及价值创造额的提升速度相对较慢，说明该行业运行效率有待改善。

11.2　金属制品业财务指标预测

11.2.1　资产负债表主要项目预测

根据会计综合评价指数的构建需要，我们分别对金属制品业 2012—2017 年的资产均值、负债均值、所有者权益均值、流动资产均值、流动负债均值和应收账款均值进行了预测。

表 11－2 列示了金属制品业的资产、负债、所有者权益、流动资产、流动负债和应收账款的行业真实值和预测值，其中预测值分别采用 B 周期移动平均和 A 周期移动平均两种方法进行预测。表 11－3 则分别列示了资产负债表主要项目真实值与预测值的差异，从计算结果可以看出，无论是 B 周期移动平均还是 A 周期移动平均，均能够对资产负债表主要项目进行准确预测，模型稳定性较好。

表 11－2　资产负债表主要项目预测结果　单位：亿元

年份		资产	负债	所有者权益	流动资产	流动负债	应收账款
2012	BCM 真实值	43.70	20.40	22.90	26.30	15.20	4.71
	BCM 预测值	41.60	19.90	21.50	25.40	14.50	4.49
	ACM 真实值	26.70	12.40	14.60	16.00	11.10	4.00
	ACM 预测值	26.70	12.50	14.50	15.70	11.00	3.92
2013	BCM 真实值	45.80	22.00	23.40	26.90	16.70	5.19
	BCM 预测值	45.50	22.10	23.20	26.90	16.80	5.34
	ACM 真实值	29.40	13.00	16.60	19.00	11.70	5.00
	ACM 预测值	28.60	12.50	16.40	17.90	11.30	4.81

续表

年份		资产	负债	所有者权益	流动资产	流动负债	应收账款
2014	BCM 真实值	47.90	23.00	24.60	28.10	17.70	5.63
	BCM 预测值	47.90	22.90	24.80	27.80	17.20	5.51
	ACM 真实值	33.10	14.30	18.80	20.30	12.70	5.18
	ACM 预测值	32.50	14.00	18.50	19.80	12.30	5.05
2015	BCM 真实值	45.50	21.70	23.60	25.80	16.70	5.71
	BCM 预测值	45.20	21.40	23.60	25.80	16.50	5.61
	ACM 真实值	37.70	16.00	21.70	21.30	13.80	5.56
	ACM 预测值	37.60	15.50	22.10	21.60	13.40	5.50
2016	BCM 真实值	48.60	23.60	24.80	27.60	17.50	5.69
	BCM 预测值	49.40	23.50	25.70	27.40	17.80	5.79
	ACM 真实值	48.80	21.60	25.70	27.60	18.20	6.44
	ACM 预测值	46.20	20.00	24.60	25.60	17.10	6.16
2017	BCM 真实值	47.70	23.00	24.50	27.20	17.90	5.55
	BCM 预测值	48.30	23.80	24.40	27.50	18.00	5.72
	ACM 真实值	50.00	22.60	26.00	28.60	18.50	6.44
	ACM 预测值	50.30	23.10	25.80	29.00	18.80	6.52

表 11－3　资产负债表主要项目预测差异

年份		资产	负债	所有者权益	流动资产	流动负债	应收账款
2012	BCM	−4.74%	−2.20%	−6.44%	−3.29%	−4.34%	−4.75%
	ACM	−0.14%	0.26%	−0.76%	−1.76%	−0.91%	−1.93%
2013	BCM	−0.47%	0.31%	−1.04%	−0.09%	0.33%	2.87%
	ACM	−2.81%	−4.28%	−1.47%	−5.39%	−3.94%	−3.73%
2014	BCM	0.16%	−0.45%	0.88%	−1.03%	−2.54%	−2.16%
	ACM	−1.83%	−2.21%	−1.86%	−2.51%	−2.95%	−2.41%
2015	BCM	−0.72%	−1.16%	−0.21%	0.22%	−1.52%	−1.64%
	ACM	−0.07%	−3.46%	1.79%	1.12%	−3.13%	−1.00%
2016	BCM	1.53%	−0.46%	3.52%	−0.60%	1.42%	1.78%
	ACM	−5.37%	−7.23%	−4.33%	−7.38%	−5.92%	−4.35%
2017	BCM	1.31%	3.33%	−0.52%	1.04%	0.93%	3.11%
	ACM	0.52%	2.02%	−0.70%	1.09%	1.64%	1.11%

11.2.2　利润表主要项目预测

根据会计综合评价指数的构建需要，我们对利润表中营业总收入、营业总成本和扣除非经常性损益后的净利润三个会计项目进行了预测。需要说明的是，由于净利润包括企业的投资收益等非经常性损益，难以准确衡量企业主营业务所产生的回报，因此在对行业回报进行计算的过程中，选取扣除非经常性损益后的净利润进行预测。根据利润表的特点，在对营业总收入、营业总成本和扣除非经常性损益后的净利润进行预测的过程中，将除数占比和周期移动平均两种方法结合起来使用。

表 11－4 列示了利润表中营业总收入、营业总成本和扣除非经常性损益后的净利润的真实值和预测值，其中预测值分别采用 B 周期移动平均和 A 周期移动平均两种方法进行预测。表 11－5 进一步计算了利润表主要项目真实值和预测值的差异，结果显示利润表主要项目的预测差异较小，说明采取的方法能够较好地对利润表主要项目进行预测。

表 11－4　利润表主要项目预测结果　　单位：亿元

年份		营业总收入	营业总成本	扣除非经常性损益后的净利润
2012	BCM 真实值	22.00	20.60	0.98
	BCM 预测值	21.80	20.40	1.02
	ACM 真实值	20.40	19.60	0.72
	ACM 预测值	20.30	19.50	0.70
2013	BCM 真实值	23.40	21.70	1.00
	BCM 预测值	23.60	22.00	1.04
	ACM 真实值	21.00	19.90	0.81
	ACM 预测值	20.70	19.70	0.76
2014	BCM 真实值	23.20	21.60	0.94
	BCM 预测值	23.30	21.60	0.95
	ACM 真实值	20.70	19.80	0.75
	ACM 预测值	20.80	19.70	0.78
2015	BCM 真实值	21.30	19.90	0.93
	BCM 预测值	21.50	20.00	0.92
	ACM 真实值	22.30	21.00	0.94
	ACM 预测值	22.30	21.00	0.93

续表

年份		营业总收入	营业总成本	扣除非经常性损益后的净利润
2016	BCM 真实值	22.10	20.80	1.01
	BCM 预测值	22.00	20.60	0.96
	ACM 真实值	25.40	24.20	1.08
	ACM 预测值	24.70	23.40	1.00
2017	BCM 真实值	22.50	21.10	1.01
	BCM 预测值	22.30	20.80	1.07
	ACM 真实值	28.80	27.30	1.17
	ACM 预测值	28.80	27.20	1.24

表 11－5　利润表主要项目预测差异

年份		营业总收入	营业总成本	扣除非经常性损益后的净利润
2012	BCM	－0.57%	－0.88%	3.72%
	ACM	－0.36%	－0.49%	－1.70%
2013	BCM	1.00%	1.35%	3.97%
	ACM	－1.71%	－0.97%	－5.18%
2014	BCM	0.59%	－0.03%	1.76%
	ACM	0.39%	－0.28%	3.92%
2015	BCM	0.71%	0.68%	－0.34%
	ACM	－0.33%	－0.29%	－0.87%
2016	BCM	－0.57%	－1.03%	－4.32%
	ACM	－2.68%	－2.96%	－7.42%
2017	BCM	－1.02%	－1.29%	6.21%
	ACM	－0.04%	－0.26%	5.90%

11.2.3　基于预测指标测算行业回报、风险和成长

在完成对营业总收入、营业总成本、扣除非经常性损益后的净利润、资产、负债、所有者权益、流动资产、流动负债和应收账款行业均值的预测之后，我们以预测值为基准，根据行业回报、风险和成长，计算了行业的净资产收益率、总资产收益率、销售净利率、资产负债率、流动比率、总资产周转率、应收账款周转率、营业总收入增长率和总资产增长率 9 个财务指标。具体预测结果列示在表 11－6 中。

表 11－6　金属制品业回报、风险和成长预测结果

年份		回报			风险		成长			
		净资产收益率	总资产收益率	销售净利率	资产负债率	流动比率	总资产周转率	应收账款周转率	营业总收入增长率	总资产增长率
2012	BCM 真实值	0.043	0.023	0.045	0.47	1.73	0.50	4.92	0.95	1.00
	BCM 预测值	0.046	0.024	0.047	0.48	1.75	0.51	5.00	0.95	0.94
	ACM 真实值	0.045	0.024	0.035	0.46	1.44	0.69	4.78	0.80	0.83
	ACM 预测值	0.045	0.024	0.035	0.47	1.43	0.69	4.82	0.78	0.83
2013	BCM 真实值	0.043	0.022	0.043	0.48	1.61	0.52	4.72	1.06	1.05
	BCM 预测值	0.046	0.024	0.044	0.49	1.60	0.54	4.80	1.08	1.09
	ACM 真实值	0.052	0.029	0.038	0.44	1.62	0.75	4.67	1.03	1.10
	ACM 预测值	0.049	0.028	0.037	0.44	1.59	0.75	4.73	1.02	1.07
2014	BCM 真实值	0.039	0.020	0.040	0.48	1.59	0.50	4.29	0.99	1.05
	BCM 预测值	0.040	0.020	0.041	0.48	1.61	0.50	4.30	0.99	1.05
	ACM 真实值	0.042	0.024	0.036	0.43	1.61	0.66	4.08	0.99	1.13
	ACM 预测值	0.045	0.025	0.037	0.43	1.61	0.68	4.22	1.01	1.14
2015	BCM 真实值	0.038	0.020	0.043	0.48	1.54	0.46	3.76	0.92	0.95
	BCM 预测值	0.038	0.020	0.043	0.47	1.56	0.46	3.86	0.92	0.94
	ACM 真实值	0.046	0.027	0.042	0.43	1.54	0.63	4.16	1.08	1.14
	ACM 预测值	0.046	0.027	0.042	0.41	1.61	0.63	4.22	1.07	1.16
2016	BCM 真实值	0.042	0.021	0.046	0.48	1.58	0.47	3.88	1.04	1.07
	BCM 预测值	0.039	0.020	0.044	0.48	1.54	0.47	3.86	1.03	1.09
	ACM 真实值	0.046	0.025	0.042	0.44	1.52	0.59	4.24	1.14	1.29
	ACM 预测值	0.043	0.024	0.040	0.43	1.49	0.59	4.24	1.11	1.23
2017	BCM 真实值	0.041	0.021	0.045	0.48	1.52	0.47	4.00	1.02	0.98
	BCM 预测值	0.043	0.022	0.048	0.49	1.52	0.46	3.87	1.01	0.98
	ACM 真实值	0.045	0.024	0.041	0.45	1.55	0.58	4.47	1.13	1.03
	ACM 预测值	0.049	0.026	0.043	0.46	1.54	0.60	4.54	1.16	1.09

表 11－7 进一步列示了金属制品业回报、风险和成长类财务指标预测值与真实值之间的差异。对比金属制品业采用 B 周期移动平均和 A 周期移动平均所预测的财务指标与该行业财务指标的真实值可知，所选用的预测模型的预测效果较好，预测能力比较稳定。

表 11-7　金属制品业回报、风险和成长预测差异

年份		回报			风险		成长			
		净资产收益率	总资产收益率	销售净利率	资产负债率	流动比率	总资产周转率	应收账款周转率	营业总收入增长率	总资产增长率
2012	BCM	8.30%	5.64%	4.31%	2.66%	1.10%	1.27%	1.70%	−0.10%	−5.78%
	ACM	−1.57%	−1.75%	−1.35%	0.39%	−0.86%	−0.41%	0.90%	−1.80%	−0.34%
2013	BCM	7.98%	6.70%	2.94%	0.79%	−0.42%	3.65%	1.77%	1.58%	4.49%
	ACM	−4.09%	−3.70%	−3.54%	−1.51%	−1.51%	−0.17%	1.26%	−1.35%	−2.68%
2014	BCM	1.82%	1.91%	1.16%	−0.61%	1.56%	0.73%	0.34%	−0.41%	0.63%
	ACM	5.69%	6.35%	3.51%	−0.39%	0.45%	2.75%	3.56%	2.14%	1.01%
2015	BCM	−0.68%	−0.07%	−1.05%	−0.44%	1.77%	0.98%	2.66%	0.12%	−0.88%
	ACM	−0.96%	0.02%	−0.54%	−3.40%	4.39%	0.57%	1.37%	−0.72%	1.80%
2016	BCM	−5.92%	−4.74%	−3.77%	−1.96%	−1.99%	−1.01%	−0.63%	−1.27%	2.26%
	ACM	−5.98%	−4.50%	−4.87%	−1.97%	−1.55%	0.39%	0.13%	−2.36%	−5.31%
2017	BCM	4.62%	4.72%	7.30%	1.99%	0.10%	−2.40%	−3.37%	−0.45%	−0.22%
	ACM	8.62%	8.49%	5.94%	1.49%	−0.55%	2.40%	1.61%	2.71%	6.22%

11.3　金属制品业运行状况分析

会计综合评价指数分别采用B周期移动平均和A周期移动平均两种方法，对行业运行状况基准值进行预测。具体来讲，B周期移动平均的样本数量以年度最新行业样本为准，进行滚动预测，样本数量较多，更能代表行业当前发展状况；A周期移动平均则按照样本基期进行滚动预测，样本选取比较稳定，对行业历史发展状况的讨论更为充分。

11.3.1　金属制品业回报分析

图11-2、图11-3和图11-4分别为金属制品业的净资产收益率、总资产收益率和销售净利率的变动趋势图，其中，净资产收益率和总资产收益率的分母分别采用本年末所有者权益（总资产）与上年末所有者权益（总资产）的均值计算，因此净资产收益率和总资产收益率的基期均为2008年。基于对金属制品业财务指标的预测，在评价金属制品业回报的过程中，我们分别在图中画出了基于B周期移动平均和A周期移动平均所计算的2012—2017年净资产收益率、总资产收益率和销售净利率的预测值。

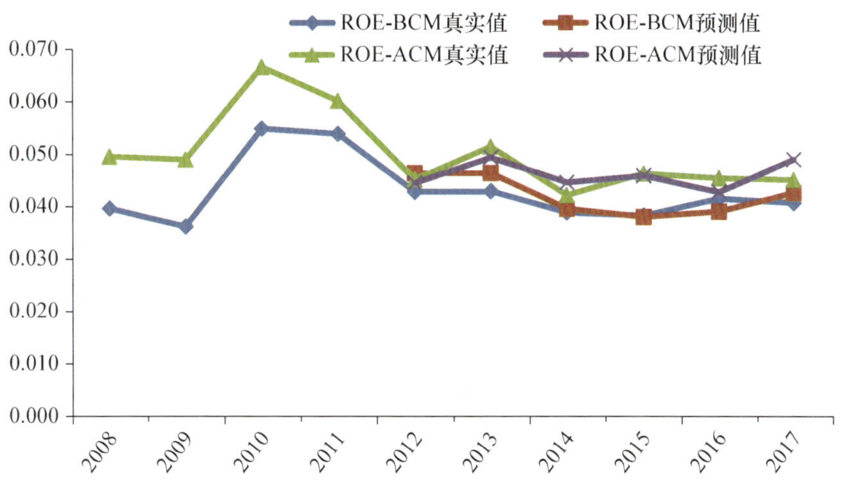

图 11-2　金属制品业净资产收益率

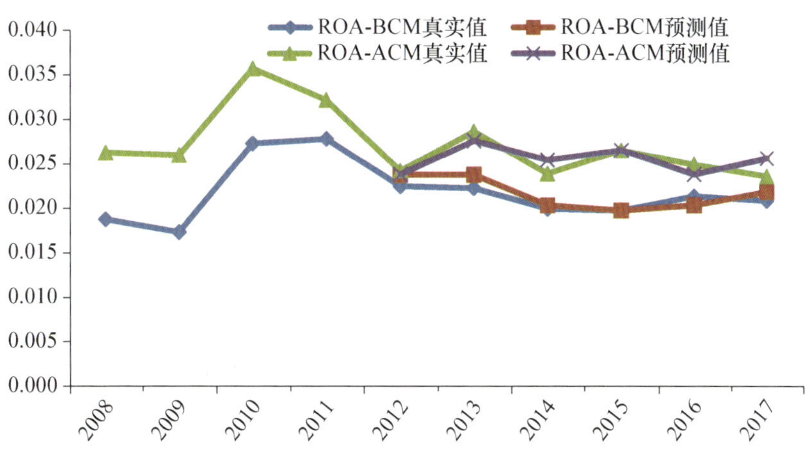

图 11-3　金属制品业总资产收益率

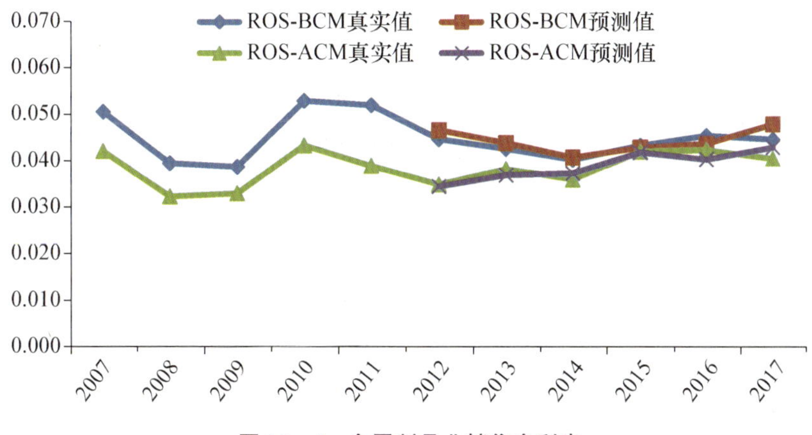

图 11-4　金属制品业销售净利率

观察图 11-2、图 11-3 和图 11-4 可以发现，金属制品业 B 周期移动平均和 A 周期移动平均所选取样本的回报类财务指标的变动趋势大体一致。该行业净资产收益率在 2009 年有所下降，2010 年较 2009 年有大幅提高，随后再次下降，从 2012 年开始趋于稳定，保持在 0.045 左右。行业总资产收益率和销售净利率也有相同的趋势，从 2010 年开始进入下滑周期，并在 2012 年达到低点。2012 年之后，总资产收益率相对稳定，销售净利率总体上呈小幅上升趋势，确认了净资产收益率的变化趋势。

在金属制品业回报分析中，从预测财务指标与真实财务指标的对比可以看出，无论是 B 周期移动平均还是 A 周期移动平均，预测值与真实值的差异较小，表明模型预测效果较好。

11.3.2 金属制品业风险分析

图 11-5、图 11-6 分别从资产负债率和流动比率两个角度对金属制品业的风险进行了分析。与行业回报的分析类似，2007—2017 年金属制品业的风险类财务指标根据行业真实值进行计算，同时采用 B 周期移动平均和 A 周期移动平均计算了资产负债率和流动比率的预测值。

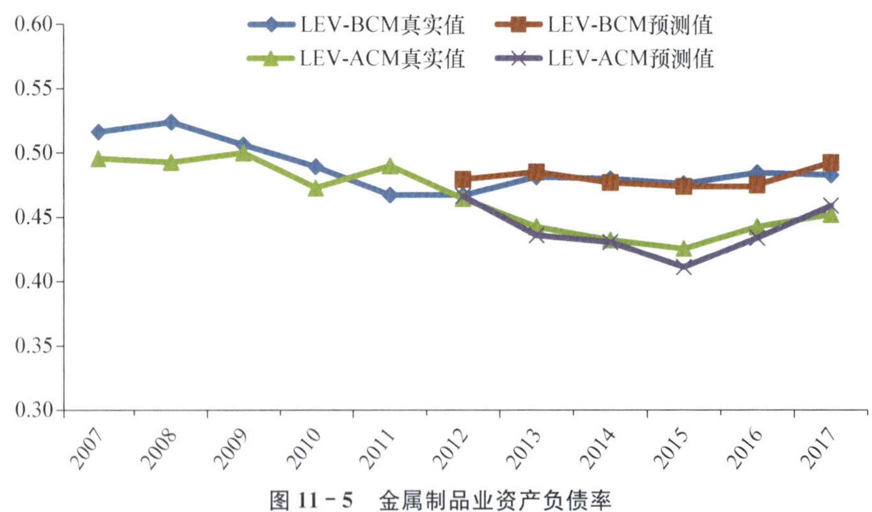

图 11-5 金属制品业资产负债率

从资产负债率来看，金属制品业 B 周期移动平均所选样本在 2008 年之后开始下滑，2011 年探底至 0.47，之后小幅回升并逐渐达到稳定状态；A 周期移动平均所选样本从 2011 年开始表现出明显的下滑趋势，2015 年探底，之后小幅回升。从流动比率来看，金属制品业 B 周期移动平均所选样本在 2007—2011 年不断上升，达到峰值，之后不断下降，近年来达到稳定状态；A 周期移动平均所选样本的流动比率总体波动不大，2013 年以后与 B 周期移动平均所选样本保持一致。综合该行业资产负债率和流动比率变动趋势可知，该行业的运行风险在 2015 年最低，之后有所回升，但总体保持稳定，具有改善空间。

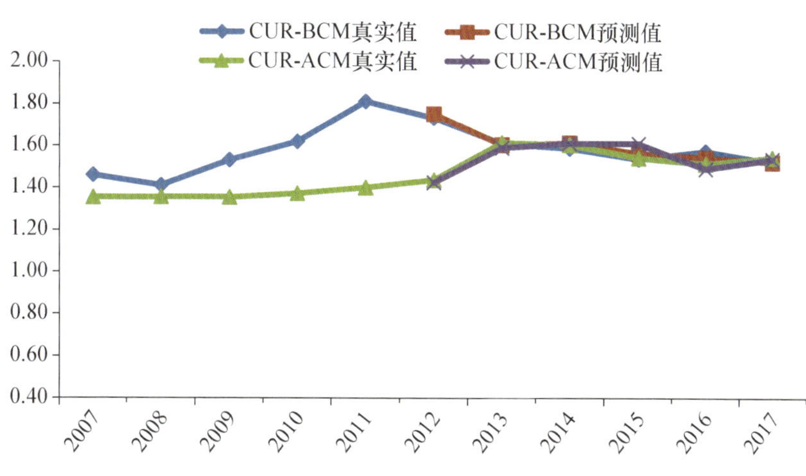

图 11-6　金属制品业流动比率

从金属制品业资产负债率和流动比率的预测值可以发现，采用 B 周期移动平均和 A 周期移动平均所计算的 2012—2017 年行业资产负债率和流动比率与真实值的差距较小，能够较好地反映行业风险变动趋势，说明模型预测效果较好。

11.3.3　金属制品业成长分析

图 11-7、图 11-8、图 11-9 和图 11-10 分别从金属制品业周转速度（总资产周转率、应收账款周转率）和成长速度（营业总收入增长率、总资产增长率）两个角度衡量该行业的成长。由于行业样本区间为 2007—2017 年，而周转速度计算的分母为前一期期末和本期期末的均值，因此我们在进行周转速度分析时，将基期确定为 2008 年；同样，行业成长速度采用本年度财务指标与上一年度财务指标的比值，因此成长速度的基期也为 2008 年。

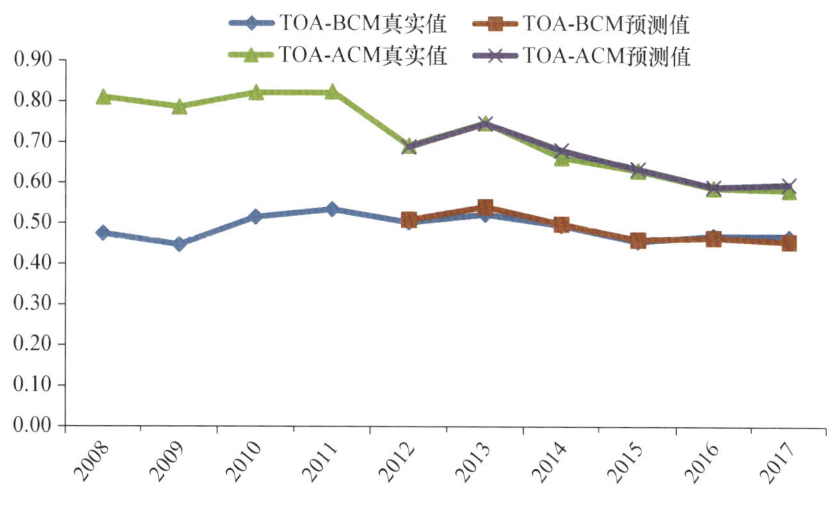

图 11-7　金属制品业总资产周转率

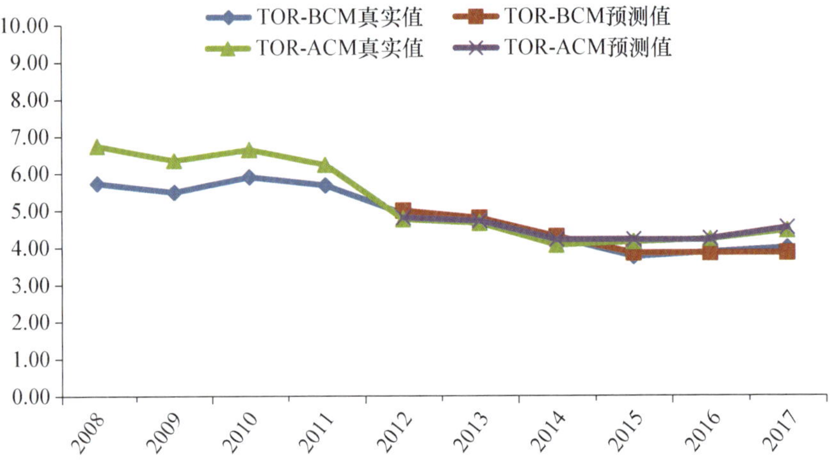

图 11－8　金属制品业应收账款周转率

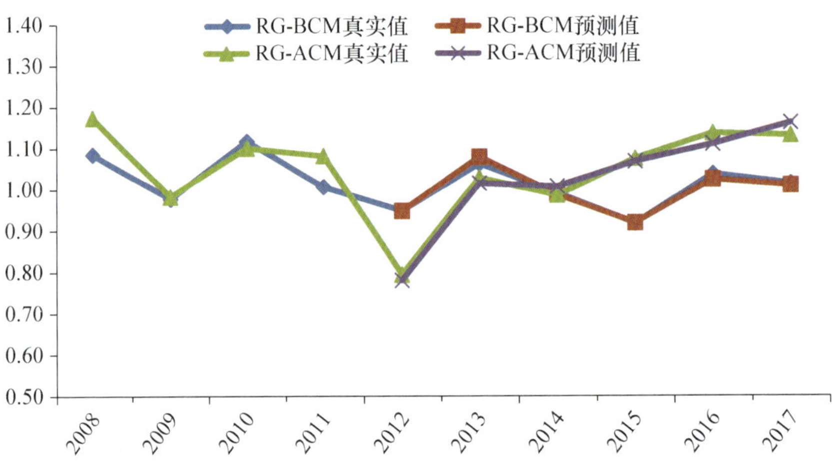

图 11－9　金属制品业营业总收入增长率

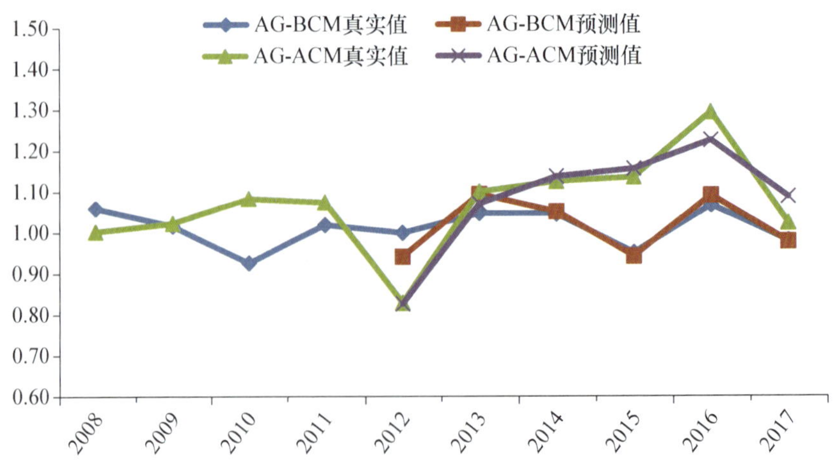

图 11－10　金属制品业总资产增长率

从周转速度看，B 周期移动平均所选样本和 A 周期移动平均所选样本的变动趋势比较一致。2008—2010 年，金属制品业的总资产周转率和应收账款周转率均呈现稳定状态，随后略有下降，说明该行业的运行效率较低，且有恶化的趋势。从成长速度看，无论是 B 周期移动平均还是 A 周期移动平均，所选样本的变动趋势相对比较稳定，金属制品业的营业总收入增长率和总资产增长率常年在 1 上下徘徊，说明该行业资产规模整体处于稳定状态，收入存在一定的改善空间。

从金属制品业的周转速度（总资产周转率、应收账款周转率）和成长速度（营业总收入增长率、总资产增长率）的预测值可以发现，采用 B 周期移动平均和 A 周期移动平均所计算的 2012—2017 年行业预测值与真实值的差距较小，能够较好地反映行业的变动趋势，说明模型预测效果较好。

11.4　金属制品业会计综合评价指数构建

根据制造业会计综合评价指数的计算方法，表 11－8 列示了金属制品业上市公司的前 20 名。由表 11－8 可知，金属制品业会计综合评价指数排名前五的上市公司分别为恒锋工具（300488）、银龙股份（603969）、苏泊尔（002032）、巨星科技（002444）和东睦股份（600114）。

表 11－8　2017 年会计综合评价指数金属制品业前 20 名上市公司

股票简称	股票代码	会计综合评价指数	排名
恒锋工具	300488	100.00	1
银龙股份	603969	97.31	2
苏泊尔	002032	91.66	3
巨星科技	002444	91.31	4
东睦股份	600114	90.36	5
华源控股	002787	89.28	6
坚朗五金	002791	88.68	7
通润装备	002150	88.09	8
常宝股份	002478	81.93	9
金洲管道	002443	80.92	10
海鸥住工	002084	79.92	11
哈尔斯	002615	79.84	12
扬子新材	002652	79.17	13
东阳光科	600673	75.02	14
山东威达	002026	74.46	15

续表

股票简称	股票代码	会计综合评价指数	排名
金轮股份	002722	73.43	16
爱仕达	002403	71.47	17
大西洋	600558	71.13	18
久立特材	002318	67.93	19
宜安科技	300328	67.15	20

注：会计综合评价指数的构建以公开财务数据真实有效为前提。

第 12 章　通用设备制造业会计综合评价指数编制结果及分析

通用设备制造业（行业代码为 C34），是指可以应用于一个行业以上的设备制造的行业。作为各类工业的基础，通用设备制造业为各类工业生产提供传送、动力、加工、包装等基础设备制造，产品覆盖领域较广。借中国经济快速发展的东风，通用设备制造业在近几年获得了长足发展，企业规模逐步扩大，产品技术含量显著提升。但是，由于中国通用设备制造业起步相对较晚，存在行业集中度较低、产业链发展不平衡、高端产品市场竞争力较弱等问题。为了促进通用设备制造业的发展，2015 年 5 月 8 日，国务院发布《中国制造 2025》，部署实施制造强国战略，力图提升中国基础工业的创新能力，实现通用设备制造业的产业升级。上市公司作为行业龙头，其经营业绩和财务绩效等均对评价行业整体发展状况具有一定的示范作用。本章以上市公司为样本，从发展趋势、回报、风险和成长四个角度对通用设备制造业的经营状况进行分析，以期为通用设备制造业的健康发展提供一些有益的经验和借鉴。

12.1　通用设备制造业发展趋势分析

为了对通用设备制造业的发展趋势进行分析，我们以 2007 年第 1 季度以来的所有季度作为样本区间，截至 2018 年第 1 季度，我们所选样本 45 个季度的季均总资产为 4 894.49 亿元，季均营业总收入为 654.29 亿元，季均价值创造额为 146.38 亿元。

为了研究通用设备制造业的发展趋势，我们以样本公司的季度总资产额、季度营业总收入和季度价值创造额为基础构建了通用设备制造业的资产指数、收入指数和价值创造额指数（见表 12－1）。三类指数的总体波动趋势如图 12－1 所示。

表 12-1 通用设备制造业资产指数、收入指数、价值创造额指数的编制结果①

季度	资产指数	收入指数	价值创造额指数
200701	100	100	100
200702	105	121	180
200703	107	113	154
200704	156	275	350
200801	162	159	167
200802	176	179	201
200803	186	171	154
200804	195	198	188
200901	203	163	130
200902	212	200	193
200903	224	201	185
200904	232	224	237
201001	238	194	182
201002	250	257	262
201003	264	235	234
201004	276	272	297
201101	290	248	193
201102	302	293	266
201103	307	273	235
201104	310	270	264
201201	310	240	205
201202	316	253	260
201203	325	253	236
201204	329	289	301
201301	331	233	205
201302	341	300	288
201303	350	267	239
201304	353	334	303
201401	357	239	218
201402	372	304	301
201403	387	283	268
201404	394	324	398

① *ST 济柴（000617）由于在 2016 年发生重大资产重组，在指数化样本中被剔除。

续表

季度	资产指数	收入指数	价值创造额指数
201501	403	236	230
201502	413	313	305
201503	424	284	331
201504	439	343	305
201601	440	249	231
201602	457	314	314
201603	475	276	277
201604	491	393	363
201701	497	262	267
201702	508	370	399
201703	541	351	377
201704	562	427	436
201801	560	345	332

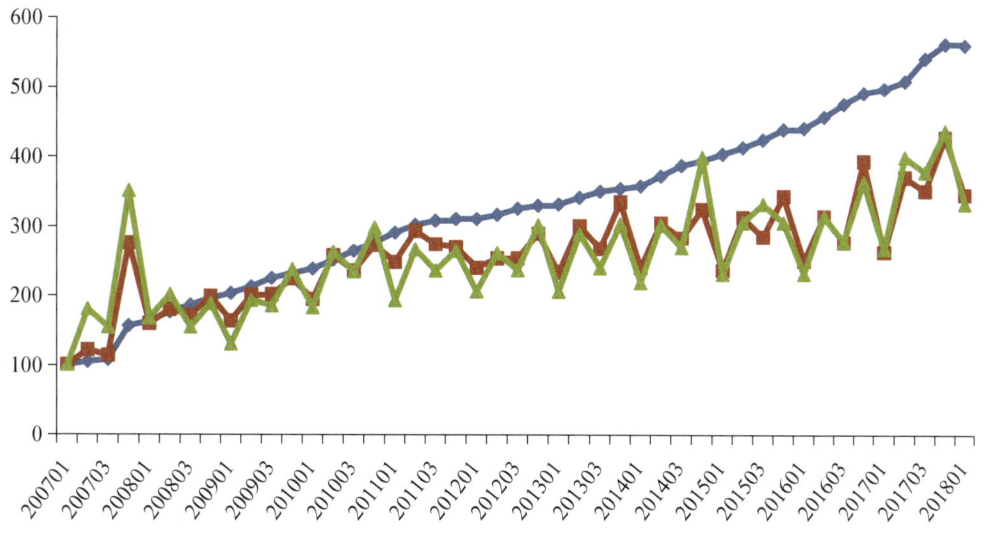

图 12－1　通用设备制造业三类指数总体波动趋势

由表 12－1 和图 12－1 可知，从通用设备制造业资产指数变动趋势看，自 2007 年第 1 季度以来一直呈稳步上升趋势。从通用设备制造业收入指数变动趋势看，2007 年第 4 季度，收入指数较前一季度上升较大，这主要是由于东方电气(600875) 重新整合上市所造成的，从 2008 年第 1 季度开始，收入指数持续震荡调整，并保持微弱上升态势，2012 年之后达到稳定状态，2017 年开始又出现小幅上升趋势。从通用设备制造业价值创造额指数的变动趋势看，由于东方电气在2007年重新整合上市，因此价值创造额指数在2007年第4季度有显著提升，与收入指数类似，其他时段价值创造额指数缓慢上升，2012年之后在波动中保持稳定，2017年再次呈现一定的上涨态势。

从三类指数运行趋势之间的关系来看，2008年第2季度之前，该行业的资产增长速度低于收入和价值创造额的增长速度，2008年第2季度之后，该行业资产增长速度开始超过收入和价值创造额的增长速度，并且增速差距呈现逐步扩大的趋势。从收入指数和价值创造额指数的运行趋势看，二者变动趋势相同，且差异不大。综合三类指数的运行趋势可以发现，虽然该行业资产规模扩大，但收入及价值创造额并没有显著提升，说明该行业运行效率较低。

12.2 通用设备制造业财务指标预测

12.2.1 资产负债表主要项目预测

根据会计综合评价指数的构建需要，我们分别对通用设备制造业2012—2017年的资产均值、负债均值、所有者权益均值、流动资产均值、流动负债均值和应收账款均值进行了预测。

表12-2列示了通用设备制造业的资产、负债、所有者权益、流动资产、流动负债和应收账款的行业真实值和预测值，其中预测值分别采用B周期移动平均和A周期移动平均两种方法进行预测。表12-3则分别列示了资产负债表主要项目真实值与预测值的差异，从计算结果可以看出，无论是B周期移动平均还是A周期移动平均，均能够对资产负债表主要项目进行准确预测，模型稳定性较好。

表12-2　资产负债表主要项目预测结果　　单位：亿元

年份		资产	负债	所有者权益	流动资产	流动负债	应收账款
2012	BCM真实值	31.40	15.00	16.00	19.20	12.80	4.43
	BCM预测值	30.70	14.40	15.90	19.10	12.40	4.32
	ACM真实值	31.20	15.30	14.90	17.40	12.80	4.00
	ACM预测值	31.60	14.80	15.50	17.90	12.50	4.03
2013	BCM真实值	33.50	16.10	17.10	20.50	13.60	5.03
	BCM预测值	33.10	15.90	17.00	20.40	13.50	4.91
	ACM真实值	31.20	15.30	15.50	17.90	12.20	4.44
	ACM预测值	31.60	15.70	15.40	18.00	12.40	4.32

续表

年份		资产	负债	所有者权益	流动资产	流动负债	应收账款
2014	BCM 真实值	34.90	16.50	17.90	21.30	14.00	5.36
	BCM 预测值	36.40	17.30	18.50	22.00	14.80	5.41
	ACM 真实值	32.70	15.10	16.90	18.60	12.10	4.68
	ACM 预测值	32.60	15.40	16.50	18.20	12.30	4.58
2015	BCM 真实值	38.30	17.50	19.90	23.30	14.60	5.67
	BCM 预测值	35.80	16.60	18.50	21.60	13.90	5.61
	ACM 真实值	39.70	17.50	21.00	23.50	14.60	5.78
	ACM 预测值	38.00	17.20	20.00	22.40	14.30	5.78
2016	BCM 真实值	37.90	16.80	19.50	23.20	14.10	5.53
	BCM 预测值	39.00	17.10	20.40	23.50	14.20	5.70
	ACM 真实值	45.30	20.20	23.10	27.10	16.70	6.29
	ACM 预测值	44.00	19.20	23.10	26.10	15.90	6.31
2017	BCM 真实值	40.00	18.40	20.10	24.40	15.40	5.86
	BCM 预测值	38.80	17.30	19.70	23.70	14.40	5.59
	ACM 真实值	45.80	21.30	23.20	27.60	17.50	6.89
	ACM 预测值	45.80	20.80	23.00	27.40	17.20	6.68

表 12-3　资产负债表主要项目预测差异

年份		资产	负债	所有者权益	流动资产	流动负债	应收账款
2012	BCM	−1.99%	−3.83%	−0.62%	−0.77%	−3.71%	−2.39%
	ACM	1.41%	−3.11%	3.99%	2.83%	−2.18%	0.51%
2013	BCM	−1.09%	−1.09%	−0.89%	−0.78%	−0.49%	−2.36%
	ACM	1.20%	2.41%	−0.20%	0.51%	1.03%	−2.74%
2014	BCM	4.05%	4.93%	3.24%	3.01%	5.76%	1.01%
	ACM	−0.41%	1.57%	−2.15%	−2.09%	1.42%	−2.01%
2015	BCM	−6.50%	−4.86%	−6.88%	−7.25%	−4.83%	−1.03%
	ACM	−4.28%	−1.95%	−4.61%	−4.86%	−2.28%	−0.04%
2016	BCM	3.12%	2.01%	4.85%	1.21%	0.65%	3.04%
	ACM	−2.82%	−4.56%	0.29%	−3.74%	−4.99%	0.21%
2017	BCM	2.97%	−5.85%	−2.31%	−2.89%	−6.18%	−4.65%
	ACM	−0.01%	−2.28%	−1.00%	−0.58%	−1.94%	−3.04%

12.2.2 利润表主要项目预测

根据会计综合评价指数的构建需要，我们对利润表中营业总收入、营业总成本和扣除非经常性损益后的净利润三个会计项目进行了预测。需要说明的是，由于净利润包括企业的投资收益等非经常性损益，难以准确衡量企业主营业务所产生的回报，因此在对行业回报进行计算的过程中，选取扣除非经常性损益后的净利润进行预测。根据利润表的特点，在对营业总收入、营业总成本和扣除非经常性损益后的净利润进行预测的过程中，将除数占比和周期移动平均两种方法结合起来使用。

表 12－4 列示了利润表中营业总收入、营业总成本和扣除非经常性损益后的净利润的真实值和预测值，其中预测值分别采用 B 周期移动平均和 A 周期移动平均两种方法进行预测。表 12－5 进一步计算了利润表主要项目真实值和预测值的差异，结果显示利润表主要项目的预测差异较小，说明采取的方法能够较好地对利润表主要项目进行预测。

表 12－4　利润表主要项目预测结果　　单位：亿元

年份		营业总收入	营业总成本	扣除非经常性损益后的净利润
2012	BCM 真实值	17.90	17.40	0.73
	BCM 预测值	17.70	17.20	0.72
	ACM 真实值	17.70	17.20	0.47
	ACM 预测值	17.70	17.20	0.49
2013	BCM 真实值	19.00	18.50	0.72
	BCM 预测值	18.20	17.80	0.68
	ACM 真实值	17.00	16.40	0.44
	ACM 预测值	16.30	15.90	0.42
2014	BCM 真实值	19.30	18.70	0.74
	BCM 预测值	19.40	18.70	0.75
	ACM 真实值	15.80	15.40	0.46
	ACM 预测值	15.70	15.20	0.45
2015	BCM 真实值	18.00	17.80	0.61
	BCM 预测值	17.80	17.50	0.64
	ACM 真实值	18.20	17.80	0.58
	ACM 预测值	18.10	17.70	0.60

续表

年份		营业总收入	营业总成本	扣除非经常性损益后的净利润
2016	BCM 真实值	17.80	17.30	0.70
	BCM 预测值	17.50	17.00	0.65
	ACM 真实值	19.50	18.80	0.66
	ACM 预测值	18.80	18.20	0.60
2017	BCM 真实值	18.90	18.50	0.81
	BCM 预测值	18.70	18.10	0.82
	ACM 真实值	20.60	20.00	0.75
	ACM 预测值	20.50	19.80	0.77

表 12-5　利润表主要项目预测差异

年份		营业总收入	营业总成本	扣除非经常性损益后的净利润
2012	BCM	−1.27%	−1.39%	−1.32%
	ACM	−0.34%	0.21%	5.49%
2013	BCM	−4.08%	−3.60%	−5.38%
	ACM	−3.76%	−3.18%	−5.60%
2014	BCM	0.22%	0.04%	0.54%
	ACM	−1.06%	−1.45%	−1.12%
2015	BCM	−1.09%	−2.04%	3.90%
	ACM	−0.31%	−0.84%	4.54%
2016	BCM	−1.74%	−1.88%	−6.43%
	ACM	−3.52%	−3.21%	−8.35%
2017	BCM	−1.01%	−1.90%	1.03%
	ACM	−0.29%	−1.26%	2.05%

12.2.3　基于预测指标测算行业回报、风险和成长

在完成对营业总收入、营业总成本、扣除非经常性损益后的净利润、资产、负债、所有者权益、流动资产、流动负债和应收账款行业均值的预测之后，我们以预测值为基准，根据行业回报、风险和成长，计算了行业的净资产收益率、总资产收益率、销售净利率、资产负债率、流动比率、总资产周转率、应收账款周转率、营业总收入增长率和总资产增长率 9 个财务指标。具体预测结果列示在表 12-6 中。

表 12-6　通用设备制造业回报、风险和成长预测结果

年份		回报			风险		成长			
		净资产收益率	总资产收益率	销售净利率	资产负债率	流动比率	总资产周转率	应收账款周转率	营业总收入增长率	总资产增长率
2012	BCM 真实值	0.047	0.024	0.041	0.48	1.50	0.59	4.23	0.91	1.05
	BCM 预测值	0.046	0.024	0.041	0.47	1.54	0.58	4.24	0.89	1.01
	ACM 真实值	0.032	0.015	0.026	0.49	1.36	0.58	4.50	0.91	1.04
	ACM 预测值	0.032	0.016	0.028	0.47	1.43	0.57	4.45	0.88	1.03
2013	BCM 真实值	0.044	0.022	0.038	0.48	1.51	0.59	4.02	1.06	1.07
	BCM 预测值	0.042	0.021	0.037	0.48	1.50	0.57	3.95	1.03	1.08
	ACM 真实值	0.029	0.014	0.026	0.49	1.46	0.54	4.02	0.96	1.00
	ACM 预测值	0.027	0.013	0.026	0.50	1.45	0.52	3.92	0.92	1.00
2014	BCM 真实值	0.042	0.022	0.039	0.47	1.53	0.56	3.72	1.02	1.04
	BCM 预测值	0.042	0.022	0.039	0.48	1.49	0.56	3.75	1.06	1.10
	ACM 真实值	0.028	0.014	0.029	0.46	1.54	0.50	3.47	0.93	1.05
	ACM 预测值	0.028	0.014	0.029	0.47	1.48	0.49	3.52	0.96	1.03
2015	BCM 真实值	0.032	0.017	0.034	0.46	1.59	0.49	3.27	0.93	1.10
	BCM 预测值	0.034	0.018	0.036	0.46	1.55	0.49	3.23	0.92	0.99
	ACM 真实值	0.030	0.016	0.032	0.44	1.61	0.50	3.48	1.15	1.21
	ACM 预测值	0.033	0.017	0.033	0.45	1.57	0.51	3.50	1.16	1.17
2016	BCM 真实值	0.035	0.018	0.039	0.44	1.65	0.47	3.19	0.99	0.99
	BCM 预测值	0.034	0.017	0.037	0.44	1.66	0.47	3.10	0.98	1.09
	ACM 真实值	0.030	0.015	0.034	0.45	1.62	0.46	3.24	1.07	1.14
	ACM 预测值	0.028	0.015	0.032	0.44	1.65	0.46	3.12	1.04	1.16
2017	BCM 真实值	0.041	0.021	0.043	0.46	1.59	0.49	3.32	1.06	1.06
	BCM 预测值	0.041	0.021	0.044	0.45	1.65	0.48	3.31	1.07	0.99
	ACM 真实值	0.033	0.017	0.037	0.46	1.57	0.45	3.13	1.05	1.01
	ACM 预测值	0.033	0.017	0.037	0.45	1.60	0.46	3.16	1.09	1.04

表 12-7 进一步列示了通用设备制造业回报、风险和成长类财务指标预测值与真实值之间的差异。对比通用设备制造业采用 B 周期移动平均和 A 周期移动平均所预测的财务指标与该行业财务指标的真实值可知，所选用的预测模型的预测效果较好，预测能力比较稳定。

表 12-7　通用设备制造业回报、风险和成长预测差异

年份		回报			风险		成长			
		净资产收益率	总资产收益率	销售净利率	资产负债率	流动比率	总资产周转率	应收账款周转率	营业总收入增长率	总资产增长率
2012	BCM	−2.25%	−1.11%	−0.05%	−1.87%	3.05%	−1.05%	0.22%	−2.65%	−3.58%
	ACM	2.10%	3.36%	5.85%	−4.46%	5.12%	−2.35%	−0.99%	−3.60%	−1.30%
2013	BCM	−4.66%	−3.91%	−1.36%	0.00%	−0.29%	−2.59%	−1.74%	−2.84%	0.92%
	ACM	−7.32%	−6.81%	−1.91%	1.20%	−0.52%	−5.00%	−2.59%	−3.43%	−0.21%
2014	BCM	−0.67%	−0.98%	0.33%	0.84%	−2.60%	−1.30%	0.85%	4.48%	5.20%
	ACM	0.10%	−1.49%	−0.06%	1.99%	−3.46%	−1.43%	1.34%	2.81%	−1.59%
2015	BCM	6.11%	5.44%	5.05%	1.75%	−2.55%	0.38%	−1.05%	−1.31%	−10.14%
	ACM	8.35%	7.26%	4.87%	2.44%	−2.63%	2.28%	0.62%	0.76%	−3.89%
2016	BCM	−5.41%	−4.79%	−4.77%	−1.07%	0.56%	−0.02%	−2.70%	−0.66%	10.28%
	ACM	−6.45%	−5.03%	−5.02%	−1.80%	1.32%	−0.01%	−3.60%	−3.22%	1.53%
2017	BCM	−0.19%	1.04%	2.06%	−2.96%	3.50%	−1.00%	−0.10%	0.75%	−5.90%
	ACM	2.41%	3.51%	2.35%	−2.27%	1.38%	1.13%	1.21%	3.34%	2.88%

12.3　通用设备制造业运行状况分析

会计综合评价指数分别采用 B 周期移动平均和 A 周期移动平均两种方法，对行业运行状况基准值进行预测。具体来讲，B 周期移动平均的样本数量以年度最新行业样本为准，进行滚动预测，样本数量较多，更能代表行业当前发展状况；A 周期移动平均则按照样本基期进行滚动预测，样本选取比较稳定，对行业历史发展状况的讨论更为充分。

12.3.1　通用设备制造业回报分析

图 12-2、图 12-3 和图 12-4 分别为通用设备制造业的净资产收益率、总资产收益率和销售净利率的变动趋势图，其中，净资产收益率和总资产收益率的分母分别采用本年末所有者权益（总资产）与上年末所有者权益（总资产）的均值计算，因此净资产收益率和总资产收益率的基期均为 2008 年。基于对通用设备制造业财务指标的预测，在评价通用设备制造业回报的过程中，我们分别在图中画出了基于 B 周期移动平均和 A 周期移动平均所计算的 2012—2017 年净资产收益率、总资产收益率和销售净利率的预测值。

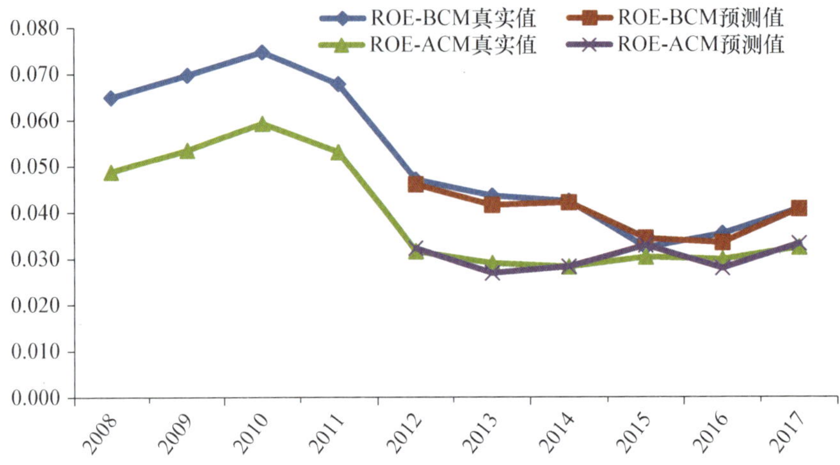

图 12－2 通用设备制造业净资产收益率

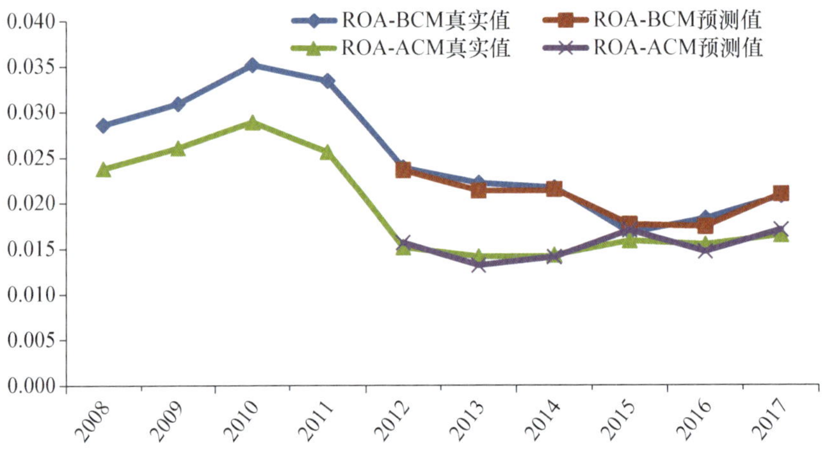

图 12－3 通用设备制造业总资产收益率

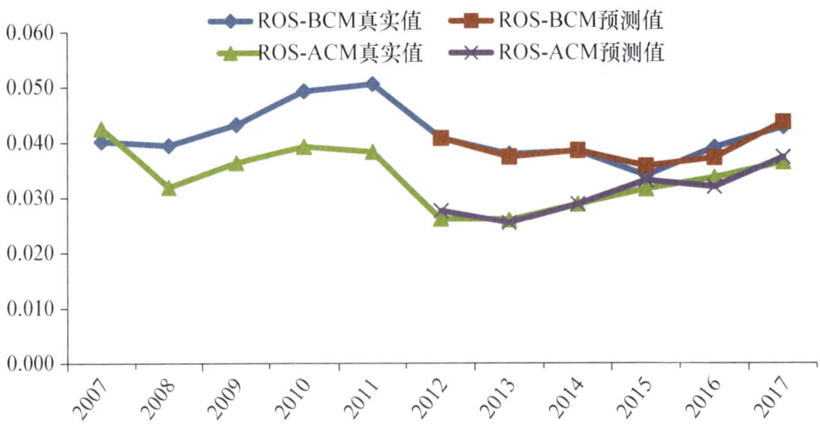

图 12－4 通用设备制造业销售净利率

观察图 12-2、图 12-3 和图 12-4 可以发现，通用设备制造业 B 周期移动平均和 A 周期移动平均所选取样本的回报类财务指标的变动趋势大体一致。具体来说，该行业净资产收益率在 2008—2010 年相对处于高位，2010 年之后呈现较严重的下滑趋势，B 周期移动平均所选样本在 2015 年、2016 年均处于较低点，A 周期移动平均所选样本在 2013 年达到最低点，之后总体呈现好转的趋势。行业总资产收益率和销售净利率分别从 2010 年、2011 年进入下滑周期，2015 年、2016 年开始出现回升迹象，之后稳步走高，确认了行业净资产收益率的变化趋势。

在通用设备制造业回报分析中，从预测财务指标与真实财务指标的对比可以看出，无论是 B 周期移动平均还是 A 周期移动平均，预测值与真实值的差异均较小，表明模型预测效果较好。

12.3.2　通用设备制造业风险分析

图 12-5、图 12-6 分别从资产负债率和流动比率两个角度对通用设备制造业的风险进行了分析。与行业回报的分析类似，2007—2017 年通用设备制造业的风险类财务指标根据行业真实值进行计算，同时采用 B 周期移动平均和 A 周期移动平均计算了资产负债率和流动比率的预测值。

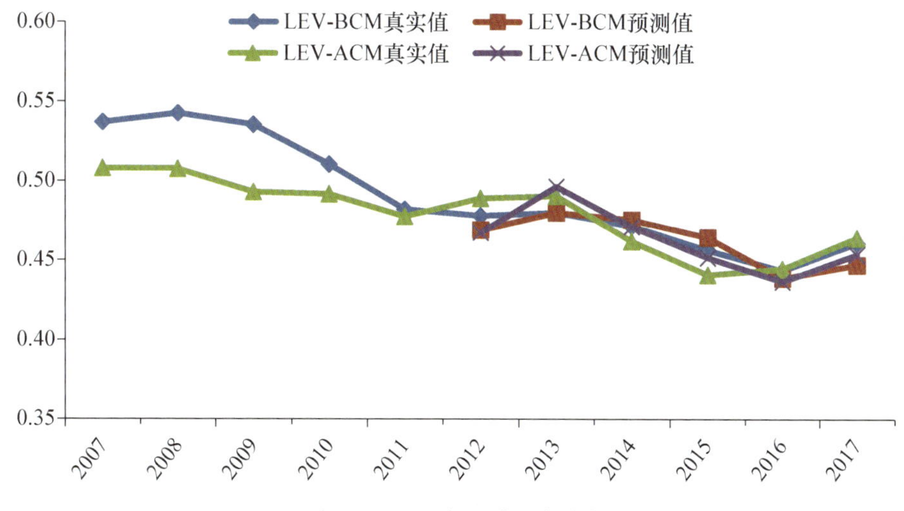

图 12-5　通用设备制造业资产负债率

从资产负债率来看，通用设备制造业 B 周期移动平均所选样本与 A 周期移动平均所选样本的变化趋势较为一致，2008 年之后呈现一定的下滑趋势，2016 年下降至 0.44，之后触底反弹。从流动比率来看，该行业短期偿债能力在 2008—2016 年呈现一定的上升趋势，2017 年趋于平稳。综合资产负债率和流动比率的变动趋势可知，该行业运行风险较小，一旦行业通过科技创新和人才引进，提高产品的技术含量，有效提升行业的回报能力，通用设备制造业的发展前景依然看好。

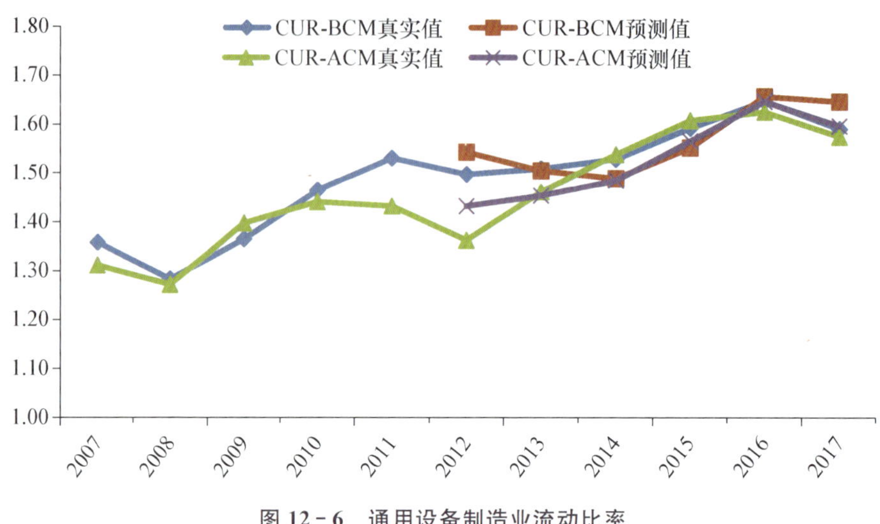

图 12-6 通用设备制造业流动比率

从通用设备制造业资产负债率和流动比率的预测值可以发现，采用 B 周期移动平均和 A 周期移动平均所计算的 2012—2017 年行业资产负债率和流动比率与真实值的差距较小，能够较好地反映行业风险变动趋势，说明模型预测效果较好。

12.3.3 通用设备制造业成长分析

图 12-7、图 12-8、图 12-9 和图 12-10 分别从通用设备制造业周转速度（总资产周转率、应收账款周转率）和成长速度（营业总收入增长率、总资产增长率）两个角度衡量该行业的成长。由于行业样本区间为 2007—2017 年，而周转速度计算的分母为前一期期末和本期期末的均值，因此我们在进行周转速度分析时，将基期确定为 2008 年。同样，行业成长速度采用本年度财务指标与上一年度财务指标的比值，因此成长速度的基期也为 2008 年。

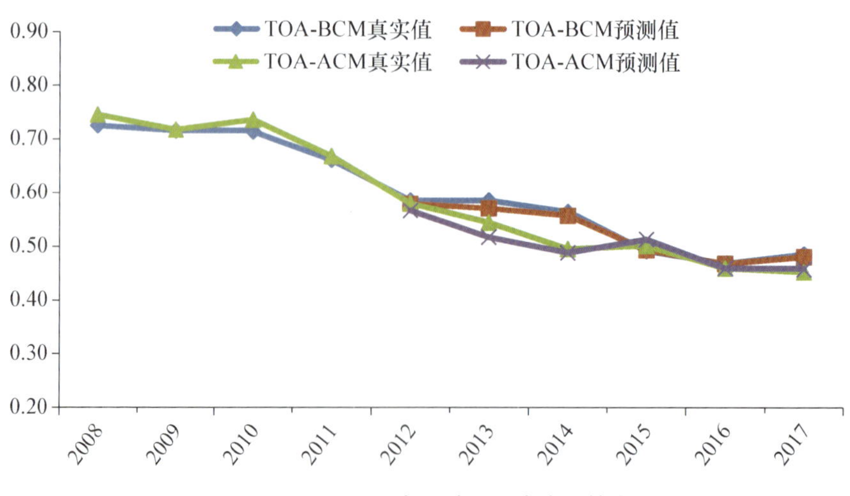

图 12-7 通用设备制造业总资产周转率

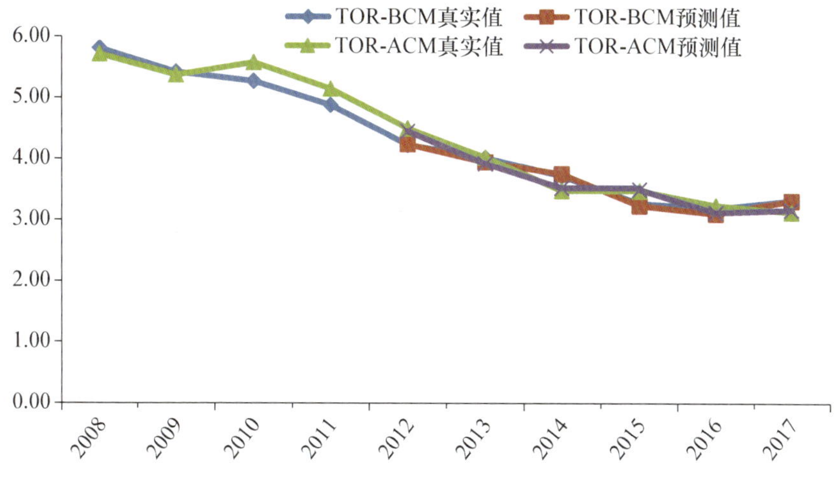

图 12-8　通用设备制造业应收账款周转率

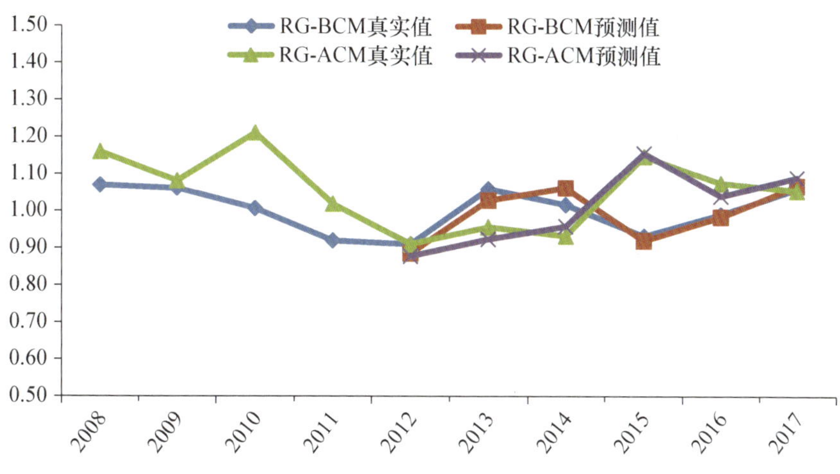

图 12-9　通用设备制造业营业总收入增长率

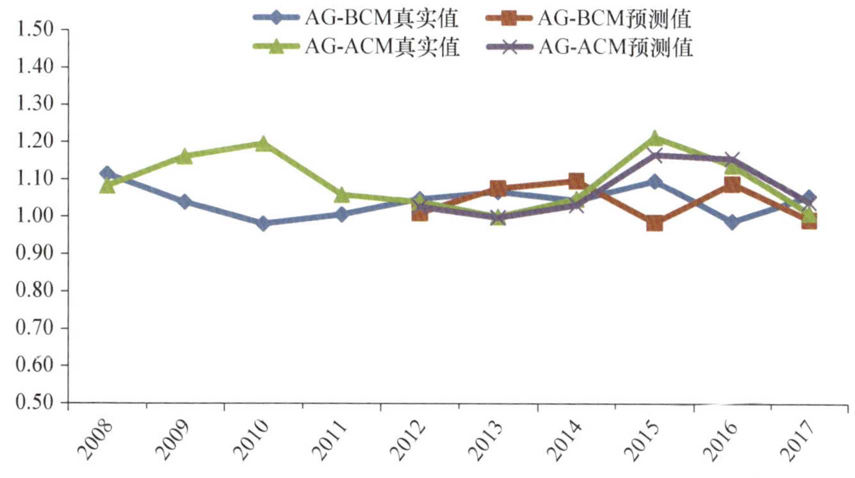

图 12-10　通用设备制造业总资产增长率

从周转速度看，B周期移动平均所选样本和A周期移动平均所选样本的变动趋势比较一致。自2008年开始，通用设备制造业的总资产周转率和应收账款周转率均呈现一定的下滑趋势，2015年之后下降趋势减缓，趋于平稳，说明该行业的运行效率较差，印证了该行业发展陷入瓶颈，但近年来走势逐渐向好的假设。从成长速度看，B周期移动平均和A周期移动平均所选样本具有一定的差异。就通用设备制造业营业总收入增长率来说，B周期移动平均所选样本在2008年之后呈现下降趋势，2013年升高到1.06，随后继续下降至2015年，2016—2017年上升趋势明显，说明该行业整体陷入低迷，近年来有所好转；A周期移动平均所选样本在2008—2010年整体处于扩张区间，2010—2014年有所下滑，2015年有所改善。从总资产增长率看，B周期移动平均和A周期移动平均所选样本的变动较小，常年在1.1上下徘徊，说明行业资产规模整体处于稳定状态。

从通用设备制造业的周转速度（总资产周转率、应收账款周转率）和成长速度（营业总收入增长率、总资产增长率）的预测值可以发现，采用B周期移动平均和A周期移动平均所计算的2012—2017年行业预测值与真实值的差距较小，能够较好地反映行业的变动趋势，说明模型预测效果较好。

12.4 通用设备制造业会计综合评价指数构建

根据制造业会计综合评价指数的计算方法，表12-8列示了通用设备制造业上市公司的前20名。由表12-8可知，通用设备制造业会计综合评价指数排名前五的上市公司分别为永和智控（002795）、华东重机（002685）、三花智控（002050）、南方轴承（002553）和日机密封（300470）。

表12-8 2017年会计综合评价指数通用设备制造业前20名上市公司

股票简称	股票代码	会计综合评价指数	排名
永和智控	002795	100.00	1
华东重机	002685	100.00	1
三花智控	002050	99.27	3
南方轴承	002553	97.16	4
日机密封	300470	93.83	5
瑞凌股份	300154	92.04	6
新界泵业	002532	90.69	7
山东章鼓	002598	90.38	8
鲍斯股份	300441	89.42	9

续表

股票简称	股票代码	会计综合评价指数	排名
汉钟精机	002158	89.38	10
佳士科技	300193	89.02	11
德尔股份	300473	87.48	12
亚威股份	002559	87.20	13
智云股份	300097	87.08	14
亿利达	002686	86.78	15
力星股份	300421	86.58	16
昊志机电	300503	86.57	17
晋亿实业	601002	85.48	18
金盾股份	300411	84.29	19
广电运通	002152	84.21	20

注：① 江南嘉捷（601313）原排在第 1 位，由于被 360 借壳进行重大资产重组而被剔除。
②会计综合评价指数的构建以公开财务数据真实有效为前提。

第 13 章　专用设备制造业会计综合评价指数编制结果及分析

专用设备制造业（行业代码为 C35），是指专门生产针对某一种或一类对象，实现一项或几项功能的设备的行业。专用设备针对性强、效率高，如机加工的专用设备，它往往只完成某一种或有限几种零件的特定一道工序或几道工序的加工，优点是效率特别高，适用于单品种大批量加工。作为国民经济增长和技术升级的支撑条件，专用设备制造业将伴随高新技术和新兴产业的发展而进步，并体现出智能化、柔性化、网络化、精密化、绿色化和全球化发展的总趋势和时代特征。

我国非常重视专用设备制造业的发展，多次研究部署加快装备业发展的政策和措施。在党的十六大决议首次明确提出要大力发展设备制造业后，先后颁布了《国务院出台加快振兴装备制造业的若干意见》《国务院关于印发实施〈国家中长期科学和技术发展规划纲要（2006—2020 年）〉若干配套政策的通知》等重要纲领性文件，且不排除在今后政府机构设置中增设装备业部级机构的可能。上市公司作为行业龙头，其经营业绩和财务绩效等均对评价行业整体发展状况具有一定的示范作用。专用设备制造业为新技术、新产品的开发和生产提供了重要的物质技术，是经济高级化不可或缺的战略性产业。本章以上市公司为样本，从发展趋势、回报、风险和成长四个角度对专用设备制造业的经营状况进行分析，以期为专用设备制造业的健康发展提供一些有益的经验和借鉴。

13.1　专用设备制造业发展趋势分析

为了对专用设备制造业的发展趋势进行分析，我们以 2007 年第 1 季度以来的所有季度作为样本区间，截至 2018 年第 1 季度，我们所选样本 45 个季度的季均总资产为 6 464.67 亿元，季均营业总收入为 890.29 亿元，季均价值创造额为 207.23 亿元。

为了研究专用设备制造业的发展趋势，我们以样本公司的季度总资产额、季度营业总收入和季度价值创造额为基础构建了专用设备制造业的资产指数、收入指数和价值创造额指数（见表 13-1）。三类指数的总体波动趋势如图 13-1 所示。

表 13-1　专用设备制造业资产指数、收入指数、价值创造额指数的编制结果

季度	资产指数	收入指数	价值创造额指数
200701	100	100	100
200702	110	131	129
200703	120	124	128
200704	129	136	176
200801	143	131	139
200802	161	168	151
200803	179	139	150
200804	188	166	121
200901	195	136	157
200902	203	202	200
200903	218	203	233
200904	222	236	237
201001	247	213	203
201002	263	308	308
201003	278	273	231
201004	299	335	309
201101	325	324	311
201102	347	377	369
201103	357	315	273
201104	372	403	376
201201	394	304	299
201202	417	319	303
201203	423	319	259
201204	423	341	264
201301	438	284	250
201302	449	371	310
201303	452	319	245
201304	451	396	302
201401	465	283	248
201402	481	341	277

续表

季度	资产指数	收入指数	价值创造额指数
201403	483	298	248
201404	497	362	359
201501	500	244	225
201502	517	302	275
201503	527	268	242
201504	536	346	304
201601	539	233	230
201602	548	283	268
201603	562	288	236
201604	584	365	277
201701	584	280	292
201702	601	373	407
201703	629	349	363
201704	640	450	437
201801	657	362	376

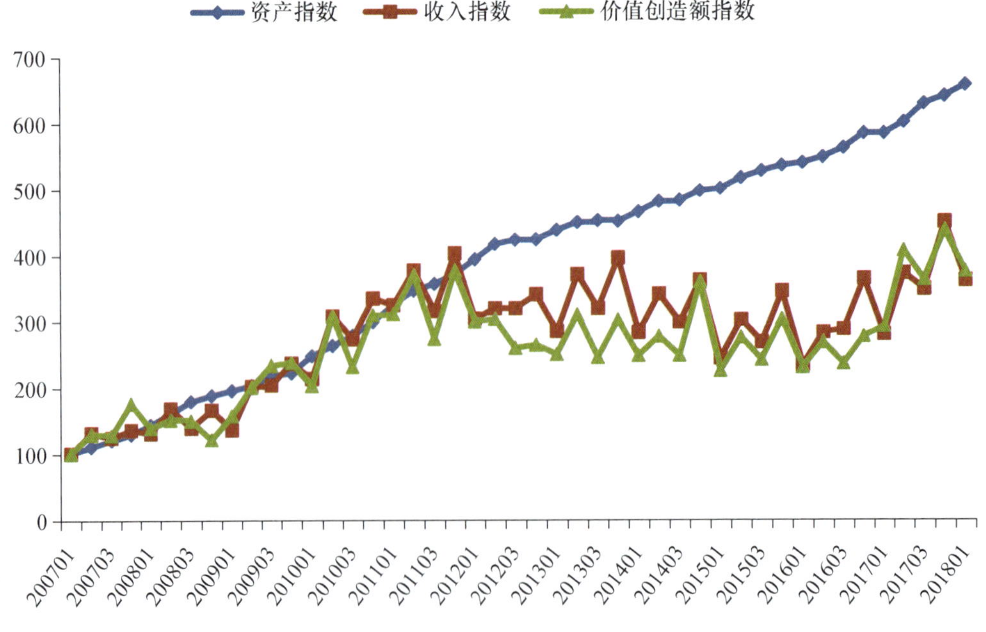

图 13－1　专用设备制造业三类指数总体波动趋势

由表 13－1 和图 13－1 可知，从总体运行趋势来看，专用设备制造业资产指数自 2007 年第 1 季度以来一直呈上升趋势，2018 年第 1 季度达到 657 点，与 2007 年第 1 季度相比上升了 557%。从专用设备制造业收入指数的变动趋势看，2007 年第 1 季度到 2011 年第 4 季度，收入指数持续上升，自 2011 年第 4 季度以来在波动中震荡调整，2017 年略有上升，说明该行业近年来发展受限。从专用设备制造业价值创造额指数的变动趋势看，由于 2008 年金融危机造成行业需求下行，价值创造额指数在 2008 年第 1 季度至第 4 季度有一个明显的降幅，从 2009 年第 1 季度开始持续上升，2011 年第 4 季度以来一直处于波动调整状态，再次印证了该行业近年来发展受限的特征。

从三类指数运行趋势之间的关系来看，自 2007 年第 1 季度以来，专用设备制造业的收入指数与价值创造额指数的趋势基本保持一致；对比资产指数与收入指数可以发现，近年来收入指数一直在资产指数之下，且二者差距有逐渐扩大的趋势，说明该行业收入增速有待提升。综合三类指数的运行趋势可以发现，近年来虽然该行业资产规模扩大，但收入及价值创造额没有相应地提升，且收入和价值创造额增长速度相对较低，说明该行业运行效率有待提升。

13.2　专用设备制造业财务指标预测

13.2.1　资产负债表主要项目预测

根据会计综合评价指数的构建需要，我们分别对专用设备制造业 2012—2017 年的资产均值、负债均值、所有者权益均值、流动资产均值、流动负债均值和应收账款均值进行了预测。

表 13 - 2 列示了专用设备制造业的资产、负债、所有者权益、流动资产、流动负债和应收账款的行业真实值和预测值，其中预测值分别采用 B 周期移动平均和 A 周期移动平均两种方法进行预测。表 13 - 3 则分别列示了资产负债表主要项目真实值与预测值的差异，从计算结果可以看出，无论是 B 周期移动平均还是 A 周期移动平均，均能够对资产负债表主要项目进行准确预测，模型稳定性较好。

表 13 - 2　资产负债表主要项目预测结果　　单位：亿元

年份		资产	负债	所有者权益	流动资产	流动负债	应收账款
2012	BCM 真实值	47.50	25.20	21.90	33.10	19.90	8.47
	BCM 预测值	45.90	24.50	21.10	32.10	19.20	8.04
	ACM 真实值	63.20	38.10	26.30	44.10	29.10	11.00
	ACM 预测值	65.20	39.50	26.70	45.60	30.20	10.90

续表

年份		资产	负债	所有者权益	流动资产	流动负债	应收账款
2013	BCM 真实值	49.50	26.20	22.50	33.90	20.60	9.02
	BCM 预测值	49.30	26.00	23.00	33.80	20.30	8.88
	ACM 真实值	51.70	29.70	22.30	35.60	23.00	9.06
	ACM 预测值	51.50	29.60	22.80	35.10	22.90	8.89
2014	BCM 真实值	49.90	26.10	22.70	33.50	20.80	9.14
	BCM 预测值	49.90	25.90	22.90	33.60	20.60	9.11
	ACM 真实值	47.50	25.90	21.70	32.50	20.60	8.22
	ACM 预测值	47.00	25.40	21.30	31.70	20.10	8.28
2015	BCM 真实值	48.00	24.10	22.90	31.50	19.40	8.71
	BCM 预测值	47.30	23.80	22.20	31.00	19.00	8.50
	ACM 真实值	55.60	28.80	27.20	36.70	23.00	9.50
	ACM 预测值	55.20	28.90	25.80	36.80	22.90	9.35
2016	BCM 真实值	47.00	23.90	22.30	30.50	18.90	8.15
	BCM 预测值	48.10	24.00	23.30	30.90	19.10	8.55
	ACM 真实值	62.10	33.30	29.00	40.70	25.90	10.20
	ACM 预测值	58.80	30.30	29.20	37.80	23.80	9.76
2017	BCM 真实值	49.90	25.30	23.80	32.30	20.10	8.47
	BCM 预测值	49.10	25.00	23.40	31.80	20.00	8.04
	ACM 真实值	62.10	33.30	29.00	40.70	25.90	10.20
	ACM 预测值	63.20	33.80	29.80	40.90	26.80	9.98

表 13-3　资产负债表主要项目预测差异

年份		资产	负债	所有者权益	流动资产	流动负债	应收账款
2012	BCM	−3.34%	−2.93%	−3.29%	−2.80%	−3.41%	−5.13%
	ACM	3.18%	3.70%	1.49%	3.56%	3.87%	−1.10%
2013	BCM	−0.47%	−0.78%	2.07%	−0.15%	−1.28%	−1.49%
	ACM	−0.48%	−0.41%	2.12%	−1.27%	−0.74%	−1.97%
2014	BCM	0.03%	−0.61%	0.97%	0.18%	−1.16%	−0.31%
	ACM	−1.02%	−1.87%	−1.72%	−2.26%	−2.51%	0.77%
2015	BCM	−1.55%	−1.22%	−3.16%	−1.84%	−1.77%	−2.45%
	ACM	−0.77%	0.27%	−5.26%	0.23%	−0.13%	−1.62%
2016	BCM	2.36%	0.77%	4.16%	1.15%	1.01%	4.88%
	ACM	−5.29%	−8.95%	0.82%	−7.01%	−8.08%	−4.57%
2017	BCM	−1.54%	−1.11%	−1.68%	−1.33%	−0.42%	−5.16%
	ACM	0.96%	2.57%	0.80%	1.18%	3.02%	−2.69%

13.2.2　利润表主要项目预测

根据会计综合评价指数的构建需要，我们对利润表中营业总收入、营业总成本和扣除非经常性损益后的净利润三个会计项目进行了预测。需要说明的是，由于净利润包括企业的投资收益等非经常性损益，难以准确衡量企业主营业务所产生的回报，因此在对行业回报进行计算的过程中，选取扣除非经常性损益后的净利润进行预测。根据利润表的特点，在对营业总收入、营业总成本和扣除非经常性损益后的净利润进行预测的过程中，将除数占比和周期移动平均两种方法结合起来使用。

表 13-4 列示了利润表中营业总收入、营业总成本和扣除非经常性损益后的净利润的真实值和预测值，其中预测值分别采用 B 周期移动平均和 A 周期移动平均两种方法进行预测。表 13-5 进一步计算了利润表主要项目真实值和预测值的差异，结果显示利润表主要项目的预测差异较小，说明采取的方法能够较好地对利润表主要项目进行预测。

表 13-4　利润表主要项目预测结果　　单位：亿元

年份		营业总收入	营业总成本	扣除非经常性损益后的净利润
2012	BCM 真实值	19.00	17.60	0.92
	BCM 预测值	18.50	17.10	0.96
	ACM 真实值	23.30	22.50	0.72
	ACM 预测值	23.40	22.50	0.77
2013	BCM 真实值	19.90	18.70	0.91
	BCM 预测值	19.40	18.00	0.92
	ACM 真实值	19.40	18.80	0.66
	ACM 预测值	19.10	18.40	0.65
2014	BCM 真实值	19.50	18.30	0.82
	BCM 预测值	19.60	18.40	0.82
	ACM 真实值	17.10	16.50	0.64
	ACM 预测值	17.10	16.60	0.62
2015	BCM 真实值	17.30	16.70	0.63
	BCM 预测值	17.20	16.40	0.63
	ACM 真实值	18.60	18.40	0.59
	ACM 预测值	18.50	18.10	0.60

续表

年份		营业总收入	营业总成本	扣除非经常性损益后的净利润
2016	BCM 真实值	17.00	16.50	0.61
	BCM 预测值	16.60	16.10	0.59
	ACM 真实值	19.40	19.20	0.60
	ACM 预测值	18.60	18.50	0.60
2017	BCM 真实值	19.20	17.90	0.93
	BCM 预测值	18.80	17.60	0.90
	ACM 真实值	22.10	21.10	0.91
	ACM 预测值	21.80	21.00	0.89

表 13－5　利润表主要项目预测差异

年份		营业总收入	营业总成本	扣除非经常性损益后的净利润
2012	BCM	−2.46%	−2.77%	4.88%
	ACM	0.46%	0.05%	7.52%
2013	BCM	−2.51%	−3.53%	1.96%
	ACM	−1.40%	−1.87%	−1.16%
2014	BCM	0.52%	0.79%	−0.92%
	ACM	0.41%	0.89%	−3.53%
2015	BCM	−0.50%	−1.46%	0.21%
	ACM	−0.77%	−1.56%	0.69%
2016	BCM	−2.32%	−2.34%	−3.07%
	ACM	−3.77%	−3.72%	−0.35%
2017	BCM	−2.21%	−1.70%	−2.49%
	ACM	−1.31%	−0.82%	−1.66%

13.2.3　基于预测指标测算行业回报、风险和成长

在完成对营业总收入、营业总成本、扣除非经常性损益后的净利润、资产、负债、所有者权益、流动资产、流动负债和应收账款行业均值的预测之后，我们以预测值为基准，根据行业回报、风险和成长，计算了行业的净资产收益率、总资产收益率、销售净利率、资产负债率、流动比率、总资产周转率、应收账款周转率、营业总收入增长率和总资产增长率 9 个财务指标。具体预测结果列示在表 13－6 中。

表 13 - 6　专用设备制造业回报、风险和成长预测结果

年份		回报			风险		成长			
		净资产收益率	总资产收益率	销售净利率	资产负债率	流动比率	总资产周转率	应收账款周转率	营业总收入增长率	总资产增长率
2012	BCM 真实值	0.043	0.020	0.048	0.53	1.66	0.41	2.32	0.92	1.05
	BCM 预测值	0.045	0.021	0.052	0.53	1.67	0.40	2.29	0.89	0.98
	ACM 真实值	0.028	0.012	0.031	0.60	1.51	0.38	2.25	0.93	1.08
	ACM 预测值	0.029	0.012	0.033	0.61	1.51	0.37	2.29	0.93	1.09
2013	BCM 真实值	0.041	0.019	0.046	0.53	1.65	0.41	2.27	1.05	1.04
	BCM 预测值	0.042	0.019	0.048	0.53	1.67	0.41	2.29	1.05	1.07
	ACM 真实值	0.027	0.011	0.034	0.57	1.55	0.34	1.93	0.83	0.82
	ACM 预测值	0.026	0.011	0.034	0.57	1.54	0.33	1.93	0.82	0.79
2014	BCM 真实值	0.036	0.017	0.042	0.52	1.61	0.39	2.15	0.98	1.01
	BCM 预测值	0.036	0.016	0.042	0.52	1.63	0.40	2.18	1.01	1.01
	ACM 真实值	0.029	0.013	0.037	0.55	1.58	0.34	1.98	0.88	0.92
	ACM 预测值	0.028	0.012	0.036	0.54	1.58	0.35	2.00	0.90	0.91
2015	BCM 真实值	0.027	0.013	0.036	0.50	1.63	0.35	1.93	0.89	0.96
	BCM 预测值	0.028	0.013	0.037	0.50	1.63	0.35	1.95	0.88	0.95
	ACM 真实值	0.024	0.012	0.032	0.52	1.60	0.36	2.10	1.09	1.17
	ACM 预测值	0.025	0.012	0.032	0.52	1.61	0.36	2.10	1.08	1.17
2016	BCM 真实值	0.027	0.013	0.036	0.51	1.62	0.36	2.02	0.98	0.98
	BCM 预测值	0.026	0.012	0.036	0.50	1.62	0.35	1.95	0.97	1.02
	ACM 真实值	0.021	0.010	0.031	0.54	1.57	0.33	1.96	1.04	1.12
	ACM 预测值	0.022	0.010	0.032	0.52	1.59	0.33	1.95	1.01	1.07
2017	BCM 真实值	0.040	0.019	0.048	0.51	1.60	0.40	2.31	1.13	1.06
	BCM 预测值	0.039	0.019	0.048	0.51	1.59	0.39	2.26	1.13	1.02
	ACM 真实值	0.031	0.015	0.041	0.53	1.55	0.35	2.16	1.14	1.01
	ACM 预测值	0.030	0.015	0.041	0.53	1.52	0.36	2.21	1.17	1.07

表 13 - 7 进一步列示了专用设备制造业回报、风险和成长类财务指标预测值与真实值之间的差异。对比专用设备制造业采用 B 周期移动平均和 A 周期移动平均所预测的财务指标与该行业财务指标的真实值可知，所选用的预测模型的预测效果较好，预测能力比较稳定。

表 13-7　专用设备制造业回报、风险和成长预测差异

年份		回报			风险		成长			
		净资产收益率	总资产收益率	销售净利率	资产负债率	流动比率	总资产周转率	应收账款周转率	营业总收入增长率	总资产增长率
2012	BCM	5.06%	4.83%	7.53%	0.43%	0.63%	−2.51%	−1.14%	−3.39%	−6.72%
	ACM	4.39%	4.44%	7.02%	0.51%	−0.30%	−2.41%	1.76%	−0.83%	0.47%
2013	BCM	2.54%	3.91%	4.59%	−0.31%	1.15%	−0.65%	0.77%	−0.05%	2.97%
	ACM	−2.89%	−2.65%	0.25%	0.07%	−0.54%	−2.89%	0.09%	−1.86%	−3.54%
2014	BCM	−2.40%	−0.70%	−1.43%	−0.64%	1.35%	0.74%	1.43%	3.11%	0.51%
	ACM	−3.75%	−2.81%	−3.92%	−0.86%	0.25%	1.16%	1.08%	1.84%	−0.54%
2015	BCM	1.33%	0.96%	0.71%	0.33%	−0.07%	0.24%	0.86%	−1.02%	−1.58%
	ACM	4.55%	1.59%	1.48%	1.05%	0.37%	0.11%	−0.27%	−1.18%	0.25%
2016	BCM	−3.51%	−3.44%	−0.76%	−1.55%	0.14%	−2.70%	−3.38%	−1.83%	3.97%
	ACM	1.82%	2.90%	3.56%	−3.86%	1.17%	−0.64%	−0.65%	−3.02%	−4.56%
2017	BCM	−3.59%	−2.83%	−0.29%	0.44%	−0.91%	−2.55%	−1.97%	0.12%	−3.81%
	ACM	−2.44%	0.51%	−0.35%	1.60%	−1.78%	0.86%	2.41%	2.56%	6.60%

13.3　专用设备制造业运行状况分析

会计综合评价指数分别采用 B 周期移动平均和 A 周期移动平均两种方法，对行业运行状况基准值进行预测。具体来讲，B 周期移动平均的样本数量以年度最新行业样本为准，进行滚动预测，样本数量较多，更能代表行业当前发展状况；A 周期移动平均则按照样本基期进行滚动预测，样本选取比较稳定，对行业历史发展状况的讨论更为充分。

13.3.1　专用设备制造业回报分析

图 13-2、图 13-3 和图 13-4 分别为专用设备制造业的净资产收益率、总资产收益率和销售净利率的变动趋势图，其中，净资产收益率和总资产收益率的分母分别采用本年末所有者权益（总资产）与上年末所有者权益（总资产）的均值计算，因此净资产收益率和总资产收益率的基期均为 2008 年。基于对专用设备制造业财务指标的预测，在评价专用设备制造业回报的过程中，我们分别在图中画出了基于 B 周期移动平均和 A 周期移动平均所计算的 2012—2017 年净资产收益率、总资产收益率和销售净利率的预测值。

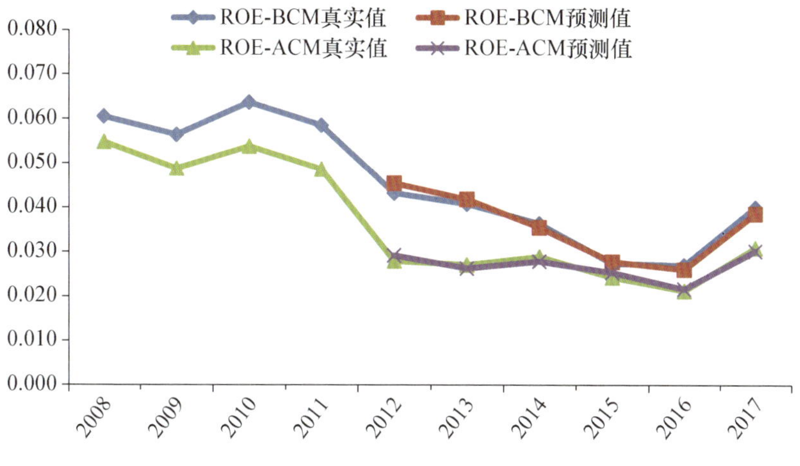

图 13-2　专用设备制造业净资产收益率

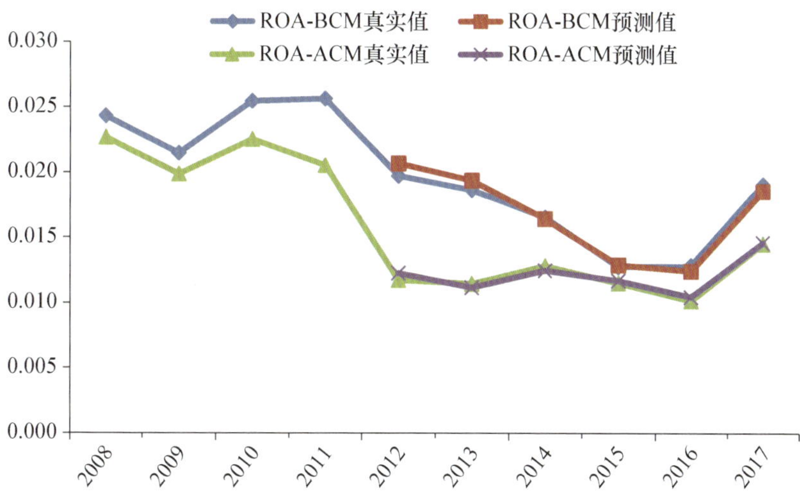

图 13-3　专用设备制造业总资产收益率

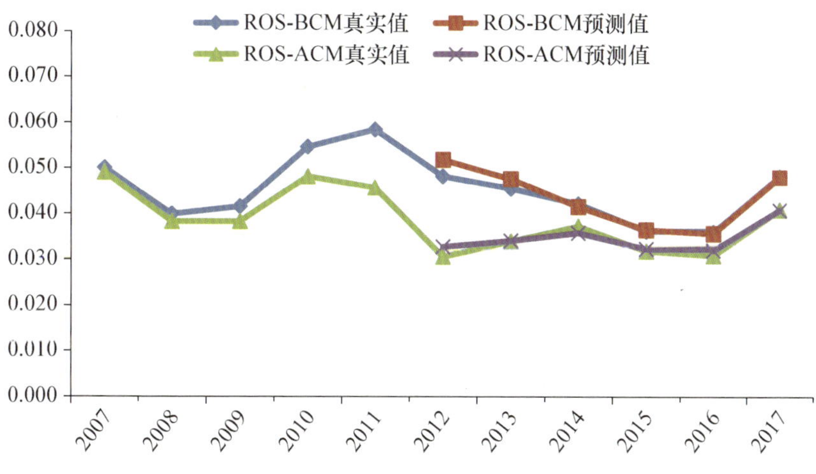

图 13-4　专用设备制造业销售净利率

观察图 13－2、图 13－3 和图 13－4 可以发现，专用设备制造业 B 周期移动平均和 A 周期移动平均所选取样本的回报类财务指标的变动趋势大体一致。具体来说，该行业净资产收益率和总资产收益率在 2008—2010 年间先降后升，这与 2008 年爆发的金融危机以及随后的四万亿元投资计划密切相关。2010 年之后，净资产收益率和总资产收益率大幅下滑。行业销售净利率自 2008 年以来呈现先上升后下降的趋势，表明近年来专用设备制造业的回报有所下降，确认了行业净资产收益率和总资产收益率的变化趋势。2017 年，净资产收益率、总资产收益率和销售净利率有所回升。总体来说，近年来专用设备制造业的回报有待提升。

在专用设备制造业回报分析中，从预测财务指标与真实财务指标的对比可以看出，无论是 B 周期移动平均还是 A 周期移动平均，预测值与真实值的差异均较小，表明模型预测效果较好。

13.3.2 专用设备制造业风险分析

图 13－5、图 13－6 分别从资产负债率和流动比率两个角度对专用设备制造业的风险进行了分析。与行业回报的分析类似，2007—2017 年专用设备制造业的风险类财务指标根据行业真实值进行计算，同时采用 B 周期移动平均和 A 周期移动平均计算了资产负债率和流动比率的预测值。

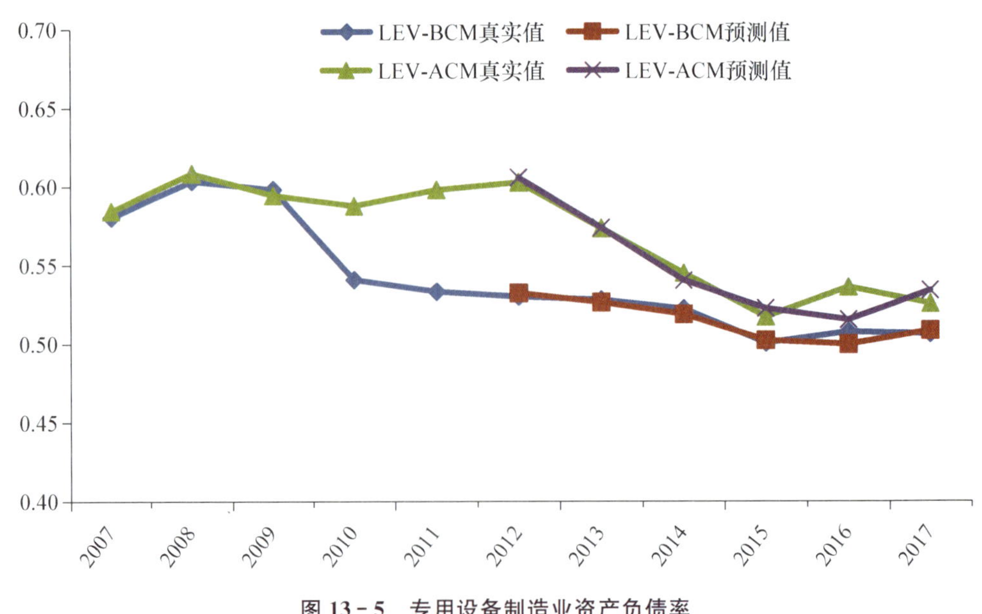

图 13－5　专用设备制造业资产负债率

无论是 B 周期移动平均所选样本还是 A 周期移动平均所选样本，专用设备制造业的资产负债率和流动比率的变动趋势均较为一致。其中，B 周期移动平均所选样本的资产负债率在 2007—2009 年处于高位，随后缓慢下降，2015—2017 年基本稳定在 0.5 左右。B 周期移动平均所选样本的流动比率 2009—2011 年存在明显的上升趋势，之后逐渐平稳，保持在 1.6 附近。可以看出，2007—2017 年该行业流动比率一直维持在 1.4 以上。综合专用设备制造业资产负债率和流动比率的变动趋势可以发现，近年来该行业的整体风险比较稳定。

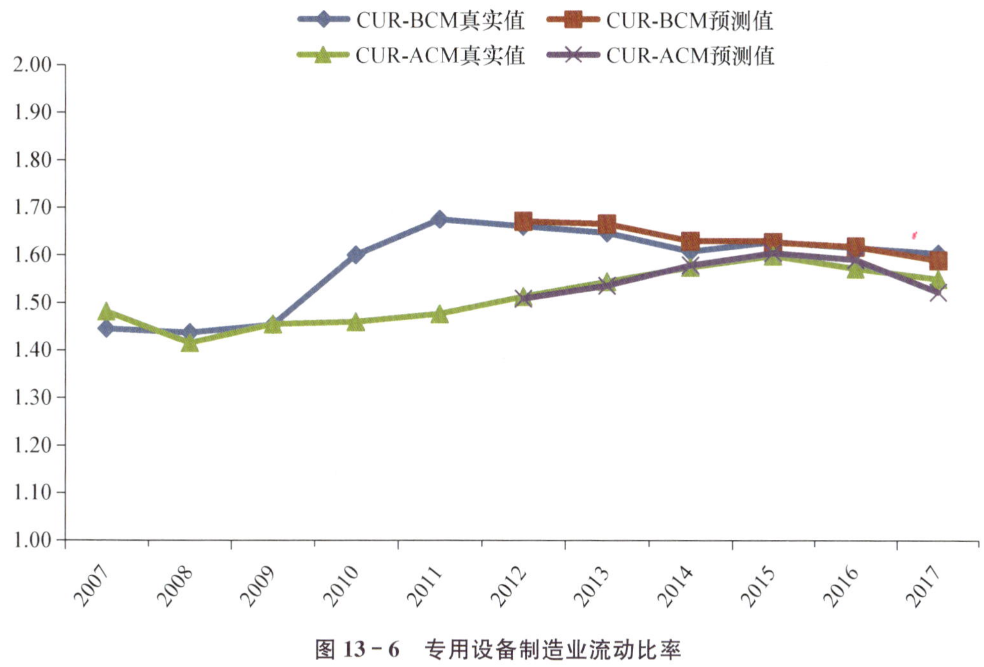

图 13－6　专用设备制造业流动比率

从专用设备制造业资产负债率和流动比率的预测值可以发现，采用 B 周期移动平均和 A 周期移动平均所计算的 2012—2017 年行业资产负债率和流动比率与真实值的差距较小，能够较好地反映行业风险变动趋势，说明模型预测效果较好。

13.3.3　专用设备制造业成长分析

图 13－7、图 13－8、图 13－9 和图 13－10 分别从专用设备制造业周转速度（总资产周转率、应收账款周转率）和成长速度（营业总收入增长率、总资产增长率）两个角度衡量该行业的成长。由于行业样本区间为 2007—2017 年，而周转速度计算的分母为前一期期末和本期期末的均值，因此我们在进行周转速度分析时，将基期确定为 2008 年。同样，行业成长速度采用本年度财务指标与上一年度财务指标的比值，因此成长速度的基期也为 2008 年。

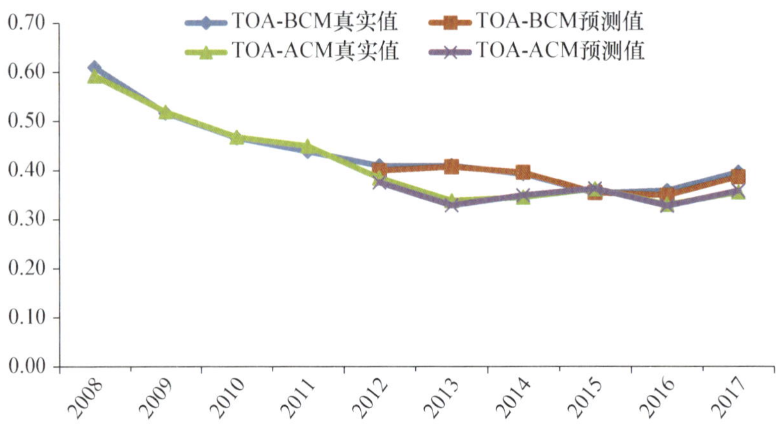

图 13-7　专用设备制造业总资产周转率

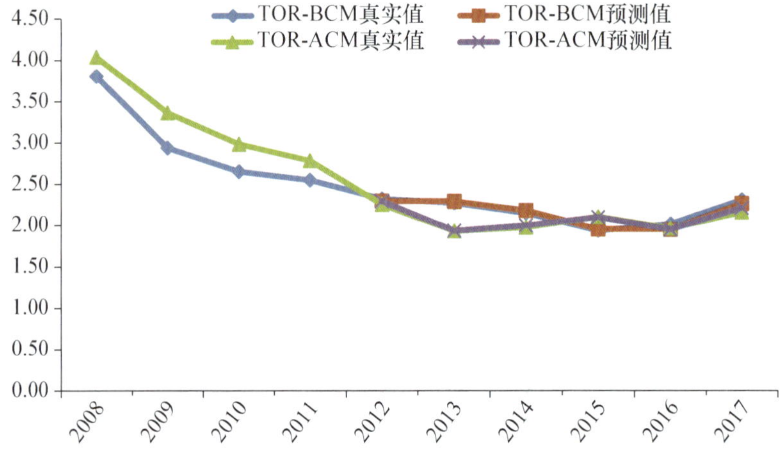

图 13-8　专用设备制造业应收账款周转率

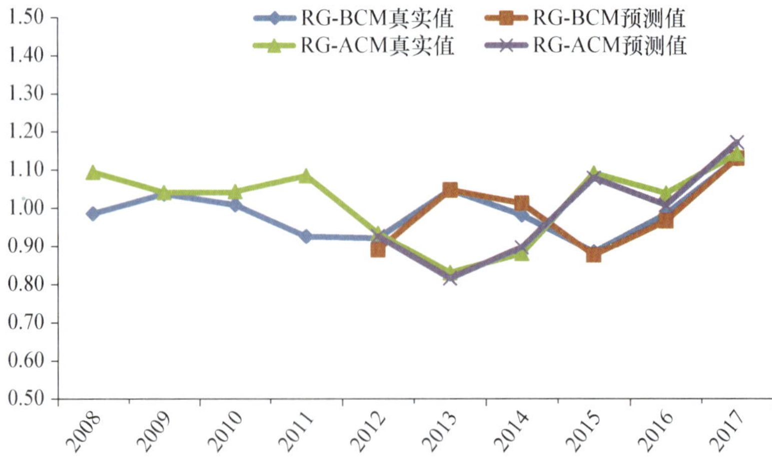

图 13-9　专用设备制造业营业总收入增长率

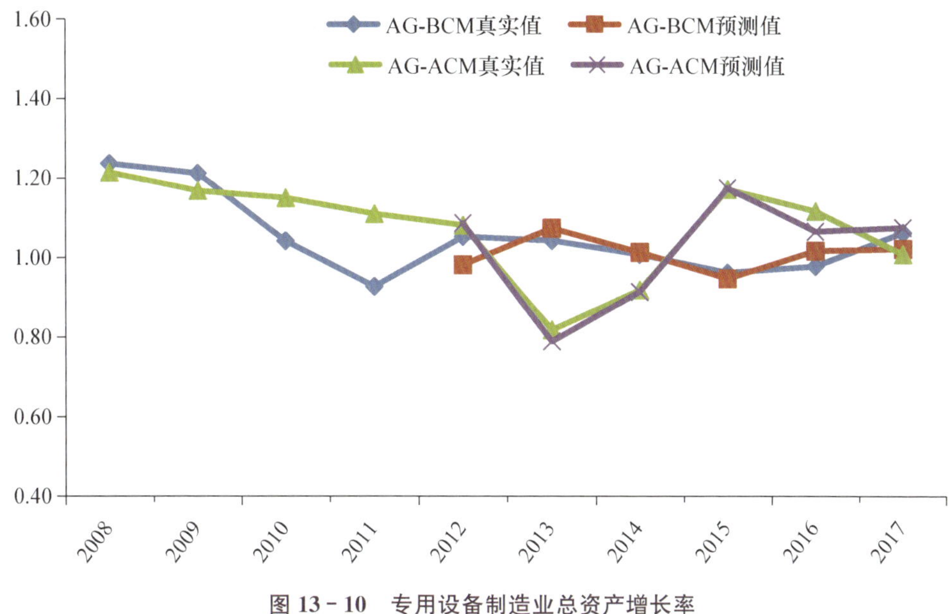

图 13-10　专用设备制造业总资产增长率

从周转速度看，B 周期移动平均所选样本和 A 周期移动平均所选样本的变动趋势比较一致。自 2008 年开始，专用设备制造业总资产周转率和应收账款周转率均呈现大幅下滑趋势，说明该行业的运行效率越来越差。从成长速度看，专用设备制造业的营业总收入增长率在样本期间整体上保持稳定，维持在 1 左右；专用设备制造业的总资产增长率在样本期间有下滑趋势。综合专用设备制造业的周转速度和成长速度可以发现，该行业的成长性亟待提高，可以通过加强运营管理、提高运行效率、完善产品及改善销售模式等方式提升行业成长性。

从专用设备制造业的周转速度（总资产周转率、应收账款周转率）和成长速度（营业总收入增长率、总资产增长率）的预测值可以发现，采用 B 周期移动平均和 A 周期移动平均所计算的 2012—2017 年行业预测值与真实值的差距较小，能够较好地反映行业的变动趋势，说明模型预测效果较好。

13.4　专用设备制造业会计综合评价指数构建

根据制造业会计综合评价指数的计算方法，表 13-8 列示了专用设备制造业上市公司的前 20 名。由表 13-8 可知，专用设备制造业会计综合评价指数排名前五的上市公司分别为浙江鼎力（603338）、三诺生物（300298）、豪迈科技（002595）、美亚光电（002690）和南兴装备（002757）。

表 13-8　2017 年会计综合评价指数专用设备制造业前 20 名上市公司

股票简称	股票代码	会计综合评价指数	排名
浙江鼎力	603338	100.00	1
三诺生物	300298	100.00	1
豪迈科技	002595	100.00	1
美亚光电	002690	99.47	4
南兴装备	002757	98.49	5
鱼跃医疗	002223	96.74	6
维力医疗	603309	92.06	7
金海环境	603311	90.47	8
东方精工	002611	90.14	9
三鑫医疗	300453	89.88	10
劲拓股份	300400	89.45	11
斯莱克	300382	88.28	12
中际旭创	300308	87.18	13
华宏科技	002645	84.63	14
迪瑞医疗	300396	84.47	15
天龙光电	300029	84.42	16
恒立液压	601100	83.74	17
龙马环卫	603686	83.53	18
金雷风电	300443	83.31	19
戴维医疗	300314	82.82	20

注：会计综合评价指数的构建以公开财务数据真实有效为前提。

第 14 章　汽车制造业会计综合评价指数编制结果及分析

汽车制造业（行业代码为 C36）在《国民经济行业分类》中属于交通运输设备制造业。汽车制造业包括汽车整车制造，汽车用发动机制造，改装汽车制造，低速汽车制造，电车制造，汽车车身、挂车制造，汽车零部件及配件制造等 7 个小类行业。汽车制造业是国民经济重要的支柱产业，产业链长、关联度高、消费拉动大，汽车制造业的上下游产业链延伸至实体经济的诸多方面，是国民经济发展的中流砥柱。过去十年中汽车工业总产值占 GDP 中工业总产值的比重稳步提升，对经济平稳运行有较强的带动作用。

中国汽车制造业起步相对较晚，技术水平落后，存在品牌优势不强、高端产品市场竞争力较弱等问题。上市公司作为行业龙头，其经营业绩和财务绩效等均对评价行业整体发展状况具有一定的示范作用。本章以上市公司为样本，从发展趋势、回报、风险和成长四个角度对汽车制造业的经营状况进行分析，以期为汽车制造业的健康发展提供一些有益的经验和借鉴。

14.1　汽车制造业发展趋势分析

为了对汽车制造业的发展趋势进行分析，我们以 2007 年第 1 季度以来的所有季度作为样本区间，截至 2018 年第 1 季度，我们所选样本 45 个季度的季均总资产为 10 318.22 亿元，季均营业总收入为 2 790.40 亿元，季均价值创造额为 507.99 亿元。

为了研究汽车制造业的发展趋势，我们以样本公司的季度总资产、季度营业总收入和季度价值创造额为基础构建了汽车制造业的资产指数、收入指数和价值创造额指数（见表 14－1）。三类指数的总体波动趋势如图 14－1 所示。

表 14-1　汽车制造业资产指数、收入指数、价值创造额指数编制结果

季度	资产指数	收入指数	价值创造额指数
200701	100	100	100
200702	105	113	133
200703	108	102	94
200704	115	110	116
200801	121	116	126
200802	127	135	122
200803	125	102	78
200804	122	84	49
200901	127	102	106
200902	144	147	156
200903	152	153	169
200904	160	166	190
201001	185	211	297
201002	190	258	298
201003	199	230	276
201004	226	256	336
201101	239	276	333
201102	236	268	322
201103	246	253	277
201104	275	334	423
201201	287	293	339
201202	284	272	302
201203	283	272	268
201204	296	314	332
201301	317	327	355
201302	320	340	353
201303	332	326	340
201304	344	361	407
201401	359	374	411
201402	374	369	425
201403	383	361	366
201404	407	414	483
201501	426	398	447

续表

季度	资产指数	收入指数	价值创造额指数
201502	437	387	429
201503	446	376	437
201504	479	503	603
201601	497	449	520
201602	509	445	529
201603	533	473	541
201604	586	611	793
201701	607	521	596
201702	625	535	628
201703	642	564	606
201704	689	702	806
201801	703	599	664

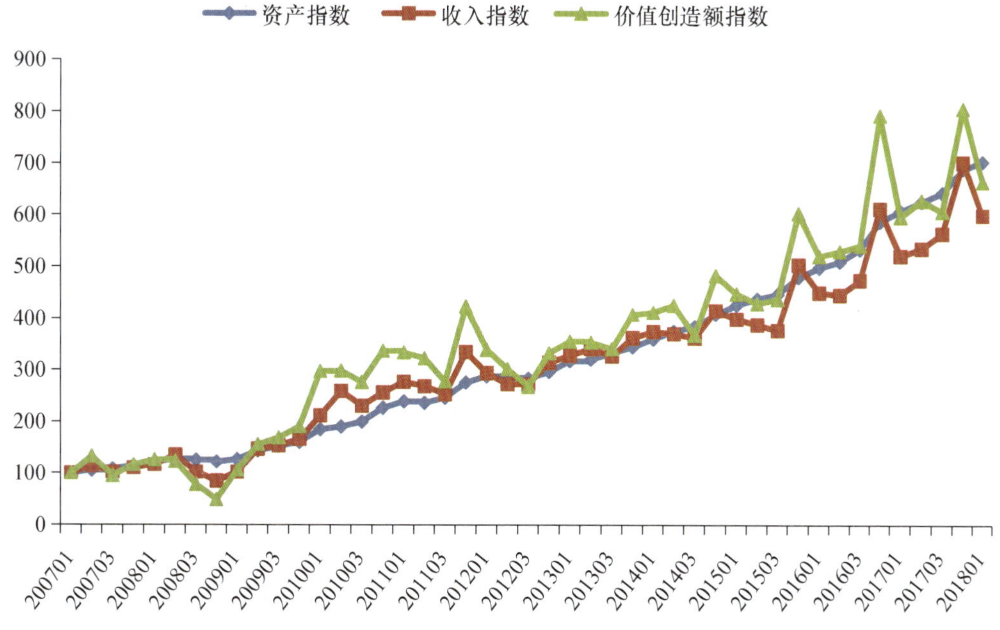

图 14 - 1　汽车制造业三类指数总体波动趋势

由表 14 - 1 和图 14 - 1 可知，从总体运行趋势来看，汽车制造业资产指数自 2007 年第 1 季度以来一直呈上升趋势，2018 年第 1 季度达到 703 点，与 2007 年第 1 季度相比上升了 603%。从汽车制造业收入指数的变动趋势来看，2008 年第 2 至第 4 季度，收入指数出现明显降幅，这主要是由于 2008 年金融危机造成行业需求下行，2008 年第 4 季度之后，汽车制造业的收入指数缓慢上升且呈现出第 4 季度效应，说明该行业受季节影响。从汽车制造业价值创造额指数的变动趋势看，由于 2008 年金融危机造成行业需求下行，价值创造额指数在 2008 年第 1 至第 4 季度有一个明显的降幅，从 2009 年第 1 季度开始，价值创造额指数缓慢上升且呈现出第 4 季度效应，再次印证了该行业受季节影响的特征。

从三类指数运行趋势之间的关系来看，自 2007 年第 1 季度以来，汽车制造业的资产指数、收入指数与价值创造额指数的趋势基本保持一致。收入指数与价值创造额指数的运行趋势高度相似，且呈现明显的第 4 季度效应。对比资产指数与收入指数可以发现，近年来收入指数基本在资产指数之下，说明该行业收入增速有待提升。综合三类指数的运行趋势可以发现，近年来虽然该行业资产规模扩大，收入及价值创造额也随之提升，但收入增长速度相对较低，说明该行业运行效率有待提升。

14.2 汽车制造业财务指标预测

14.2.1 资产负债表主要项目预测

根据会计综合评价指数的构建需要，我们分别对汽车制造业 2012—2017 年的资产均值、负债均值、所有者权益均值、流动资产均值、流动负债均值和应收账款均值进行了预测。

表 14－2 列示了汽车制造业的资产、负债、所有者权益、流动资产、流动负债和应收账款的行业真实值和预测值，其中预测值分别采用 B 周期移动平均和 A 周期移动平均两种方法进行预测。表 14－3 则分别列示了资产负债表主要项目真实值与预测值的差异，从计算结果可以看出，无论是 B 周期移动平均还是 A 周期移动平均，均能够对资产负债表主要项目进行准确预测，模型稳定性较好。

表 14－2　资产负债表主要项目预测结果　　单位：亿元

年份		资产	负债	所有者权益	流动资产	流动负债	应收账款
2012	BCM 真实值	69.00	38.90	31.60	41.60	32.90	6.17
	BCM 预测值	67.00	37.50	31.30	40.80	31.80	5.82
	ACM 真实值	85.40	51.00	35.80	52.20	44.40	8.00
	ACM 预测值	85.20	50.90	36.10	52.30	44.60	7.60
2013	BCM 真实值	73.50	41.80	33.10	43.60	36.20	6.76
	BCM 预测值	74.40	42.40	33.40	44.40	36.40	6.90
	ACM 真实值	82.10	48.40	34.70	48.80	42.30	7.98
	ACM 预测值	81.60	48.00	34.40	48.80	41.30	7.79

续表

年份		资产	负债	所有者权益	流动资产	流动负债	应收账款
2014	BCM 真实值	75.70	43.20	33.40	44.40	37.70	7.21
	BCM 预测值	73.80	41.60	33.30	43.20	36.20	7.08
	ACM 真实值	90.30	53.90	37.30	53.40	47.60	8.38
	ACM 预测值	87.10	51.70	36.80	51.30	45.10	8.25
2015	BCM 真实值	79.80	44.80	35.50	46.80	38.00	8.36
	BCM 预测值	76.20	42.50	34.40	43.70	36.50	7.40
	ACM 真实值	91.50	52.00	40.20	54.40	44.50	9.31
	ACM 预测值	90.60	50.90	40.40	52.50	44.30	8.50
2016	BCM 真实值	82.30	46.50	36.00	48.40	39.80	9.03
	BCM 预测值	86.10	49.10	36.90	49.60	41.40	9.00
	ACM 真实值	96.70	55.90	41.10	57.40	47.80	10.70
	ACM 预测值	96.70	56.10	40.20	56.50	47.40	10.40
2017	BCM 真实值	78.20	42.30	36.00	46.50	36.20	8.82
	BCM 预测值	77.90	42.50	35.50	46.10	35.90	8.36
	ACM 真实值	96.70	55.90	41.10	57.40	47.80	10.70
	ACM 预测值	99.30	55.10	44.60	59.30	46.60	11.20

表 14-3　资产负债表主要项目预测差异

年份		资产	负债	所有者权益	流动资产	流动负债	应收账款
2012	BCM	−2.97%	−3.49%	−1.09%	−1.81%	−3.18%	−5.57%
	ACM	−0.18%	−0.13%	0.80%	0.09%	0.42%	−4.96%
2013	BCM	1.17%	1.35%	1.09%	2.01%	0.35%	2.14%
	ACM	−0.53%	−0.96%	−0.85%	0.07%	−2.21%	−2.40%
2014	BCM	−2.60%	−3.70%	−0.16%	−2.68%	−4.02%	−1.89%
	ACM	−3.48%	−4.15%	−1.49%	−4.03%	−5.23%	−1.60%
2015	BCM	−4.54%	−5.32%	−3.21%	−6.58%	−3.96%	−11.45%
	ACM	−1.09%	−2.18%	0.58%	−3.34%	−0.54%	−8.78%
2016	BCM	4.71%	5.52%	2.30%	2.32%	3.91%	−0.37%
	ACM	0.08%	0.42%	−2.19%	−1.55%	−0.75%	−2.78%
2017	BCM	−0.39%	0.55%	−1.22%	−0.90%	−0.56%	−5.25%
	ACM	−0.24%	−0.38%	0.94%	0.41%	−1.39%	−0.82%

14.2.2 利润表主要项目预测

根据会计综合评价指数的构建需要，我们对利润表中营业总收入、营业总成本和扣除非经常性损益后的净利润三个会计项目进行了预测。需要说明的是，由于净利润包括企业的投资收益等非经常性损益，难以准确衡量企业主营业务所产生的回报，因此在对行业回报进行计算的过程中，选取扣除非经常性损益后的净利润进行预测。根据利润表的特点，在对营业总收入、营业总成本和扣除非经常性损益后的净利润进行预测的过程中，将除数占比和周期移动平均两种方法结合起来使用。

表 14-4 列示了利润表中营业总收入、营业总成本和扣除非经常性损益后的净利润的真实值和预测值，其中预测值分别采用 B 周期移动平均和 A 周期移动平均两种方法进行预测。表 14-5 进一步计算了利润表主要项目真实值和预测值的差异，结果显示利润表主要项目的预测差异较小，说明采取的方法能够较好地对利润表主要项目进行预测。

表 14-4 利润表主要项目预测结果 单位：亿元

年份		营业总收入	营业总成本	扣除非经常性损益后的净利润
2012	BCM 真实值	69.00	67.50	1.89
	BCM 预测值	67.20	66.00	1.85
	ACM 真实值	92.30	90.60	2.00
	ACM 预测值	90.20	88.90	1.88
2013	BCM 真实值	73.70	72.00	2.44
	BCM 预测值	73.10	71.40	2.40
	ACM 真实值	84.60	82.60	2.35
	ACM 预测值	83.00	81.00	2.25
2014	BCM 真实值	73.20	71.50	2.42
	BCM 预测值	73.40	71.70	2.40
	ACM 真实值	87.60	85.80	2.59
	ACM 预测值	87.40	85.50	2.59
2015	BCM 真实值	69.90	68.10	2.39
	BCM 预测值	68.00	66.30	2.28
	ACM 真实值	81.90	79.60	2.66
	ACM 预测值	80.00	77.90	2.56

续表

年份		营业总收入	营业总成本	扣除非经常性损益后的净利润
2016	BCM 真实值	74.10	72.30	2.77
	BCM 预测值	73.00	71.20	2.70
	ACM 真实值	84.30	82.40	2.85
	ACM 预测值	83.30	81.20	2.82
2017	BCM 真实值	68.90	66.60	2.63
	BCM 预测值	69.30	66.90	2.69
	ACM 真实值	85.20	82.50	2.98
	ACM 预测值	84.90	82.10	3.08

表 14－5 利润表主要项目预测差异

年份		营业总收入	营业总成本	扣除非经常性损益后的净利润
2012	BCM	−2.59%	−2.27%	−1.87%
	ACM	−2.30%	−1.79%	−6.02%
2013	BCM	−0.76%	−0.80%	−1.68%
	ACM	−1.83%	−1.95%	−3.92%
2014	BCM	0.20%	0.28%	−0.63%
	ACM	−0.26%	−0.37%	0.16%
2015	BCM	−2.81%	−2.67%	−4.60%
	ACM	−2.27%	−2.12%	−3.55%
2016	BCM	−1.48%	−1.49%	−2.36%
	ACM	−1.25%	−1.40%	−1.17%
2017	BCM	0.48%	0.39%	2.58%
	ACM	−0.37%	−0.52%	3.37%

14.2.3 基于预测指标测算行业回报、风险和成长

在完成对营业总收入、营业总成本、扣除非经常性损益后的净利润、资产、负债、所有者权益、流动资产、流动负债和应收账款行业均值的预测之后，我们以预测值为基准，根据行业回报、风险和成长，计算了行业的净资产收益率、总资产收益率、销售净利率、资产负债率、流动比率、总资产周转率、应收账款周转率、营业总收入增长率和总资产增长率 9 个财务指标。具体预测结果列示在表 14－6 中。

表 14-6　汽车制造业回报、风险和成长预测结果

年份		回报			风险		成长			
		净资产收益率	总资产收益率	销售净利率	资产负债率	流动比率	总资产周转率	应收账款周转率	营业总收入增长率	总资产增长率
2012	BCM 真实值	0.062	0.028	0.027	0.56	1.26	1.03	11.56	0.94	1.05
	BCM 预测值	0.061	0.028	0.028	0.56	1.28	1.02	11.64	0.94	1.03
	ACM 真实值	0.058	0.024	0.022	0.60	1.18	1.11	12.14	0.98	1.05
	ACM 预测值	0.054	0.022	0.021	0.60	1.17	1.07	11.53	0.93	1.02
2013	BCM 真实值	0.075	0.034	0.033	0.57	1.20	1.03	11.40	1.07	1.06
	BCM 预测值	0.074	0.034	0.033	0.57	1.22	1.03	11.49	1.09	1.11
	ACM 真实值	0.067	0.028	0.028	0.59	1.15	1.01	10.59	0.92	0.96
	ACM 预测值	0.064	0.027	0.027	0.59	1.18	1.00	10.79	0.92	0.96
2014	BCM 真实值	0.073	0.032	0.033	0.57	1.18	0.98	10.48	0.99	1.03
	BCM 预测值	0.072	0.032	0.033	0.56	1.19	0.99	10.49	1.00	0.99
	ACM 真实值	0.072	0.030	0.030	0.60	1.12	1.02	10.71	1.04	1.10
	ACM 预测值	0.073	0.031	0.030	0.59	1.14	1.04	10.90	1.05	1.07
2015	BCM 真实值	0.069	0.031	0.034	0.56	1.23	0.90	8.98	0.96	1.05
	BCM 预测值	0.067	0.030	0.034	0.56	1.20	0.91	9.39	0.93	1.03
	ACM 真实值	0.069	0.029	0.032	0.57	1.22	0.90	9.25	0.93	1.01
	ACM 预测值	0.066	0.029	0.032	0.56	1.19	0.90	9.56	0.92	1.04
2016	BCM 真实值	0.077	0.034	0.037	0.57	1.22	0.91	8.53	1.06	1.03
	BCM 预测值	0.076	0.033	0.037	0.57	1.20	0.90	8.91	1.07	1.13
	ACM 真实值	0.070	0.030	0.034	0.58	1.20	0.90	8.43	1.03	1.06
	ACM 预测值	0.070	0.030	0.034	0.58	1.19	0.89	8.82	1.04	1.07
2017	BCM 真实值	0.073	0.033	0.038	0.54	1.29	0.86	7.72	0.93	0.95
	BCM 预测值	0.074	0.033	0.039	0.55	1.28	0.84	7.98	0.95	0.90
	ACM 真实值	0.070	0.030	0.035	0.56	1.25	0.87	7.76	1.01	1.03
	ACM 预测值	0.073	0.031	0.036	0.55	1.27	0.87	7.88	1.02	1.03

表 14-7 进一步列示了汽车制造业回报、风险和成长类财务指标预测值与真实值之间的差异。对比汽车制造业采用 B 周期移动平均和 A 周期移动平均所预测的财务指标与该行业财务指标的真实值可知，所选用的预测模型的预测效果较好，预测能力比较稳定。

表 14-7　汽车制造业回报、风险和成长预测差异

年份		回报			风险		成长			
		净资产收益率	总资产收益率	销售净利率	资产负债率	流动比率	总资产周转率	应收账款周转率	营业总收入增长率	总资产增长率
2012	BCM	−1.35%	−0.14%	0.74%	−0.54%	1.42%	−0.87%	0.65%	−0.43%	−2.55%
	ACM	−7.26%	−6.96%	−3.81%	0.05%	−0.32%	−3.27%	−4.95%	−4.77%	−2.38%
2013	BCM	−1.71%	−0.85%	−0.93%	0.18%	1.65%	0.08%	0.79%	1.88%	4.26%
	ACM	−3.91%	−3.59%	−2.14%	−0.43%	2.33%	−1.48%	1.92%	0.49%	−0.35%
2014	BCM	−1.08%	0.12%	−0.82%	−1.13%	1.40%	0.95%	0.14%	0.97%	−3.72%
	ACM	1.36%	2.29%	0.42%	−0.70%	1.26%	1.86%	1.77%	1.60%	−2.97%
2015	BCM	−2.92%	−1.05%	−1.85%	−0.82%	−2.73%	0.81%	4.53%	−3.00%	−1.99%
	ACM	−3.15%	−1.31%	−1.31%	−1.10%	−2.82%	0.00%	3.28%	−2.02%	2.48%
2016	BCM	−1.93%	−2.51%	−0.88%	0.78%	−1.53%	−1.64%	4.47%	1.36%	9.69%
	ACM	−0.36%	−0.69%	0.08%	0.34%	−0.81%	−0.77%	4.57%	1.04%	1.18%
2017	BCM	2.03%	0.35%	2.09%	0.94%	−0.35%	−1.71%	3.35%	1.99%	−4.87%
	ACM	3.96%	3.45%	3.75%	−0.14%	1.82%	−0.29%	1.43%	0.90%	−0.32%

14.3　汽车制造业运行状况分析

会计综合评价指数分别采用 B 周期移动平均和 A 周期移动平均两种方法，对行业运行状况基准值进行预测。具体来讲，B 周期移动平均的样本数量以年度最新行业样本为准，进行滚动预测，样本数量较多，更能代表行业当前发展状况；A 周期移动平均则按照样本基期进行滚动预测，样本选取比较稳定，对行业历史发展状况的讨论更为充分。

14.3.1　汽车制造业回报分析

图 14-2、图 14-3 和图 14-4 分别为汽车制造业的净资产收益率、总资产收益率和销售净利率的变动趋势图，其中，净资产收益率和总资产收益率的分母分别采用本年末所有者权益（总资产）与上年末所有者权益（总资产）的均值计算，因此净资产收益率和总资产收益率的基期均为 2008 年。基于对汽车制造业财务指标的预测，在评价汽车制造业回报的过程中，我们分别在图中画出了基于 B 周期移动平均和 A 周期移动平均所计算的 2012—2017 年净资产收益率、总资产收益率和销售净利率的预测值。

观察图 14-2、图 14-3 和图 14-4 可以发现，汽车制造业 B 周期移动平均和

A 周期移动平均所选取样本的回报类财务指标的变动趋势大体一致。具体来说，该行业净资产收益率和总资产收益率在 2008—2010 年快速上升，这与 2008 年爆发的金融危机以及随后的四万亿元投资计划密切相关。2010 年之后，净资产收益率和总资产收益率下滑，2012 年开始趋于稳定且有所回升。行业销售净利率自 2008 年以来呈现先上升后下降然后又上升的趋势，表明近年来汽车制造业的回报有所回升，确认了行业净资产收益率和总资产收益率的变化趋势。总体来说，近年来汽车制造业的回报比较稳定。

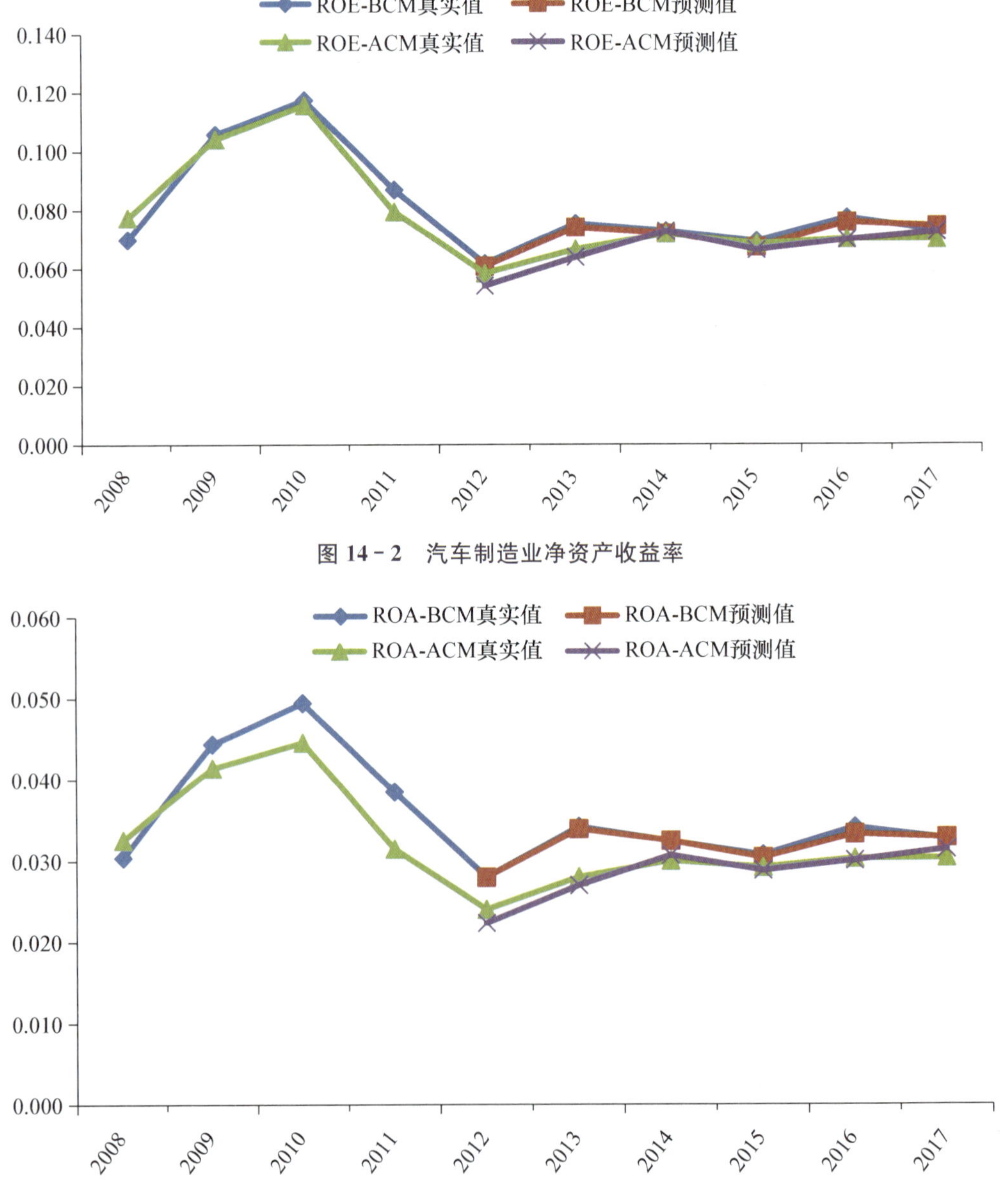

图 14－2　汽车制造业净资产收益率

图 14－3　汽车制造业总资产收益率

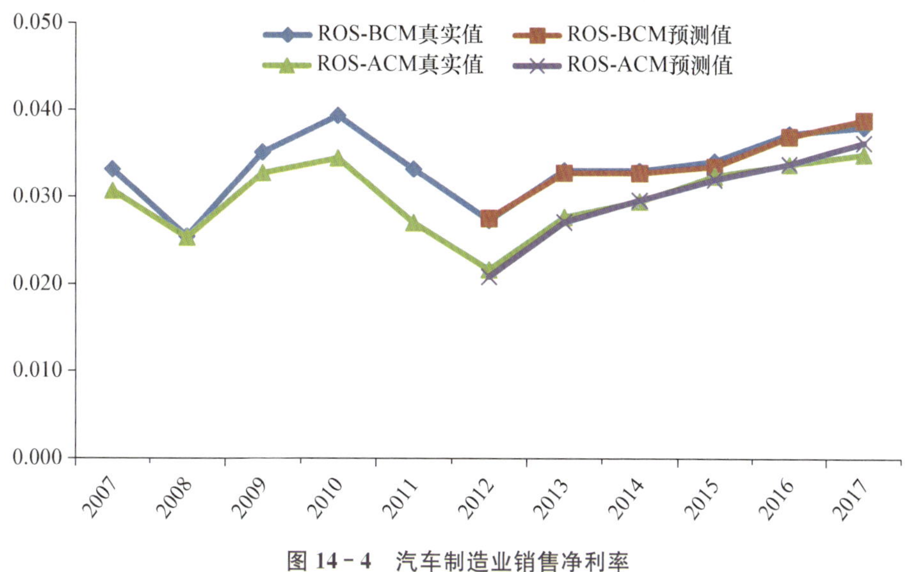

图 14-4　汽车制造业销售净利率

在汽车制造业回报分析中，从预测财务指标与真实财务指标的对比可以看出，无论是 B 周期移动平均还是 A 周期移动平均，预测值与真实值的差异均较小，表明模型预测效果较好。

14.3.2　汽车制造业风险分析

图 14-5、图 14-6 分别从资产负债率和流动比率两个角度对汽车制造业的风险进行了分析。与行业回报的分析类似，2007—2017 年汽车制造业的风险类财务指标根据行业真实值进行计算，同时采用 B 周期移动平均和 A 周期移动平均计算了资产负债率和流动比率的预测值。

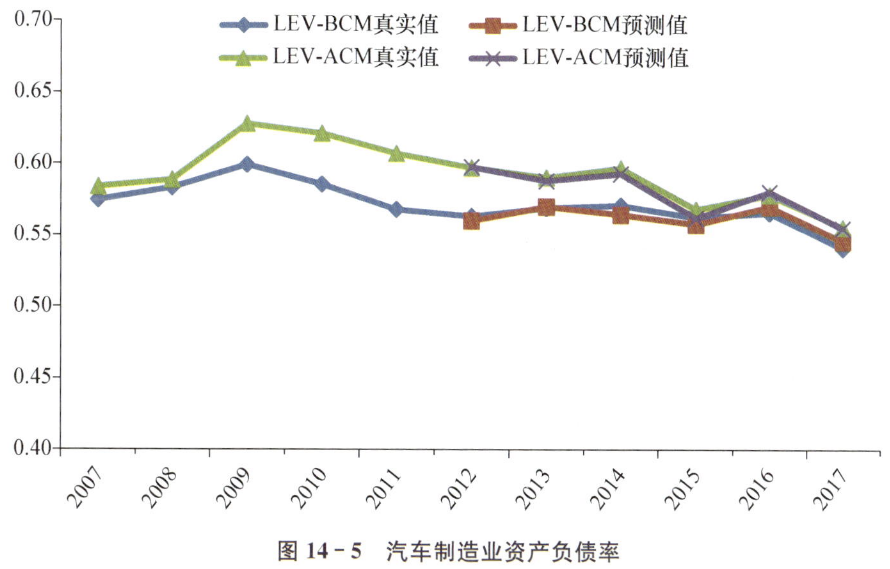

图 14-5　汽车制造业资产负债率

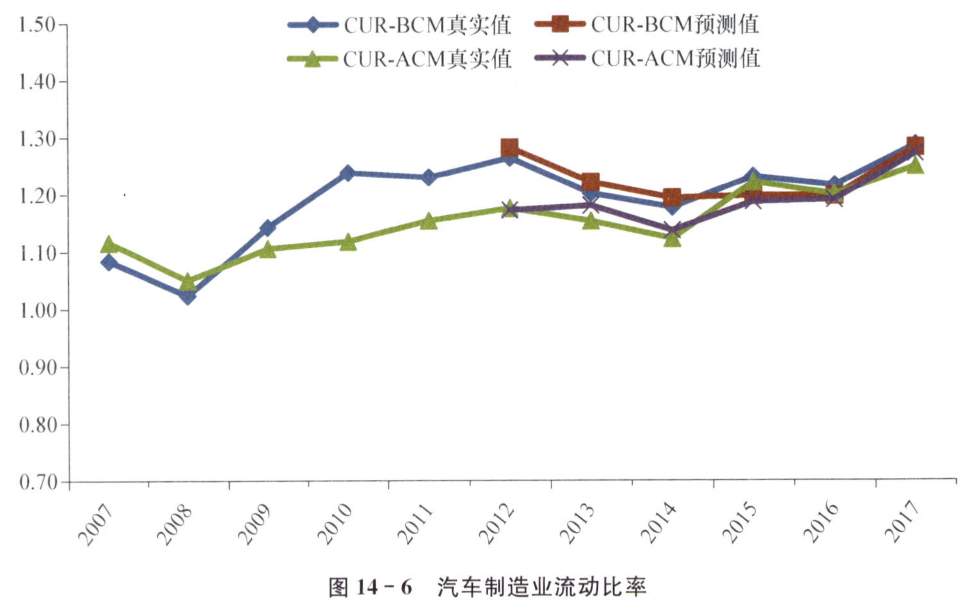

图 14-6　汽车制造业流动比率

从资产负债率来看，无论是 B 周期移动平均所选样本还是 A 周期移动平均所选样本，资产负债率在样本期间的变动均比较平稳，大体在 0.58 上下波动。从流动比率来看，B 周期移动平均所选样本和 A 周期移动平均所选样本的变动趋势比较一致，流动比率在 2009—2017 年一直保持在 1 以上且呈现小幅上升趋势。综合该行业资产负债率和流动比率的变动趋势可以发现，近年来该行业的整体风险比较稳定。

从汽车制造业资产负债率和流动比率的预测值可以发现，采用 B 周期移动平均和 A 周期移动平均所计算的 2012—2017 年行业资产负债率和流动比率与真实值的差距较小，能够较好地反映行业风险变动趋势，说明模型预测效果较好。

14.3.3　汽车制造业成长分析

图 14-7、图 14-8、图 14-9 和图 14-10 分别从汽车制造业周转速度（总资产周转率、应收账款周转率）和成长速度（营业总收入增长率、总资产增长率）两个角度衡量该行业的成长。由于行业样本区间为 2007—2017 年，而周转速度计算的分母为前一期期末和本期期末的均值，因此我们在进行周转速度分析时，将基期确定为 2008 年。同样，行业成长速度采用本年度财务指标与上一年度财务指标的比值，因此成长速度的基期也为 2008 年。

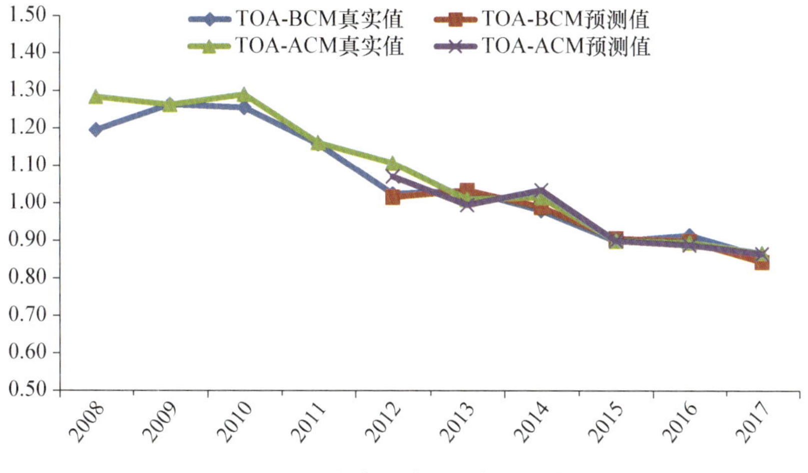

图 14－7　汽车制造业总资产周转率

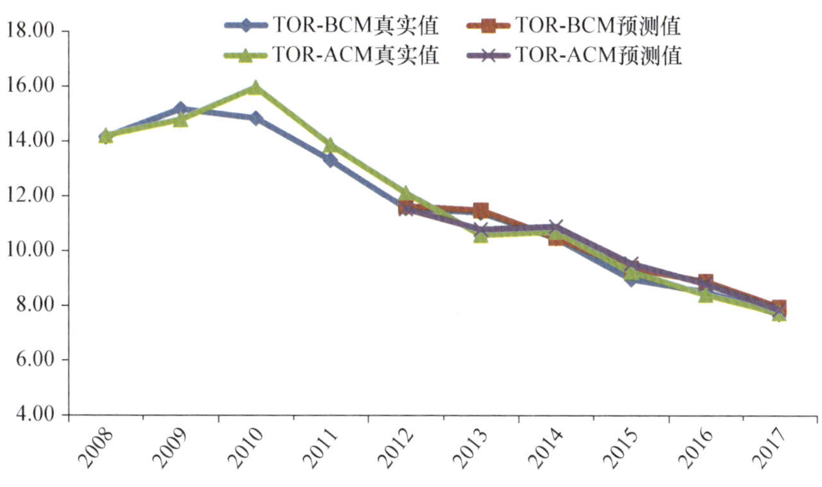

图 14－8　汽车制造业应收账款周转率

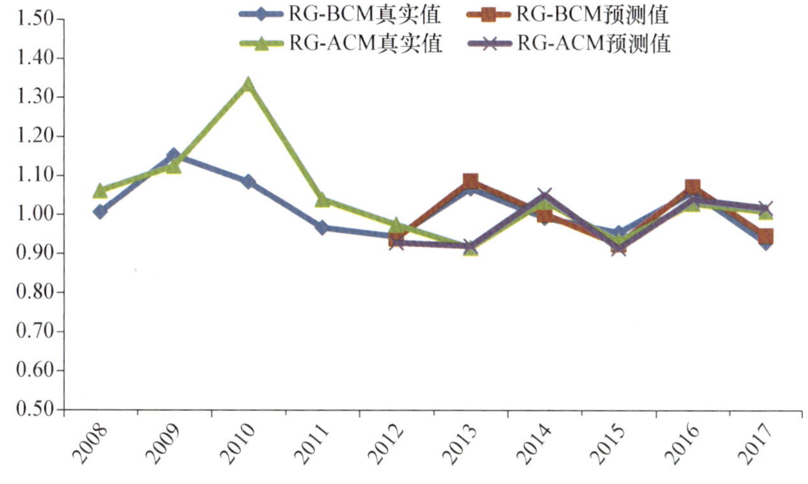

图 14－9　汽车制造业营业总收入增长率

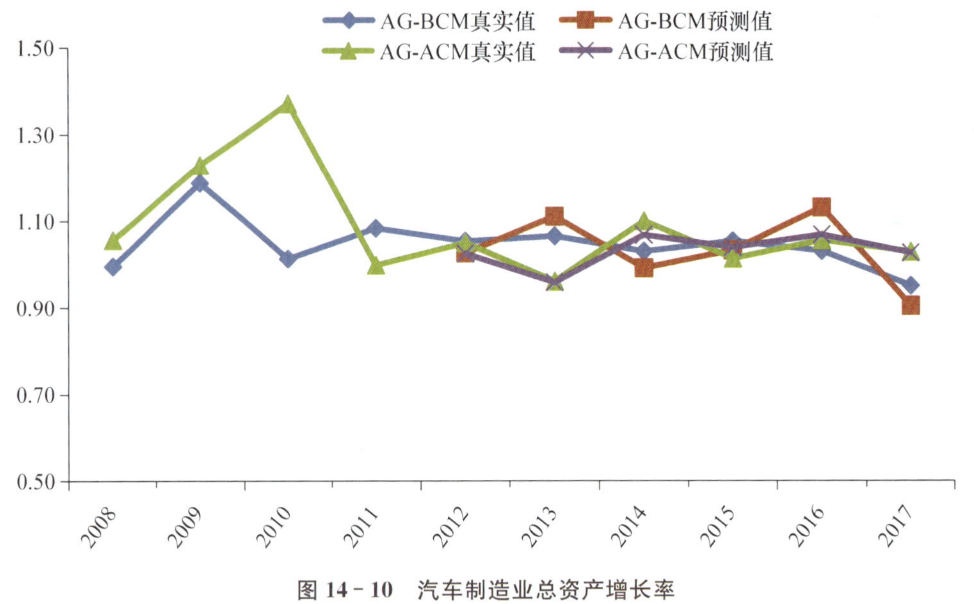

图 14-10 汽车制造业总资产增长率

从周转速度看，B周期移动平均所选样本和A周期移动平均所选样本的变动趋势比较一致。自2010年开始，汽车制造业总资产周转率和应收账款周转率均呈现大幅下滑趋势，说明该行业的运行效率越来越差。从成长速度看，汽车制造业的营业总收入增长率与总资产增长率在样本期间整体上一直保持稳定，维持在1左右。综合汽车制造业的周转速度和成长速度可以发现，该行业的成长性有待提高，可以通过加强运营管理、提高运行效率来提升其成长性。

从汽车制造业的周转速度（总资产周转率、应收账款周转率）和成长速度（营业总收入增长率、总资产增长率）的预测值可以发现，采用B周期移动平均和A周期移动平均所计算的2012—2017年行业预测值与真实值的差距较小，能够较好地反映行业的变动趋势，说明模型预测效果较好。

14.4 汽车制造业会计综合评价指数构建

根据制造业会计综合评价指数的计算方法，表14-8列示了汽车制造业上市公司的前20名。由表14-8可知，汽车制造业会计综合评价指数排名前五的上市公司分别为继峰股份（603997）、宁波高发（603788）、华懋科技（603306）、广汽集团（601238）和威孚高科（000581）。

表 14-8 2017年会计综合评价指数汽车制造业前20名上市公司

股票简称	股票代码	会计综合评价指数	排名
继峰股份	603997	100.00	1

续表

股票简称	股票代码	会计综合评价指数	排名
宁波高发	603788	100.00	1
华懋科技	603306	93.66	3
广汽集团	601238	91.69	4
威孚高科	000581	90.30	5
众泰汽车	000980	89.98	6
鸿特科技	300176	89.95	7
远东传动	002406	86.02	8
中国汽研	601965	85.21	9
万丰奥威	002085	83.71	10
腾龙股份	603158	83.28	11
拓普集团	601689	82.02	12
富临精工	300432	81.93	13
西泵股份	002536	80.47	14
长鹰信质	002664	79.97	15
云意电气	300304	79.94	16
中原内配	002448	79.77	17
精锻科技	300258	79.50	18
星宇股份	601799	79.32	19
广东鸿图	002101	78.79	20

注：会计综合评价指数的构建以公开财务数据真实有效为前提。

第 15 章　电子器械及器材制造业会计综合评价指数编制结果及分析

电子器械及器材制造业（行业代码为 C38）主要为各类电子通信产品提供设计、工程开发、原材料采购、生产制造、物流、测试及售后服务等整体供应链解决方案。该行业的产生是全球工业制造产业链专业化分工的结果。在全球电子通信产品行业走向垂直整合和水平分工的过程中，品牌商逐渐把设计、营销和品牌管理作为其核心竞争力，外包制造部分。由此，电子器械及器材制造业应运而生并成为国际工业制造产业链中的重要环节。

自 2013 年起，"工业 4.0" 成为全球制造业的重要发展趋势，各国开始将现有工业技术、销售及产品相结合，发展智能工业。在上述发展趋势下，我国也开始聚焦智能化工业并发布了《中国制造 2025》行动纲领。该行动纲领提出深化互联网在制造领域的应用，加快开展物联网技术研发和应用示范，培育智能监测、远程诊断管理、全产业链追溯等工业互联网新应用。实施工业云及工业大数据创新应用试点，建设一批高质量的工业云服务和工业大数据平台，推动软件与服务、设计与制造资源、关键技术与标准的开放共享。在"工业 4.0"下，工业互联网通过连接各生产环节，采用集成、控制、侦测、识别等多种技术，将生产中的供应、制造、销售等信息数据化、智能化，从而建设更具适应性、实现高效配置资源的智能工厂。未来，工业互联网的发展将有力助推我国电子制造行业向智能制造的跨越式发展。

15.1　电子器械及器材制造业发展趋势分析

为了对电子器械及器材制造业的发展趋势进行分析，我们以 2007 年第 1 季度以来的所有季度作为样本区间，截至 2018 年第 1 季度，我们所选样本 45 个季度的季均总资产为 7 798.67 亿元，季均营业总收入为 1 612.27 亿元，季均价值创造额为 342.81 亿元。

为了研究电子器械及器材制造业的发展趋势，我们以样本公司的季度总资产额、季度营业总收入和季度价值创造额为基础构建了电子器械及器材制造业的资产指数、收入指数和价值创造额指数（见表 15－1）。三类指数的总体波动趋势如图 15－1 所示。

表 15－1　电子器械及器材制造业资产指数、收入指数、价值创造额指数的编制结果

季度	资产指数	收入指数	价值创造额指数
200701	100	100	100
200702	107	160	183
200703	112	124	158
200704	118	122	176
200801	129	139	182
200802	135	180	252
200803	139	142	216
200804	136	121	166
200901	143	118	186
200902	155	169	283
200903	172	157	247
200904	175	163	270
201001	193	166	258
201002	205	232	331
201003	226	225	339
201004	233	242	339
201101	251	244	292
201102	267	301	383
201103	288	267	366
201104	291	255	328
201201	298	233	328
201202	306	276	426
201203	324	276	436
201204	334	293	495
201301	344	248	363
201302	347	318	495
201303	370	318	493

续表

季度	资产指数	收入指数	价值创造额指数
201304	381	334	498
201401	398	295	453
201402	406	361	579
201403	432	352	577
201404	448	376	623
201501	466	314	520
201502	484	354	588
201503	497	341	522
201504	519	387	664
201601	549	339	593
201602	602	393	684
201603	628	421	669
201604	672	505	822
201701	720	445	739
201702	754	563	932
201703	797	563	906
201704	818	597	894
201801	831	533	829

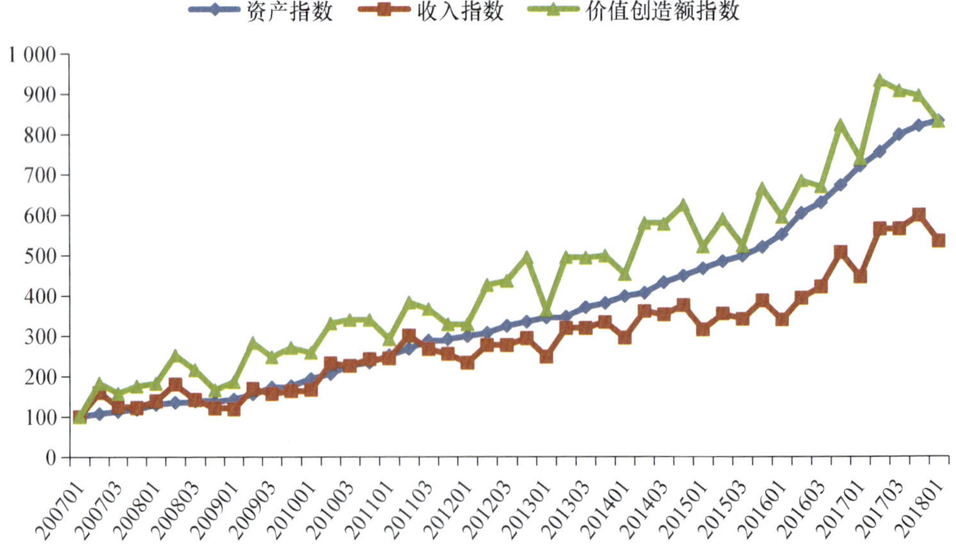

图 15－1　电子器械及器材制造业三类指数总体波动趋势

由表 15-1 和图 15-1 可知，电子器械及器材制造业的资产指数自 2007 年第 1 季度以来一直呈现快速上升的走势。收入指数在 2007 年第 1 季度至 2009 年第 4 季度处于震荡调整阶段，从 2010 年第 1 季度开始出现小幅上升态势，一直持续至 2018 年第 1 季度。受到季节性因素的影响，电子器械及器材在第 1 季度通常销量较低，主要是由于第 1 季度为春节期间，一般企业已完成当年计划，进行年末盘点与清算，由此导致收入指数表现出“1 季度走低，2、3、4 季度走高”的季节效应。价值创造额指数与资产指数类似，从 2007 年开始一直在波动中保持上升，同时也表现出与收入指数类似的季节效应。

从三类指数运行趋势之间的关系来看，2007—2009 年，三类指数均增长较慢，之后均呈现快速增长趋势。与此同时，可以看到，该行业价值创造额的增长速度始终高于资产和收入的增长速度，收入指数的增长速度略慢，与价值创造额指数和资产指数之间存在一定的差距。综合三类指数的运行趋势可以发现，随着该行业资产规模的扩大，收入和价值创造额也显著提升，说明该行业运行效率较高，发展态势良好。

15.2　电子器械及器材制造业财务指标预测

15.2.1　资产负债表主要项目预测

根据会计综合评价指数的构建需要，我们分别对电子器械及器材制造业 2012—2017 年的资产均值、负债均值、所有者权益均值、流动资产均值、流动负债均值和应收账款均值进行了预测。

表 15-2 列示了电子器械及器材制造业的资产、负债、所有者权益、流动资产、流动负债和应收账款的行业真实值和预测值，其中预测值分别采用 B 周期移动平均和 A 周期移动平均两种方法进行预测。表 15-3 则分别列示了资产负债表主要项目真实值与预测值的差异，从计算结果可以看出，无论是 B 周期移动平均还是 A 周期移动平均，均能够对资产负债表主要项目进行准确预测，模型稳定性较好。

表 15-2　资产负债表主要项目预测结果　　单位：亿元

年份		资产	负债	所有者权益	流动资产	流动负债	应收账款
2012	BCM 真实值	30.20	14.20	16.00	20.40	12.10	5.91
	BCM 预测值	28.70	12.90	15.70	19.40	11.20	5.44
	ACM 真实值	36.80	19.00	18.20	25.20	15.80	7.42
	ACM 预测值	36.80	18.80	18.30	25.00	15.80	7.25

续表

年份		资产	负债	所有者权益	流动资产	流动负债	应收账款
2013	BCM 真实值	32.60	15.60	16.70	21.60	13.40	6.75
	BCM 预测值	32.70	15.40	17.20	21.60	12.90	6.57
	ACM 真实值	36.20	17.60	18.20	24.90	14.80	7.78
	ACM 预测值	36.10	17.50	18.50	24.80	14.50	7.54
2014	BCM 真实值	35.40	16.90	18.40	23.20	14.50	7.37
	BCM 预测值	35.40	17.00	18.30	23.30	14.40	7.43
	ACM 真实值	36.20	17.20	19.20	24.60	14.60	7.82
	ACM 预测值	35.80	17.10	18.60	24.40	14.40	8.05
2015	BCM 真实值	38.30	18.30	20.00	25.10	16.00	8.02
	BCM 预测值	37.50	17.80	19.60	24.20	15.50	7.94
	ACM 真实值	43.30	21.10	22.40	28.20	18.00	9.02
	ACM 预测值	42.20	20.40	21.80	27.20	17.40	8.99
2016	BCM 真实值	43.40	20.40	23.00	28.30	17.40	8.64
	BCM 预测值	43.20	20.30	22.90	28.30	17.40	8.79
	ACM 真实值	51.70	25.50	26.60	33.50	21.30	10.20
	ACM 预测值	51.90	25.20	26.80	33.70	21.40	10.20
2017	BCM 真实值	44.80	21.10	23.30	29.10	18.30	9.04
	BCM 预测值	45.80	21.60	23.80	29.60	18.70	8.97
	ACM 真实值	51.70	25.50	26.60	33.50	21.30	10.20
	ACM 预测值	57.10	29.20	28.40	36.90	24.40	11.00

表 15-3　资产负债表主要项目预测差异

年份		资产	负债	所有者权益	流动资产	流动负债	应收账款
2012	BCM	−4.97%	−8.62%	−1.91%	−4.85%	−7.42%	−7.94%
	ACM	−0.01%	−0.75%	0.52%	−0.94%	−0.25%	−2.32%
2013	BCM	0.20%	−1.47%	3.06%	0.03%	−3.42%	−2.65%
	ACM	−0.06%	−0.72%	1.68%	−0.34%	−1.82%	−3.01%
2014	BCM	−0.02%	0.69%	−0.75%	0.31%	−0.55%	0.81%
	ACM	−1.09%	−0.57%	−2.73%	−0.70%	−1.66%	2.88%
2015	BCM	−1.90%	−2.85%	−1.98%	−3.46%	−3.25%	−0.95%
	ACM	−2.56%	−3.23%	−2.78%	−3.45%	−3.29%	−0.34%
2016	BCM	−0.27%	−0.22%	−0.27%	0.18%	0.07%	1.73%
	ACM	0.40%	−0.91%	0.86%	0.69%	0.72%	0.64%
2017	BCM	2.30%	2.13%	2.54%	1.75%	2.14%	−0.79%
	ACM	3.44%	4.29%	3.43%	3.82%	3.71%	−0.72%

15.2.2　利润表主要项目预测

根据会计综合评价指数的构建需要，我们对利润表中营业总收入、营业总成本和扣除非经常性损益后的净利润三个会计项目进行了预测。需要说明的是，由于净利润包括企业的投资收益等非经常性损益，难以准确衡量企业主营业务所产生的回报，因此在对行业回报进行计算的过程中，选取扣除非经常性损益后的净利润进行预测。根据利润表的特点，在对营业总收入、营业总成本和扣除非经常性损益后的净利润进行预测的过程中，将除数占比和周期移动平均两种方法结合起来使用。

表 15－4 列示了利润表中营业总收入、营业总成本和扣除非经常性损益后的净利润的真实值和预测值，其中预测值分别采用 B 周期移动平均和 A 周期移动平均两种方法进行预测。表 15－5 进一步计算了利润表主要项目真实值和预测值的差异，结果显示利润表主要项目的预测差异较小，说明采取的方法能够较好地对利润表主要项目进行预测。

表 15－4　利润表主要项目预测结果　　单位：亿元

年份		营业总收入	营业总成本	扣除非经常性损益后的净利润
2012	BCM 真实值	20.10	19.10	0.93
	BCM 预测值	19.60	18.60	0.89
	ACM 真实值	26.20	25.10	1.17
	ACM 预测值	25.80	24.80	1.17
2013	BCM 真实值	22.30	21.20	1.07
	BCM 预测值	22.00	21.00	1.04
	ACM 真实值	26.00	25.00	1.25
	ACM 预测值	25.80	24.90	1.21
2014	BCM 真实值	24.00	22.70	1.19
	BCM 预测值	24.10	22.80	1.22
	ACM 真实值	26.00	24.70	1.33
	ACM 预测值	26.20	24.80	1.33
2015	BCM 真实值	24.40	23.10	1.26
	BCM 预测值	24.20	22.90	1.22
	ACM 真实值	27.50	26.30	1.37
	ACM 预测值	27.00	25.70	1.32

续表

年份		营业总收入	营业总成本	扣除非经常性损益后的净利润
2016	BCM 真实值	26.40	24.80	1.44
	BCM 预测值	26.30	24.60	1.46
	ACM 真实值	31.40	29.70	1.67
	ACM 预测值	31.40	29.70	1.68
2017	BCM 真实值	28.10	26.70	1.40
	BCM 预测值	28.60	27.00	1.46
	ACM 真实值	34.20	32.80	1.59
	ACM 预测值	34.80	33.30	1.67

表 15-5　利润表主要项目预测差异

年份		营业总收入	营业总成本	扣除非经常性损益后的净利润
2012	BCM	−2.40%	−2.25%	−3.98%
	ACM	−1.59%	−1.47%	0.01%
2013	BCM	−1.24%	−1.06%	−2.29%
	ACM	−0.65%	−0.39%	−3.18%
2014	BCM	0.37%	0.28%	2.05%
	ACM	0.65%	0.41%	0.28%
2015	BCM	−0.60%	−0.61%	−3.20%
	ACM	−1.82%	−2.08%	−3.82%
2016	BCM	−0.54%	−0.76%	1.11%
	ACM	0.14%	0.05%	0.53%
2017	BCM	1.54%	1.06%	4.32%
	ACM	1.75%	1.50%	4.81%

15.2.3　基于预测指标测算行业回报、风险和成长

在完成对营业总收入、营业总成本、扣除非经常性损益后的净利润、资产、负债、所有者权益、流动资产、流动负债和应收账款行业均值的预测之后，我们以预测值为基准，根据行业回报、风险和成长，计算了行业的净资产收益率、总资产收益率、销售净利率、资产负债率、流动比率、总资产周转率、应收账款周转率、营业总收入增长率和总资产增长率 9 个财务指标。具体预测结果列示在表 15-6 中。

表 15-6 电子器械及器材制造业回报、风险和成长预测结果

年份		回报			风险		成长			
		净资产收益率	总资产收益率	销售净利率	资产负债率	流动比率	总资产周转率	应收账款周转率	营业总收入增长率	总资产增长率
2012	BCM 真实值	0.060	0.032	0.046	0.47	1.69	0.69	3.61	1.00	1.08
	BCM 预测值	0.058	0.032	0.046	0.45	1.74	0.70	3.75	0.98	1.05
	ACM 真实值	0.060	0.029	0.045	0.51	1.59	0.64	3.35	0.75	0.81
	ACM 预测值	0.059	0.028	0.045	0.51	1.58	0.62	3.29	0.72	0.78
2013	BCM 真实值	0.065	0.034	0.048	0.48	1.61	0.71	3.52	1.11	1.08
	BCM 预测值	0.064	0.034	0.047	0.47	1.67	0.72	3.66	1.12	1.14
	ACM 真实值	0.069	0.034	0.048	0.49	1.68	0.71	3.42	0.99	0.98
	ACM 预测值	0.066	0.033	0.047	0.48	1.70	0.71	3.49	1.00	0.98
2014	BCM 真实值	0.068	0.035	0.050	0.48	1.61	0.70	3.40	1.08	1.09
	BCM 预测值	0.069	0.036	0.051	0.48	1.62	0.71	3.44	1.09	1.08
	ACM 真实值	0.071	0.037	0.051	0.48	1.68	0.72	3.34	1.00	1.00
	ACM 预测值	0.072	0.037	0.051	0.48	1.70	0.73	3.36	1.02	0.99
2015	BCM 真实值	0.066	0.034	0.052	0.48	1.57	0.66	3.17	1.02	1.08
	BCM 预测值	0.064	0.033	0.050	0.47	1.56	0.66	3.16	1.01	1.06
	ACM 真实值	0.066	0.035	0.050	0.49	1.57	0.69	3.27	1.06	1.20
	ACM 预测值	0.065	0.034	0.049	0.48	1.56	0.69	3.17	1.03	1.18
2016	BCM 真实值	0.067	0.035	0.054	0.47	1.62	0.65	3.17	1.08	1.13
	BCM 预测值	0.069	0.036	0.055	0.47	1.62	0.65	3.14	1.08	1.15
	ACM 真实值	0.068	0.035	0.053	0.49	1.57	0.66	3.27	1.14	1.19
	ACM 预测值	0.069	0.036	0.054	0.49	1.57	0.67	3.27	1.16	1.23
2017	BCM 真实值	0.061	0.032	0.050	0.47	1.59	0.64	3.18	1.06	1.03
	BCM 预测值	0.063	0.033	0.051	0.47	1.59	0.64	3.22	1.09	1.06
	ACM 真实值	0.059	0.030	0.047	0.51	1.51	0.64	3.22	1.09	1.07
	ACM 预测值	0.060	0.031	0.048	0.51	1.51	0.64	3.27	1.11	1.10

表 15-7 进一步列示了电子器械及器材制造业回报、风险和成长类财务指标预测值与真实值之间的差异。对比电子器械及器材制造业采用 B 周期移动平均和 A 周期移动平均所预测的财务指标与该行业财务指标的真实值可知，所选用的预测模型的预测效果较好，预测能力比较稳定。

表 15-7 电子器械及器材制造业回报、风险和成长预测差异

年份		回报			风险		成长			
		净资产收益率	总资产收益率	销售净利率	资产负债率	流动比率	总资产周转率	应收账款周转率	营业总收入增长率	总资产增长率
2012	BCM	−3.08%	−0.03%	−1.62%	−3.84%	2.77%	1.61%	3.92%	−2.02%	−2.19%
	ACM	−2.16%	−1.81%	1.62%	−0.74%	−0.69%	−3.38%	−1.81%	−3.77%	−3.25%
2013	BCM	−2.91%	−0.01%	−1.07%	−1.67%	3.57%	1.07%	4.09%	1.18%	5.44%
	ACM	−4.23%	−3.15%	−2.54%	−0.66%	1.51%	−0.62%	2.07%	0.95%	−0.05%
2014	BCM	0.98%	1.96%	1.67%	0.70%	0.87%	0.29%	1.23%	1.64%	−0.22%
	ACM	0.86%	0.86%	−0.37%	0.53%	0.98%	1.24%	0.71%	1.31%	−1.03%
2015	BCM	−1.83%	−2.23%	−2.62%	−0.97%	−0.22%	0.40%	−0.49%	−0.97%	−1.88%
	ACM	−1.09%	−1.96%	−2.03%	−0.69%	−0.17%	0.07%	−2.94%	−2.46%	−1.48%
2016	BCM	2.20%	2.17%	1.66%	0.06%	0.11%	0.50%	−0.98%	0.06%	1.65%
	ACM	1.35%	1.50%	0.39%	−1.30%	−0.03%	1.10%	−0.03%	2.00%	3.03%
2017	BCM	3.13%	3.25%	2.73%	−0.17%	−0.39%	0.50%	1.09%	2.10%	2.58%
	ACM	2.58%	2.79%	3.00%	0.82%	0.11%	−0.21%	1.82%	1.61%	3.03%

15.3 电子器械及器材制造业运行状况分析

会计综合评价指数分别采用B周期移动平均和A周期移动平均两种方法，对行业运行状况基准值进行预测。具体来讲，B周期移动平均的样本数量以年度最新行业样本为准，进行滚动预测，样本数量较多，更能代表行业当前发展状况；A周期移动平均则按照样本基期进行滚动预测，样本选取比较稳定，对行业历史发展状况的讨论更为充分。

15.3.1 电子器械及器材制造业回报分析

图15-2、图15-3和图15-4分别为电子器械及器材制造业的净资产收益率、总资产收益率和销售净利率的变动趋势图，其中，净资产收益率和总资产收益率的分母分别采用本年末所有者权益（总资产）与上年末所有者权益（总资产）的均值计算，因此净资产收益率和总资产收益率的基期均为2008年。基于对电子器械及器材制造业财务指标的预测，在评价电子器械及器材制造业回报的过程中，我们分别在图中画出了基于B周期移动平均和A周期移动平均所计算的2012—2017年净资产收益率、总资产收益率和销售净利率的预测值。

观察图 15－2、图 15－3 和图 15－4 可以发现，电子器械及器材制造业 B 周期移动平均和 A 周期移动平均所选取样本的回报类财务指标的变动趋势基本一致。具体而言，该行业净资产收益率在 2008—2010 年呈现小幅上升趋势，之后快速下降，2012 年达到最低点，之后进入稳定周期，在 0.065 上下调整。该行业的总资产收益率与净资产收益率变动趋势类似，确认了净资产收益率的变动趋势。销售净利率在 2008 年之后连续两年上升，2010 年下降，随后再次上升至 2016 年，2017 年出现小幅下降。总体来说，电子器械及器材制造业整体回报稳定，行业未来发展看好。

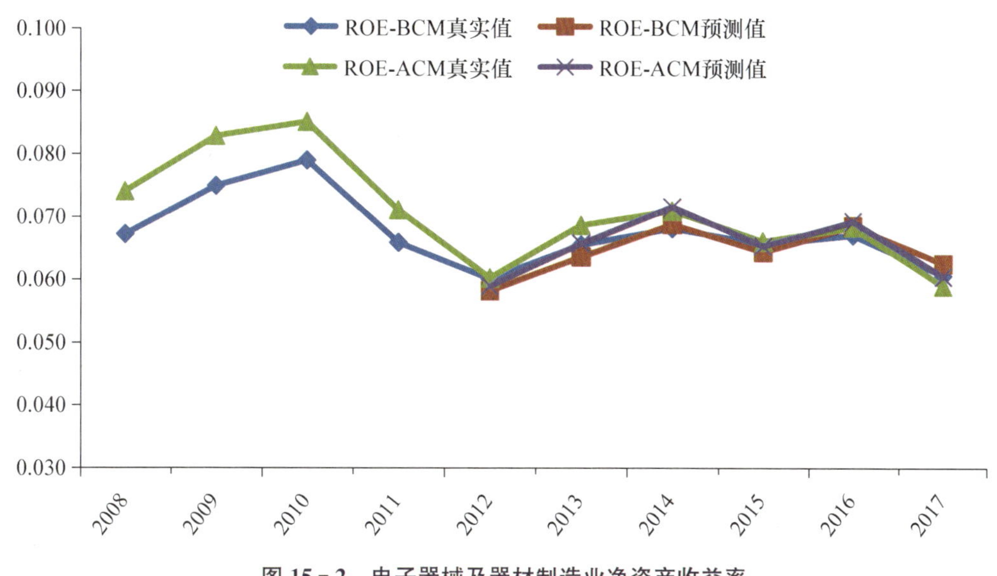

图 15－2　电子器械及器材制造业净资产收益率

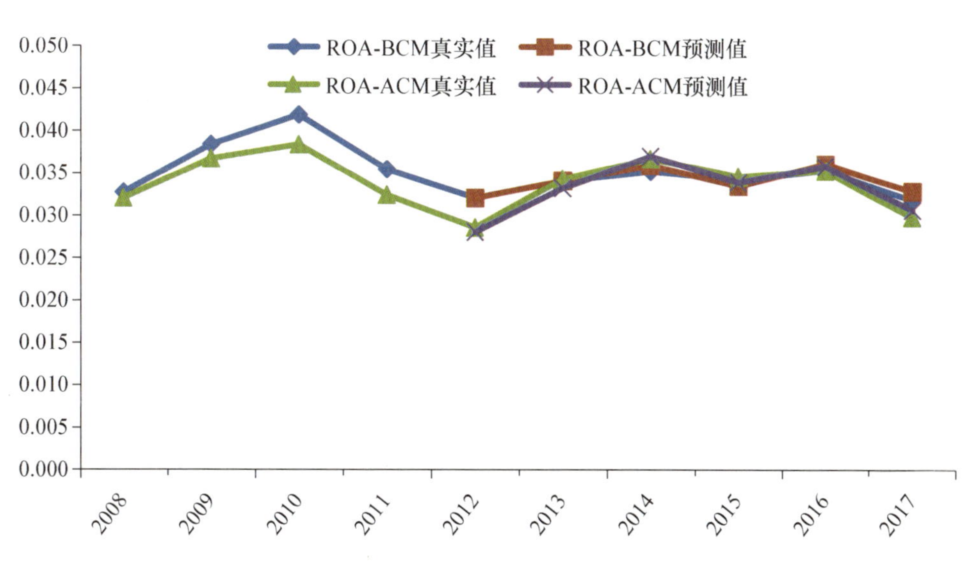

图 15－3　电子器械及器材制造业总资产收益率

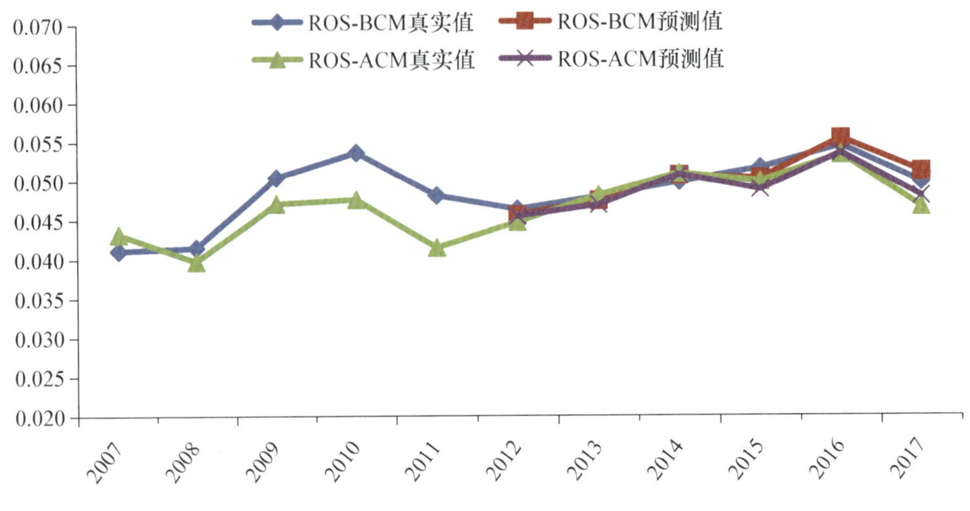

图 15－4　电子器械及器材制造业销售净利率

在电子器械及器材制造业回报分析中，从预测财务指标与真实财务指标的对比可以看出，无论是 B 周期移动平均还是 A 周期移动平均，预测值与真实值的差异均较小，表明模型预测效果较好。

15.3.2　电子器械及器材制造业风险分析

图 15－5、图 15－6 分别从资产负债率和流动比率两个角度对电子器械及器材制造业的风险进行了分析。与行业回报的分析类似，2007—2017 年电子器械及器材制造业的风险类财务指标根据行业真实值进行计算，同时采用 B 周期移动平均和 A 周期移动平均计算了资产负债率和流动比率的预测值。

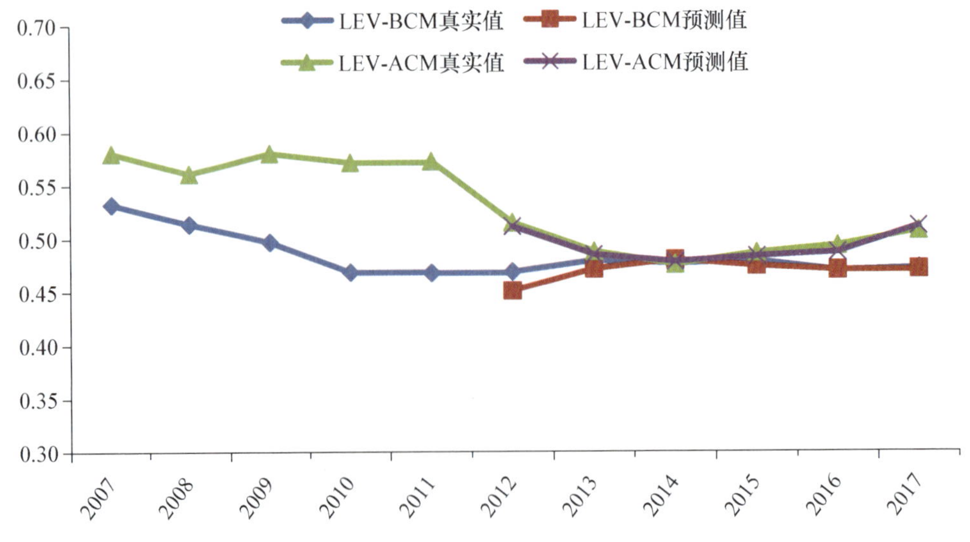

图 15－5　电子器械及器材制造业资产负债率

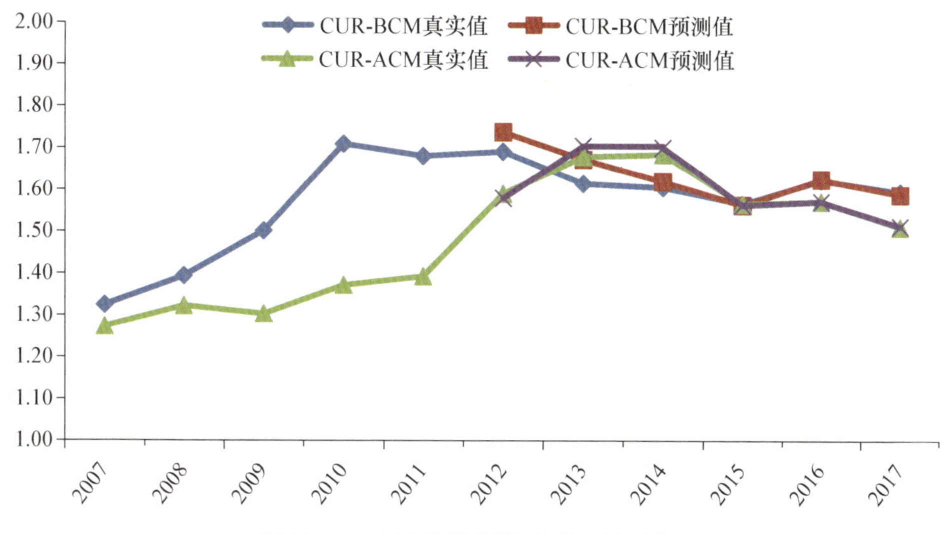

图 15－6　电子器械及器材制造业流动比率

从资产负债率来看，电子器械及器材制造业 B 周期移动平均所选取样本在 2007—2010 年呈现下降趋势，2011 年趋于平稳；A 周期移动平均所选取样本在 2007—2011 年保持稳定，之后连续两年下降，近年与 B 周期移动平均所选取样本的变动趋势类似，处于稳定状态。从流动比率来看，该行业的短期偿债能力从 2007 年开始呈现一定的上升趋势，B 周期移动平均所选取样本从 2011 年开始震荡调整，A 周期移动平均所选取样本则从 2014 年开始进入调整周期。综合资产负债率和流动比率的变动趋势可知，该行业发展稳定，运行风险较小，配合行业较高的回报能力，具有较大的发展潜力。

从电子器械及器材制造业资产负债率和流动比率的预测值可以发现，采用 B 周期移动平均和 A 周期移动平均所计算的 2012—2017 年行业资产负债率和流动比率与真实值的差距较小，能够较好地反映行业风险变动趋势，说明模型预测效果较好。

15.3.3　电子器械及器材制造业成长分析

图 15－7、图 15－8、图 15－9 和图 15－10 分别从电子器械及器材制造业周转速度（总资产周转率、应收账款周转率）和成长速度（营业总收入增长率、总资产增长率）两个角度衡量该行业的成长。由于行业样本区间为 2007—2017 年，而周转速度计算的分母为前一期期末和本期期末的均值，因此我们在进行周转速度分析时，将基期确定为 2008 年。同样，行业成长速度采用本年度财务指标与上一年度财务指标的比值，因此成长速度的基期也为 2008 年。

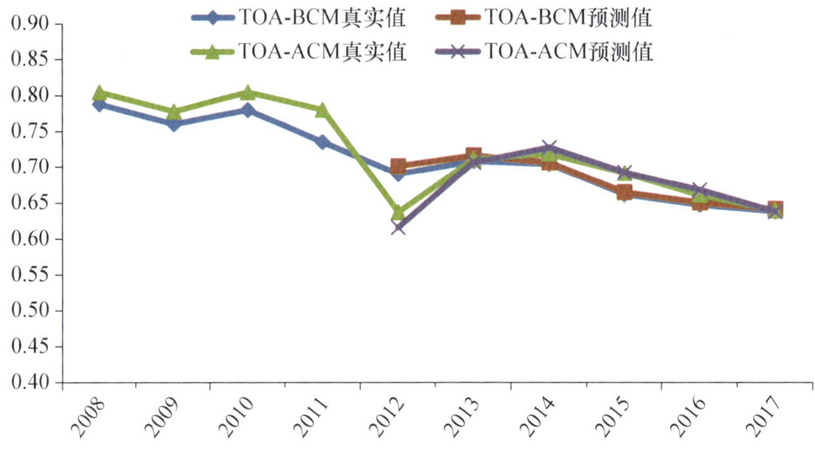

图 15－7　电子器械及器材制造业总资产周转率

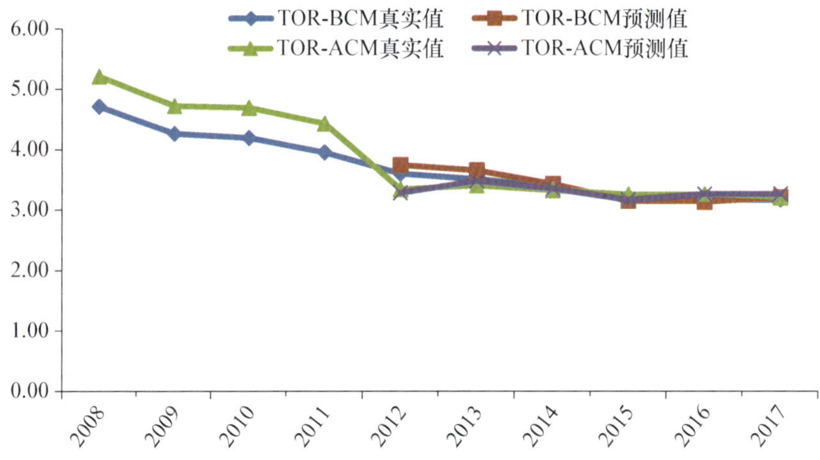

图 15－8　电子器械及器材制造业应收账款周转率

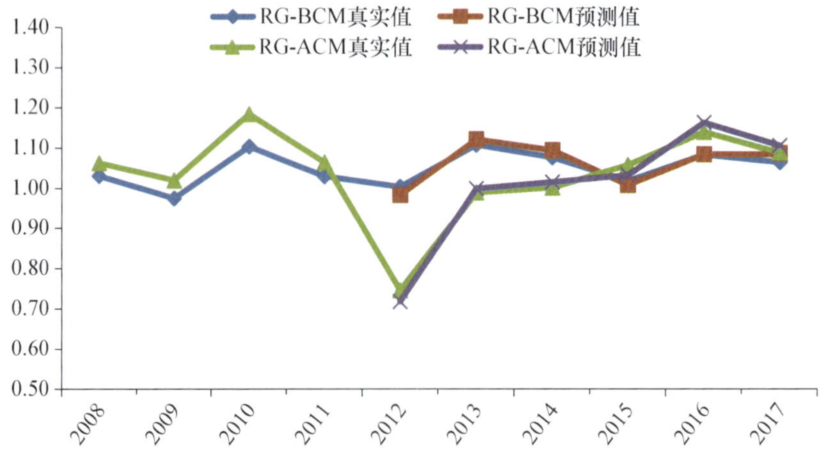

图 15－9　电子器械及器材制造业营业总收入增长率

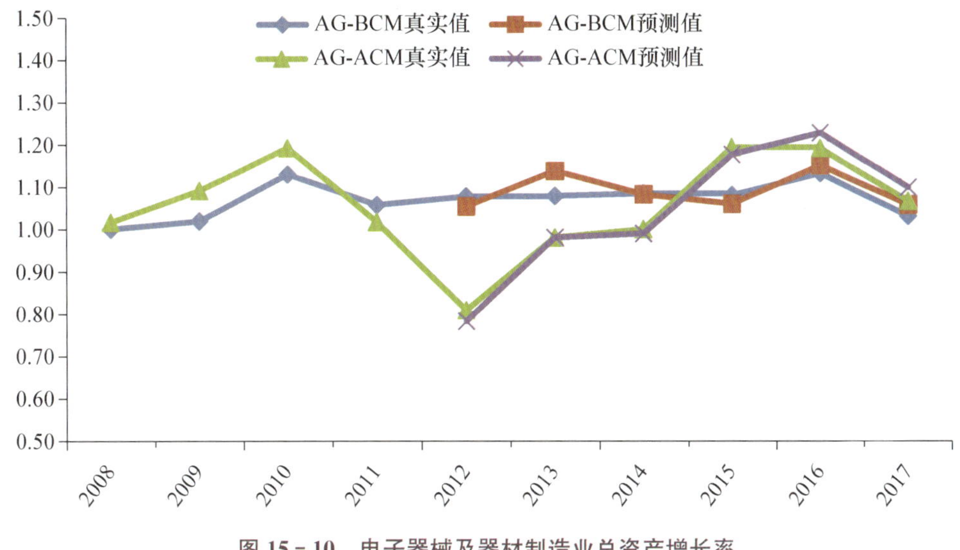

图 15-10　电子器械及器材制造业总资产增长率

从周转速度看，电子器械及器材制造业 B 周期移动平均所选样本和 A 周期移动平均所选样本的变动趋势基本一致。总资产周转率从 2010 年进入下滑周期，2012 年达到最低点，2013 年略有上升，之后再次延续之前的下降趋势。应收账款周转率从 2008 年开始一直呈现下滑趋势，2015 年之后下降趋势减缓，印证了该行业发展稳定的假设。从成长速度看，B 周期移动平均和 A 周期移动平均所选样本的变化趋势有一定的差异，B 周期所选样本的营业总收入增长率和总资产增长率始终处于稳定状态，在 1 上下波动；A 周期所选样本的两个指标均在 2012 年出现大幅下滑，但整体变动趋势相对平稳，进一步验证了行业发展进入稳定周期的假设。

从电子器械及器材制造业的周转速度（总资产周转率、应收账款周转率）和成长速度（营业总收入增长率、总资产增长率）的预测值可以发现，采用 B 周期移动平均和 A 周期移动平均所计算的 2012—2017 年行业预测值与真实值的差距较小，能够较好地反映行业的变动趋势，说明模型预测效果较好。

15.4　电子器械及器材制造业会计综合评价指数构建

根据制造业会计综合评价指数的计算方法，表 15-8 列示了电子器械及器材制造业上市公司的前 20 名。由表 15-8 可知，电子器械及器材制造业会计综合评价指数排名前五的上市公司分别为飞科电器（603868）、浙江美大（002677）、老板电器（002508）、华明装备（002270）和全信股份（300447）。

表 15-8　2017 年会计综合评价指数电子器械及器材制造业前 20 名上市公司

股票简称	股票代码	会计综合评价指数	排名
飞科电器	603868	100.00	1
浙江美大	002677	100.00	1
老板电器	002508	100.00	1
华明装备	002270	99.62	4
全信股份	300447	97.39	5
立霸股份	603519	97.13	6
良信电器	002706	95.14	7
科士达	002518	91.34	8
南洋股份	002212	90.86	9
麦迪电气	300341	89.54	10
鹏辉能源	300438	87.82	11
天银机电	300342	87.55	12
通达动力	002576	87.07	13
华帝股份	002035	86.63	14
横店东磁	002056	86.38	15
中天科技	600522	86.25	16
地尔汉宇	300403	86.18	17
首航节能	002665	86.01	18
弘讯科技	603015	85.06	19
海洋王	002724	84.62	20

注：会计综合评价指数的构建以公开财务数据真实有效为前提。

第 16 章　计算机等电子设备制造业会计综合评价指数编制结果及分析

计算机、通信和其他电子设备制造业包括计算机制造、通信设备制造、广播电视设备制造、雷达及配套设备制造、非专业视听设备制造、智能消费设备制造、电子器件制造、电子元件及电子专用材料制造和其他电子设备制造等 9 个小行业。该行业作为国民经济的支柱产业，对我国经济的飞速发展贡献巨大。在过去十年中，计算机、通信和其他电子设备制造业产值年均增长率维持在 17%左右，在工业产值排名中位居前列。近年来，面临经济转型、产业结构调整的压力，计算机、通信和其他电子设备制造业总体运行较为平稳，保持了相对较高的景气程度。2015 年 5 月 8 日，国务院发布的《中国制造 2025》明确提出要大力推动信息通信设备、集成电路及专用装备、操作系统及工业软件等领域的发展，为计算机、通信和其他电子设备制造业的再一次腾飞注入强劲动力。上市公司作为行业龙头，其经营业绩和财务绩效等均对评价行业整体发展状况具有一定的示范作用。本章以上市公司为样本，从发展趋势、回报、风险和成长四个角度对计算机、通信和其他电子设备制造业的经营状况进行分析，以期为计算机、通信和其他电子设备制造业的健康发展提供一些有益的经验和借鉴。

16.1　计算机等电子设备制造业发展趋势分析

为了对计算机、通信和其他电子设备制造业的发展趋势进行分析，我们以 2007 年第 1 季度以来的所有季度作为样本区间，截至 2018 年第 1 季度，我们所选样本 45 个季度的季均总资产为 10 344.00 亿元，季均营业总收入为 1 930.51 亿元，季均价值创造额为 406.07 亿元。

为了研究计算机、通信和其他电子设备制造业的发展趋势，我们以样本公司的季度总资产、季度营业总收入和季度价值创造额为基础构建了计算机、通信和其他电子设备制造业的资产指数、收入指数和价值创造额指数（见表16-1）。三类指数的波动趋势如图16-1所示。

表16-1 计算机、通信和其他电子设备制造业资产指数、收入指数、价值创造额指数的编制结果

季度	资产指数	收入指数	价值创造额指数
200701	100	100	100
200702	104	114	155
200703	111	118	138
200704	116	141	184
200801	116	112	157
200802	121	119	165
200803	124	124	160
200804	123	124	181
200901	124	95	137
200902	137	121	172
200903	143	141	174
200904	163	192	261
201001	171	162	183
201002	184	190	263
201003	199	196	215
201004	214	235	338
201101	220	181	215
201102	236	213	302
201103	245	227	300
201104	259	263	443
201201	258	191	235
201202	266	244	327
201203	276	244	340
201204	283	286	362
201301	284	221	339
201302	298	256	401
201303	309	264	396
201304	318	311	466
201401	337	244	379
201402	346	285	428
201403	371	308	492

续表

季度	资产指数	收入指数	价值创造额指数
201404	386	382	697
201501	404	280	460
201502	419	328	558
201503	443	355	577
201504	472	437	726
201601	484	327	622
201602	516	396	643
201603	553	430	689
201604	608	530	898
201701	614	398	691
201702	634	475	850
201703	671	505	912
201704	701	600	930
201801	718	459	809

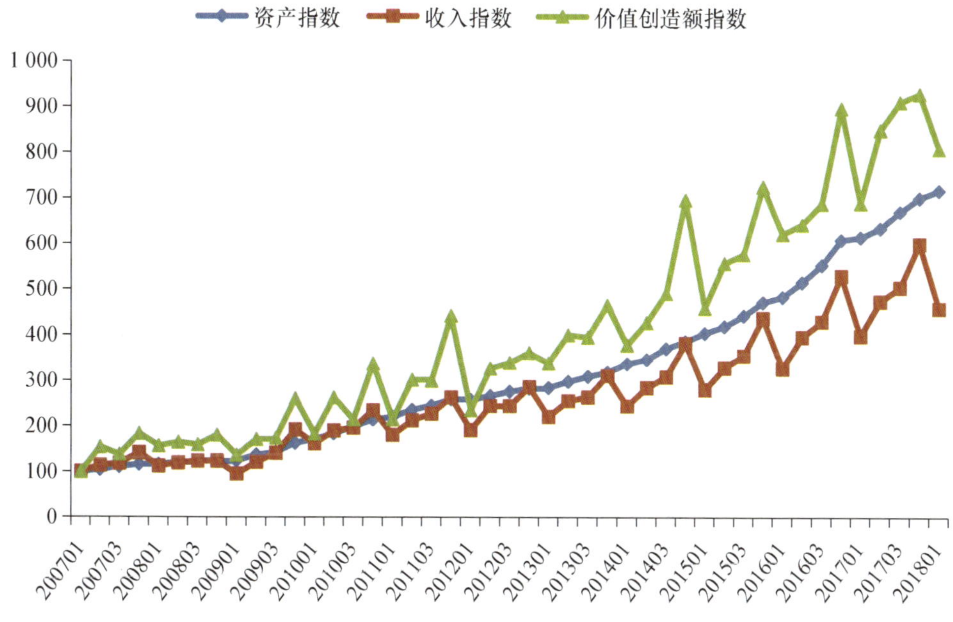

图 16－1 计算机、通信和其他电子设备制造业三类指数总体波动趋势

由表 16－1 和图 16－1 可知，从总体运行趋势来看，计算机、通信和其他电子设备制造业的资产指数自 2007 年第 1 季度以来一直呈上升趋势，2018 年第 1 季度达到 718 点，与 2007 年第 1 季度相比上升了 618%。从计算机、通信和其他电子设备制造业收入指数的变动趋势看，由于受到金融危机的影响，收入指数在2008年第1季度短暂小幅下滑，2009年第1季度降到历史最低点，但很快反弹，此后一直保持着稳定增长态势，并且呈现出明显的第4季度效应。从计算机、通信和其他电子设备制造业价值创造额指数的变动趋势看，价值创造额指数与收入指数的趋势高度相符，除了金融危机期间，一直保持稳定的增长态势，并且第4季度效应更为明显。

从三类指数运行趋势之间的关系来看，价值创造额指数与收入指数一直保持相似的增长趋势，这说明计算机、通信和其他电子设备制造业的价值创造能力较强，随着收入的增长稳定提升。收入指数与资产指数在2011年以前的趋势大体相符，之后收入指数的增速开始低于资产指数的增速，且差距呈现逐步扩大的趋势。因此，虽然价值创造能力较好，行业景气度相对较高，但计算机、通信和其他电子设备制造业仍需正视产业结构升级与经济转型的问题，从而提升经济效率，实现行业发展的又一次腾飞。

16.2 计算机等电子设备制造业财务指标预测

16.2.1 资产负债表主要项目预测

根据会计综合评价指数的构建需要，我们分别对计算机、通信和其他电子设备制造业2012—2017年的资产均值、负债均值、所有者权益均值、流动资产均值、流动负债均值和应收账款均值进行了预测。

表16-2列示了计算机、通信和其他电子设备制造业的资产、负债、所有者权益、流动资产、流动负债和应收账款的行业真实值和预测值，其中预测值分别采用B周期移动平均和A周期移动平均两种方法进行预测。表16-3则分别列示了资产负债表主要项目真实值与预测值的差异，从计算结果可以看出，无论是B周期移动平均还是A周期移动平均，均能够对资产负债表主要项目进行准确预测，模型稳定性较好。

表16-2 资产负债表主要项目预测结果

单位：亿元

年份		资产	负债	所有者权益	流动资产	流动负债	应收账款
2012	BCM真实值	40.40	20.50	19.50	25.40	15.90	6.20
	BCM预测值	41.10	20.90	19.60	26.20	16.40	6.26
	ACM真实值	55.70	30.30	24.70	35.20	23.20	8.42
	ACM预测值	57.20	31.60	25.00	36.20	23.90	8.48

续表

年份		资产	负债	所有者权益	流动资产	流动负债	应收账款
2013	BCM 真实值	44.30	23.30	21.30	28.20	18.60	7.19
	BCM 预测值	44.60	23.20	21.20	28.30	18.50	7.19
	ACM 真实值	51.80	27.30	25.00	33.90	21.80	8.74
	ACM 预测值	51.20	26.60	24.50	33.00	21.00	8.29
2014	BCM 真实值	50.50	26.10	24.70	33.00	20.60	8.42
	BCM 预测值	50.10	26.10	24.50	32.30	20.20	8.37
	ACM 真实值	53.90	27.50	26.80	36.20	21.70	9.40
	ACM 预测值	52.90	27.20	26.50	34.90	21.00	9.12
2015	BCM 真实值	58.70	29.20	29.80	36.30	23.00	9.78
	BCM 预测值	56.70	28.70	28.30	35.50	22.30	9.88
	ACM 真实值	65.30	32.80	32.80	40.40	25.70	10.90
	ACM 预测值	62.60	32.20	30.90	39.40	24.90	11.00
2016	BCM 真实值	66.80	33.70	33.10	41.30	26.10	10.60
	BCM 预测值	67.10	32.50	34.80	41.00	26.10	11.20
	ACM 真实值	77.80	38.90	39.20	48.60	30.50	12.40
	ACM 预测值	77.60	37.80	39.90	47.10	30.10	12.80
2017	BCM 真实值	66.80	33.60	33.10	40.90	26.60	11.10
	BCM 预测值	67.10	34.30	32.80	40.70	27.00	10.60
	ACM 真实值	77.80	38.90	39.20	48.60	30.50	12.40
	ACM 预测值	91.80	48.00	43.70	54.40	37.00	13.90

表 16－3　资产负债表主要项目预测差异

年份		资产	负债	所有者权益	流动资产	流动负债	应收账款
2012	BCM	1.70%	2.27%	0.96%	3.45%	2.97%	0.96%
	ACM	2.66%	4.02%	1.22%	2.97%	3.07%	0.65%
2013	BCM	0.74%	−0.45%	−0.32%	0.45%	−0.38%	0.04%
	ACM	−1.19%	−2.74%	−1.64%	−2.58%	−3.57%	−5.07%
2014	BCM	−0.75%	−0.17%	−0.64%	−2.18%	−1.85%	−0.54%
	ACM	−1.84%	−1.37%	−1.05%	−3.57%	−3.07%	−3.04%
2015	BCM	−3.47%	−1.96%	−4.91%	−2.14%	−3.00%	0.94%
	ACM	−4.06%	−1.91%	−5.96%	−2.43%	−3.12%	1.40%
2016	BCM	0.47%	−3.52%	4.88%	−0.78%	0.12%	5.20%
	ACM	−0.20%	−2.69%	1.98%	−3.16%	−1.28%	2.99%
2017	BCM	0.43%	2.11%	−0.66%	−0.35%	1.50%	−3.86%
	ACM	2.83%	5.80%	0.65%	1.75%	4.47%	−3.74%

16.2.2 利润表主要项目预测

根据会计综合评价指数的构建需要，我们对利润表中营业总收入、营业总成本和扣除非经常性损益后的净利润三个会计项目进行了预测。需要说明的是，由于净利润包括企业的投资收益等非经常性损益，难以准确衡量企业主营业务所产生的回报，因此在对行业回报进行计算的过程中，选取扣除非经常性损益后的净利润进行预测。根据利润表的特点，在对营业总收入、营业总成本和扣除非经常性损益后的净利润进行预测的过程中，将除数占比和周期移动平均两种方法结合起来使用。

表 16－4 列示了利润表中营业总收入、营业总成本和扣除非经常性损益后的净利润的真实值和预测值，其中预测值分别采用 B 周期移动平均和 A 周期移动平均两种方法进行预测。表 16－5 进一步计算了利润表主要项目真实值和预测值的差异，结果显示利润表主要项目的预测差异较小，说明采取的方法能够较好地对利润表主要项目进行预测。

表 16－4 利润表主要项目预测结果 单位：亿元

年份		营业总收入	营业总成本	扣除非经常性损益后的净利润
2012	BCM 真实值	16.20	15.60	0.64
	BCM 预测值	16.10	15.20	0.67
	ACM 真实值	19.60	19.00	0.62
	ACM 预测值	19.20	18.50	0.61
2013	BCM 真实值	17.60	16.90	0.68
	BCM 预测值	17.30	16.70	0.67
	ACM 真实值	19.40	18.70	0.78
	ACM 预测值	19.00	18.40	0.74
2014	BCM 真实值	20.00	19.00	0.80
	BCM 预测值	19.50	18.90	0.76
	ACM 真实值	20.40	19.50	0.85
	ACM 预测值	20.10	19.50	0.82
2015	BCM 真实值	22.10	20.90	0.93
	BCM 预测值	21.80	20.60	0.90
	ACM 真实值	22.80	21.70	0.88
	ACM 预测值	22.50	21.40	0.85

续表

年份		营业总收入	营业总成本	扣除非经常性损益后的净利润
2016	BCM 真实值	24.90	23.40	1.11
	BCM 预测值	25.20	23.70	1.12
	ACM 真实值	25.60	24.50	1.05
	ACM 预测值	25.90	24.60	1.08
2017	BCM 真实值	24.90	23.70	1.12
	BCM 预测值	25.50	24.10	1.18
	ACM 真实值	28.70	27.70	1.16
	ACM 预测值	29.10	28.00	1.25

表 16-5 利润表主要项目预测差异

年份		营业总收入	营业总成本	扣除非经常性损益后的净利润
2012	BCM	−1.01%	−2.42%	4.35%
	ACM	−1.97%	−2.61%	−1.23%
2013	BCM	−1.41%	−1.42%	−0.79%
	ACM	−1.91%	−1.30%	−4.71%
2014	BCM	−2.01%	−0.51%	−4.80%
	ACM	−1.83%	0.07%	−3.09%
2015	BCM	−1.33%	−1.31%	−2.81%
	ACM	−1.19%	−1.62%	−3.63%
2016	BCM	1.45%	1.46%	0.47%
	ACM	1.34%	0.71%	2.80%
2017	BCM	2.23%	1.65%	5.80%
	ACM	1.50%	1.22%	7.53%

16.2.3 基于预测指标测算行业回报、风险和成长

在完成对营业总收入、营业总成本、扣除非经常性损益后的净利润、资产、负债、所有者权益、流动资产、流动负债和应收账款行业均值的预测之后，我们以预测值为基准，根据行业回报、风险和成长，计算了行业的净资产收益率、总资产收益率、销售净利率、资产负债率、流动比率、总资产周转率、应收账款周转率、营业总收入增长率和总资产增长率 9 个财务指标。具体预测结果列示在表 16-6 中。

表 16-6 计算机、通信和其他电子设备制造业回报、风险和成长预测结果

年份		回报			风险		成长			
		净资产收益率	总资产收益率	销售净利率	资产负债率	流动比率	总资产周转率	应收账款周转率	营业总收入增长率	总资产增长率
2012	BCM 真实值	0.033	0.016	0.040	0.51	1.59	0.41	2.78	1.00	1.03
	BCM 预测值	0.034	0.017	0.042	0.51	1.60	0.40	2.76	1.00	1.04
	ACM 真实值	0.026	0.011	0.032	0.54	1.51	0.36	2.51	0.96	1.03
	ACM 预测值	0.025	0.011	0.032	0.55	1.51	0.34	2.35	0.93	1.00
2013	BCM 真实值	0.033	0.016	0.039	0.53	1.52	0.42	2.63	1.08	1.10
	BCM 预测值	0.033	0.016	0.039	0.52	1.53	0.40	2.58	1.08	1.09
	ACM 真实值	0.031	0.015	0.040	0.53	1.55	0.36	2.26	0.99	0.93
	ACM 预测值	0.030	0.014	0.039	0.52	1.57	0.35	2.27	0.99	0.89
2014	BCM 真实值	0.035	0.017	0.040	0.52	1.60	0.42	2.56	1.13	1.14
	BCM 预测值	0.033	0.016	0.039	0.52	1.60	0.41	2.51	1.13	1.12
	ACM 真实值	0.033	0.016	0.041	0.51	1.67	0.39	2.25	1.05	1.04
	ACM 预测值	0.032	0.016	0.041	0.51	1.66	0.39	2.30	1.05	1.03
2015	BCM 真实值	0.034	0.017	0.042	0.50	1.58	0.40	2.43	1.11	1.16
	BCM 预测值	0.034	0.017	0.041	0.51	1.59	0.41	2.39	1.11	1.13
	ACM 真实值	0.030	0.015	0.039	0.50	1.58	0.38	2.24	1.11	1.21
	ACM 预测值	0.030	0.015	0.038	0.51	1.59	0.39	2.23	1.12	1.18
2016	BCM 真实值	0.035	0.018	0.045	0.50	1.58	0.40	2.44	1.13	1.14
	BCM 预测值	0.035	0.018	0.044	0.48	1.57	0.41	2.40	1.16	1.18
	ACM 真实值	0.029	0.015	0.041	0.50	1.59	0.36	2.20	1.12	1.19
	ACM 预测值	0.031	0.015	0.042	0.49	1.56	0.37	2.18	1.15	1.24
2017	BCM 真实值	0.034	0.017	0.045	0.50	1.54	0.37	2.30	1.00	1.00
	BCM 预测值	0.035	0.018	0.046	0.51	1.51	0.38	2.34	1.01	1.00
	ACM 真实值	0.028	0.014	0.040	0.51	1.51	0.34	2.14	1.12	1.15
	ACM 预测值	0.030	0.015	0.043	0.52	1.47	0.34	2.19	1.12	1.18

表 16-7 进一步列示了计算机、通信和其他电子设备制造业回报、风险和成长类财务指标预测值与真实值之间的差异。对比计算机、通信和其他电子设备制造业采用 B 周期移动平均和 A 周期移动平均所预测的财务指标与该行业财务指标的真实值可知，所选用的预测模型的预测效果较好，预测能力比较稳定。

表 16 - 7 计算机、通信和其他电子设备制造业回报、风险和成长预测差异

年份		回报			风险		成长			
		净资产收益率	总资产收益率	销售净利率	资产负债率	流动比率	总资产周转率	应收账款周转率	营业总收入增长率	总资产增长率
2012	BCM	3.02%	3.04%	5.41%	0.56%	0.46%	−2.25%	−0.92%	−0.83%	0.85%
	ACM	−3.68%	−5.34%	0.75%	1.32%	−0.10%	−6.04%	−6.41%	−3.75%	−3.21%
2013	BCM	−1.08%	−1.97%	0.63%	−1.18%	0.84%	−2.58%	−1.87%	−0.41%	−0.94%
	ACM	−4.51%	−5.48%	−2.86%	−1.57%	1.03%	−2.69%	0.37%	0.06%	−3.75%
2014	BCM	−4.33%	−4.75%	−2.85%	0.59%	−0.34%	−1.95%	−1.74%	−0.60%	−1.48%
	ACM	−1.77%	−1.59%	−1.29%	0.48%	−0.52%	−0.31%	2.28%	0.08%	−0.66%
2015	BCM	0.17%	−0.61%	−1.50%	1.56%	0.88%	0.91%	−1.58%	0.70%	−2.74%
	ACM	0.13%	−0.60%	−2.48%	2.24%	0.72%	1.93%	−0.53%	0.65%	−2.26%
2016	BCM	0.22%	1.86%	−0.97%	−3.97%	−0.90%	2.86%	−1.66%	2.81%	4.08%
	ACM	4.51%	4.85%	1.44%	−2.49%	−1.90%	3.37%	−0.88%	2.56%	4.02%
2017	BCM	3.61%	5.33%	3.49%	1.68%	−1.82%	1.77%	1.65%	0.77%	−0.04%
	ACM	6.17%	6.03%	5.94%	2.89%	−2.61%	0.09%	2.14%	0.16%	3.03%

16.3 计算机等电子设备制造业运行状况分析

会计综合评价指数分别采用 B 周期移动平均和 A 周期移动平均两种方法，对行业运行状况基准值进行预测。具体来讲，B 周期移动平均的样本数量以年度最新行业样本为准，进行滚动预测，样本数量较多，更能代表行业当前发展状况；A 周期移动平均则按照样本基期进行滚动预测，样本选取比较稳定，对行业历史发展状况的讨论更为充分。

16.3.1 计算机等电子设备制造业回报分析

图 16 - 2、图 16 - 3 和图 16 - 4 分别为计算机、通信和其他电子设备制造业的净资产收益率、总资产收益率和销售净利率的变动趋势图，其中，净资产收益率和总资产收益率的分母分别采用本年末所有者权益（总资产）与上年末所有者权益（总资产）的均值计算，因此净资产收益率和总资产收益率的基期均为 2008 年。基于对计算机、通信和其他电子设备制造业财务指标的预测，在评价计算机、通信和其他电子设备制造业回报的过程中，我们分别在图中画出了基于 B 周期移动平均和 A 周期移动平均所计算的 2012—2017 年净资产收益率、总资产收益率和销售净利率的预测值。

观察图 16－2、图 16－3 和图 16－4 可以发现，计算机、通信和其他电子设备制造业 B 周期移动平均和 A 周期移动平均所选取样本的回报类财务指标的变动趋势大体一致。具体来说，受金融危机的影响，该行业净资产收益率在 2008—2009 年相对处于低位，2010 年出现大幅上升，达到高点，这与四万亿元投资计划的影响密切相关，2010 年以后下降直至 2012 年，之后开始呈现缓慢上升的趋势，近年趋于平稳。行业总资产收益率和销售净利率与净资产收益率的走势高度相似，确认了行业净资产收益率的变化趋势。

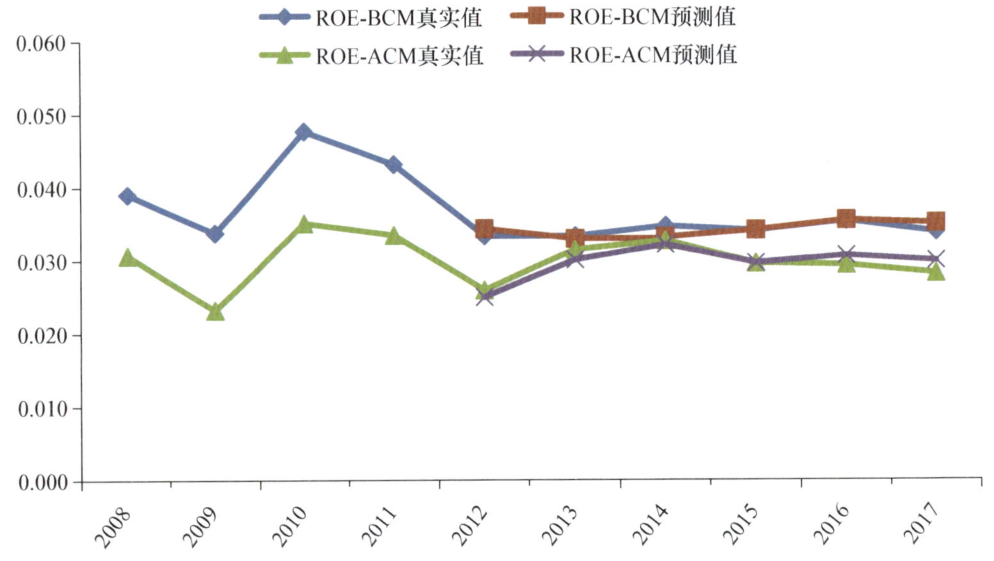

图 16－2　计算机、通信和其他电子设备制造业净资产收益率

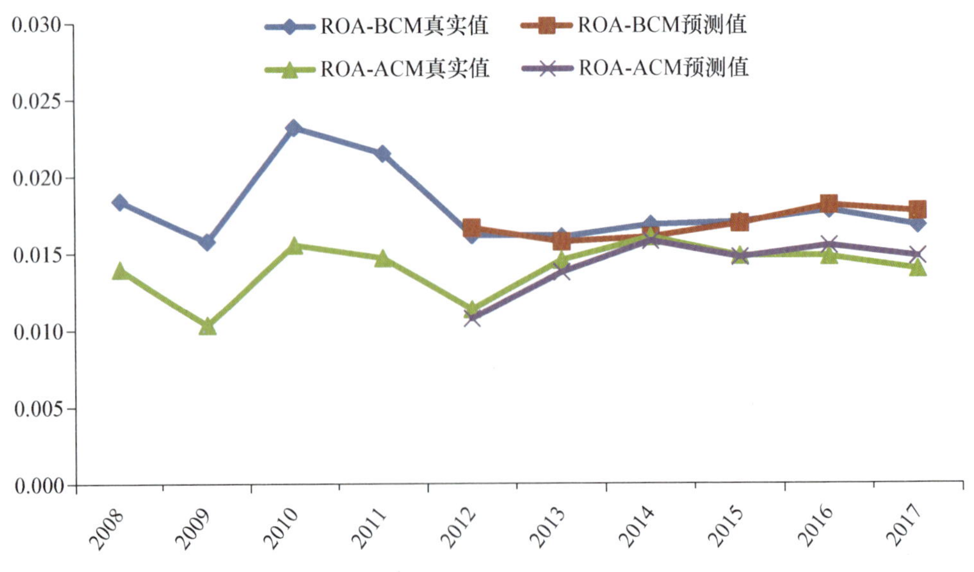

图 16－3　计算机、通信和其他电子设备制造业总资产收益率

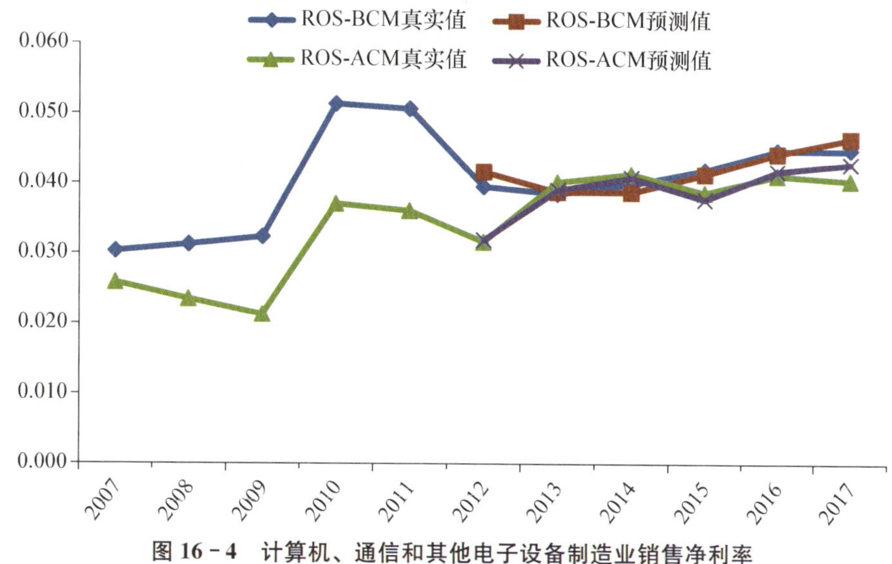

图 16-4　计算机、通信和其他电子设备制造业销售净利率

在计算机、通信和其他电子设备制造业回报分析中，从预测财务指标与真实财务指标的对比可以看出，无论是 B 周期移动平均还是 A 周期移动平均，预测值均从 2013 年开始缓慢上升，与真实值的差异较小，确认了行业发展前景良好，回报在近几年有所回升的现象。

16.3.2　计算机等电子设备制造业风险分析

图 16-5、图 16-6 分别从资产负债率和流动比率两个角度对计算机、通信和其他电子设备制造业的风险进行了分析。与行业回报的分析类似，2007—2017 年计算机、通信和其他电子设备制造业的风险类财务指标根据行业真实值进行计算，同时采用 B 周期移动平均和 A 周期移动平均计算了资产负债率和流动比率的预测值。

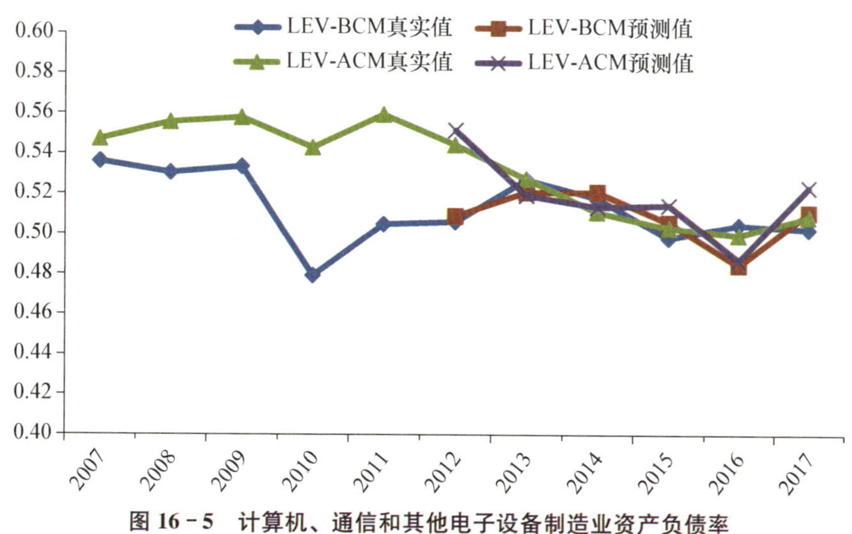

图 16-5　计算机、通信和其他电子设备制造业资产负债率

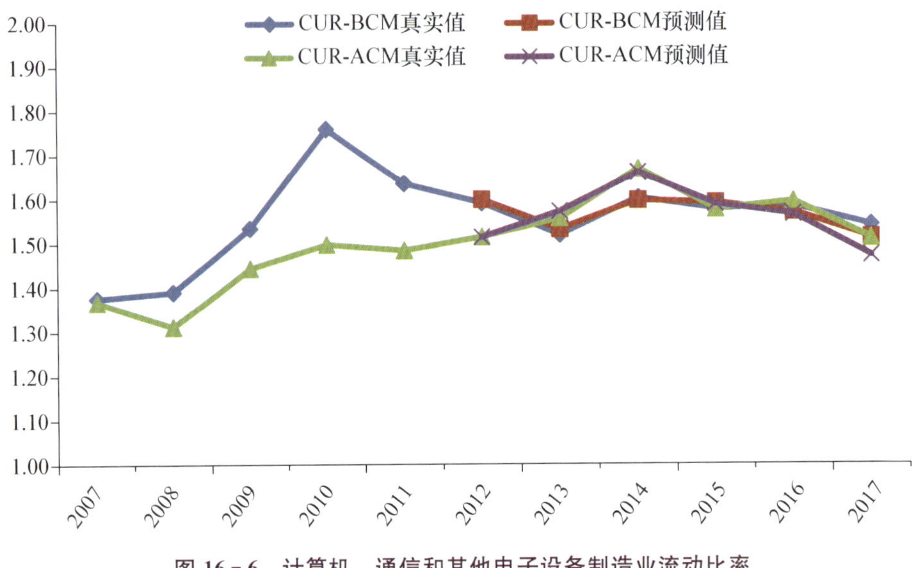

图 16-6　计算机、通信和其他电子设备制造业流动比率

从资产负债率来看，计算机、通信和其他电子设备制造业 B 周期移动平均所选样本在 2010 年大幅下降，2011 年小幅升高，此后几年总体变动趋势较为稳定，在 0.52 上下调整；A 周期移动平均所选样本自 2011 年起呈现出下滑趋势，2017 年小幅升高。从流动比率来看，计算机、通信和其他电子设备制造业 B 周期移动平均所选样本和 A 周期移动平均所选样本的运行趋势较为稳定，除 2008 年之后存在一个明显的增幅，2010 年开始进入震荡调整周期，在 1.6 附近波动。综合该行业资产负债率和流动比率的变动趋势并对比回报率可以发现，虽然该行业发展速度放缓，回报有所下滑，但是风险在近几年比较稳定。如果能够实现产业结构升级，改善行业回报，其发展前景依然看好。

从计算机、通信和其他电子设备制造业资产负债率和流动比率的预测值可以发现，采用 B 周期移动平均和 A 周期移动平均所计算的 2012—2017 年行业资产负债率和流动比率与真实值的差距较小，能够较好地反映行业风险变动趋势，说明模型预测效果较好。

16.3.3　计算机等电子设备制造业成长分析

图 16-7、图 16-8、图 16-9 和图 16-10 分别从计算机、通信和其他电子设备制造业周转速度（总资产周转率、应收账款周转率）和成长速度（营业总收入增长率、总资产增长率）两个角度衡量该行业的成长。由于行业样本区间为 2007—2017 年，而周转速度计算的分母为前一期期末和本期期末的均值，因此我们在进行周转速度分析时，将基期确定为 2008 年。同样，行业成长速度采用本年度财务指标与上一年度财务指标的比值，因此成长速度的基期也为 2008 年。

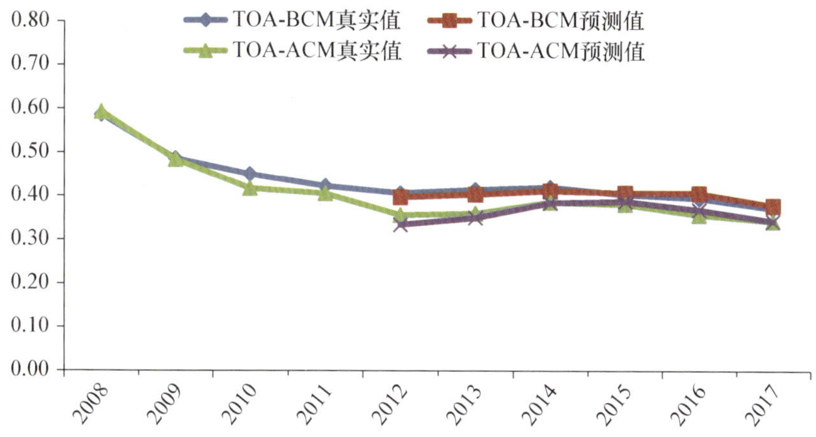

图 16－7　计算机、通信和其他电子设备制造业总资产周转率

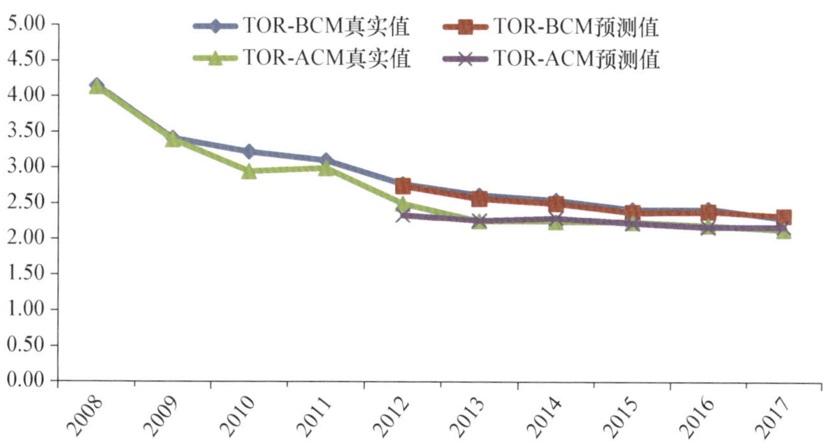

图 16－8　计算机、通信和其他电子设备制造业应收账款周转率

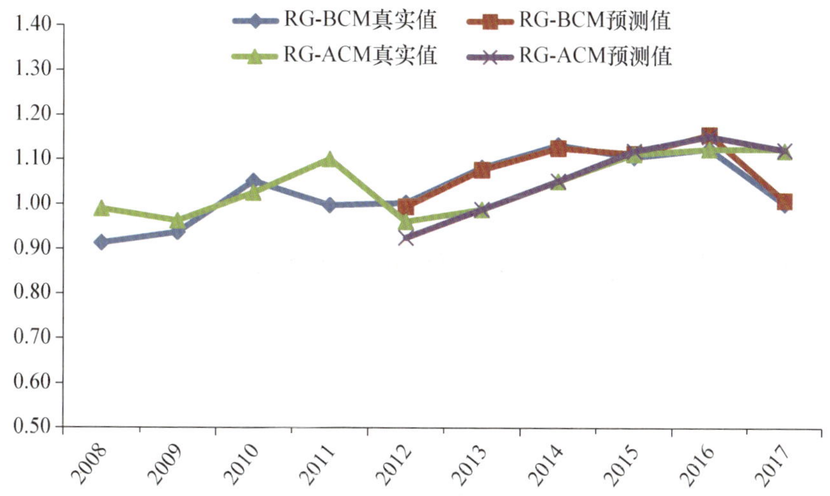

图 16－9　计算机、通信和其他电子设备制造业营业总收入增长率

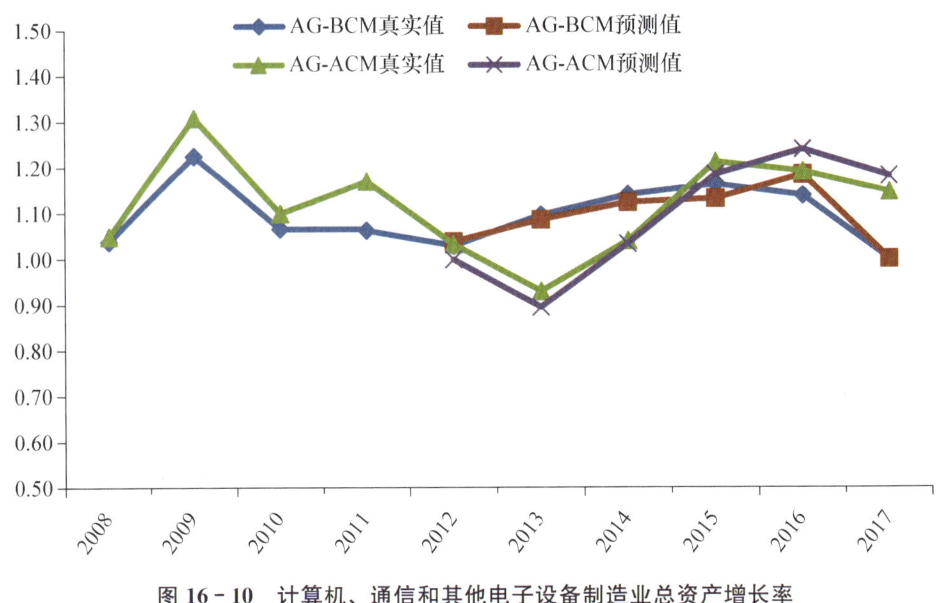

图 16－10　计算机、通信和其他电子设备制造业总资产增长率

从周转速度看，B周期移动平均所选样本和A周期移动平均所选样本的变动趋势比较一致。自2008年开始，计算机、通信和其他电子设备制造业的总资产周转率和应收账款周转率整体呈现一定的下滑趋势，说明该行业的运行效率有所降低。从成长速度看，B周期移动平均所选样本和A周期移动平均所选样本的变动趋势较为相近，行业营业总收入增长率和总资产增长率自2008年以来大多处于1～1.2之间，总体上保持稳定。在经济下行的大环境下，计算机、通信和其他电子设备制造业仍然能够保持相对较高的行业景气度。

从计算机、通信和其他电子设备制造业的周转速度（总资产周转率、应收账款周转率）和成长速度（营业总收入增长率、总资产增长率）的预测值可以发现，采用B周期移动平均和A周期移动平均所计算的2012—2017年行业预测值与真实值的差距较小，能够较好地反映行业的变动趋势，说明模型预测效果较好。

16.4　计算机等电子设备制造业会计综合评价指数构建

根据制造业会计综合评价指数的计算方法，表16－8列示了计算机、通信和其他电子设备制造业上市公司的前20名。由表16－8可知，计算机、通信和其他电子设备制造业会计综合评价指数排名前五的上市公司分别为朗科科技（300042）、大豪科技（603025）、中颖电子（300327）、福晶科技（002222）和苏州固锝（002079）。

表 16-8　2017 年会计综合评价指数计算机、通信和其他电子设备制造业前 20 名上市公司

股票简称	股票代码	会计综合评价指数	排名
朗科科技	300042	100.00	1
大豪科技	603025	100.00	1
中颖电子	300327	100.00	1
福晶科技	002222	98.66	4
苏州固锝	002079	96.64	5
鸿利智汇	300219	87.70	6
银河磁体	300127	87.63	7
汉王科技	002362	87.52	8
法拉电子	600563	87.48	9
漫步者	002351	87.18	10
三安光电	600703	87.11	11
三环集团	300408	86.46	12
海康威视	002415	86.35	13
和而泰	002402	86.29	14
浪潮信息	000977	86.19	15
北京君正	300223	85.87	16
信维通信	300136	85.19	17
天孚通信	300394	84.38	18
奥拓电子	002587	84.33	19
水晶光电	002273	84.20	20

注：会计综合评价指数的构建以公开财务数据真实有效为前提。

第17章 电力、热力、燃气及水生产和供应业会计综合评价指数编制结果及分析

电力、热力、燃气及水生产和供应业，包括电力、热力生产和供应业（行业代码为D44），燃气生产和供应业（行业代码为D45），以及水的生产和供应业（行业代码为D46）三个子行业。具体而言，电力生产和供应业是指利用火力、水力、核力、风力、太阳能和其他能源进行电力生产的活动，利用电网出售给用户电能的输送与分配活动，以及供电局的供电活动。热力生产和供应业是指利用煤炭、油、燃气等能源，通过锅炉等装置生产蒸汽和热水，或外购蒸汽、热水进行供应销售、供热设施的维护和管理的活动，包括利用地热和温泉供应销售的活动。燃气生产和供应业是指利用煤炭、油、燃气等能源生产燃气，或外购液化石油气、天然气等燃气，并进行输配，向用户销售燃气的活动，以及煤气、液化石油气、天然气输配及使用过程中的维修和管理活动。水的生产和供应业则包括自来水生产和供应，污水处理及其再生利用，海水淡化处理，其他水的处理、利用与分配等。电力、热力、燃气及水生产和供应业是国民经济的基础性行业，随着时代发展呈现出新型化、智能化、绿色化等趋势。

作为关乎国计民生的关键行业，电力、热力、燃气及水生产和供应业的发展对于居民生活、社会生产具有重要意义。我国政府非常重视电力、热力、燃气及水生产和供应业的发展，多次研究部署加快行业发展的政策和措施，先后出台了《电力发展“十三五”规划》《天然气发展“十三五”规划》等推动行业发展的重要纲领性文件。上市公司作为各自行业内的领先企业，其经营业绩和财务绩效等对评价行业整体发展状况具有一定的示范作用。本章以上市公司为样本，从发展趋势、回报、风险和成长四个角度对电力、热力、燃气及水生产和供应业的经营状况进行分析，以期为电力、热力、燃气及水生产和供应业的健康发展提供一些有益的经验和借鉴。

17.1　电力、热力、燃气及水生产和供应业发展趋势分析

为了对电力、热力、燃气及水生产和供应业的发展趋势进行分析，我们以 2007 年第 1 季度以来的所有季度作为样本区间，截至 2018 年第 1 季度，我们所选样本 45 个季度的季均总资产为 20 274.44 亿元，季均营业总收入为 1 601.24 亿元，季均价值创造额为 558.51 亿元。

为了研究电力、热力、燃气及水生产和供应业的发展趋势，我们以样本公司的季度总资产、季度营业总收入和季度价值创造额为基础构建了电力、热力、燃气及水生产和供应业的资产指数、收入指数和价值创造额指数（见表 17-1）。三类指数的总体波动趋势如图 17-1 所示。

表 17-1　电力、热力、燃气及水生产和供应业资产指数、收入指数、价值创造额指数的编制结果

季度	资产指数	收入指数	价值创造额指数
200701	100	100	100
200702	107	109	119
200703	113	116	119
200704	122	130	130
200801	126	120	87
200802	135	133	81
200803	142	145	74
200804	144	136	80
200901	149	127	100
200902	153	138	114
200903	175	166	135
200904	189	187	133
201001	196	182	117
201002	205	195	135
201003	211	213	169
201004	225	238	174
201101	235	221	133
201102	242	238	171
201103	251	257	171
201104	256	265	177
201201	265	254	169
201202	269	267	227
201203	274	267	249
201204	287	317	296

续表

季度	资产指数	收入指数	价值创造额指数
201301	295	265	237
201302	297	268	275
201303	301	305	332
201304	310	320	270
201401	312	281	281
201402	317	285	309
201403	323	302	358
201404	334	312	294
201501	341	281	322
201502	348	273	347
201503	352	291	372
201504	367	308	304
201601	371	265	318
201602	397	275	344
201603	395	305	375
201604	414	349	322
201701	427	322	258
201702	433	318	281
201703	440	379	352
201704	449	386	276
201801	455	378	289

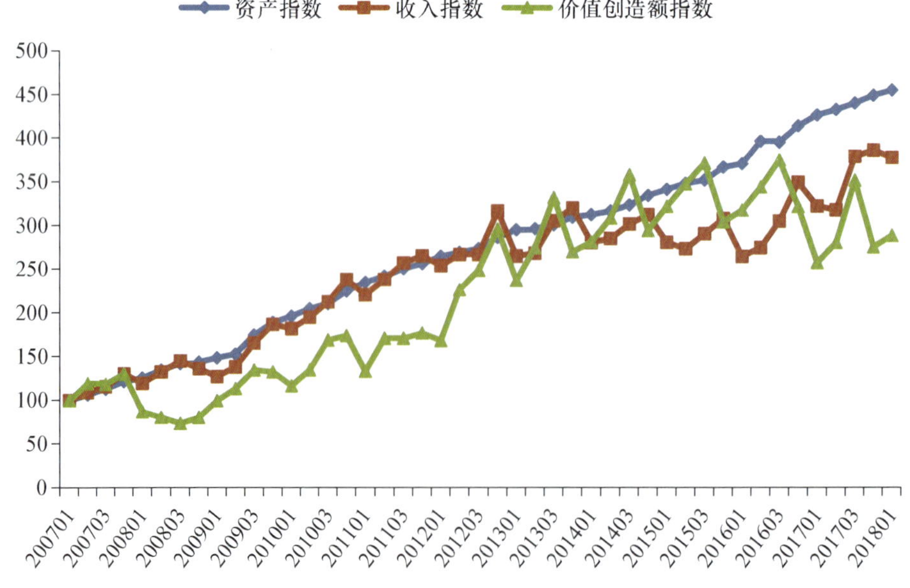

图 17－1　电力、热力、燃气及水生产和供应业三类指数总体波动趋势

由表 17－1 和图 17－1 可知，从总体运行趋势来看，电力、热力、燃气及水生产和供应业的资产指数自 2007 年第 1 季度以来一直呈上升趋势，2018 年第 1 季度达到 455 点，与 2007 年第 1 季度相比上升了 355%。从电力、热力、燃气及水生产和供应业收入指数的变动趋势来看，2007 年第 1 季度到 2012 年第 4 季度，收入指数持续上升，2013 年第 1 季度以来上升趋势减缓，处于震荡调整状态，2017 年上升趋势有所恢复。从电力、热力、燃气及水生产和供应业价值创造额指数的变动趋势来看，由于受到 2008 年金融危机的影响，价值创造额指数在 2008 年存在明显的降幅，从 2009 年第 1 季度开始持续上升，2013 年第 1 季度以来在波动中增速放缓，2016 年第 3 季度达到最高点，2017 年略有下降，印证了该行业近年来发展受限的特征。

从三类指数运行趋势之间的关系来看，整体而言，三类指数均呈现上升趋势。对比资产指数与收入指数可以发现，2007 年第 1 季度至 2012 年第 4 季度，电力、热力、燃气及水生产和供应业的收入指数与资产指数的变动趋势基本一致，之后收入指数基本处于资产指数之下，且二者差距有逐渐扩大的趋势，说明该行业的收入增速有待提升。对比资产指数与价值创造额指数可以看到，2012 年第 4 季度至 2015 年第 3 季度，价值创造额指数有时略高于资产指数，但总体上，价值创造额指数低于资产指数。综合三类指数的运行趋势可以发现，近年来虽然该行业资产规模扩大，但收入和价值创造额并没有相应提升且增长速度相对较慢，说明该行业的运行效率有待提升。

17.2 电力、热力、燃气及水生产和供应业财务指标预测

17.2.1 资产负债表主要项目预测

根据会计综合评价指数的构建需要，我们分别对电力、热力、燃气及水生产和供应业 2012—2017 年的资产均值、负债均值、所有者权益均值、流动资产均值、流动负债均值和应收账款均值进行了预测。

表 17－2 列示了电力、热力、燃气及水生产和供应业的资产、负债、所有者权益、流动资产、流动负债和应收账款的行业真实值和预测值，其中预测值分别采用 B 周期移动平均和 A 周期移动平均两种方法进行预测。表 17－3 则分别列示了资产负债表主要项目真实值与预测值的差异，从计算结果可以看出，无论是 B 周期移动平均还是 A 周期移动平均，均能够对资产负债表主要项目进行准确预测，模型稳定性较好。

表 17-2 资产负债表主要项目预测结果

单位：亿元

年份		资产	负债	所有者权益	流动资产	流动负债	应收账款
2012	BCM 真实值	107.00	65.90	42.00	21.80	31.10	4.81
	BCM 预测值	106.00	64.70	40.90	22.00	29.80	4.54
	ACM 真实值	149.00	91.30	57.90	28.90	44.20	6.47
	ACM 预测值	146.00	90.00	55.70	28.10	42.20	5.97
2013	BCM 真实值	118.00	70.80	47.90	24.10	34.40	5.17
	BCM 预测值	117.00	69.80	47.50	23.20	33.00	5.11
	ACM 真实值	151.00	89.60	61.50	30.60	44.50	6.45
	ACM 预测值	153.00	90.90	62.60	30.90	44.80	6.63
2014	BCM 真实值	132.00	77.70	54.30	26.50	37.70	5.47
	BCM 预测值	130.00	76.00	53.50	26.00	36.90	5.74
	ACM 真实值	168.00	97.20	69.30	32.20	48.60	6.55
	ACM 预测值	166.00	95.00	70.10	31.70	47.80	7.24
2015	BCM 真实值	147.00	86.30	61.20	28.50	41.30	5.79
	BCM 预测值	143.00	83.90	59.80	27.30	41.10	5.58
	ACM 真实值	171.00	98.10	72.30	32.00	48.10	6.55
	ACM 预测值	166.00	93.40	69.80	30.20	46.30	6.09
2016	BCM 真实值	158.00	90.90	67.20	31.40	44.50	6.31
	BCM 预测值	163.00	93.90	68.70	31.40	46.20	6.42
	ACM 真实值	188.00	106.00	79.70	35.70	53.70	7.27
	ACM 预测值	190.00	108.00	80.80	35.20	53.60	7.21
2017	BCM 真实值	165.00	95.70	68.90	34.20	47.60	7.21
	BCM 预测值	171.00	98.60	72.20	34.20	48.30	7.15
	ACM 真实值	197.00	113.00	81.00	38.70	57.40	8.20
	ACM 预测值	201.00	115.00	83.10	38.80	58.20	8.09

表 17-3 资产负债表主要项目预测差异

年份		资产	负债	所有者权益	流动资产	流动负债	应收账款
2012	BCM	−1.59%	−1.82%	−2.67%	1.10%	−4.31%	−5.69%
	ACM	−2.22%	−1.43%	−3.76%	−2.74%	−4.47%	−7.65%
2013	BCM	−1.19%	−1.38%	−0.84%	−3.81%	−4.03%	−1.25%
	ACM	1.36%	1.50%	1.74%	1.09%	0.48%	2.79%
2014	BCM	−1.53%	−2.17%	−1.32%	−2.00%	−2.01%	4.97%
	ACM	−1.27%	−2.24%	1.18%	−1.69%	−1.58%	10.53%

续表

年份		资产	负债	所有者权益	流动资产	流动负债	应收账款
2015	BCM	−3.11%	−2.84%	−2.41%	−4.23%	−0.54%	−3.59%
	ACM	−3.45%	−4.72%	−3.33%	−5.84%	−3.58%	−6.96%
2016	BCM	2.88%	3.22%	2.24%	−0.04%	3.71%	1.70%
	ACM	1.20%	1.17%	1.44%	−1.33%	−0.20%	−0.72%
2017	BCM	3.73%	3.03%	4.78%	0.21%	1.39%	−0.85%
	ACM	1.86%	1.82%	2.57%	0.07%	1.31%	−1.26%

17.2.2　利润表主要项目预测

根据会计综合评价指数的构建需要，我们对利润表中营业总收入、营业总成本和扣除非经常性损益后的净利润三个会计项目进行了预测。需要说明的是，由于净利润包括企业的投资收益等非经常性损益，难以准确衡量企业主营业务所产生的回报，因此在对行业回报进行计算的过程中，选取扣除非经常性损益后的净利润进行预测。根据利润表的特点，在对营业总收入、营业总成本和扣除非经常性损益后的净利润进行预测的过程中，将除数占比和周期移动平均两种方法结合起来使用。

表 17－4 列示了利润表中营业总收入、营业总成本和扣除非经常性损益后的净利润的真实值和预测值，其中预测值分别采用 B 周期移动平均和 A 周期移动平均两种方法进行预测。表 17－5 进一步计算了利润表主要项目真实值和预测值的差异，结果显示利润表主要项目的预测差异较小，说明采取的方法能够较好地对利润表主要项目进行预测。

表 17－4　利润表主要项目预测结果　　单位：亿元

年份		营业总收入	营业总成本	扣除非经常性损益后的净利润
2012	BCM 真实值	39.10	36.70	2.36
	BCM 预测值	39.20	37.10	2.14
	ACM 真实值	56.30	52.40	3.58
	ACM 预测值	55.60	52.20	3.18
2013	BCM 真实值	41.50	38.20	3.32
	BCM 预测值	41.30	37.60	3.44
	ACM 真实值	55.70	50.40	4.87
	ACM 预测值	56.10	50.30	4.93

续表

年份		营业总收入	营业总成本	扣除非经常性损益后的净利润
2014	BCM 真实值	44.10	40.70	3.70
	BCM 预测值	44.50	40.30	3.87
	ACM 真实值	60.20	54.10	5.42
	ACM 预测值	60.30	53.40	5.79
2015	BCM 真实值	44.90	41.10	3.95
	BCM 预测值	44.80	40.70	4.08
	ACM 真实值	54.00	47.80	5.09
	ACM 预测值	53.00	46.90	5.26
2016	BCM 真实值	46.30	42.10	3.91
	BCM 预测值	45.60	41.30	4.26
	ACM 真实值	55.80	49.90	4.93
	ACM 预测值	55.60	49.40	5.32
2017	BCM 真实值	51.10	48.00	3.39
	BCM 预测值	51.00	48.50	3.34
	ACM 真实值	60.50	56.50	3.93
	ACM 预测值	60.50	57.00	3.82

表 17-5 利润表主要项目预测差异

年份		营业总收入	营业总成本	扣除非经常性损益后的净利润
2012	BCM	0.20%	0.85%	−9.37%
	ACM	−1.12%	−0.39%	−10.98%
2013	BCM	−0.60%	−1.63%	3.71%
	ACM	0.58%	−0.22%	1.26%
2014	BCM	0.75%	−0.91%	4.72%
	ACM	0.12%	−1.41%	6.83%
2015	BCM	−0.07%	−1.03%	3.25%
	ACM	−1.89%	−1.89%	3.43%
2016	BCM	−1.48%	−1.92%	8.93%
	ACM	−0.27%	−1.17%	8.01%
2017	BCM	−0.30%	1.11%	−1.52%
	ACM	−0.11%	0.72%	−2.59%

17.2.3　基于预测指标测算行业回报、风险和成长

在完成对营业总收入、营业总成本、扣除非经常性损益后的净利润、资产、负债、所有者权益、流动资产、流动负债和应收账款行业均值的预测之后，我们以预测值为基准，根据行业回报、风险和成长，计算了行业的净资产收益率、总资产收益率、销售净利率、资产负债率、流动比率、总资产周转率、应收账款周转率、营业总收入增长率和总资产增长率 9 个财务指标。具体预测结果列示在表 17－6 中。

表 17－6　电力、热力、燃气及水生产和供应业回报、风险和成长预测结果

年份		回报			风险		成长			
		净资产收益率	总资产收益率	销售净利率	资产负债率	流动比率	总资产周转率	应收账款周转率	营业总收入增长率	总资产增长率
2012	BCM 真实值	0.059	0.023	0.060	0.61	0.70	0.38	8.49	1.05	1.07
	BCM 预测值	0.053	0.020	0.055	0.61	0.74	0.37	9.01	1.05	1.02
	ACM 真实值	0.065	0.025	0.064	0.61	0.65	0.39	8.88	1.02	1.06
	ACM 预测值	0.058	0.022	0.057	0.62	0.67	0.38	9.40	0.99	1.00
2013	BCM 真实值	0.074	0.029	0.080	0.60	0.70	0.37	8.31	1.06	1.10
	BCM 预测值	0.078	0.031	0.083	0.60	0.70	0.37	8.55	1.05	1.11
	ACM 真实值	0.082	0.032	0.087	0.59	0.69	0.37	8.63	0.99	1.02
	ACM 预测值	0.083	0.033	0.088	0.59	0.69	0.38	8.90	1.01	1.05
2014	BCM 真实值	0.072	0.030	0.084	0.59	0.70	0.35	8.30	1.06	1.11
	BCM 预测值	0.077	0.031	0.087	0.59	0.70	0.36	8.20	1.08	1.11
	ACM 真实值	0.083	0.034	0.090	0.58	0.66	0.38	9.27	1.08	1.11
	ACM 预测值	0.087	0.036	0.096	0.57	0.66	0.38	8.70	1.08	1.08
2015	BCM 真实值	0.068	0.028	0.088	0.59	0.69	0.32	7.97	1.02	1.12
	BCM 预测值	0.072	0.030	0.091	0.59	0.67	0.33	7.92	1.01	1.10
	ACM 真实值	0.072	0.030	0.094	0.57	0.67	0.32	8.26	0.90	1.02
	ACM 预测值	0.075	0.032	0.099	0.56	0.65	0.32	7.96	0.88	1.00
2016	BCM 真实值	0.061	0.026	0.085	0.57	0.70	0.30	7.65	1.03	1.07
	BCM 预测值	0.066	0.028	0.094	0.58	0.68	0.30	7.60	1.02	1.14
	ACM 真实值	0.065	0.027	0.088	0.57	0.66	0.31	8.08	1.03	1.10
	ACM 预测值	0.071	0.030	0.096	0.57	0.66	0.31	8.36	1.05	1.15
2017	BCM 真实值	0.050	0.021	0.066	0.58	0.72	0.32	7.56	1.10	1.04
	BCM 预测值	0.047	0.020	0.066	0.58	0.71	0.31	7.51	1.12	1.05
	ACM 真实值	0.049	0.020	0.065	0.57	0.67	0.31	7.83	1.09	1.05
	ACM 预测值	0.047	0.020	0.063	0.57	0.67	0.31	7.90	1.09	1.05

表 17－7 进一步列示了电力、热力、燃气及水生产和供应业回报、风险和成长类财务指标预测值与真实值之间的差异。对比电力、热力、燃气及水生产和供应业采用 B 周期移动平均和 A 周期移动平均所预测的财务指标与该行业财务指标的真实值可知，所选用的预测模型的预测效果较好，预测能力比较稳定。

表 17－7　电力、热力、燃气及水生产和供应业回报、风险和成长预测差异

年份		回报			风险		成长			
		净资产收益率	总资产收益率	销售净利率	资产负债率	流动比率	总资产周转率	应收账款周转率	营业总收入增长率	总资产增长率
2012	BCM	−9.20%	−9.87%	−9.56%	−0.24%	5.66%	−0.34%	6.07%	−0.54%	−4.29%
	ACM	−11.03%	−11.52%	−9.97%	0.81%	1.82%	−1.72%	5.90%	−2.98%	−5.63%
2013	BCM	5.50%	5.16%	4.34%	−0.19%	0.23%	0.79%	2.89%	−0.81%	0.40%
	ACM	2.21%	1.69%	0.67%	0.14%	0.61%	1.00%	3.09%	1.72%	3.66%
2014	BCM	5.87%	6.17%	3.94%	−0.65%	0.01%	2.15%	−1.17%	1.36%	−0.34%
	ACM	5.31%	6.86%	6.70%	−0.98%	−0.11%	0.15%	−6.16%	−0.46%	−2.59%
2015	BCM	5.24%	5.75%	3.32%	0.29%	−3.71%	2.35%	−0.63%	−0.81%	−1.61%
	ACM	4.61%	5.95%	5.42%	−1.31%	−2.34%	0.50%	−3.61%	−2.00%	−2.20%
2016	BCM	8.91%	8.95%	10.57%	0.33%	−3.62%	−1.47%	−0.66%	−1.41%	6.18%
	ACM	8.92%	9.13%	8.30%	−0.03%	−1.13%	0.76%	3.54%	1.65%	4.81%
2017	BCM	−4.87%	−4.68%	−1.22%	−0.68%	−1.16%	−3.50%	−0.64%	1.20%	0.83%
	ACM	−4.50%	−4.06%	−2.47%	−0.05%	−1.23%	−1.63%	0.90%	0.15%	0.66%

17.3　电力、热力、燃气及水生产和供应业运行状况分析

会计综合评价指数分别采用 B 周期移动平均和 A 周期移动平均两种方法，对行业运行状况基准值进行预测。具体来讲，B 周期移动平均的样本数量以年度最新行业样本为准，进行滚动预测，样本数量较多，更能代表行业当前发展状况；A 周期移动平均则按照样本基期进行滚动预测，样本选取比较稳定，对行业历史发展状况的讨论更为充分。

17.3.1　电力、热力、燃气及水生产和供应业回报分析

图 17－2、图 17－3 和图 17－4 分别为电力、热力、燃气及水生产和供应业的净资产收益率、总资产收益率和销售净利率的变动趋势图，其中，净资产收益率

和总资产收益率的分母分别采用本年末所有者权益（总资产）与上年末所有者权益（总资产）的均值计算，因此净资产收益率和总资产收益率的基期均为 2008 年。基于对电力、热力、燃气及水生产和供应业财务指标的预测，在评价电力、热力、燃气及水生产和供应业回报的过程中，我们分别在图中画出了基于 B 周期移动平均和 A 周期移动平均所计算的 2012—2017 年净资产收益率、总资产收益率和销售净利率的预测值。

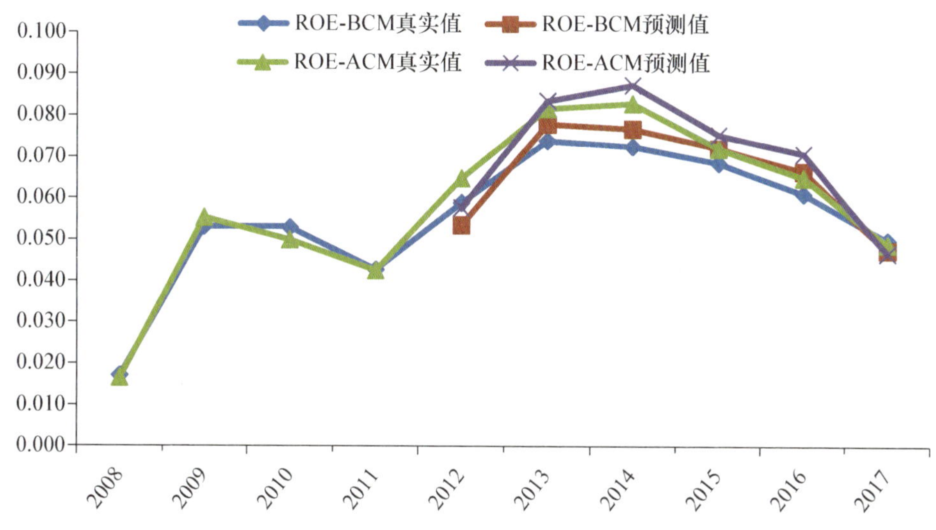

图 17－2 电力、热力、燃气及水生产和供应业净资产收益率

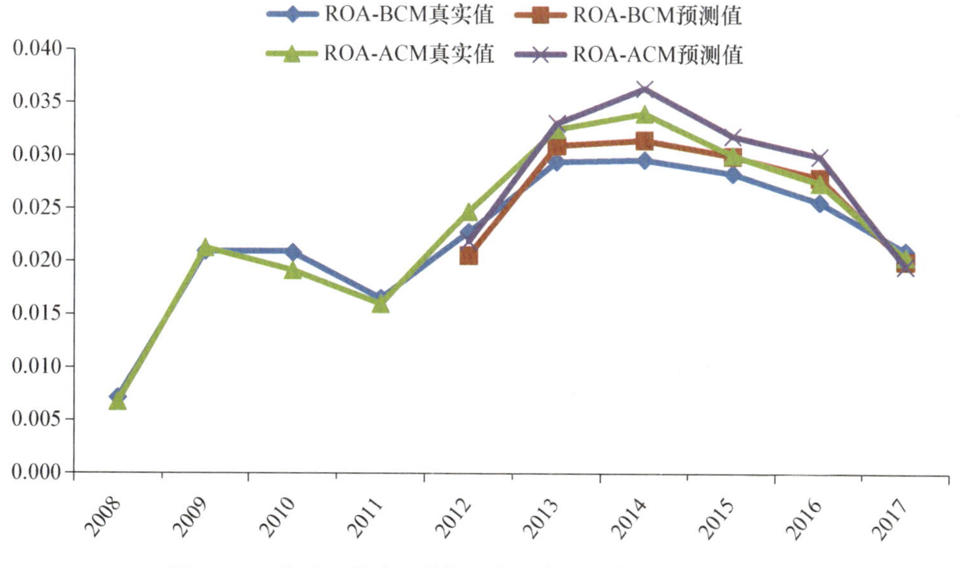

图 17－3 电力、热力、燃气及水生产和供应业总资产收益率

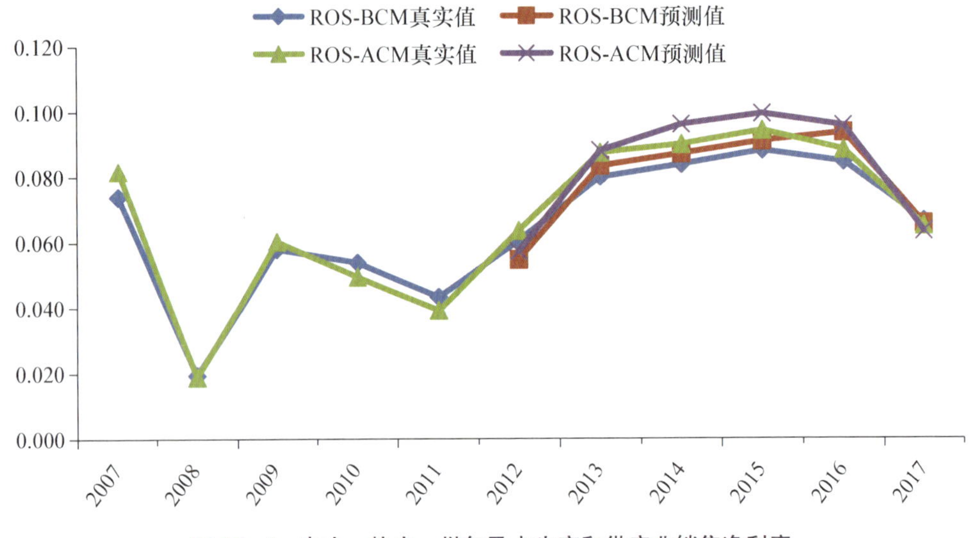

图 17-4　电力、热力、燃气及水生产和供应业销售净利率

观察图 17-2、图 17-3 和图 17-4 可以发现，电力、热力、燃气及水生产和供应业 B 周期移动平均和 A 周期移动平均所选样本的回报类财务指标的变动趋势大体一致。具体来说，该行业净资产收益率、总资产收益率和销售净利率均在 2008 年之后快速上升，但在 2009—2011 年有所下降，2012 年开始再次上升，净资产收益率和总资产收益率在 2014 年达到最高点，销售净利率在 2015 年前后达到最高点，2016—2017 年该行业的盈利指标均呈现下降走势，说明电力、热力、燃气及水生产和供应业的盈利能力有待改善。

在电力、热力、燃气及水生产和供应业回报分析中，从预测财务指标与真实财务指标的对比可以看出，无论是 B 周期移动平均还是 A 周期移动平均，预测值与真实值的差异均较小，表明模型预测效果较好。

17.3.2　电力、热力、燃气及水生产和供应业风险分析

图 17-5、图 17-6 分别从资产负债率和流动比率两个角度对电力、热力、燃气及水生产和供应业的风险进行了分析。与行业回报的分析类似，2007—2017 年电力、热力、燃气及水生产和供应业的风险类财务指标根据行业真实值进行计算，同时采用 B 周期移动平均和 A 周期移动平均计算了资产负债率和流动比率的预测值。

从资产负债率来看，无论是 B 周期移动平均所选样本还是 A 周期移动平均所选样本，资产负债率在 2007—2009 年均呈现上升趋势，2011 年开始缓慢下降，近年变动幅度较小，基本保持在 0.59 左右。从流动比率来看，电力、热力、燃气及水生产和供应业 B 周期移动平均所选样本和 A 周期移动平均所选样本的变动趋势

也比较一致，2009—2011 年呈现增长趋势，2012 年开始趋于平稳，保持在 0.65 左右。综合该行业资产负债率和流动比率的变动趋势可以发现，近年来该行业的整体风险比较稳定。

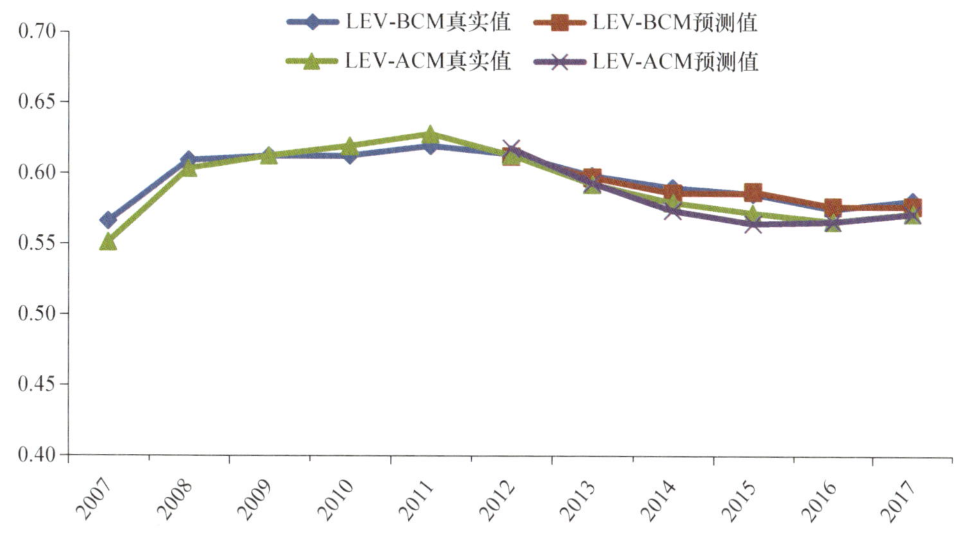

图 17－5　电力、热力、燃气及水生产和供应业资产负债率

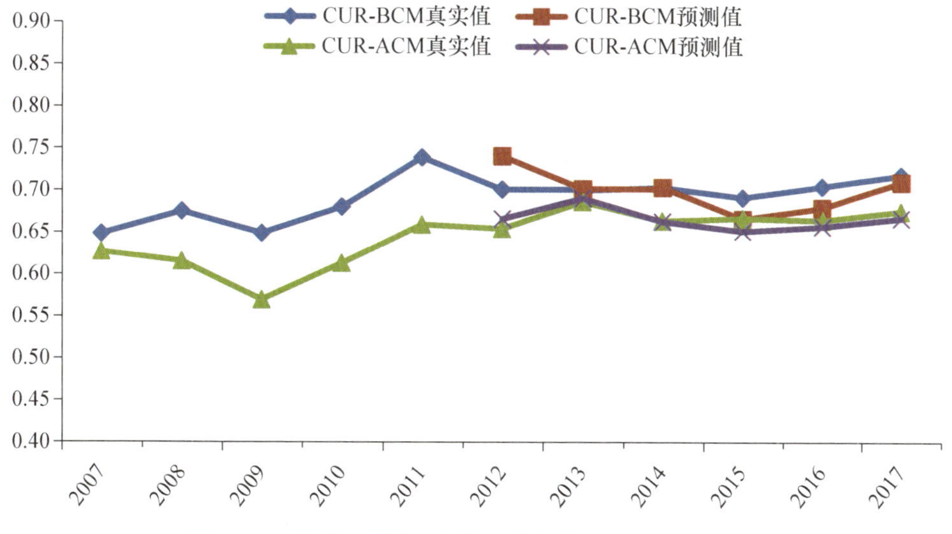

图 17－6　电力、热力、燃气及水生产和供应业流动比率

从电力、热力、燃气及水生产和供应业资产负债率和流动比率的预测值可以发现，采用 B 周期移动平均和 A 周期移动平均所计算的 2012—2017 年行业资产负债率和流动比率与真实值的差距较小，能够较好地反映行业风险变动趋势，说明模型预测效果较好。

17.3.3 电力、热力、燃气及水生产和供应业成长分析

图 17－7、图 17－8、图 17－9 和图 17－10 分别从电力、热力、燃气及水生产和供应业周转速度（总资产周转率、应收账款周转率）和成长速度（营业总收入增长率、总资产增长率）两个角度衡量该行业的成长。由于行业样本区间为 2007—2017 年，而周转速度计算的分母为前一期期末和本期期末的均值，因此我们在进行周转速度分析时，将基期确定为 2008 年。同样，行业成长速度采用本年度财务指标与上一年度财务指标的比值，因此成长速度的基期也为 2008 年。

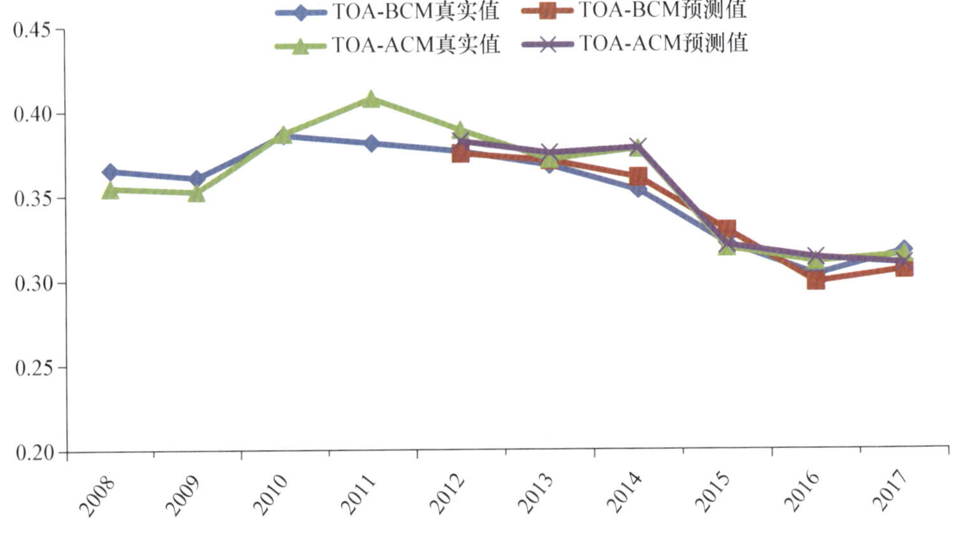

图 17－7 电力、热力、燃气及水生产和供应业总资产周转率

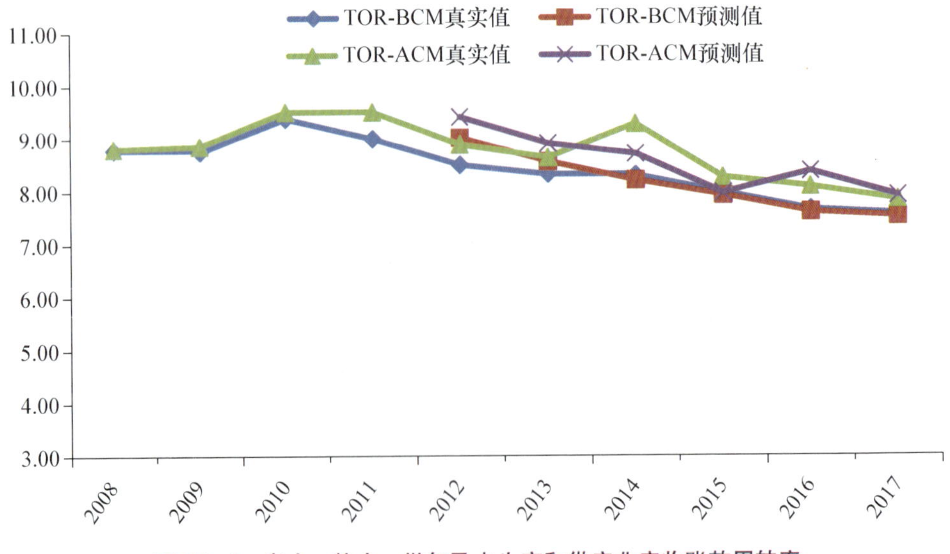

图 17－8 电力、热力、燃气及水生产和供应业应收账款周转率

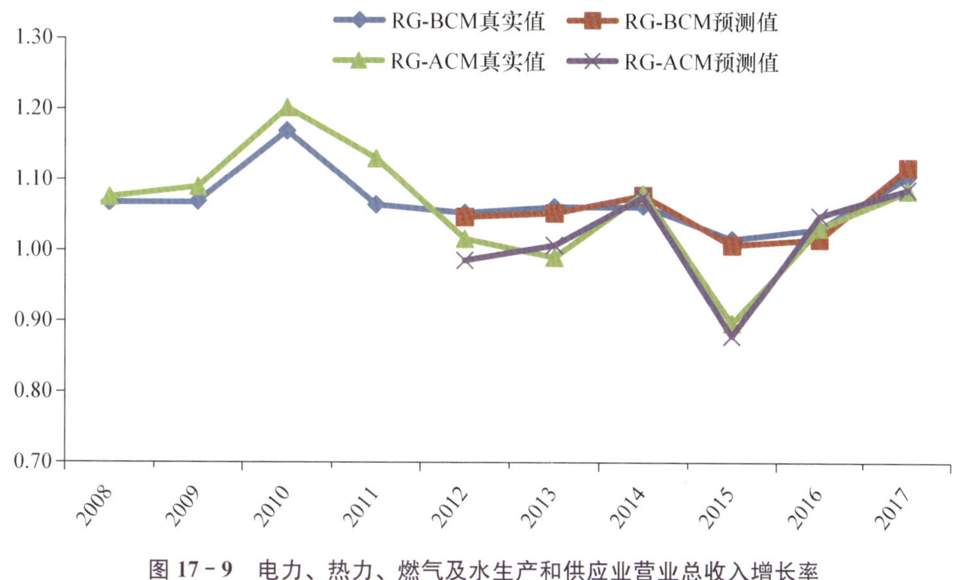

图 17－9　电力、热力、燃气及水生产和供应业营业总收入增长率

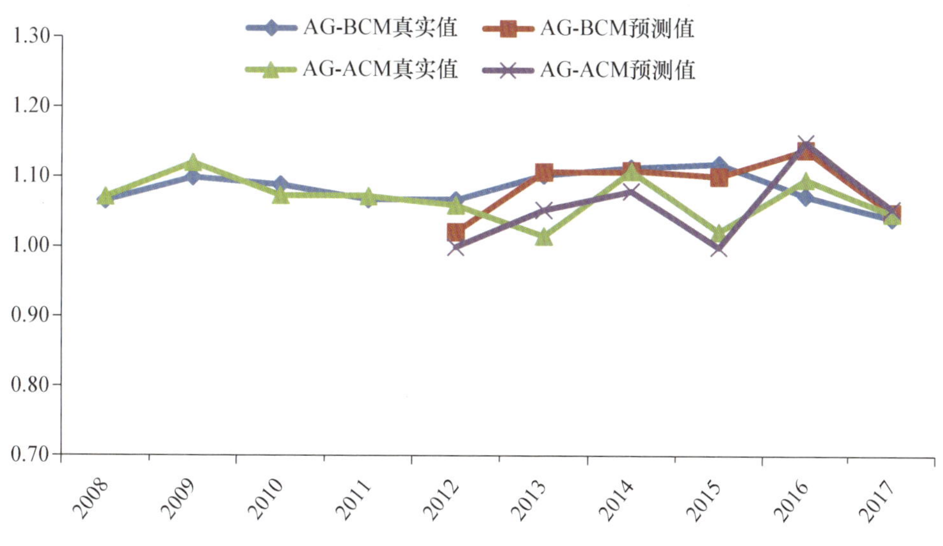

图 17－10　电力、热力、燃气及水生产和供应业总资产增长率

从周转速度看，B 周期移动平均所选样本和 A 周期移动平均所选样本的变动趋势比较一致。电力、热力、燃气及水生产和供应业总资产周转率 2008—2014 年基本保持平稳；应收账款周转率从 2011 年开始呈现小幅下降趋势，说明该行业的运行效率基本保持平稳。从成长速度看，电力、热力、燃气及水生产和供应业的营业总收入增长率在 2010 年之前有所增长，之后持续走低，2014 年略有回升，2015 年达到近年最低点，2016—2017 年情况有所好转；总资产增长率在样本期间变化幅度较小，保持在 1.05 上下。综合电力、热力、燃气及水生产和供应业的周转速度和成长速度可以发现，该行业近年来成长动力不足，可以通过加强运营管

理、提高运行效率、完善产品及改善销售模式等方式提升其成长性。

从电力、热力、燃气及水生产和供应业的周转速度（总资产周转率、应收账款周转率）和成长速度（营业总收入增长率、总资产增长率）的预测值可以发现，采用B周期移动平均和A周期移动平均所计算的2012—2017年行业预测值与真实值的差距较小，能够较好地反映行业的变动趋势，说明模型预测效果较好。

17.4 电力、热力、燃气及水生产和供应业会计综合评价指数构建

根据制造业会计综合评价指数的计算方法，表17－8列示了电力、热力、燃气及水生产和供应业上市公司的前20名。由表17－8可知，电力、热力、燃气及水生产和供应业会计综合评价指数排名前五的上市公司分别为百川能源（600681）、联美控股（600167）、迪森股份（300335）、凯迪生态（000939）和文山电力（600995）。

表17－8 2017年会计综合评价指数电力、热力、燃气及水生产和供应业前20名上市公司

股票简称	股票代码	会计综合评价指数	排名
百川能源	600681	100.00	1
联美控股	600167	100.00	1
迪森股份	300335	94.70	3
凯迪生态	000939	89.70	4
文山电力	600995	87.02	5
中天能源	600856	83.71	6
新疆浩源	002700	83.70	7
重庆水务	601158	82.74	8
富春环保	002479	82.58	9
深圳燃气	601139	80.44	10
浙能电力	600023	80.12	11
东方市场	000301	79.43	12
乐山电力	600644	78.75	13
涪陵电力	600452	78.64	14
明星电力	600101	77.61	15
中山公用	000685	75.54	16
江苏国信	002608	75.32	17
中闽能源	600163	74.58	18
中原环保	000544	74.50	19
渤海股份	000605	74.04	20

注：会计综合评价指数的构建以公开财务数据真实有效为前提。

第18章　零售业会计综合评价指数编制结果及分析

零售业包括百货商店、超级市场、专门零售商店、品牌专卖店、售货摊等主要面向最终消费者的销售活动，以互联网、邮政、电话、售货机等方式进行销售的销售活动，还包括在同一地点，后面加工生产、前面销售的店铺。零售业是社会化大生产过程中的重要环节，是决定经济运行速度、质量和效益的主导力量，是我国市场化程度最高、竞争最为激烈的行业之一。零售业作为国民经济第三产业中的一个重要经济部门，在联系生产、沟通消费、促进国民经济增长等方面发挥着重要作用。零售业的发展状况在很多国家和地区已经成为国民经济的"晴雨表"。在现代市场经济条件下，零售业已经成为国民经济的基础产业和主导产业。"十二五"规划以来，为进一步释放城乡居民消费潜力，国家出台了一系列扶持政策，以加大对零售业的扶持力度。与此同时，物流、信息技术等相关行业的飞速发展，也在一定程度上带动了零售业的发展与变革。目前，从宏观经济走势来看，居民收入水平整体上处于较快上升阶段。从长远来看，我国居民消费无论是在总量上还是在结构上都有相当大的发展空间，这为我国零售业的发展提供了良好的中长期宏观环境。上市公司作为行业龙头，其经营业绩和财务绩效等均具有一定的代表性，对评价行业整体发展状况具有重要意义。本章以上市公司为样本，从发展趋势、回报、风险和成长四个角度对零售业的经营状况进行分析，以期为零售业的健康发展提供一些有益的经验和借鉴。

18.1　零售业发展趋势分析

为了对零售业的发展趋势进行分析，我们以2007年第1季度以来的所有季度作为样本区间，截至2018年第1季度，我们所选样本45个季度的季均总资产为5 672.00亿元，季均营业总收入为1 808.22亿元，季均价值创造额为230.81亿元。

为了研究零售业的发展趋势，我们以样本公司的季度总资产、季度营业总收入和季度价值创造额为基础构建了零售业的资产指数、收入指数和价值创造额指数（见表18-1）。三类指数的总体波动趋势如图18-1所示。

表18-1　零售业资产指数、收入指数、价值创造额指数的编制结果

季度	资产指数	收入指数	价值创造额指数
200701	100	100	100
200702	104	90	100
200703	113	88	96
200704	121	111	150
200801	126	126	136
200802	129	108	121
200803	135	111	118
200804	134	113	127
200901	139	132	149
200902	144	120	138
200903	153	125	127
200904	162	153	173
201001	184	171	209
201002	187	159	186
201003	202	165	190
201004	216	206	241
201101	227	230	262
201102	239	213	246
201103	266	224	237
201104	287	246	300
201201	290	268	284
201202	291	245	238
201203	312	245	246
201204	325	276	313
201301	332	293	311
201302	331	272	290
201303	346	263	239
201304	353	290	298
201401	352	294	313
201402	353	270	282

续表

季度	资产指数	收入指数	价值创造额指数
201403	369	276	267
201404	383	306	380
201501	393	313	344
201502	435	347	374
201503	445	321	291
201504	456	365	383
201601	473	363	377
201602	544	346	360
201603	629	367	362
201604	656	431	477
201701	673	404	444
201702	679	405	430
201703	704	421	407
201704	735	480	543
201801	754	460	519

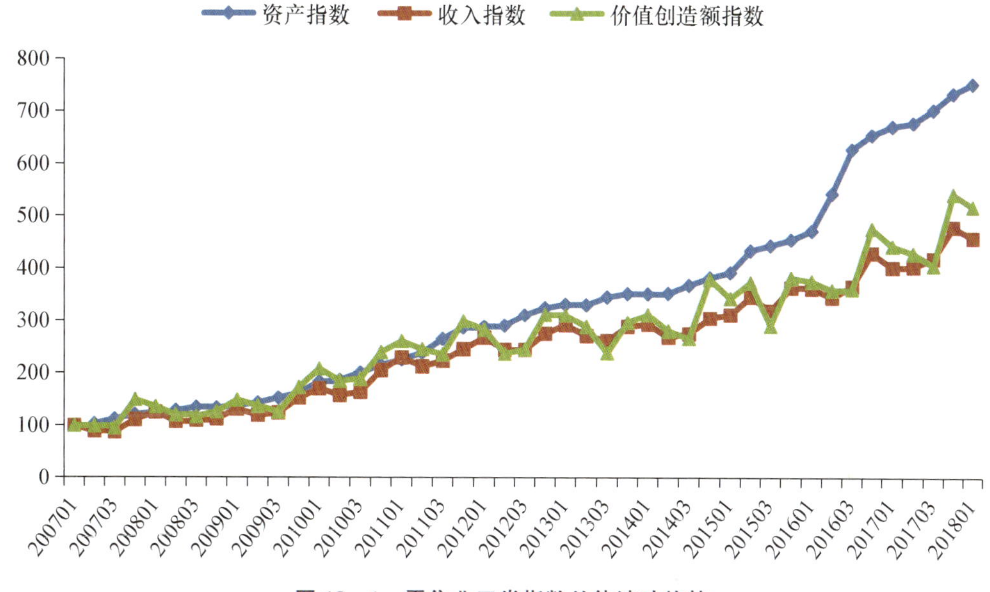

图 18－1　零售业三类指数总体波动趋势

由表 18－1 和图 18－1 可知，从总体运行趋势来看，零售业的资产指数自 2007 年第 1 季度以来一直呈上升趋势，2018 年第 1 季度达到 754 点，与 2007 年第 1 季度相比上升了 654%。零售业的收入指数一直保持稳步上升趋势，但从 2012 年开始增速有所放缓，自 2015 年起上升速度再次加快，一直持续至 2018 年第 1 季度。零售业的价值创造额指数与收入指数的走势较为相似，从 2009 年第 3 季度至 2011 年第 4 季度增速较快，之后放缓，近年来增速提升明显，说明近几年零售业的价值创造效率有所提升，行业发展势头良好。

从三类指数运行趋势之间的关系来看，2012 年之前，零售业资产和收入的增长速度与价值创造额的增长速度基本一致，从 2012 年第 1 季度开始，资产的增长速度开始超过收入和价值创造额的增长速度，并且差距逐步扩大。从零售业收入指数和价值创造额指数的相对走势来看，二者较为一致，具有较强的季节性，表现出“2、3 季度偏低，1、4 季度走高”的特征，大致呈 N 形波动，符合零售业的行业特征。产生这一现象主要是因为受到春节及其他节假日的影响。综合三类指数的运行趋势可以发现，近年来，零售业资产规模增加迅速，而收入和价值创造额的增速没有资产的增速高，说明该行业运行效率较差，有必要给予高度重视。

18.2 零售业财务指标预测

18.2.1 资产负债表主要项目预测

根据会计综合评价指数的构建需要，我们分别对零售业 2012—2017 年的资产均值、负债均值、所有者权益均值、流动资产均值、流动负债均值、应付账款均值和存货均值进行了预测。

表 18－2 列示了零售业的资产、负债、所有者权益、流动资产、流动负债、应付账款和存货的行业真实值和预测值，其中预测值分别采用 B 周期移动平均和 A 周期移动平均两种方法进行预测。表 18－3 则分别列示了资产负债表主要项目真实值与预测值的差异，从计算结果可以看出，无论是 B 周期移动平均还是 A 周期移动平均，均能够对资产负债表主要项目进行准确预测，模型稳定性较好。

表 18－2 资产负债表主要项目预测结果 单位：亿元

年份		资产	负债	所有者权益	流动资产	流动负债	应收账款	存货
2012	BCM 真实值	78.50	49.50	28.90	49.40	44.70	11.40	14.80
	BCM 预测值	78.10	49.00	29.10	50.30	45.30	11.00	15.00
	ACM 真实值	54.50	34.30	19.80	30.60	29.90	7.53	9.51
	ACM 预测值	56.30	35.70	20.10	32.60	31.90	7.98	10.40

续表

年份		资产	负债	所有者权益	流动资产	流动负债	应收账款	存货
2013	BCM 真实值	84.60	53.90	31.00	52.60	47.80	12.20	15.30
	BCM 预测值	87.00	56.10	31.50	54.40	50.10	12.30	16.60
	ACM 真实值	58.20	36.10	21.70	32.70	31.20	8.07	9.85
	ACM 预测值	60.60	38.10	22.10	34.20	32.80	8.11	10.60
2014	BCM 真实值	90.40	56.60	34.00	53.30	49.40	12.00	15.80
	BCM 预测值	90.80	58.10	33.00	55.20	51.30	12.40	17.20
	ACM 真实值	63.20	38.00	23.40	33.00	32.50	7.96	10.50
	ACM 预测值	61.80	37.40	23.50	33.20	32.00	7.94	10.70
2015	BCM 真实值	104.00	65.60	38.70	61.30	57.60	12.20	18.10
	BCM 预测值	106.00	67.10	39.50	62.40	58.00	12.40	18.20
	ACM 真实值	70.40	42.10	26.40	37.40	35.60	8.82	11.20
	ACM 预测值	69.80	41.50	25.60	36.50	35.60	8.83	11.20
2016	BCM 真实值	116.00	68.90	47.10	68.50	59.80	13.70	20.20
	BCM 预测值	119.00	70.80	47.90	68.00	60.40	13.20	20.20
	ACM 真实值	78.00	45.80	30.30	41.20	39.10	9.80	12.90
	ACM 预测值	79.10	46.20	30.30	40.90	39.10	9.60	12.50
2017	BCM 真实值	118.00	70.70	49.20	67.80	61.30	14.10	19.30
	BCM 预测值	117.00	69.50	49.30	66.90	59.50	13.40	19.10
	ACM 真实值	78.60	45.80	31.70	41.30	38.80	9.96	13.20
	ACM 预测值	77.80	45.10	31.60	40.60	38.60	9.84	13.20

表 18-3 资产负债表主要项目预测差异

年份		资产	负债	所有者权益	流动资产	流动负债	应收账款	存货
2012	BCM	−0.45%	−1.04%	0.70%	1.79%	1.29%	−3.07%	1.26%
	ACM	3.30%	4.28%	1.34%	6.46%	6.62%	5.90%	9.26%
2013	BCM	2.80%	4.22%	1.80%	3.44%	4.87%	0.64%	8.27%
	ACM	4.04%	5.43%	2.08%	4.58%	5.16%	0.54%	7.54%
2014	BCM	0.45%	2.52%	−3.07%	3.46%	3.90%	3.16%	8.67%
	ACM	−2.24%	−1.55%	0.61%	0.64%	−1.65%	−0.27%	1.19%
2015	BCM	2.19%	2.22%	2.12%	1.90%	0.64%	1.70%	0.33%
	ACM	−0.79%	−1.22%	−2.86%	−2.29%	0.02%	0.10%	0.45%
2016	BCM	2.54%	2.75%	1.70%	−0.77%	1.03%	−3.97%	0.14%
	ACM	1.38%	0.95%	0.16%	−0.92%	0.08%	−2.08%	−3.01%
2017	BCM	−0.77%	−1.63%	0.16%	−1.34%	−2.93%	−4.79%	−0.83%
	ACM	−1.01%	−1.47%	−0.03%	−1.80%	−0.62%	−1.12%	−0.20%

18.2.2 利润表主要项目预测

根据会计综合评价指数的构建需要，我们对利润表中营业总收入、营业总成本和扣除非经常性损益后的净利润三个会计项目进行了预测。需要说明的是，由于净利润包括企业的投资收益等非经常性损益，难以准确衡量企业主营业务所产生的回报，因此在对行业回报进行计算的过程中，选取扣除非经常性损益后的净利润进行预测。根据利润表的特点，在对营业总收入、营业总成本和扣除非经常性损益后的净利润进行预测的过程中，将除数占比和周期移动平均两种方法结合起来使用。

表 18－4 列示了利润表中营业总收入、营业总成本和扣除非经常性损益后的净利润的真实值和预测值，其中预测值分别采用 B 周期移动平均和 A 周期移动平均两种方法进行预测。表 18－5 进一步计算了利润表主要项目真实值和预测值的差异，结果显示利润表主要项目的预测差异较小，说明采取的方法能够较好地对利润表主要项目进行预测。

表 18－4　利润表主要项目预测结果

单位：亿元

年份		营业总收入	营业总成本	扣除非经常性损益后的净利润
2012	BCM 真实值	87.90	85.30	1.90
	BCM 预测值	88.80	86.20	1.90
	ACM 真实值	82.30	79.60	1.89
	ACM 预测值	82.70	80.10	1.83
2013	BCM 真实值	92.70	89.90	1.91
	BCM 预测值	94.20	91.40	1.97
	ACM 真实值	88.50	85.80	1.88
	ACM 预测值	90.10	87.40	1.93
2014	BCM 真实值	93.60	90.90	1.75
	BCM 预测值	93.10	90.40	1.74
	ACM 真实值	92.20	89.80	1.63
	ACM 预测值	91.50	88.90	1.65
2015	BCM 真实值	97.60	95.30	1.60
	BCM 预测值	98.40	96.00	1.59
	ACM 真实值	101.00	98.40	1.53
	ACM 预测值	101.00	99.10	1.50

续表

年份		营业总收入	营业总成本	扣除非经常性损益后的净利润
2016	BCM 真实值	99.60	96.90	1.70
	BCM 预测值	99.40	96.90	1.65
	ACM 真实值	104.00	101.00	1.63
	ACM 预测值	102.00	100.00	1.54
2017	BCM 真实值	103.00	99.40	2.32
	BCM 预测值	102.00	98.20	2.28
	ACM 真实值	113.00	110.00	2.29
	ACM 预测值	112.00	108.00	2.24

表 18－5　利润表主要项目预测差异

年份		营业总收入	营业总成本	扣除非经常性损益后的净利润
2012	BCM	1.02%	1.08%	−0.02%
	ACM	0.51%	0.71%	−3.00%
2013	BCM	1.63%	1.67%	3.44%
	ACM	1.77%	1.86%	2.67%
2014	BCM	−0.51%	−0.57%	−0.33%
	ACM	−0.79%	−1.00%	1.71%
2015	BCM	0.79%	0.79%	−0.93%
	ACM	0.68%	0.68%	−2.36%
2016	BCM	−0.17%	0.05%	−2.93%
	ACM	−1.43%	−1.17%	−5.38%
2017	BCM	−1.12%	−1.17%	−1.91%
	ACM	−1.32%	−1.37%	−2.53%

18.2.3　基于预测指标测算行业回报、风险和成长

在完成对营业总收入、营业总成本、扣除非经常性损益后的净利润、资产、负债、所有者权益、流动资产、流动负债、应付账款和存货行业均值的预测之后，我们以预测值为基准，根据行业回报、风险和成长，计算了行业的净资产收益率、总资产收益率、销售净利率、资产负债率、流动比率、总资产周转率、应付账款周转率、存货周转率、营业总收入增长率和总资产增长率 10 个财务指标。具体预测结果列示在表 18－6 中。

表 18-6　零售业回报、风险和成长预测结果

年份		回报			风险		成长				
		净资产收益率	总资产收益率	销售净利率	资产负债率	流动比率	总资产周转率	应付账款周转率	存货周转率	营业总收入增长率	总资产增长率
2012	BCM 真实值	0.069	0.026	0.022	0.63	1.11	1.18	7.71	5.98	1.09	1.11
	BCM 预测值	0.068	0.026	0.021	0.63	1.11	1.22	8.16	6.21	1.08	1.15
	ACM 真实值	0.095	0.034	0.023	0.63	1.02	1.50	10.77	7.93	0.83	0.98
	ACM 预测值	0.091	0.033	0.022	0.63	1.02	1.47	10.53	7.45	0.81	1.01
2013	BCM 真实值	0.064	0.023	0.021	0.64	1.10	1.14	7.64	5.97	1.05	1.08
	BCM 预测值	0.065	0.024	0.021	0.65	1.09	1.14	7.85	5.79	1.06	1.11
	ACM 真实值	0.091	0.033	0.021	0.62	1.05	1.57	11.00	8.86	1.08	1.07
	ACM 预测值	0.092	0.033	0.021	0.63	1.04	1.54	10.87	8.33	1.09	1.08
2014	BCM 真实值	0.054	0.020	0.019	0.63	1.08	1.07	7.51	5.83	1.01	1.07
	BCM 预测值	0.054	0.020	0.019	0.64	1.08	1.05	7.33	5.35	0.99	1.04
	ACM 真实值	0.072	0.027	0.018	0.60	1.01	1.52	11.21	8.81	1.04	1.09
	ACM 预测值	0.072	0.027	0.018	0.61	1.04	1.50	11.08	8.36	1.02	1.02
2015	BCM 真实值	0.044	0.017	0.016	0.63	1.06	1.00	7.86	5.61	1.04	1.15
	BCM 预测值	0.044	0.016	0.016	0.63	1.08	1.00	7.74	5.43	1.06	1.17
	ACM 真实值	0.062	0.023	0.015	0.60	1.05	1.51	11.73	9.07	1.09	1.11
	ACM 预测值	0.061	0.023	0.015	0.59	1.03	1.54	11.82	9.05	1.11	1.13
2016	BCM 真实值	0.040	0.015	0.017	0.60	1.15	0.91	7.47	5.06	1.02	1.11
	BCM 预测值	0.038	0.015	0.017	0.60	1.12	0.88	7.57	5.05	1.01	1.12
	ACM 真实值	0.057	0.022	0.016	0.59	1.06	1.40	10.88	8.44	1.03	1.11
	ACM 预测值	0.055	0.021	0.015	0.58	1.04	1.37	10.87	8.46	1.01	1.13
2017	BCM 真实值	0.048	0.020	0.023	0.60	1.11	0.88	7.15	5.04	1.03	1.02
	BCM 预测值	0.047	0.019	0.022	0.59	1.12	0.86	7.39	5.00	1.02	0.99
	ACM 真实值	0.074	0.029	0.020	0.58	1.06	1.44	11.11	8.43	1.09	1.01
	ACM 预测值	0.072	0.029	0.020	0.58	1.05	1.42	11.13	8.45	1.09	0.98

表 18-7 进一步列示了零售业回报、风险和成长类财务指标预测值与真实值之间的差异。对比零售业采用 B 周期移动平均和 A 周期移动平均所预测的财务指标与该行业财务指标的真实值可知，所选用的预测模型的预测效果较好，预测能力比较稳定。

表 18－7　零售业回报、风险和成长预测差异

年份		回报			风险		成长				
		净资产收益率	总资产收益率	销售净利率	资产负债率	流动比率	总资产周转率	应付账款周转率	存货周转率	营业总收入增长率	总资产增长率
2012	BCM	-1.47%	2.05%	-1.02%	-0.59%	0.50%	3.11%	5.79%	3.80%	-0.77%	3.47%
	ACM	-4.52%	-4.91%	-3.49%	0.95%	-0.15%	-1.47%	-2.20%	-6.08%	-2.86%	2.53%
2013	BCM	2.15%	2.18%	1.79%	1.39%	-1.36%	0.39%	2.85%	-3.02%	0.61%	3.26%
	ACM	0.93%	-0.97%	0.88%	1.34%	-0.56%	-1.84%	-1.23%	-6.02%	1.25%	0.71%
2014	BCM	0.42%	-1.89%	0.18%	2.06%	-0.43%	-2.06%	-2.42%	-8.34%	-2.10%	-2.28%
	ACM	0.39%	0.93%	2.53%	0.70%	2.33%	-1.55%	-1.13%	-5.04%	-2.52%	-6.03%
2015	BCM	-0.62%	-2.28%	-1.71%	0.03%	1.25%	-0.58%	-1.59%	-3.29%	1.31%	1.73%
	ACM	-1.15%	-0.90%	-3.02%	-0.44%	-2.31%	2.19%	0.76%	-0.13%	1.49%	1.48%
2016	BCM	-4.73%	-5.18%	-2.77%	0.21%	-1.79%	-2.48%	1.37%	-0.18%	-0.95%	0.34%
	ACM	-4.19%	-5.71%	-4.00%	-0.42%	-0.99%	-1.78%	-0.12%	0.24%	-2.10%	2.18%
2017	BCM	-2.80%	-2.75%	-0.80%	-0.86%	1.64%	-1.97%	3.36%	-0.84%	-0.96%	-3.23%
	ACM	-2.59%	-2.71%	-1.23%	-0.47%	-1.18%	-1.49%	0.23%	0.22%	0.12%	-2.35%

18.3　零售业运行状况分析

会计综合评价指数分别采用 B 周期移动平均和 A 周期移动平均两种方法，对行业运行状况基准值进行预测。具体来讲，B 周期移动平均的样本数量以年度最新行业样本为准，进行滚动预测，样本数量较多，更能代表行业当前发展状况；A 周期移动平均则按照样本基期进行滚动预测，样本选取比较稳定，对行业历史发展状况的讨论更为充分。

18.3.1　零售业回报分析

图 18－2、图 18－3 和图 18－4 分别为零售业的净资产收益率、总资产收益率和销售净利率的变动趋势图，其中，净资产收益率和总资产收益率的分母分别采用本年末所有者权益（总资产）与上年末所有者权益（总资产）的均值计算，因此，净资产收益率和总资产收益率的基期均为 2008 年。基于对零售业财务指标的预测，在评价零售业回报的过程中，我们分别在图中画出了基于 B 周期移动平均和 A 周期移动平均所计算的 2012—2017 年净资产收益率、总资产收益率和销售净利率的预测值。

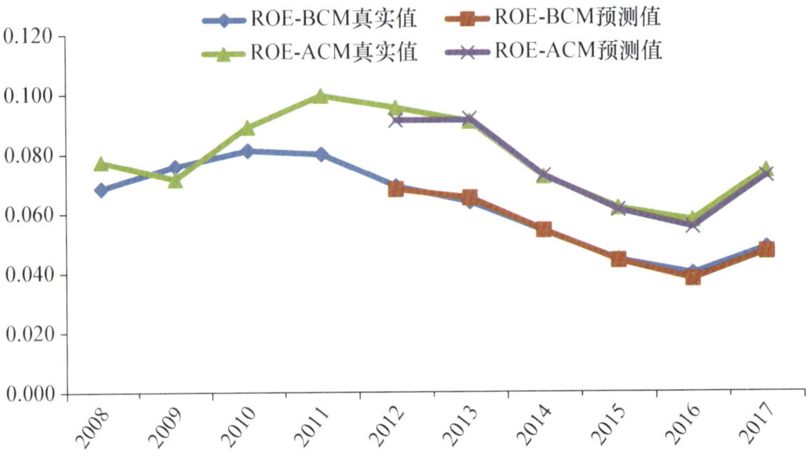

图 18－2　零售业净资产收益率

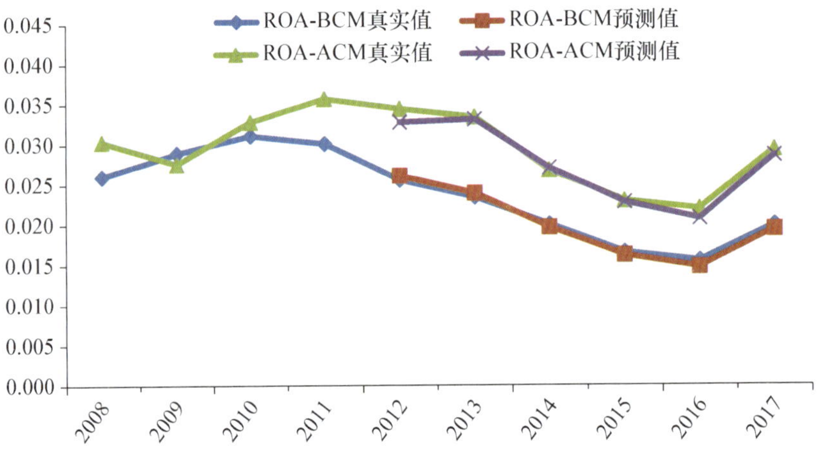

图 18－3　零售业总资产收益率

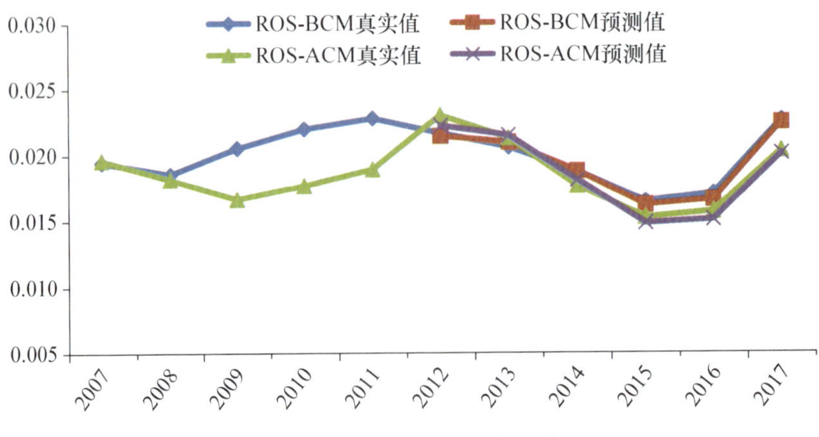

图 18－4　零售业销售净利率

从净资产收益率变动趋势图可以看出，B 周期移动平均和 A 周期移动平均所选样本的变动趋势比较一致，但 2009 年之后，A 周期移动平均所选样本的净资产收益率持续高于 B 周期移动平均所选样本的净资产收益率。从 B 周期移动平均所选样本来看，2008—2010 年，行业净资产收益率处于上升时期，从 2011 年开始有所下滑，2016 年下降至 0.038，2017 年出现反弹，行业回报总体较低。从 A 周期移动平均所选样本来看，2009 年净资产收益率有所下滑，2009—2011 年连续走高，随后与 B 周期移动平均所选样本保持一致，持续下跌，2017 年出现上扬趋势。

从总资产收益率来看，其变动趋势与净资产收益率相同，B 周期移动平均所选样本 2010 年后持续走低，A 周期移动平均所选样本则从 2011 年开始出现下降，两者均在 2017 年呈现上升趋势。

零售业销售净利率的变动具有一定的相似之处，B 周期移动平均和 A 周期移动平均所选样本都呈现出先降再升再降再升的变化趋势，只是拐点年份不同。以 B 周期移动平均所选样本为例，2008 年销售净利率小幅下降，之后平稳上升，2011 年达到峰值 2.3%，2011—2015 年持续下降，2015 年达到最小值 1.6%，2016 年小幅回升，2017 年出现大幅上升趋势。

在零售业回报分析中，从预测财务指标与真实财务指标的对比可以看出，无论是 B 周期移动平均还是 A 周期移动平均，预测值与真实值的差异均较小，说明所选取的预测方法能够较好地反映行业发展的真实情况。

18.3.2　零售业风险分析

图 18－5、图 18－6 分别从资产负债率和流动比率两个角度对零售业的风险类进行了分析。与行业回报的分析类似，2007—2017 年零售业的风险类财务指标根据行业真实值进行计算，同时采用 B 周期移动平均和 A 周期移动平均计算了资产负债率和流动比率的预测值。

不论是从资产负债率看还是从流动比率看，B 周期移动平均和 A 周期移动平均所选样本的变动趋势均较为一致。其中，零售业的资产负债率在 2007—2008 年保持稳定，2009—2011 年逐步上升并达到高位，说明在此期间行业经营风险较高。之后，B 周期移动平均所选样本和 A 周期移动平均所选样本分别从 2013 年和 2012 年开始下降，近年来趋于稳定。零售业的流动比率在 2007—2011 年缓慢上升，之后保持稳定，证实了行业经营风险下降的现象。

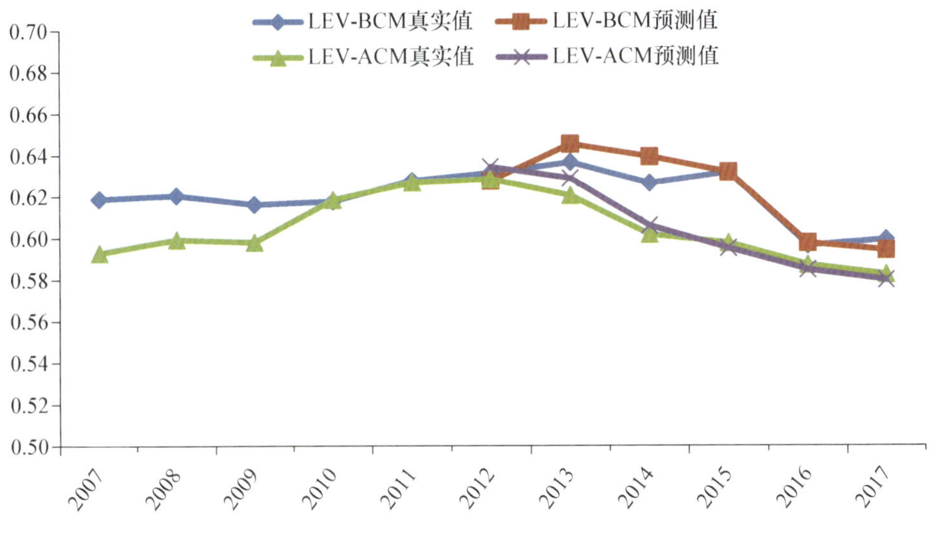

图 18-5　零售业资产负债率

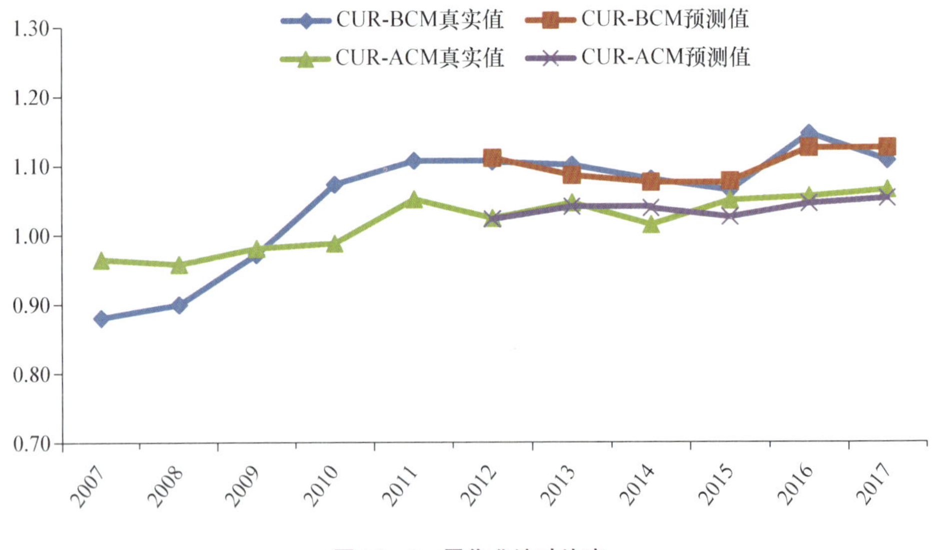

图 18-6　零售业流动比率

从零售业资产负债率和流动比率的预测值可以发现，采用 B 周期移动平均和 A 周期移动平均所计算的 2012—2017 年行业资产负债率和流动比率与真实值的差异较小，说明预测方法能够反映行业真实情况。

18.3.3　零售业成长分析

图 18-7、图 18-8、图 18-9、图 18-10 和图 18-11 分别从零售业行业周转速度（总资产周转率、应付账款周转率、存货周转率）和成长速度（营业总收

入增长率、总资产增长率）两个角度衡量零售业的成长。由于行业样本区间为 2007—2017 年，而周转速度计算的分母为前一期期末和本期期末的均值，因此我们在进行周转速度分析时，将基期确定为 2008 年。同样，行业成长速度采用本年度财务指标与上一年度财务指标的比值，因此成长速度的基期也为 2008 年。

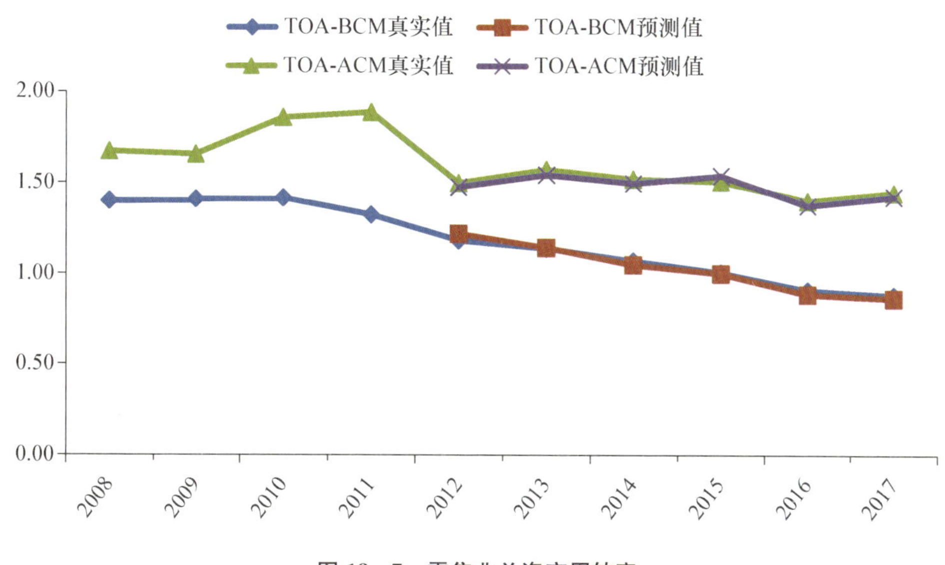

图 18－7　零售业总资产周转率

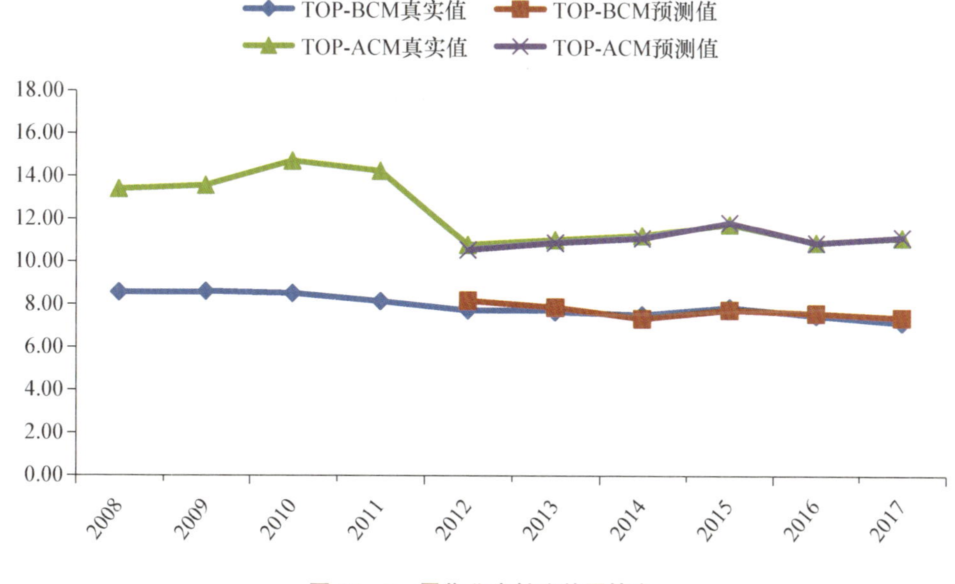

图 18－8　零售业应付账款周转率

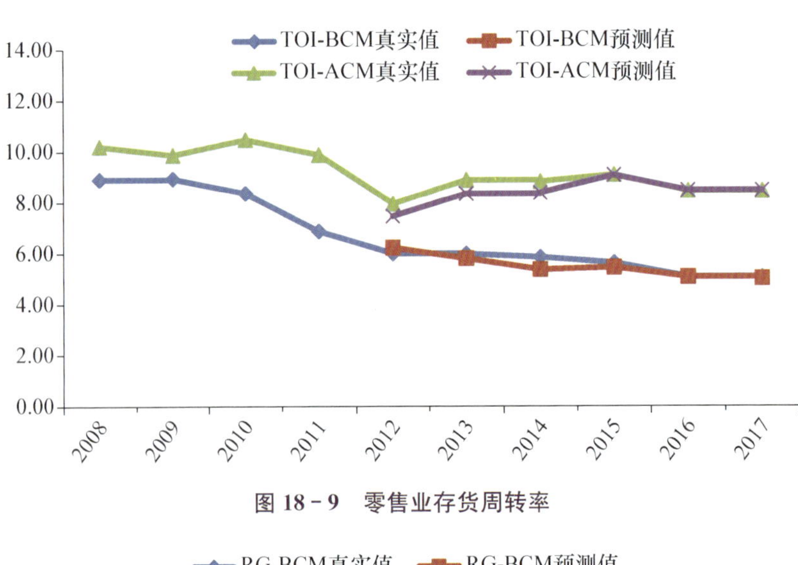

图 18-9　零售业存货周转率

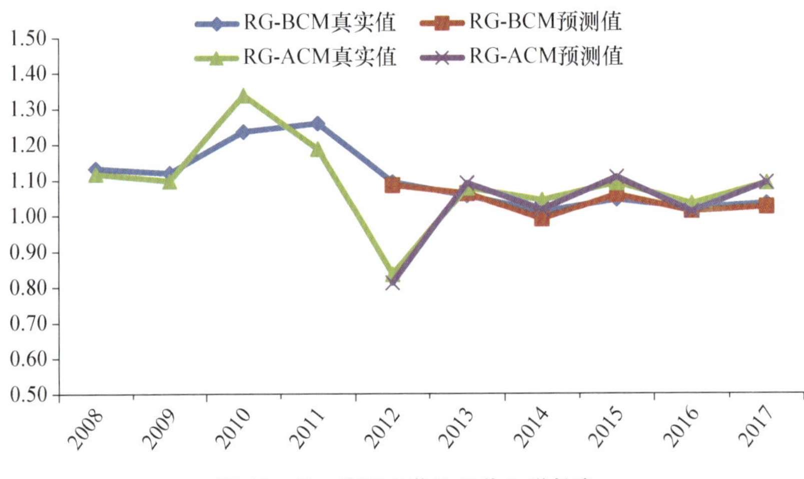

图 18-10　零售业营业总收入增长率

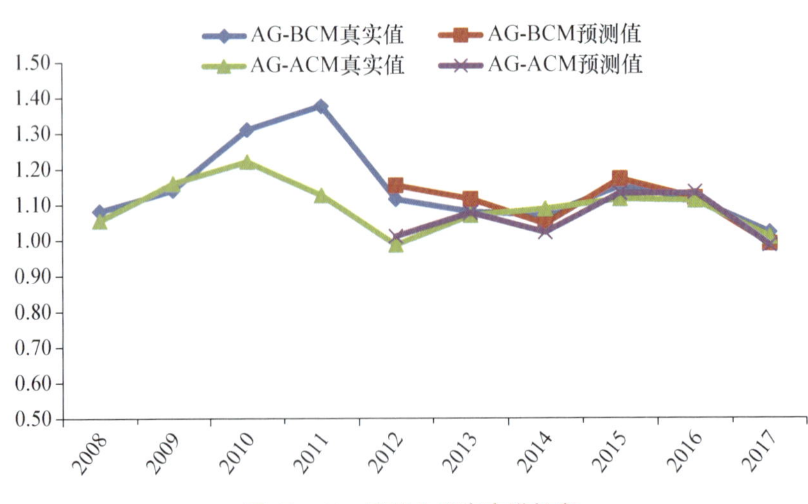

图 18-11　零售业总资产增长率

从周转速度看，B 周期移动平均所选样本的总资产周转率在 2008—2010 年保持稳定，之后缓慢下降；A 周期移动平均所选样本的总资产周转率在 2008—2011 年有所上升，之后显著下滑并保持稳定。存货周转率表现出类似的走势，说明近几年零售业总资产和存货的周转状况有所恶化。B 周期移动平均所选样本的应付账款周转率始终比较稳定，但 A 周期移动平均所选样本的应付账款周转率存在较大波动，2008—2011 年稳定在高位，随后快速下降，2012 年之后呈现小幅上升趋势，2016 年有所回落，2017 年相对稳定。

从成长速度看，营业总收入增长率和总资产增长率变化趋势基本一致。B 周期移动平均所选样本的营业总收入增长率和总资产增长率在 2009 年之后均呈现上升趋势，2011 年达到高点，2012 年出现较大跌幅。从 2013 年开始，营业总收入增长率恢复至 1 左右，趋于平稳，而总资产增长率从 2014 年起有明显回升，近年再次出现下跌趋势。A 周期移动平均所选样本的营业总收入增长率和总资产增长率在 2010—2012 年急速下降，之后触底反弹，呈现上升趋势，近年基本达到与 B 周期移动平均所选样本相同的水平。零售业成长速度的变化情况再次印证了行业进入稳定周期的假设。

从零售业的周转速度（总资产周转率、应付账款周转率、存货周转率）和成长速度（营业总收入增长率、总资产增长率）的预测值可以发现，采用 B 周期移动平均和 A 周期移动平均所计算的 2012—2017 年行业预测值与真实值的差距较小，能够较好地反映行业的变动趋势，说明模型预测效果较好。

18.4　零售业会计综合评价指数构建

根据零售业会计综合评价指数的计算方法，表 18－8 列示了零售业上市公司的前 20 名。由表 18－8 可知，零售业会计综合评价指数排名前五的上市公司分别为跨境通（002640）、美克家居（600337）、徐家汇（002561）、华东医药（000963）和益丰药房（603939）。

表 18－8　2017 年会计综合评价指数零售业前 20 名上市公司

股票简称	股票代码	会计综合评价指数	排名
跨境通	002640	100.00	1
美克家居	600337	100.00	1
徐家汇	002561	99.39	3
华东医药	000963	97.86	4
益丰药房	603939	97.37	5

续表

股票简称	股票代码	会计综合评价指数	排名
永辉超市	601933	94.61	6
老百姓	603883	94.18	7
一心堂	002727	93.81	8
上海九百	600838	92.67	9
恒信东方	300081	90.14	10
王府井	600859	88.37	11
首商股份	600723	86.79	12
健民集团	600976	84.73	13
杭州解百	600814	82.82	14
广百股份	002187	82.35	15
快乐购	300413	81.58	16
供销大集	000564	81.41	17
红旗连锁	002697	80.52	18
第一医药	600833	80.44	19
中兴商业	000715	79.60	20

注：会计综合评价指数的构建以公开财务数据真实有效为前提。

第 19 章　交通运输业会计综合评价指数编制结果及分析

交通运输业，是指国民经济中专门从事运送货物和旅客的社会生产部门，包括铁路运输业（行业代码为 G53）、道路运输业（行业代码为 G54）、水上运输业（行业代码为 G55）、航空运输业（行业代码为 G56）、管道运输业（行业代码为 G57），以及装卸搬运和运输代理业（行业代码为 G58）六个细分行业。作为一个发展中国家，交通运输业对我国经济、社会发展起着显著的前导性作用。工农业生产、人民生活以及国防建设的诸多方面都和交通运输业的发展有着紧密的关系。据调查，凡是发展迅速的地区都是交通运输条件较好的地区，一个地区的发展速度和水平与该地区的基础设施尤其是交通运输业的发展水平呈正相关。近年来，交通运输业受到政府的重视，“要致富，先修路”的思想深入人心，在国家西部大开发战略的推动下，交通运输业取得了长足发展，路网逐渐完善，布局更加合理，但是，目前我国交通运输业与发达国家仍存在显著差距。在新形势下，我国应结合自身实际情况尽快制定相应策略，推动交通运输业向更高层次发展。交通运输业的研究对于推动国民经济增长具有重要的现实意义和战略意义。本章以上市公司为样本，从发展趋势、回报、风险和成长四个角度对交通运输业的经营状况进行分析，以期为交通运输业的健康发展提供一些有益的经验和借鉴。

19.1　交通运输业发展趋势分析

为了对交通运输业的发展趋势进行分析，我们以 2007 年第 1 季度以来的所有季度作为样本区间，截至 2018 年第 1 季度，我们所选样本 45 个季度的季均总资产为 16 004.89 亿元，季均营业总收入为 1 691.98 亿元，季均价值创造额为 540.25 亿元。

为了研究交通运输业的发展趋势，我们以样本公司的季度总资产、季度营业总收入和季度价值创造额为基础构建了交通运输业的资产指数、收入指数和价值创造额指数（见表 19－1）。三类指数的总体波动趋势如图 19－1 所示。

表 19－1　交通运输业资产指数、收入指数、价值创造额指数的编制结果

季度	资产指数	收入指数	价值创造额指数
200701	100	100	100
200702	100	112	131
200703	105	146	147
200704	116	230	234
200801	121	182	147
200802	125	199	181
200803	129	201	132
200804	128	160	−34
200901	131	131	96
200902	134	134	114
200903	136	161	113
200904	140	169	129
201001	147	180	158
201002	154	210	187
201003	162	244	240
201004	169	234	206
201101	172	220	178
201102	179	244	184
201103	185	269	208
201104	188	256	155
201201	191	239	166
201202	196	290	223
201203	202	290	235
201204	204	271	182
201301	210	253	175
201302	213	266	199
201303	218	297	233
201304	220	287	184
201401	224	272	193
201402	228	283	237

续表

季度	资产指数	收入指数	价值创造额指数
201403	231	317	280
201404	236	293	244
201501	239	278	245
201502	246	278	284
201503	247	311	317
201504	252	287	260
201601	257	278	250
201602	268	287	283
201603	274	322	313
201604	292	374	311
201701	300	428	306
201702	304	445	332
201703	312	499	385
201704	318	480	310
201801	319	478	313

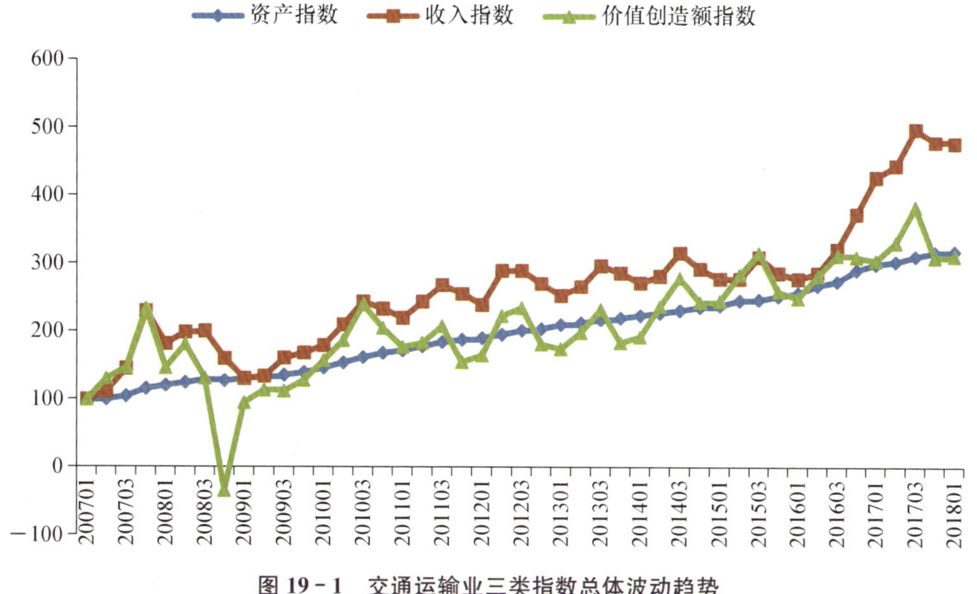

图 19－1　交通运输业三类指数总体波动趋势

由表 19－1 和图 19－1 可知，从总体运行趋势来看，交通运输业的资产指数自 2007 年第 1 季度以来一直呈上升趋势，2018 年第 1 季度达到 319 点，与 2007

年第1季度相比上升了219%。从交通运输业收入指数的变动趋势看，2007年第4季度，收入指数大幅上升，2008年第1季度至2009年第1季度持续下降，之后在波动中上升，2016年以来大幅上升。从交通运输业价值创造额指数的变动趋势看，2007年第4季度该指数有一个显著提升，随后剧烈下降，2008年第4季度甚至下降至－34点，主要是由于受到金融危机的影响。从2009年第1季度至2010年第3季度，价值创造额指数快速上升，之后在波动中保持上升。

从三类指数运行趋势之间的关系来看，交通运输业的资产增长速度较为稳定，收入和价值创造额的增长速度变化较多。整体来看，收入指数一直高于资产指数，且2016年以来差距有扩大的趋势，说明行业运行效率较高；价值创造额指数围绕资产指数上下浮动，两者保持相对稳定；价值创造额指数低于收入指数。综合三类指数的运行趋势可以发现，随着该行业资产规模的扩大，价值创造额和收入一同提升，而且收入增长速度一直高于资产和价值创造额的增长速度，说明该行业增长较快，运行效率较高。

19.2 交通运输业财务指标预测

19.2.1 资产负债表主要项目预测

根据会计综合评价指数的构建需要，我们分别对交通运输业2012—2017年的资产均值、负债均值、所有者权益均值、流动资产均值、流动负债均值和应收账款均值进行了预测。

表19－2列示了交通运输业的资产、负债、所有者权益、流动资产、流动负债和应收账款的行业真实值和预测值，其中预测值分别采用B周期移动平均和A周期移动平均两种方法进行预测。表19－3则分别列示了资产负债表主要项目真实值与预测值的差异，从计算结果可以看出，无论是B周期移动平均还是A周期移动平均，均能够对资产负债表主要项目进行准确预测，模型稳定性较好。

表19－2　资产负债表主要项目预测结果　　单位：亿元

年份		资产	负债	所有者权益	流动资产	流动负债	应收账款
2012	BCM真实值	161.00	75.10	80.50	34.80	35.60	4.44
	BCM预测值	161.00	75.10	80.70	33.70	36.60	4.30
	ACM真实值	180.00	86.50	87.70	38.40	40.60	4.50
	ACM预测值	183.00	88.50	88.60	38.40	43.50	4.48

续表

年份		资产	负债	所有者权益	流动资产	流动负债	应收账款
2013	BCM 真实值	168.00	80.30	83.00	36.30	39.50	4.84
	BCM 预测值	168.00	80.20	83.50	36.90	36.00	4.59
	ACM 真实值	187.00	90.20	90.90	39.00	43.80	4.87
	ACM 预测值	187.00	90.10	91.10	39.40	39.80	4.50
2014	BCM 真实值	174.00	79.60	87.10	37.60	38.60	5.00
	BCM 预测值	173.00	80.00	87.30	38.10	39.30	5.18
	ACM 真实值	193.00	88.00	96.60	41.50	42.00	5.04
	ACM 预测值	189.00	88.00	94.30	40.40	43.30	5.28
2015	BCM 真实值	181.00	82.00	91.60	38.60	39.60	5.02
	BCM 预测值	179.00	80.20	90.60	37.40	39.50	5.05
	ACM 真实值	186.00	83.10	94.80	40.90	40.20	5.17
	ACM 预测值	186.00	82.00	95.90	40.80	40.90	5.29
2016	BCM 真实值	187.00	84.40	93.70	41.20	40.50	5.43
	BCM 预测值	189.00	85.70	94.50	42.40	41.70	5.21
	ACM 真实值	203.00	91.70	101.00	45.00	44.10	6.05
	ACM 预测值	199.00	88.30	101.00	46.10	42.40	5.45
2017	BCM 真实值	198.00	87.90	99.80	41.50	43.50	5.66
	BCM 预测值	194.00	86.70	98.20	42.00	43.30	5.77
	ACM 真实值	213.00	95.40	107.00	45.30	47.10	6.16
	ACM 预测值	214.00	95.70	108.00	46.80	47.10	6.48

表 19-3　资产负债表主要项目预测差异

年份		资产	负债	所有者权益	流动资产	流动负债	应收账款
2012	BCM	0.08%	0.02%	0.32%	−2.91%	2.79%	−3.29%
	ACM	1.25%	2.33%	0.98%	0.04%	7.13%	−0.39%
2013	BCM	0.31%	−0.11%	0.63%	1.69%	−8.97%	−5.21%
	ACM	0.26%	−0.03%	0.13%	0.99%	−9.14%	−7.55%
2014	BCM	−0.36%	0.52%	0.23%	1.21%	1.84%	3.44%
	ACM	−1.76%	0.03%	−2.38%	−2.51%	3.20%	4.61%
2015	BCM	−1.40%	−2.16%	−1.04%	−3.22%	−0.36%	0.62%
	ACM	0.25%	−1.39%	1.20%	−0.41%	1.69%	2.23%
2016	BCM	1.32%	1.60%	0.82%	2.76%	3.12%	−4.08%
	ACM	−2.20%	−3.66%	0.07%	2.46%	−3.97%	−9.77%
2017	BCM	−2.02%	−1.35%	−1.57%	1.23%	−0.62%	2.00%
	ACM	0.48%	0.36%	0.42%	3.18%	0.02%	5.06%

19.2.2 利润表主要项目预测

根据会计综合评价指数的构建需要，我们对利润表中营业总收入、营业总成本和扣除非经常性损益后的净利润三个会计项目进行了预测。需要说明的是，由于净利润包括企业的投资收益等非经常性损益，难以准确衡量企业主营业务所产生的回报，因此在对行业回报进行计算的过程中，选取扣除非经常性损益后的净利润进行预测。根据利润表的特点，在对营业总收入、营业总成本和扣除非经常性损益后的净利润进行预测的过程中，将除数占比和周期移动平均两种方法结合起来使用。

表 19－4 列示了利润表中营业总收入、营业总成本和扣除非经常性损益后的净利润的真实值和预测值，其中预测值分别采用 B 周期移动平均和 A 周期移动平均两种方法进行预测。表 19－5 进一步计算了利润表主要项目真实值和预测值的差异，结果显示利润表主要项目的预测差异较小，说明采取的方法能够较好地对利润表主要项目进行预测。

表 19－4 利润表主要项目预测结果 单位：亿元

年份		营业总收入	营业总成本	扣除非经常性损益后的净利润
2012	BCM 真实值	55.80	47.90	4.52
	BCM 预测值	56.10	48.20	4.70
	ACM 真实值	59.70	51.40	4.75
	ACM 预测值	60.40	52.10	4.86
2013	BCM 真实值	58.70	51.10	4.43
	BCM 预测值	58.60	51.00	4.43
	ACM 真实值	61.10	53.20	4.80
	ACM 预测值	60.90	52.80	4.73
2014	BCM 真实值	60.70	52.70	4.68
	BCM 预测值	61.30	53.40	4.38
	ACM 真实值	62.00	53.80	5.05
	ACM 预测值	62.40	54.30	4.67
2015	BCM 真实值	60.00	51.80	5.16
	BCM 预测值	60.10	51.80	5.49
	ACM 真实值	59.80	52.00	5.13
	ACM 预测值	59.70	51.80	5.52

续表

年份		营业总收入	营业总成本	扣除非经常性损益后的净利润
2016	BCM 真实值	60.30	52.10	5.20
	BCM 预测值	59.70	51.30	5.43
	ACM 真实值	62.00	53.90	5.22
	ACM 预测值	60.20	52.30	5.43
2017	BCM 真实值	66.40	57.70	5.93
	BCM 预测值	65.90	57.20	6.13
	ACM 真实值	70.10	61.20	6.32
	ACM 预测值	69.70	60.80	6.39

表 19-5　利润表主要项目预测差异

年份		营业总收入	营业总成本	扣除非经常性损益后的净利润
2012	BCM	0.57%	0.69%	3.97%
	ACM	1.09%	1.39%	2.28%
2013	BCM	−0.20%	−0.28%	0.09%
	ACM	−0.41%	−0.74%	−1.45%
2014	BCM	0.90%	1.33%	−6.44%
	ACM	0.76%	1.05%	−7.38%
2015	BCM	0.23%	−0.05%	6.55%
	ACM	−0.18%	−0.45%	7.68%
2016	BCM	−1.08%	−1.45%	4.52%
	ACM	−2.83%	−2.98%	3.89%
2017	BCM	−0.74%	−0.89%	3.42%
	ACM	−0.48%	−0.60%	1.18%

19.2.3　基于预测指标测算行业回报、风险和成长

在完成对营业总收入、营业总成本、扣除非经常性损益后的净利润、资产、负债、所有者权益、流动资产、流动负债和应收账款行业均值的预测之后，我们以预测值为基准，根据行业回报、风险和成长，计算了行业的净资产收益率、总资产收益率、销售净利率、资产负债率、流动比率、总资产周转率、应收账款周转率、营业总收入增长率和总资产增长率 9 个财务指标。具体预测结果列示在表 19-6 中。

表 19-6　交通运输业回报、风险和成长预测结果

年份		回报			风险		成长			
		净资产收益率	总资产收益率	销售净利率	资产负债率	流动比率	总资产周转率	应收账款周转率	营业总收入增长率	总资产增长率
2012	BCM 真实值	0.057	0.028	0.081	0.47	0.98	0.35	13.35	1.02	1.02
	BCM 预测值	0.058	0.029	0.084	0.47	0.92	0.35	13.23	1.02	1.00
	ACM 真实值	0.057	0.027	0.080	0.48	0.94	0.34	13.82	1.04	1.09
	ACM 预测值	0.057	0.028	0.080	0.48	0.88	0.34	13.52	1.04	1.08
2013	BCM 真实值	0.054	0.027	0.075	0.48	0.92	0.36	12.65	1.05	1.05
	BCM 预测值	0.054	0.027	0.076	0.48	1.03	0.36	13.19	1.04	1.05
	ACM 真实值	0.054	0.026	0.078	0.48	0.89	0.33	13.05	1.02	1.03
	ACM 预测值	0.053	0.026	0.078	0.48	0.99	0.33	13.56	1.01	1.02
2014	BCM 真实值	0.055	0.027	0.077	0.46	0.97	0.36	12.34	1.03	1.03
	BCM 预测值	0.051	0.026	0.071	0.46	0.97	0.36	12.55	1.05	1.03
	ACM 真实值	0.054	0.027	0.081	0.46	0.99	0.33	12.50	1.01	1.03
	ACM 预测值	0.050	0.025	0.075	0.46	0.93	0.33	12.77	1.03	1.01
2015	BCM 真实值	0.058	0.029	0.086	0.45	0.97	0.34	11.97	0.99	1.04
	BCM 预测值	0.062	0.031	0.091	0.45	0.95	0.34	11.76	0.98	1.03
	ACM 真实值	0.054	0.027	0.086	0.45	1.02	0.32	11.71	0.97	0.96
	ACM 预测值	0.058	0.029	0.092	0.44	1.00	0.32	11.30	0.96	0.98
2016	BCM 真实值	0.056	0.028	0.086	0.45	1.02	0.33	11.54	1.01	1.03
	BCM 预测值	0.059	0.030	0.091	0.45	1.02	0.32	11.63	0.99	1.06
	ACM 真实值	0.053	0.027	0.084	0.45	1.02	0.32	11.05	1.04	1.09
	ACM 预测值	0.055	0.028	0.090	0.44	1.09	0.31	11.22	1.01	1.07
2017	BCM 真实值	0.061	0.031	0.089	0.44	0.95	0.35	11.97	1.10	1.06
	BCM 预测值	0.064	0.032	0.093	0.45	0.97	0.34	12.00	1.10	1.02
	ACM 真实值	0.061	0.030	0.090	0.45	0.96	0.34	11.48	1.13	1.05
	ACM 预测值	0.061	0.031	0.092	0.45	0.99	0.34	11.69	1.16	1.08

表 19-7 进一步列示了交通运输业回报、风险和成长类财务指标预测值与真实值之间的差异。对比交通运输业采用 B 周期移动平均和 A 周期移动平均所预测的财务指标与该行业财务指标的真实值可知，所选用的预测模型的预测效果较好，预测能力比较稳定。

表 19-7　交通运输业回报、风险和成长预测差异

年份		回报			风险		成长			
		净资产收益率	总资产收益率	销售净利率	资产负债率	流动比率	总资产周转率	应收账款周转率	营业总收入增长率	总资产增长率
2012	BCM	2.18%	2.62%	3.38%	−0.07%	−5.55%	−0.73%	−0.89%	0.22%	−2.43%
	ACM	0.28%	0.75%	1.17%	1.06%	−6.61%	−0.42%	−2.22%	−0.40%	−0.55%
2013	BCM	−0.39%	−0.11%	0.29%	−0.41%	11.72%	−0.40%	4.27%	−0.77%	0.22%
	ACM	−1.99%	−2.18%	−1.04%	−0.29%	11.15%	−1.15%	3.86%	−1.49%	−0.98%
2014	BCM	−6.84%	−6.41%	−7.28%	0.89%	−0.62%	0.93%	1.72%	1.10%	−0.67%
	ACM	−6.29%	−6.66%	−8.08%	1.82%	−5.54%	1.54%	2.16%	1.18%	−2.02%
2015	BCM	7.00%	7.51%	6.31%	−0.77%	−2.87%	1.13%	−1.76%	−0.66%	−1.04%
	ACM	8.34%	8.52%	7.87%	−1.63%	−2.06%	0.60%	−3.47%	−0.94%	2.04%
2016	BCM	4.62%	4.54%	5.67%	0.27%	−0.35%	−1.07%	0.75%	−1.31%	2.76%
	ACM	3.25%	4.97%	6.91%	−1.49%	6.69%	−1.82%	1.47%	−2.65%	−2.44%
2017	BCM	3.85%	3.84%	4.20%	0.69%	1.86%	−0.35%	0.24%	0.34%	−3.30%
	ACM	0.93%	2.03%	1.67%	−0.12%	3.16%	0.35%	1.84%	2.42%	2.74%

19.3　交通运输业运行状况分析

会计综合评价指数分别采用 B 周期移动平均和 A 周期移动平均两种方法，对行业运行状况基准值进行预测。具体来讲，B 周期移动平均的样本数量以年度最新行业样本为准，进行滚动预测，样本数量较多，更能代表行业当前发展状况；A 周期移动平均则按照样本基期进行滚动预测，样本选取比较稳定，对行业历史发展状况的讨论更为充分。

19.3.1　交通运输业回报分析

图 19-2、图 19-3 和图 19-4 分别为交通运输业的净资产收益率、总资产收益率和销售净利率的变动趋势图，其中，净资产收益率和总资产收益率的分母分别采用本年末所有者权益（总资产）与上年末所有者权益（总资产）的均值计算，因此，净资产收益率和总资产收益率的基期均为 2008 年。基于对交通运输业财务指标的预测，在评价交通运输业回报的过程中，我们分别在图中画出了基于 B 周期移动平均和 A 周期移动平均所计算的 2012—2017 年净资产收益率、总资产收益率和销售净利率的预测值。

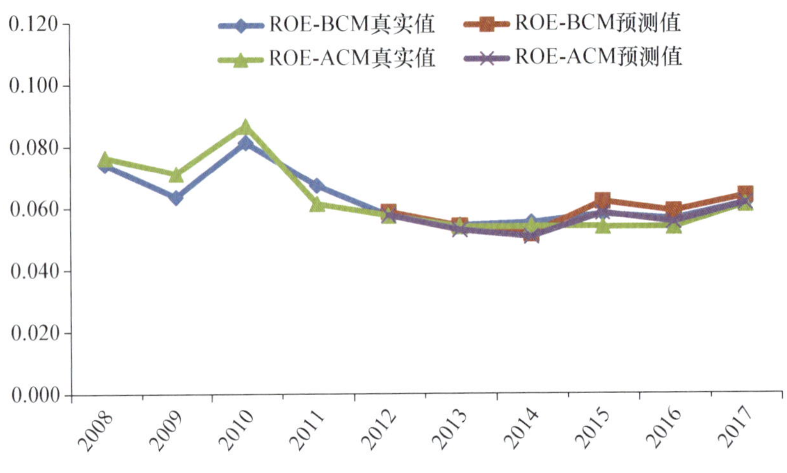

图 19－2　交通运输业净资产收益率

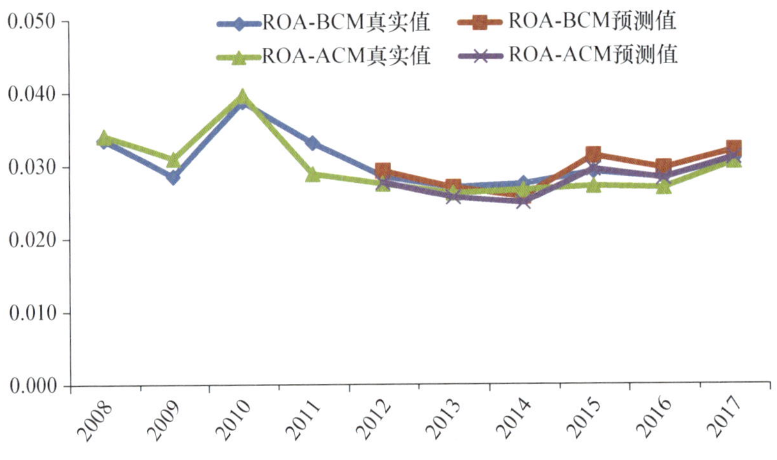

图 19－3　交通运输业总资产收益率

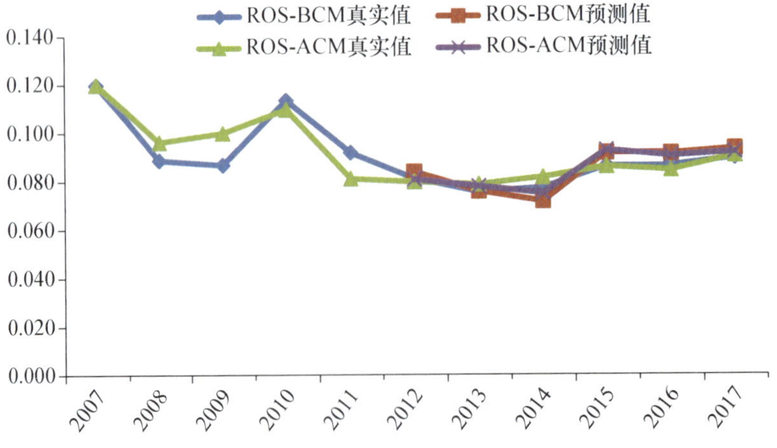

图 19－4　交通运输业销售净利率

观察图 19－2、图 19－3 和图 19－4 可以发现，交通运输业 B 周期移动平均和 A 周期移动平均所选样本的回报类财务指标的变动趋势高度一致。具体来说，该行业的净资产收益率和总资产收益率在 2008—2009 年呈现短期下降趋势，之后小幅回升，随后再次呈现下降趋势，2014 年以来有所回升，说明近年来交通运输业回报开始回升。销售净利率的变动趋势跟净资产收益率和总资产收益率保持一致，再次确认了行业回报在近几年回升的趋势。综合净资产收益率、总资产收益率和销售净利率的运行趋势可以发现，近年来行业回报呈现上升趋势，行业发展态势良好。

在交通运输业回报分析中，从预测财务指标与真实财务指标的对比可以看出，无论是 B 周期移动平均还是 A 周期移动平均，预测值与真实值的差异均较小，预测效果较好。

19.3.2 交通运输业风险分析

图 19－5、图 19－6 分别从资产负债率和流动比率两个角度对交通运输业的风险进行了分析。与行业回报的分析类似，2007—2017 年交通运输业的风险类财务指标根据行业真实值进行计算，同时采用 B 周期移动平均和 A 周期移动平均计算了资产负债率和流动比率的预测值。

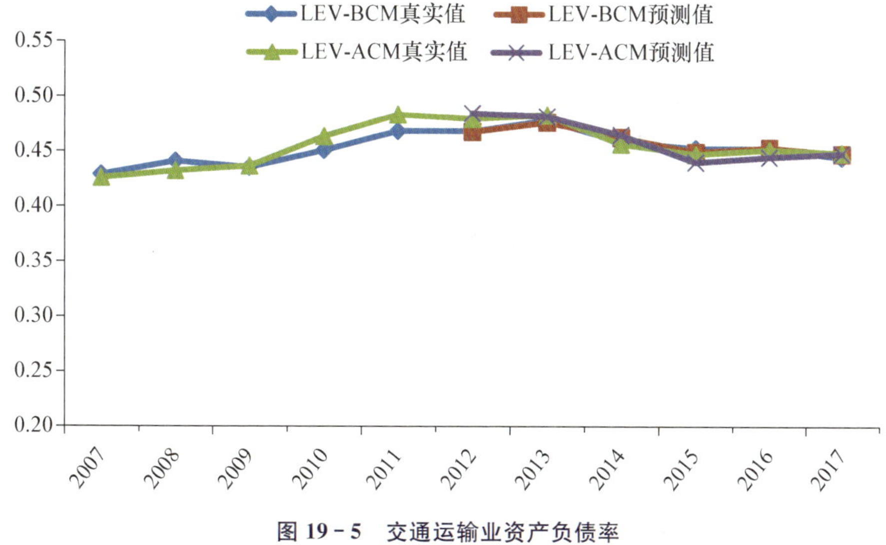

图 19－5 交通运输业资产负债率

从资产负债率来看，交通运输业 B 周期移动平均所选样本与 A 周期移动平均所选样本的变动趋势基本一致，在 2013 年之前整体呈现上升趋势，随后缓慢下降，说明近年来行业风险降低。从流动比率来看，交通运输业 B 周期移动平均所选样本和 A 周期移动平均所选样本的变动趋势比较一致，该行业的短期偿债能力在 2007—2017 年呈现平稳且缓慢的上升趋势，再次印证了行业风险下降的事实。综合资产负债率和流动比率的变动趋势可知，该行业运行风险较小，发展前景看好。

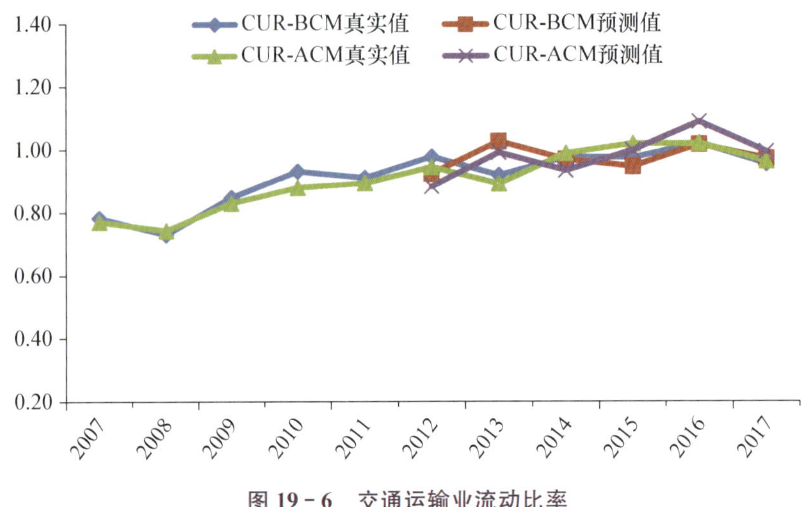

图 19－6　交通运输业流动比率

从交通运输业资产负债率和流动比率的预测值可以发现，采用 B 周期移动平均和 A 周期移动平均所计算的 2012—2017 年行业资产负债率和流动比率与真实值的差距较小，能够较好地反映行业风险变动趋势，说明模型预测效果较好。

19.3.3　交通运输业成长分析

图 19－7、图 19－8、图 19－9 和图 19－10 分别从交通运输业周转速度（总资产周转率、应收账款周转率）和成长速度（营业总收入增长率、总资产增长率）两个角度衡量该行业的成长。由于行业样本区间为 2007—2017 年，而周转速度计算的分母为前一期期末和本期期末的均值，因此我们在进行周转速度分析时，将基期确定为 2008 年。同样，行业成长速度采用本年度财务指标与上一年度财务指标的比值，因此成长速度的基期也为 2008 年。

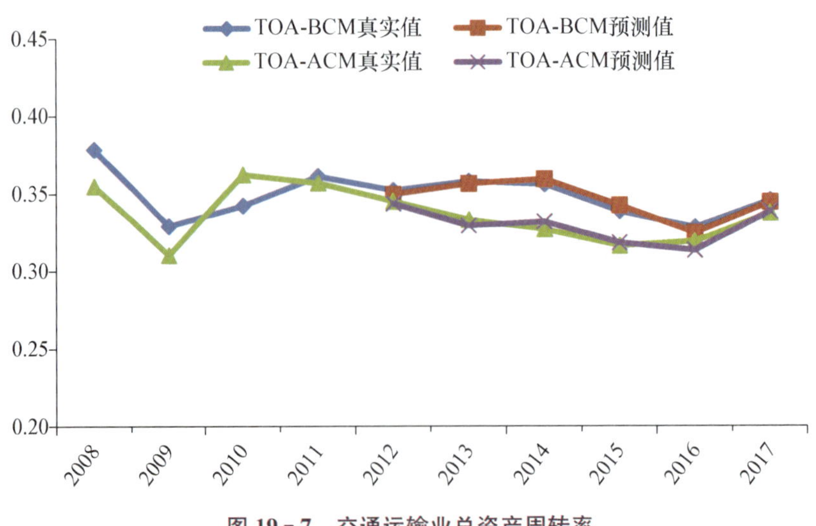

图 19－7　交通运输业总资产周转率

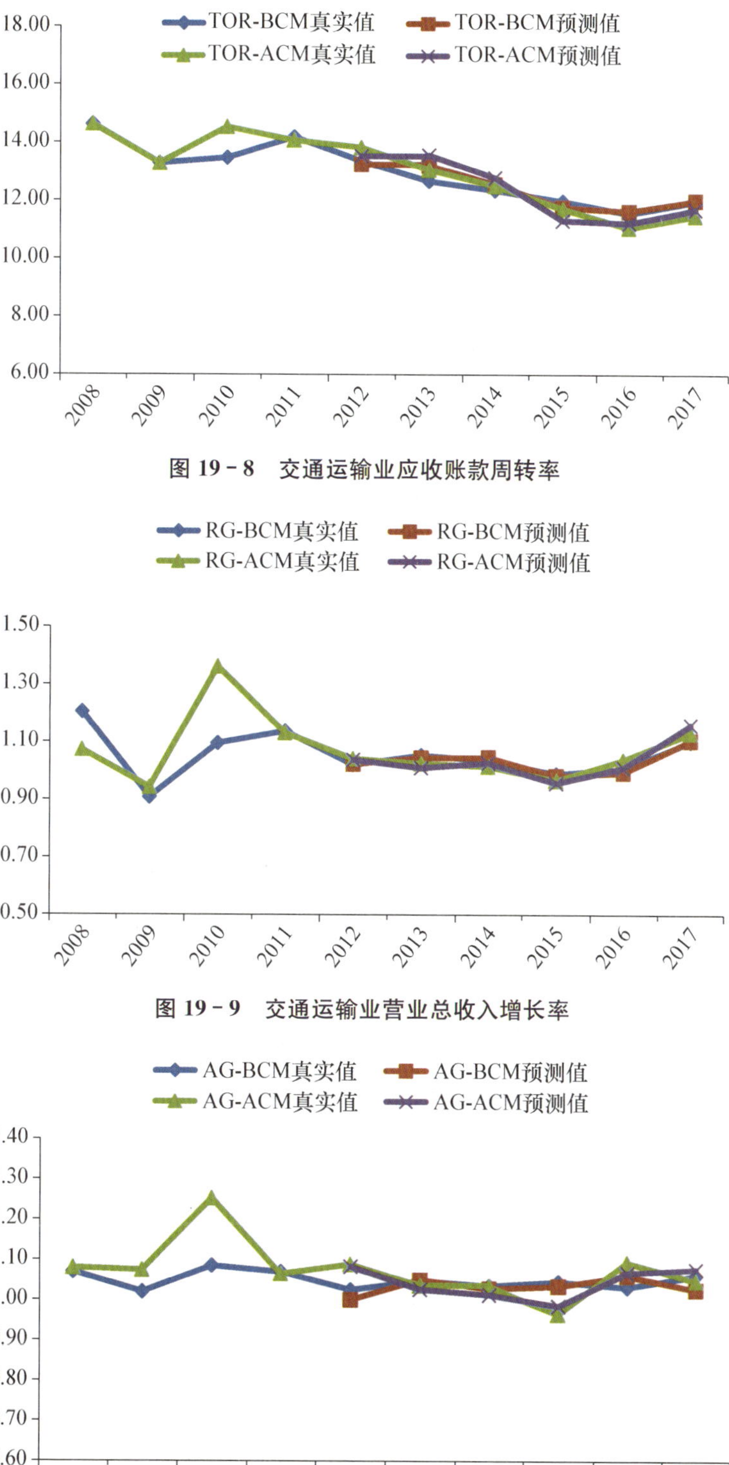

图 19－8　交通运输业应收账款周转率

图 19－9　交通运输业营业总收入增长率

图 19－10　交通运输业总资产增长率

从周转速度看，B周期移动平均所选样本和A周期移动平均所选样本的变动趋势比较一致。行业总资产周转率在2009年大幅下降，随后在小幅波动中保持相对平稳。行业应收账款周转率整体保持下降趋势，说明该行业的运行效率有所下降。结合总资产周转率和应收账款周转率来看，交通运输业的周转速度有待提升。

从成长速度看，B周期移动平均所选样本和A周期移动平均所选样本的变动趋势比较一致。行业营业总收入增长率在2008—2009年有所下降，2009—2010年回转，2010—2015年持续下降，2016年以来又扭转态势，开始上升，且增速较快。总资产增长率在2010年升高，随后在波动中呈现轻微上升趋势。综合营业总收入增长率和总资产增长率来看，交通运输业的成长速度呈现稳步上升的趋势，发展前景良好。

从交通运输业的周转速度（总资产周转率、应收账款周转率）和成长速度（营业总收入增长率、总资产增长率）的预测值可以发现，采用B周期移动平均和A周期移动平均所计算的2012—2017年行业预测值与真实值的差距较小，能够较好地反映行业的变动趋势，说明模型预测效果较好。

19.4 交通运输业会计综合评价指数构建

根据制造业会计综合评价指数的计算方法，表19-8列示了交通运输业上市公司的前20名。由表19-8可知，交通运输业会计综合评价指数排名前五的上市公司分别为龙江交通（601188）、外运发展（600270）、上海机场（600009）、渤海轮渡（603167）和海峡股份（002320）。

表19-8 2017年会计综合评价指数交通运输业前20名上市公司

股票简称	股票代码	会计综合评价指数	排名
龙江交通	601188	100.00	1
外运发展	600270	100.00	1
上海机场	600009	95.74	3
渤海轮渡	603167	95.12	4
海峡股份	002320	93.90	5
大秦铁路	601006	90.09	6
澳洋顺昌	002245	89.05	7
湖南投资	000548	87.90	8
长航凤凰	000520	87.14	9
白云机场	600004	86.97	10

续表

股票简称	股票代码	会计综合评价指数	排名
恒通股份	603223	86.92	11
唐山港	601000	85.55	12
深赤湾 A	000022	85.32	13
厦门空港	600897	84.64	14
安通控股	600179	84.25	15
铁龙物流	600125	83.91	16
楚天高速	600035	83.37	17
宁沪高速	600377	82.11	18
粤高速 A	000429	80.71	19
山东高速	600350	79.67	20

注：会计综合评价指数的构建以公开财务数据真实有效为前提。

第 20 章　房地产业会计综合评价指数编制结果及分析

房地产业（行业代码为 K70），是指以土地和建筑物为经营对象，从事房地产开发、建设、经营、管理以及维修、装饰和服务的集多种经济活动为一体的综合性产业。房地产业作为国民经济的增长点，为我国经济的快速增长做出了重大贡献。然而，近年来，我国房地产业遭遇发展瓶颈，产生了一系列备受社会关注的问题，如资源的浪费与流失、房地产开发过程中对生态环境造成的破坏以及商品房空置量增加甚至是房价崩盘等。“十三五”期间，在创新和供给侧改革的背景下，房地产业将迎来新的机遇。随着我国经济的整体转型，传统房地产企业面临着不转型就会被淘汰的危机。上市公司作为行业龙头，其经营业绩和财务绩效等均对评价行业整体发展状况具有一定的示范作用。本章以上市公司为样本，从发展趋势、回报、风险和成长四个角度对房地产业的经营状况进行分析，以期为房地产业的健康发展提供一些有益的经验和借鉴。

20.1　房地产业发展趋势分析

为了对房地产业的发展趋势进行分析，我们以 2007 年第 1 季度以来的所有季度作为样本区间，截至 2018 年第 1 季度，我们所选样本 45 个季度的季均总资产为 29 089.56 亿元，季均营业总收入为 1 836.60 亿元，季均价值创造额为 666.99 亿元。

为了研究房地产业的发展趋势，我们以样本公司的季度总资产、季度营业总收入和季度价值创造额为基础构建了房地产业的资产指数、收入指数和价值创造额指数（见表 20 - 1）。三类指数的总体波动趋势如图 20 - 1 所示。

表 20-1　房地产业资产指数、收入指数、价值创造额指数的编制结果

季度	资产指数	收入指数	价值创造额指数
200701	100	100	100
200702	109	132	177
200703	133	117	128
200704	149	283	386
200801	161	131	180
200802	166	145	257
200803	178	119	139
200804	179	253	301
200901	189	112	164
200902	204	197	331
200903	231	165	251
200904	251	364	563
201001	269	188	286
201002	285	212	343
201003	307	185	273
201004	336	516	848
201101	354	181	368
201102	379	269	500
201103	413	231	403
201104	433	608	885
201201	446	204	399
201202	466	307	508
201203	496	307	494
201204	525	808	1 166
201301	558	279	506
201302	581	483	722
201303	619	376	573
201304	648	962	1 216
201401	682	311	574
201402	713	506	791
201403	740	444	603
201404	758	1 151	1 403
201501	801	322	678

续表

季度	资产指数	收入指数	价值创造额指数
201502	961	886	1 230
201503	1 029	676	794
201504	1 090	1 616	1 655
201601	1 150	650	943
201602	1 199	1 030	1 374
201603	1 279	869	1 072
201604	1 359	1 981	2 398
201701	1 432	699	1 118
201702	1 511	1 038	1 639
201703	1 608	864	1 324
201704	1 755	2 246	2 876
201801	1 837	833	1 476

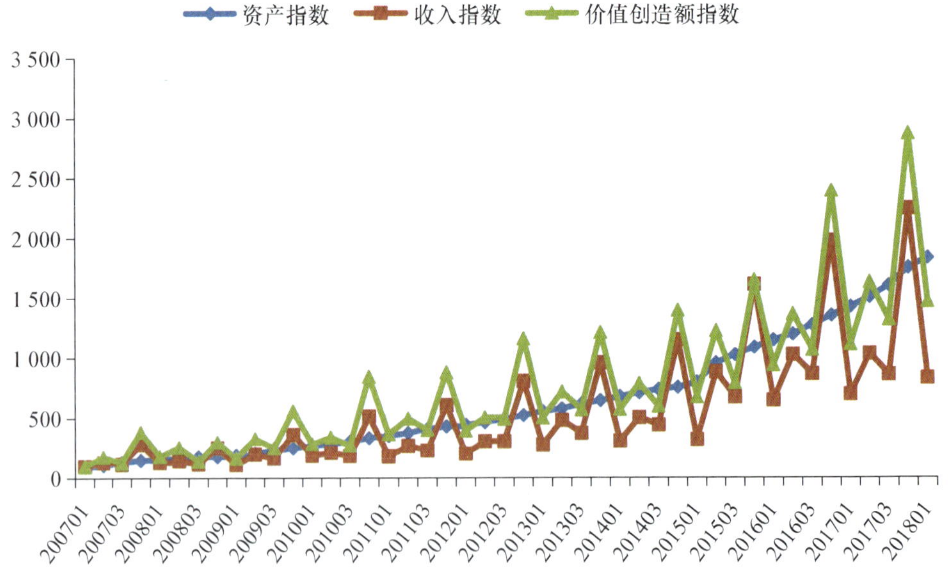

图 20-1　房地产业三类指数总体波动趋势

由表 20-1 和图 20-1 可知，从总体运行趋势来看，房地产业资产指数自 2007 年第 1 季度以来一直呈上升趋势，2018 年第 1 季度达到 1 837 点，与 2007 年第 1 季度相比上升了 1 737%。从 2007 年第 1 季度至 2018 年第 1 季度，房地产业收入指数与价值创造额指数的变动趋势比较一致，二者的增长率略低于资产指数的增长率，说明房地产业资产增长并没有带动价值创造额大幅增长，这可能是因为房地产业的资产主要是土地和商品房，而大量的土地和商品房处于空置状态，没能促进销量增加。从季度走势来看，房地产业表现出十分明显的“1、3 季度低，2、4 季度高且 4 季度最高”的特点，这主要是因为春季和秋季是传统房地产的销售旺季，并且房地产企业在第 4 季度进行结算。

从三类指数运行趋势之间的关系来看，资产指数自 2008 年第 1 季度以来除了每年第 4 季度以外几乎全面超越收入指数，说明房地产业收入增长率低于资产增长率，这也恰好印证了房地产业经过十余年的黄金时代进入发展瓶颈。从收入指数和价值创造额指数来看，两者保持了十分显著的相关性，价值创造额指数始终高于收入指数，说明房地产业的价值创造额增速高于收入增速。综合三类指数的运行趋势可以发现，虽然近年来房地产业的资产指数大幅增长，但收入指数增长率与价值创造额指数增长率略低，说明房地产业应在供给侧改革的背景下，抓住机遇，在组织模式、发展理念、发展方式等多方面进行创新，加强产业优化，提高行业品质，增加行业价值。

20.2　房地产业财务指标预测

20.2.1　资产负债表主要项目预测

根据会计综合评价指数的构建需要，我们分别对房地产业 2012—2017 年的资产均值、负债均值、所有者权益均值、流动资产均值、流动负债均值和应收账款均值进行了预测。

表 20-2 列示了房地产业的资产、负债、所有者权益、流动资产、流动负债和应收账款的行业真实值和预测值，其中预测值分别采用 B 周期移动平均和 A 周期移动平均两种方法进行预测。表 20-3 则分别列示了资产负债表主要项目真实值与预测值的差异，从计算结果可以看出，无论是 B 周期移动平均还是 A 周期移动平均，均能够对资产负债表主要项目进行准确预测，模型稳定性较好。

表 20-2　资产负债表主要项目预测结果　　单位：亿元

年份		资产	负债	所有者权益	流动资产	流动负债	应收账款
2012	BCM 真实值	135.00	96.40	38.20	111.00	67.10	1.27
	BCM 预测值	135.00	96.80	38.80	111.00	68.20	1.16
	ACM 真实值	128.00	91.40	36.10	107.00	63.00	0.91
	ACM 预测值	128.00	92.00	36.60	107.00	65.30	0.97

续表

年份		资产	负债	所有者权益	流动资产	流动负债	应收账款
2013	BCM 真实值	155.00	113.00	41.50	128.00	76.00	1.54
	BCM 预测值	157.00	115.00	41.90	129.00	77.20	1.51
	ACM 真实值	142.00	105.00	37.50	120.00	70.30	1.16
	ACM 预测值	143.00	106.00	37.60	120.00	70.50	1.24
2014	BCM 真实值	173.00	126.00	46.00	139.00	84.50	1.73
	BCM 预测值	175.00	128.00	46.10	143.00	84.90	1.71
	ACM 真实值	174.00	129.00	44.30	144.00	85.80	1.43
	ACM 预测值	177.00	132.00	44.40	149.00	86.10	1.48
2015	BCM 真实值	201.00	146.00	54.30	160.00	96.30	1.84
	BCM 预测值	200.00	147.00	52.80	159.00	98.30	2.00
	ACM 真实值	178.00	130.00	47.80	144.00	84.40	1.60
	ACM 预测值	178.00	131.00	47.10	144.00	87.40	1.70
2016	BCM 真实值	218.00	156.00	61.00	174.00	102.00	2.00
	BCM 预测值	224.00	161.00	62.60	176.00	103.00	2.21
	ACM 真实值	202.00	146.00	56.00	164.00	93.30	1.81
	ACM 预测值	206.00	149.00	57.20	164.00	93.50	1.96
2017	BCM 真实值	232.00	165.00	66.00	182.00	110.00	2.29
	BCM 预测值	230.00	163.00	66.00	181.00	108.00	2.23
	ACM 真实值	220.00	158.00	60.50	176.00	104.00	2.02
	ACM 预测值	216.00	155.00	60.40	175.00	101.00	2.01

表 20-3　资产负债表主要项目预测差异

年份		资产	负债	所有者权益	流动资产	流动负债	应收账款
2012	BCM	0.42%	0.37%	1.59%	0.50%	1.61%	−8.63%
	ACM	0.44%	0.72%	1.50%	0.53%	3.55%	5.89%
2013	BCM	1.43%	1.05%	1.13%	0.77%	1.64%	−1.75%
	ACM	0.59%	0.39%	0.17%	0.01%	0.30%	6.36%
2014	BCM	1.61%	2.22%	0.09%	3.41%	0.52%	−1.14%
	ACM	1.73%	2.10%	0.23%	3.69%	0.32%	3.08%
2015	BCM	−0.14%	0.43%	−2.77%	−0.44%	2.04%	9.02%
	ACM	0.34%	1.03%	−1.29%	0.03%	3.60%	6.14%
2016	BCM	2.56%	2.73%	2.76%	1.07%	1.09%	10.39%
	ACM	1.93%	2.12%	2.15%	0.05%	0.23%	8.05%
2017	BCM	−0.92%	−0.73%	0.00%	−0.37%	−1.65%	−2.36%
	ACM	−1.93%	−2.05%	−0.20%	−0.95%	−3.21%	−0.22%

20.2.2　利润表主要项目预测

根据会计综合评价指数的构建需要，我们对利润表中营业总收入、营业总成本和扣除非经常性损益后的净利润三个会计项目进行了预测。需要说明的是，由于净利润包括企业的投资收益等非经常性损益，难以准确衡量企业主营业务所产生的回报，因此在对行业回报进行计算的过程中，选取扣除非经常性损益后的净利润进行预测。根据利润表的特点，在对营业总收入、营业总成本和扣除非经常性损益后的净利润进行预测的过程中，将除数占比和周期移动平均两种方法结合起来使用。

表20－4列示了利润表中营业总收入、营业总成本和扣除非经常性损益后的净利润的真实值和预测值，其中预测值分别采用B周期移动平均和A周期移动平均两种方法进行预测。表20－5进一步计算了利润表主要项目真实值和预测值的差异，结果显示利润表主要项目的预测差异较小，说明采取的方法能够较好地对利润表主要项目进行预测。

表20－4　利润表主要项目预测结果　　单位：亿元

年份		营业总收入	营业总成本	扣除非经常性损益后的净利润
2012	BCM真实值	27.00	23.40	2.80
	BCM预测值	27.10	23.80	2.77
	ACM真实值	23.60	20.10	2.47
	ACM预测值	23.80	20.30	2.38
2013	BCM真实值	31.30	27.30	2.93
	BCM预测值	31.90	27.60	3.24
	ACM真实值	27.80	24.10	2.53
	ACM预测值	28.30	24.30	2.70
2014	BCM真实值	33.60	30.20	2.72
	BCM预测值	35.10	31.40	2.80
	ACM真实值	32.60	28.90	2.60
	ACM预测值	33.80	29.90	2.59
2015	BCM真实值	37.20	34.40	2.95
	BCM预测值	37.80	34.80	2.96
	ACM真实值	33.10	30.40	2.52
	ACM预测值	33.90	31.00	2.55

续表

年份		营业总收入	营业总成本	扣除非经常性损益后的净利润
2016	BCM 真实值	46.30	41.70	3.67
	BCM 预测值	49.60	45.20	3.76
	ACM 真实值	43.10	38.40	3.32
	ACM 预测值	45.80	41.20	3.45
2017	BCM 真实值	45.90	41.10	4.24
	BCM 预测值	47.80	42.50	4.24
	ACM 真实值	43.70	38.50	3.94
	ACM 预测值	44.70	39.00	3.89

表 20－5　利润表主要项目预测差异

年份		营业总收入	营业总成本	扣除非经常性损益后的净利润
2012	BCM	0.51%	1.70%	−1.04%
	ACM	0.86%	1.07%	−3.63%
2013	BCM	1.84%	1.15%	10.48%
	ACM	1.53%	0.75%	6.80%
2014	BCM	4.39%	4.04%	2.74%
	ACM	3.78%	3.63%	−0.31%
2015	BCM	1.46%	1.34%	0.52%
	ACM	2.22%	2.20%	1.09%
2016	BCM	7.17%	8.19%	2.44%
	ACM	6.42%	7.14%	3.79%
2017	BCM	4.16%	3.55%	0.00%
	ACM	2.28%	1.53%	−1.27%

20.2.3　基于预测指标测算行业回报、风险和成长

在完成对营业总收入、营业总成本、扣除非经常性损益后的净利润、资产、负债、所有者权益、流动资产、流动负债和应收账款行业均值的预测之后，我们以预测值为基准，根据行业回报、风险和成长，计算了行业的净资产收益率、总资产收益率、销售净利率、资产负债率、流动比率、总资产周转率、应收账款周转率、营业总收入增长率和总资产增长率 9 个财务指标。具体预测结果列示在表 20－6 中。

表 20-6　房地产业回报、风险和成长预测结果

年份		回报			风险		成长			
		净资产收益率	总资产收益率	销售净利率	资产负债率	流动比率	总资产周转率	应收账款周转率	营业总收入增长率	总资产增长率
2012	BCM 真实值	0.076	0.022	0.104	0.71	1.65	0.21	22.74	1.09	1.14
	BCM 预测值	0.074	0.022	0.102	0.71	1.63	0.21	23.46	1.11	1.13
	ACM 真实值	0.069	0.020	0.105	0.72	1.70	0.19	26.75	1.06	1.11
	ACM 预测值	0.065	0.019	0.100	0.72	1.65	0.19	26.75	1.03	1.09
2013	BCM 真实值	0.074	0.020	0.094	0.73	1.68	0.22	22.28	1.16	1.15
	BCM 预测值	0.080	0.022	0.102	0.73	1.67	0.22	23.85	1.17	1.16
	ACM 真实值	0.069	0.019	0.091	0.74	1.71	0.21	26.80	1.18	1.12
	ACM 预测值	0.073	0.020	0.096	0.74	1.71	0.21	25.63	1.19	1.12
2014	BCM 真实值	0.062	0.017	0.081	0.73	1.64	0.20	20.56	1.07	1.11
	BCM 预测值	0.064	0.017	0.080	0.73	1.69	0.21	21.77	1.10	1.11
	ACM 真实值	0.064	0.016	0.080	0.74	1.67	0.21	25.08	1.17	1.22
	ACM 预测值	0.063	0.016	0.077	0.75	1.73	0.21	24.90	1.20	1.23
2015	BCM 真实值	0.059	0.016	0.079	0.73	1.66	0.20	20.90	1.11	1.16
	BCM 预测值	0.060	0.016	0.078	0.73	1.62	0.20	20.37	1.08	1.14
	ACM 真实值	0.055	0.014	0.076	0.73	1.70	0.19	21.82	1.02	1.02
	ACM 预测值	0.056	0.014	0.075	0.74	1.64	0.19	21.30	1.00	1.01
2016	BCM 真实值	0.064	0.018	0.079	0.72	1.70	0.22	24.15	1.24	1.09
	BCM 预测值	0.065	0.018	0.076	0.72	1.70	0.23	23.58	1.31	1.12
	ACM 真实值	0.064	0.017	0.077	0.72	1.76	0.23	25.20	1.30	1.14
	ACM 预测值	0.066	0.018	0.075	0.72	1.75	0.24	25.03	1.35	1.16
2017	BCM 真实值	0.067	0.019	0.092	0.71	1.66	0.20	21.42	0.99	1.06
	BCM 预测值	0.066	0.019	0.089	0.71	1.68	0.21	21.54	0.96	1.03
	ACM 真实值	0.068	0.019	0.090	0.72	1.70	0.21	22.81	1.02	1.09
	ACM 预测值	0.066	0.018	0.087	0.72	1.74	0.21	22.50	0.98	1.05

表 20-7 进一步列示了房地产业回报、风险和成长类财务指标预测值与真实值之间的差异。对比房地产业 B 周期移动平均和 A 周期移动平均所预测的财务指标和该行业财务指标的真实值可知，所选用的预测模型的预测效果较好，预测能力比较稳定。

表 20-7 房地产业回报、风险和成长预测差异

年份		回报			风险		成长			
		净资产收益率	总资产收益率	销售净利率	资产负债率	流动比率	总资产周转率	应收账款周转率	营业总收入增长率	总资产增长率
2012	BCM	−2.30%	−1.99%	−1.55%	−0.05%	−1.10%	−0.45%	3.18%	1.40%	−1.15%
	ACM	−5.38%	−4.93%	−4.45%	0.28%	−2.91%	−0.50%	−0.02%	−2.81%	−1.92%
2013	BCM	9.00%	9.43%	8.48%	−0.37%	−0.86%	0.87%	7.03%	1.32%	1.01%
	ACM	5.93%	6.25%	5.19%	−0.20%	−0.29%	1.00%	−4.36%	0.66%	0.16%
2014	BCM	2.14%	1.19%	−1.59%	0.60%	2.87%	2.82%	5.90%	2.51%	0.18%
	ACM	−0.51%	−1.51%	−3.94%	0.36%	3.35%	2.53%	−0.73%	2.22%	1.13%
2015	BCM	2.00%	−0.15%	−0.93%	0.58%	−2.43%	0.79%	−2.53%	−2.81%	−1.73%
	ACM	1.65%	0.06%	−1.11%	0.69%	−3.45%	1.18%	−2.36%	−1.50%	−1.37%
2016	BCM	2.28%	1.16%	−4.42%	0.17%	−0.02%	5.84%	−2.34%	5.63%	2.71%
	ACM	3.20%	2.57%	−2.48%	0.18%	−0.18%	5.18%	−0.68%	4.11%	1.59%
2017	BCM	−1.31%	−0.77%	−4.00%	0.19%	1.30%	3.37%	0.55%	−2.81%	−3.39%
	ACM	−2.18%	−1.19%	−3.48%	−0.12%	2.34%	2.37%	−1.36%	−3.89%	−3.78%

20.3 房地产业运行状况分析

会计综合评价指数分别采用 B 周期移动平均和 A 周期移动平均两种方法，对行业运行状况基准值进行预测。具体来讲，B 周期移动平均的样本数量以年度最新行业样本为准，进行滚动预测，样本数量较多，更能代表行业当前发展状况；A 周期移动平均则按照样本基期进行滚动预测，样本选取比较稳定，对行业历史发展状况的讨论更为充分。

20.3.1 房地产业回报分析

图 20-2、图 20-3 和图 20-4 分别为房地产业的净资产收益率、总资产收益率和销售净利率的变动趋势图，其中，净资产收益率和总资产收益率的分母分别采用本年末所有者权益（总资产）与上年末所有者权益（总资产）的均值计算，因此，净资产收益率和总资产收益率的基期均为 2008 年。基于对房地产业财务指标的预测，在评价房地产业回报的过程中，我们分别在图中画出了基于 B 周期移动平均和 A 周期移动平均所计算的 2012—2017 年净资产收益率、总资产收益率和销售净利率的预测值。

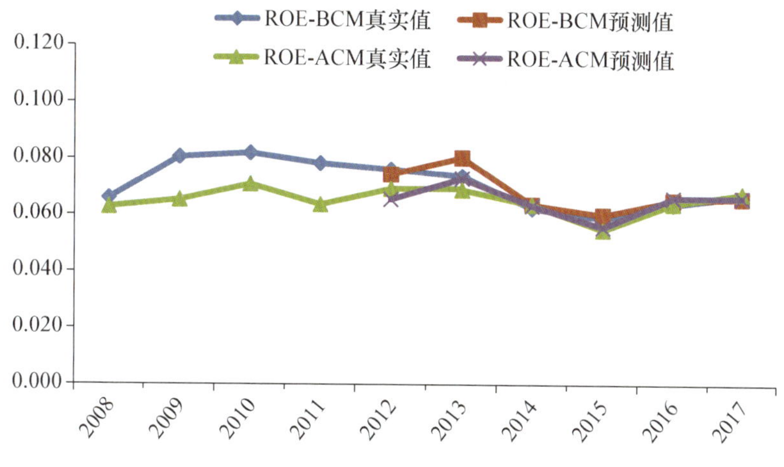

图 20－2　房地产业净资产收益率

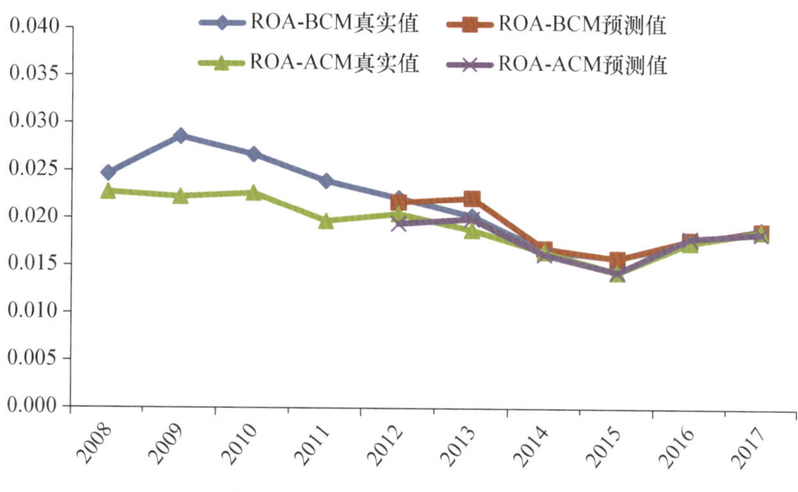

图 20－3　房地产业总资产收益率

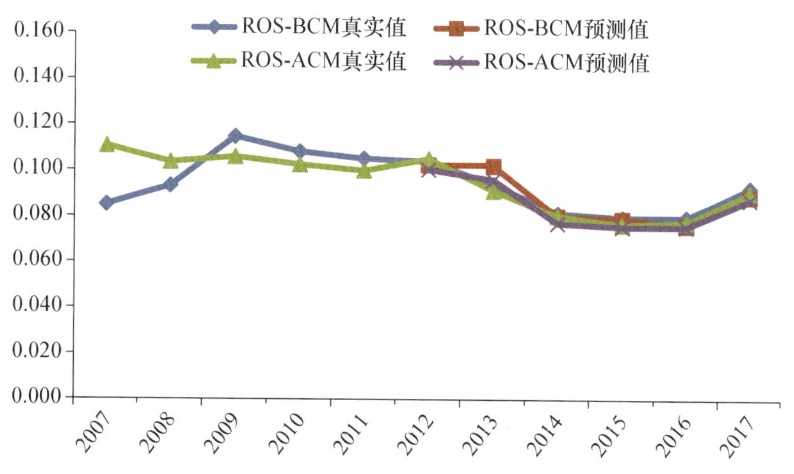

图 20－4　房地产业销售净利率

观察图 20－2、图 20－3 和图 20－4 可以发现，房地产业 B 周期移动平均和 A 周期移动平均所选取样本的回报类财务指标的变动趋势大体一致。具体来说，受金融危机的影响，该行业净资产收益率和总资产收益率在 2008 年处于低位，2009—2010 年小幅提高，这与政府出台的一系列“保增长”政策和经济刺激计划有关。2010—2015 年，行业净资产收益率、总资产收益率处于下滑阶段。行业销售净利率在 2007—2015 年总体上呈现下滑趋势。2016 年以来，由于资金涌入，房价走高，行业净资产收益率、总资产收益率和销售净利率均有所提高。综合净资产收益率、总资产收益率和销售净利率来看，房地产业回报在 2010—2015 年有所下滑，2016 年开始回升。

在房地产业回报分析中，从预测财务指标与真实财务指标的对比可以看出，无论是 B 周期移动平均还是 A 周期移动平均，预测值与真实值的差异均较小，确认了行业回报率的变动趋势。

20.3.2 房地产业风险分析

图 20－5、图 20－6 分别从资产负债率和流动比率两个角度对房地产业的风险进行了分析。与行业回报的分析类似，2007—2017 年房地产业的风险类财务指标根据行业真实值进行计算，同时采用 B 周期移动平均和 A 周期移动平均计算了资产负债率和流动比率的预测值。

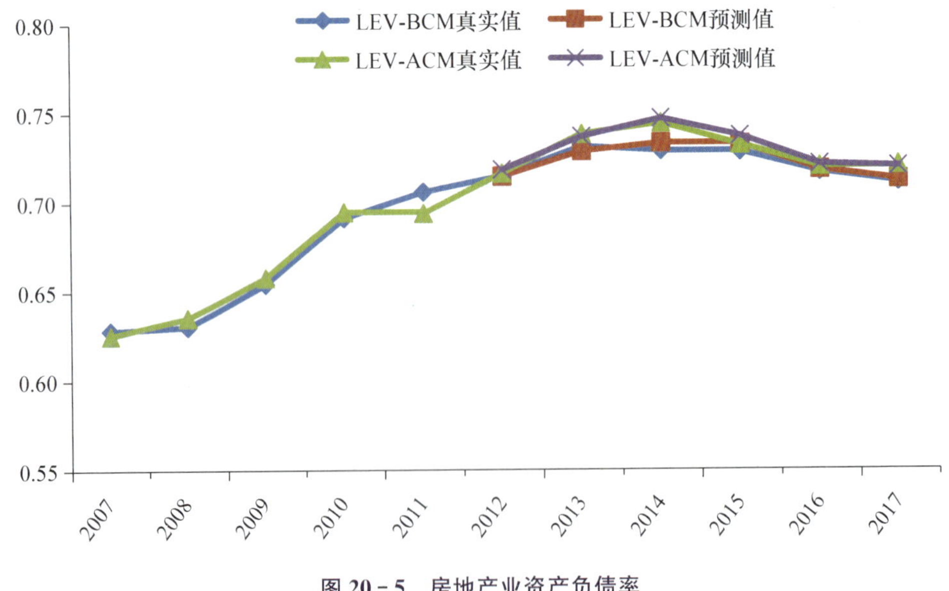

图 20－5 房地产业资产负债率

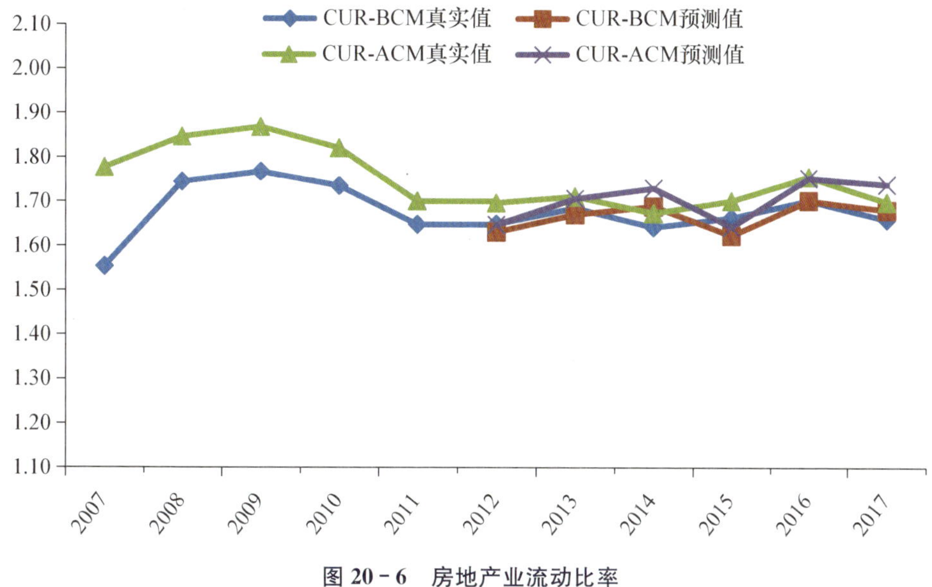

图 20-6　房地产业流动比率

从资产负债率来看，房地产业 B 周期移动平均和 A 周期移动平均所选样本的变动趋势大体一致，房地产业的资产负债率在 2007—2014 年上升，之后下降。从流动比率来看，房地产业 B 周期移动平均和 A 周期移动平均所选样本的变动趋势也大体一致，流动比率在 2007—2009 年上升，2009—2012 年下降，2013 年以来趋于稳定，但均低于 2。综合该行业资产负债率和流动比率的变动趋势可以发现，近年来房地产业的风险相对较高，该行业需要加强管控，控制风险，才能有更好的发展。

从房地产业资产负债率和流动比率的预测值可以发现，采用 B 周期移动平均和 A 周期移动平均所计算的 2012—2017 年行业资产负债率和流动比率与真实值的差距较小，能够较好地反映行业风险变动趋势，说明模型预测效果较好。

20.3.3　房地产业成长分析

图 20-7、图 20-8、图 20-9 和图 20-10 分别从房地产业周转速度（总资产周转率、应收账款周转率）和成长速度（营业总收入增长率、总资产增长率）两个角度衡量该行业的成长。由于行业样本区间为 2007—2017 年，而周转速度计算的分母为前一期期末和本期期末的均值，因此我们在进行周转速度分析时，将基期确定为 2008 年。同样，行业成长速度采用本年度财务指标与上一年度财务指标的比值，因此成长速度的基期也为 2008 年。

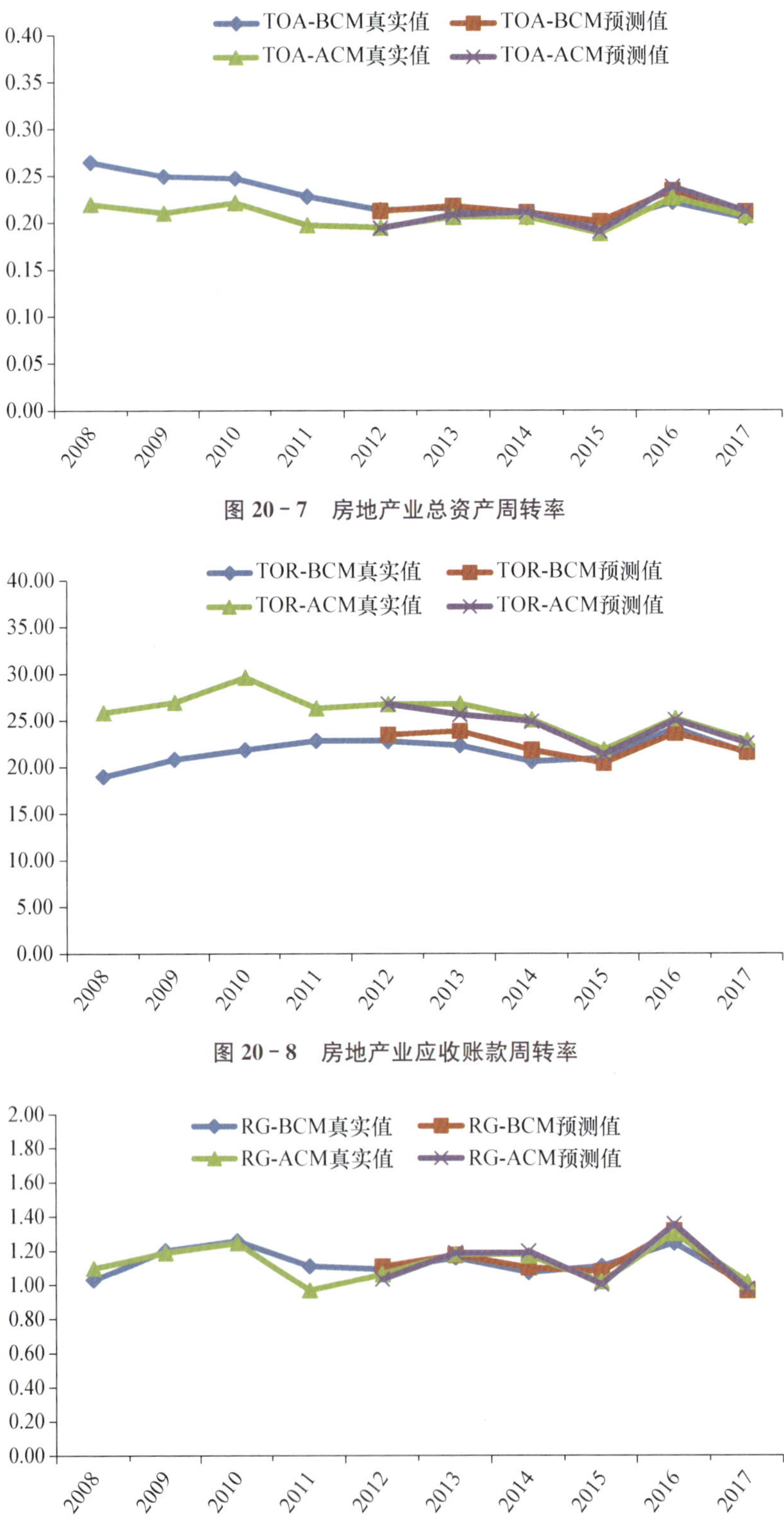

图 20-7　房地产业总资产周转率

图 20-8　房地产业应收账款周转率

图 20-9　房地产业营业总收入增长率

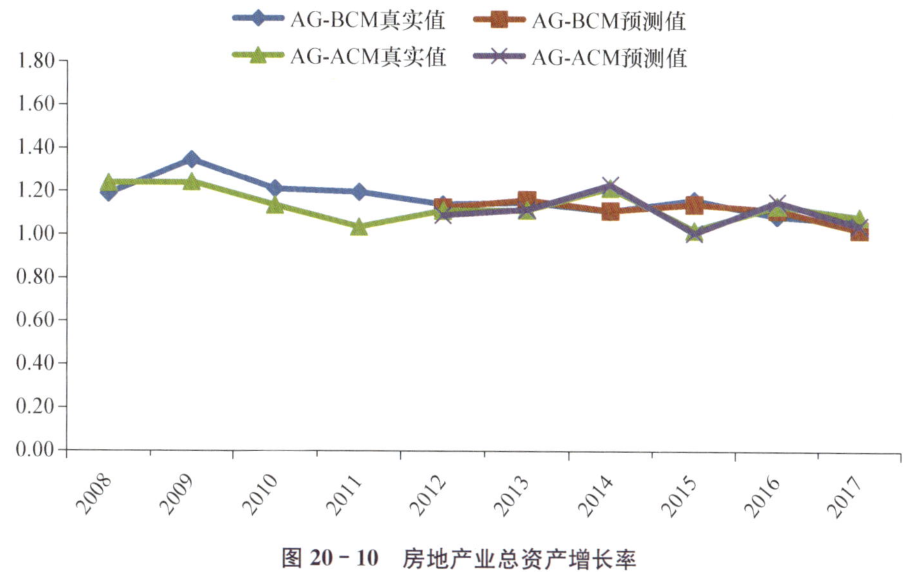

图 20-10　房地产业总资产增长率

从周转速度看，B 周期移动平均和 A 周期移动平均所选样本的变动趋势大体一致。房地产业的总资产周转率在 2008—2017 年呈现一定的下滑趋势。房地产业的应收账款周转率在 2008—2011 年上升，2012 年以来开始下降，说明该行业的运行效率有所降低，2016 年之后又出现回升趋势，这可能与近年来推行的去库存政策相关。从成长速度看，B 周期移动平均和 A 周期移动平均所选样本的变动趋势仍然相近，行业营业总收入增长率自 2008 年以来在波动中一直保持相对平稳的趋势，2016 年有较大幅度增长，2017 年增长再次放缓。行业总资产增长率在平稳中有小幅下降，但整体维持在 1 以上，这说明房地产市场比较稳定，但仍然需要加强管理。

从房地产业的周转速度（总资产周转率、应收账款周转率）和成长速度（营业总收入增长率、总资产增长率）的预测值可以发现，采用 B 周期移动平均和 A 周期移动平均所计算的 2012—2017 年行业预测值与真实值的差距较小，能够较好地反映行业的变动趋势，说明模型预测效果较好。

20.4　房地产业会计综合评价指数构建

根据制造业会计综合评价指数的计算方法，表 20-8 列示了房地产业上市公司的前 20 名。由表 20-8 可知，房地产业会计综合评价指数排名前五的上市公司分别为粤泰股份（600393）、万业企业（600641）、华联控股（000036）、广宇发展（000537）和世荣兆业（002016）。

表 20－8　2017 年会计综合评价指数房地产业前 20 名上市公司

股票简称	股票代码	会计综合评价指数	排名
粤泰股份	600393	100.00	1
万业企业	600641	100.00	1
华联控股	000036	100.00	1
广宇发展	000537	98.01	4
世荣兆业	002016	93.41	5
深物业 A	000011	93.31	6
华丽家族	600503	89.09	7
顺发恒业	000631	88.33	8
国创高新	002377	87.00	9
电子城	600658	86.69	10
荣安地产	000517	85.92	11
新城控股	601155	84.74	12
深深房 A	000029	84.44	13
深振业 A	000006	82.97	14
新光圆成	002147	82.72	15
卧龙地产	600173	82.39	16
苏宁环球	000718	81.16	17
南山控股	002314	81.10	18
银亿股份	000981	80.12	19
招商蛇口	001979	79.63	20

注：会计综合评价指数的构建以公开财务数据真实有效为前提。

第21章　银行业会计综合评价指数编制结果及分析

银行业（行业代码为J66）作为金融业大类下的细分行业，包括除中央银行以外的各类银行所从事的存款、贷款和信用卡等货币媒介活动，还包括在中国开展货币业务的外资银行及分支机构的活动。作为现代金融业的主体，银行业是国民经济运转的重要枢纽，是国家宏观调控的关键领域。该行业的运行状况直接关系到整个国家的经济发展和社会稳定，在一国金融乃至经济体系中的地位是非常重要的。近年来，受经济增速下行、利率市场化持续推进、互联网金融快速发展和基准利率下调等因素影响，银行业的运行和发展面临较大的挑战和压力。为更好地了解该行业的运行状况和发展趋势，考虑到银行业与其他行业在经营对象等方面存在差异，其经营业绩和财务绩效的评价与分析存在特殊性，且在风险状况和资本方面需要满足监管需求，本章暂不考虑监管指标，而从盈利能力和成长能力两个角度对银行业的经营状况进行分析，以期为银行业的健康发展提供一些有益的经验和借鉴。

21.1　银行业发展趋势分析

为了对银行业的发展趋势进行分析，我们以2007年第1季度以来的所有季度作为样本区间，截至2018年第1季度，我们所选样本45个季度的季均总资产为832 844.44亿元，季均营业总收入为6 218.00亿元，季均价值创造额为4 603.78亿元。

为了研究银行业的发展趋势，我们以样本公司的季度总资产、季度营业总收入和季度价值创造额为基础构建了银行业的资产指数、收入指数和价值创造额指数（见表21-1）。三类指数的总体波动趋势如图21-1所示。

表 21-1 银行业资产指数、收入指数、价值创造额指数的编制结果①

季度	资产指数	收入指数	价值创造额指数
200701	100	100	100
200702	107	113	96
200703	112	126	96
200704	114	131	92
200801	120	144	115
200802	124	158	123
200803	127	150	108
200804	133	147	76
200901	151	139	103
200902	159	149	120
200903	162	154	125
200904	168	166	116
201001	180	175	135
201002	186	184	147
201003	193	233	134
201004	198	249	132
201101	211	275	163
201102	219	290	171
201103	222	292	171
201104	232	305	158
201201	248	332	195
201202	257	337	201
201203	260	337	197
201204	267	347	179
201301	282	376	216
201302	287	381	226
201303	291	374	217
201304	296	384	206
201401	311	432	242

① 截至 2017 年年底，银行业样本共包含 25 家上市商业银行，但由于新上市的 9 家商业银行规模较小，与其他样本存在较大差异，因而在预测过程中予以剔除，故银行业预测样本共包含 16 家上市商业银行，其中 5 家为大型商业银行，8 家为股份制商业银行，3 家为城市商业银行。

续表

季度	资产指数	收入指数	价值创造额指数
201402	323	436	245
201403	323	430	239
201404	330	436	226
201501	342	477	253
201502	361	478	255
201503	364	473	243
201504	370	471	210
201601	382	526	259
201602	398	479	257
201603	404	452	244
201604	420	450	214
201701	432	517	267
201702	438	476	265
201703	441	476	256
201704	447	491	225
201801	456	532	280

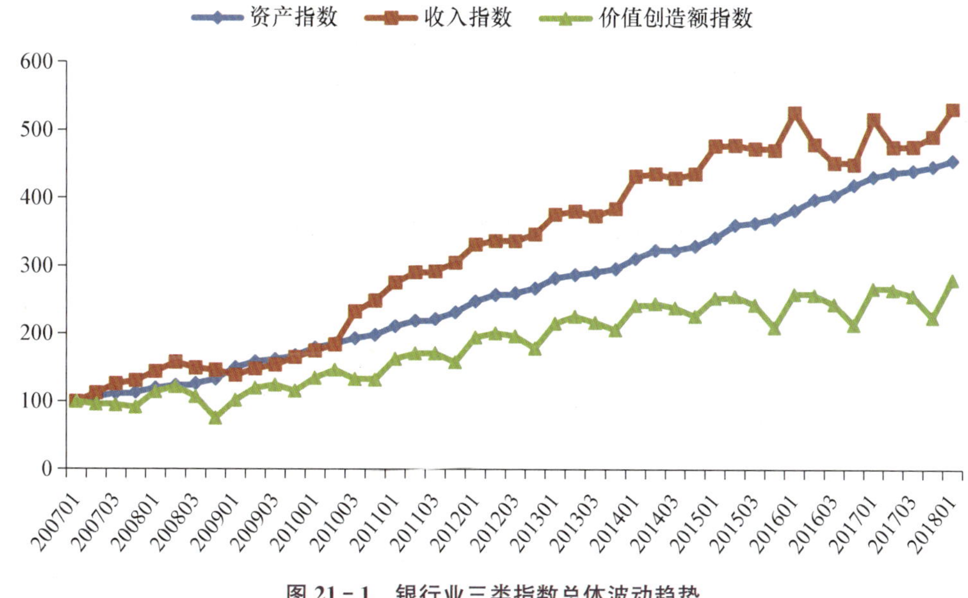

图 21－1　银行业三类指数总体波动趋势

由表 21－1 和图 21－1 可知，从总体运行趋势来看，银行业资产指数自 2007 年第 1 季度以来一直呈上升趋势，2018 年第 1 季度达到 456 点，与 2007 年第 1 季度相比上升了356%。从银行业收入指数变动趋势来看，2008年第3季度至2009年第1季度，收入指数呈下降趋势，这主要是因为2008年爆发的金融危机给该行业带来了一定的冲击；2009年第1季度之后，收入指数呈持续上升趋势；2011年第1季度以后，收入指数呈波动上升趋势，这主要是因为银行业的经营业绩存在季节性波动。从银行业价值创造额指数的变动趋势看，价值创造额指数一直呈波动上升趋势，说明银行业的价值创造额受季节性因素影响，存在季节性波动。

从三类指数运行趋势之间的关系来看，该行业的收入增长速度和资产增长速度始终高于价值创造额增长速度。从三类指数的波动趋势来看，收入指数和价值创造额指数从长期看存在较为明显的季节性波动，价值创造额指数相比收入指数季节性波动更明显。综合三类指数的运行趋势可以发现，随着该行业资产规模的扩大，收入和价值创造额一同提升，且收入指数基本在资产指数之上，说明银行业运行效率较高，发展态势良好。

21.2 银行业财务指标预测

21.2.1 资产负债表主要项目预测

根据会计综合评价指数的构建需要，我们分别对银行业2012—2017年的资产均值和所有者权益均值进行了预测。

表21-2列示了银行业的资产和所有者权益的行业真实值和预测值，其中预测值分别采用B周期移动平均和A周期移动平均两种方法进行预测。表21-3则分别列示了资产负债表主要项目真实值与预测值的差异，从计算结果可以看出，两种方法均能够对资产负债表主要项目进行准确预测，模型稳定性较好。

表21-2 资产负债表相关项目预测结果

单位：亿元

年份		资产	所有者权益
2012	BCM真实值	53 700	3 370
	BCM预测值	54 200	3 420
	ACM真实值	50 300	3 230
	ACM预测值	50 800	3 310
2013	BCM真实值	59 500	3 860
	BCM预测值	60 400	3 940
	ACM真实值	59 500	3 860
	ACM预测值	60 500	3 910

续表

年份		资产	所有者权益
2014	BCM 真实值	66 100	4 630
	BCM 预测值	66 800	4 530
	ACM 真实值	66 100	4 630
	ACM 预测值	66 400	4 500
2015	BCM 真实值	74 300	5 440
	BCM 预测值	74 900	5 460
	ACM 真实值	74 300	5 440
	ACM 预测值	74 500	5 480
2016	BCM 真实值	84 000	6 090
	BCM 预测值	82 700	6 290
	ACM 真实值	84 000	6 090
	ACM 预测值	82 500	6 320
2017	BCM 真实值	89 100	6 720
	BCM 预测值	90 100	6 780
	ACM 真实值	89 100	6 720
	ACM 预测值	90 300	6 720

表 21-3 资产负债表主要项目预测差异

年份		资产	所有者权益
2012	BCM	0.91%	1.44%
	ACM	1.13%	2.45%
2013	BCM	1.57%	2.11%
	ACM	1.71%	1.28%
2014	BCM	1.03%	−2.10%
	ACM	0.52%	−2.83%
2015	BCM	0.79%	0.51%
	ACM	0.29%	0.81%
2016	BCM	−1.54%	3.24%
	ACM	−1.72%	3.72%
2017	BCM	1.09%	0.78%
	ACM	1.38%	−0.10%

21.2.2　利润表主要项目预测

根据会计综合评价指数的构建需要，我们采用除数占比法和周期移动平均法相结合的预测方法对利润表中营业收入、手续费及佣金净收入、业务及管理费和扣除非经常性损益后的净利润 4 个项目进行了预测。

表 21－4 列示了银行业的营业收入、手续费及佣金净收入、业务及管理费和扣除非经常性损益后的净利润的真实值和预测值，其中预测值分别采用 B 周期移动平均和 A 周期移动平均两种方法进行预测。表 21－5 进一步计算了利润表主要项目真实值和预测值的差异，从计算结果可以看出，两种方法能够较好地预测利润表主要项目，准确性较高。

表 21－4　利润表主要项目预测结果　　单位：亿元

年份		营业收入	手续费及佣金净收入	业务及管理费	扣除非经常性损益后的净利润
2012	BCM 真实值	1 620	290	510	638
	BCM 预测值	1 640	283	518	636
	ACM 真实值	1 510	271	459	610
	ACM 预测值	1 530	263	464	610
2013	BCM 真实值	1 820	356	562	720
	BCM 预测值	1 840	365	564	726
	ACM 真实值	1 820	356	562	720
	ACM 预测值	1 830	364	561	722
2014	BCM 真实值	2 080	408	613	776
	BCM 预测值	2 100	412	615	793
	ACM 真实值	2 080	408	613	776
	ACM 预测值	2 090	412	612	791
2015	BCM 真实值	2 280	467	634	790
	BCM 预测值	2 300	473	643	801
	ACM 真实值	2 280	467	634	790
	ACM 预测值	2 290	470	643	797
2016	BCM 真实值	2 290	502	641	788
	BCM 预测值	2 340	508	646	799
	ACM 真实值	2 290	502	641	788
	ACM 预测值	2 330	506	644	794
2017	BCM 真实值	2 350	501	664	837
	BCM 预测值	2 330	499	661	842
	ACM 真实值	2 350	501	664	837
	ACM 预测值	2 320	498	658	839

表 21-5 利润表主要项目预测差异

年份		营业收入	手续费及佣金净收入	业务及管理费	扣除非经常性损益后的净利润
2012	BCM	1.27%	−2.39%	1.64%	−0.43%
	ACM	1.12%	−3.17%	1.15%	0.03%
2013	BCM	1.31%	2.54%	0.45%	0.82%
	ACM	0.71%	2.14%	−0.15%	0.34%
2014	BCM	0.93%	0.99%	0.32%	2.21%
	ACM	0.47%	1.12%	−0.04%	1.92%
2015	BCM	0.89%	1.32%	1.46%	1.37%
	ACM	0.63%	0.68%	1.49%	0.92%
2016	BCM	2.04%	1.35%	0.71%	1.40%
	ACM	1.80%	0.92%	0.43%	0.80%
2017	BCM	−0.78%	−0.42%	−0.42%	0.61%
	ACM	−1.27%	−0.74%	−0.83%	0.23%

21.2.3 基于预测指标测算行业盈利能力和成长能力

在完成对营业收入、手续费及佣金净收入、业务及管理费、扣除非经常性损益后的净利润、资产和所有者权益行业均值的预测之后，我们以预测值为基准，根据行业盈利能力和成长能力，计算了行业的净资产收益率、总资产收益率、成本收入比、中间业务收入占比、总资产增长率和营业总收入增长率 6 个财务指标。表 21-6 列示了银行业盈利能力和成长能力的财务指标真实值和预测值。表 21-7 进一步列示了银行业盈利能力和成长能力的财务指标真实值与预测值之间的差异。通过两张表可以看出，该模型的预测结果较理想，可靠性较高。

表 21-6 银行业盈利能力和成长能力预测结果

年份		盈利能力				成长能力	
		综合盈利能力			盈利结构		
		净资产收益率	总资产收益率	成本收入比	中间业务收入占比	总资产增长率	营业总收入增长率
2012	BCM 真实值	20.6%	1.3%	31.4%	17.9%	116.2%	115.3%
	BCM 预测值	20.3%	1.3%	31.5%	17.2%	116.8%	117.7%
	ACM 真实值	20.6%	1.3%	30.4%	18.0%	116.8%	115.2%
	ACM 预测值	20.1%	1.3%	30.4%	17.2%	116.6%	118.9%
2013	BCM 真实值	19.9%	1.3%	30.9%	19.6%	112.2%	110.8%
	BCM 预测值	19.7%	1.3%	30.6%	19.8%	112.2%	111.5%
	ACM 真实值	20.3%	1.3%	30.9%	19.6%	120.5%	118.3%
	ACM 预测值	20.0%	1.3%	30.6%	19.9%	120.0%	119.0%

续表

年份		盈利能力				成长能力	
		综合盈利能力			盈利结构		
		净资产收益率	总资产收益率	成本收入比	中间业务收入占比	总资产增长率	营业总收入增长率
2014	BCM真实值	18.3%	1.2%	29.4%	19.6%	114.5%	111.2%
	BCM预测值	18.7%	1.2%	29.2%	19.6%	114.0%	110.6%
	ACM真实值	18.3%	1.2%	29.4%	19.6%	114.5%	111.2%
	ACM预测值	18.8%	1.2%	29.3%	19.7%	114.2%	109.9%
2015	BCM真实值	15.7%	1.1%	27.8%	20.5%	109.3%	112.4%
	BCM预测值	16.0%	1.1%	28.0%	20.6%	109.3%	112.1%
	ACM真实值	15.7%	1.1%	27.8%	20.5%	109.3%	112.4%
	ACM预测值	16.0%	1.1%	28.1%	20.5%	109.5%	112.1%
2016	BCM真实值	13.7%	1.0%	28.0%	21.9%	100.5%	113.0%
	BCM预测值	13.6%	1.0%	27.6%	21.8%	11.7%	110.4%
	ACM真实值	13.7%	1.0%	28.0%	21.9%	100.5%	113.0%
	ACM预测值	13.5%	1.0%	27.6%	21.7%	101.7%	110.8%
2017	BCM真实值	13.1%	1.0%	28.3%	21.3%	102.6%	106.1%
	BCM预测值	12.9%	1.0%	28.4%	21.4%	99.8%	109.0%
	ACM真实值	13.1%	1.0%	28.3%	21.3%	102.6%	106.1%
	ACM预测值	12.9%	1.0%	28.4%	21.5%	99.5%	109.5%

表21－7　银行业盈利能力和成长能力预测差异

年份		盈利能力				成长能力	
		综合盈利能力			盈利结构		
		净资产收益率	总资产收益率	成本收入比	中间业务收入占比	总资产增长率	营业总收入增长率
2012	BCM	−1.48%	−0.40%	0.37%	−3.61%	0.50%	2.06%
	ACM	−2.46%	0.36%	0.03%	−4.24%	−0.20%	3.21%
2013	BCM	−0.96%	−0.43%	−0.85%	1.21%	0.05%	0.66%
	ACM	−1.45%	−1.09%	−0.86%	1.42%	−0.41%	0.57%
2014	BCM	2.39%	0.90%	−0.61%	0.06%	−0.38%	−0.53%
	ACM	2.91%	0.83%	−0.51%	0.65%	−0.23%	−1.17%
2015	BCM	2.07%	0.46%	0.57%	0.42%	−0.04%	−0.24%
	ACM	1.80%	0.52%	0.85%	0.05%	0.16%	−0.23%
2016	BCM	−0.54%	1.86%	−1.31%	−0.68%	1.14%	−2.31%
	ACM	−1.51%	1.59%	−1.35%	−0.87%	1.17%	−2.01%
2017	BCM	−1.32%	0.80%	0.37%	0.36%	−2.76%	2.67%
	ACM	−1.46%	0.36%	0.45%	0.53%	−3.02%	3.15%

21.3　银行业运行状况分析

21.3.1　银行业盈利能力分析

1. 综合盈利能力分析

图 21－2、图 21－3 和图 21－4 分别为银行业的净资产收益率、总资产收益率和成本收入比的变动趋势图，其中，净资产收益率和总资产收益率的分母分别采用本年末所有者权益（总资产）与上年末所有者权益（总资产）的均值计算，因此，净资产收益率和总资产收益率的基期均为 2008 年。基于对银行业财务指标的预测，在评价该行业盈利能力的过程中，我们分别在图中画出了基于 B 周期移动平均和 A 周期移动平均所计算的 2012—2017 年净资产收益率、总资产收益率和成本收入比的预测值。

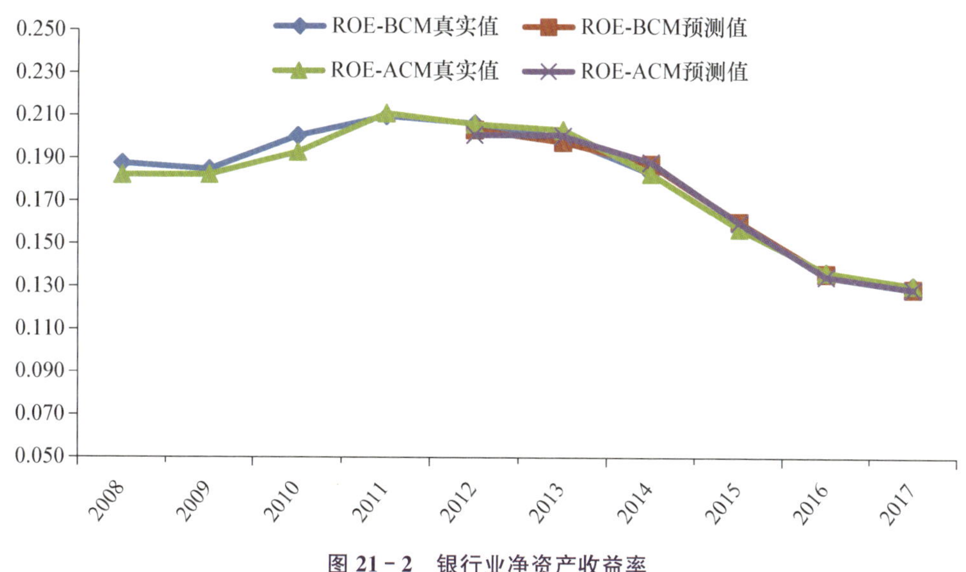

图 21－2　银行业净资产收益率

观察图 21－2 和图 21－3 可以发现，银行业 B 周期移动平均和 A 周期移动平均所选取样本的净资产收益率和总资产收益率的变动趋势较为一致。由于 2008 年下半年在全球范围内爆发了金融危机，给银行业造成了较大影响，因此 2009 年的净资产收益率与总资产收益率较 2008 年均出现了一定程度的下滑。2009 年之后，两项指标开始平稳增长，分别于 2011 年和 2012 年达到高点，随后持续下滑。2017 年净资产收益率下滑至 0.131，总资产收益率下滑至 0.010，这主要是由于国内五次降息降准以及利率市场化进程的推进缩小了银行的利差，行业转型的压力使银行业盈利能力下降。观察图 21－4 可以发现，该行业的成本收入比在 2008 年大幅下降，2009 年有所回升，之后稳步下降，到 2016 年降至 0.280，2017 年下降趋势有所缓解，说明金融危机后该行业对费用支出的管理能力持续提高。总体而言，受国民经济和利率市场化等多重因素影响，银行业的综合盈利能力出现持续下降的趋势，该行业面临较大挑战。

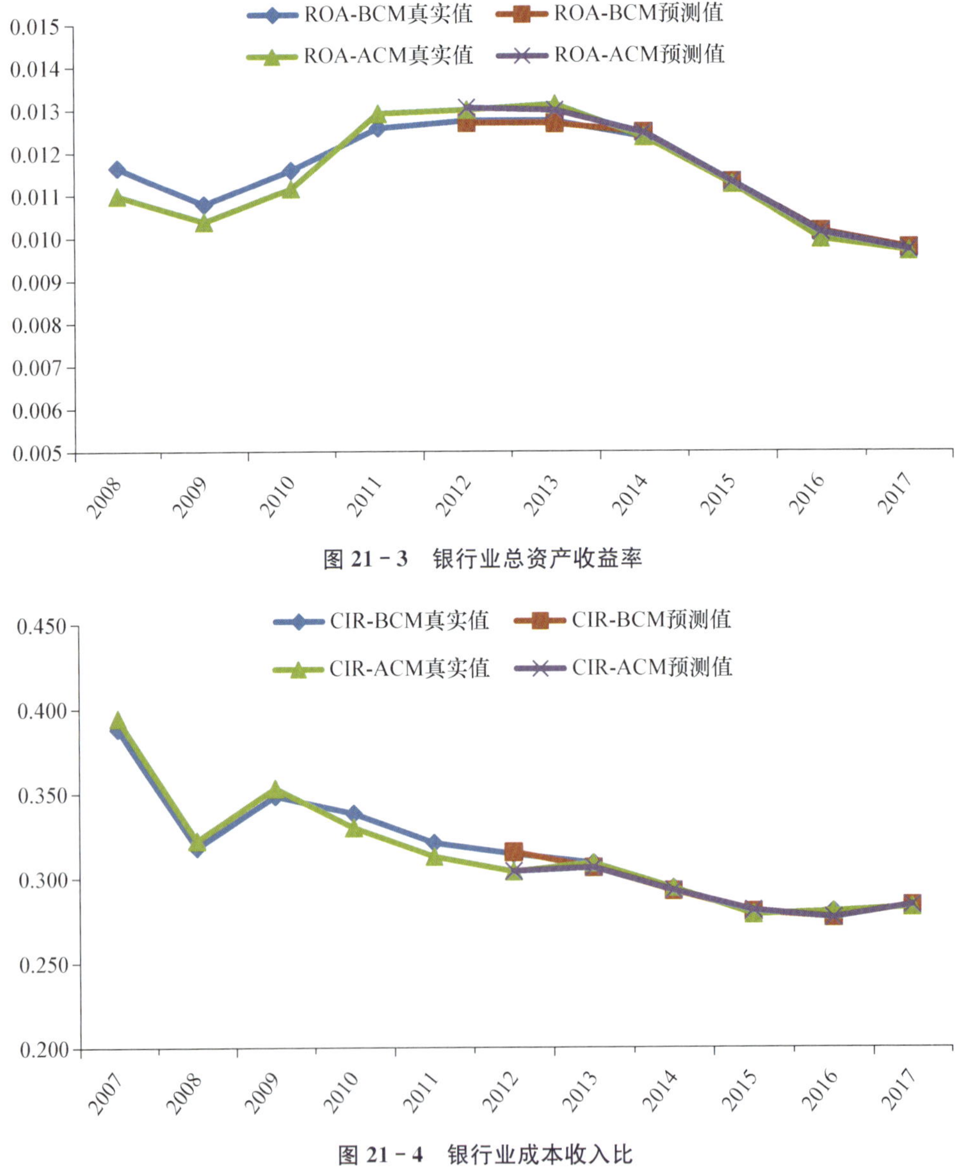

图 21－3　银行业总资产收益率

图 21－4　银行业成本收入比

由以上分析可知，无论是 B 周期移动平均还是 A 周期移动平均，这三项指标预测值与真实值的差异均较小，变化趋势一致，一方面说明模型的预测效果较好，另一方面进一步印证了银行业综合盈利能力下降的现象。

2. 盈利结构分析

图 21－5 为 2007—2017 年银行业中间业务收入占比的变动趋势图。同样基于对银行业财务指标的预测，在评价该行业盈利结构的过程中，我们分别在图中画出了基于 B 周期移动平均和 A 周期移动平均所计算的 2012—2017 年指标的预测值。

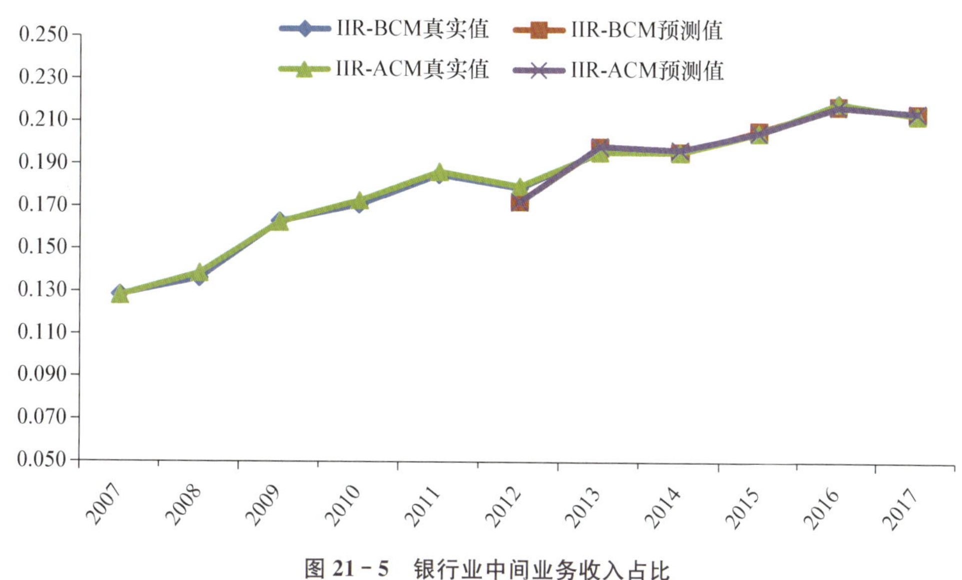

图 21－5　银行业中间业务收入占比

观察图 21－5 可以发现，银行业的中间业务收入占比总体呈上升趋势，行业整体盈利结构处于逐渐优化过程中。其中，2012 年相较于 2011 年有所下降，2017 年增长趋势有所放缓，主要是受到经济下滑以及银监会强化收费政策监管等的影响。

由以上分析可知，无论是 B 周期移动平均还是 A 周期移动平均，2012—2017 年行业预测值与真实值的差距均较小，能够较好地反映行业变动趋势，说明模型预测效果较好。

综合盈利能力和盈利结构两方面来看，银行业的整体盈利能力受国民经济和行业竞争等影响面临较大压力，同时为了抵御利率市场化等带来的冲击，该行业加快了中间业务等非利息收入的发展，逐步调整收入结构。

21.3.2　银行业成长能力分析

图 21－6 和图 21－7 分别从营业总收入增长率和总资产增长率两个方面对银行业的成长能力进行了分析。由于行业样本区间为 2007—2017 年，而行业成长速度的测算需要用到上一年度财务数据，因此我们在进行成长能力分析时，将基期确定为 2008 年，并且在指标变动趋势图中画出了基于 B 周期移动平均和 A 周期移动

平均所计算的2012—2017年各指标的预测值。

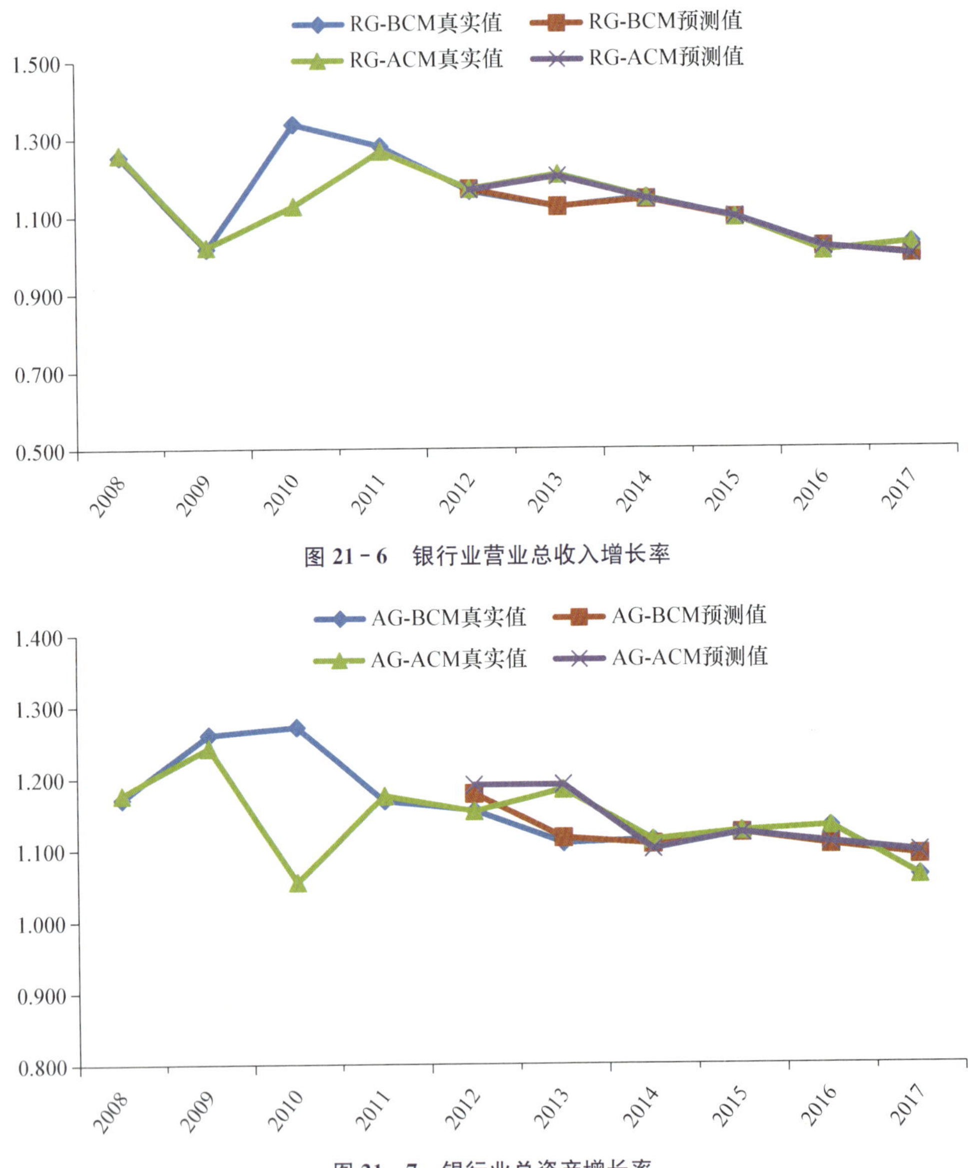

图 21-6　银行业营业总收入增长率

图 21-7　银行业总资产增长率

从图21-6中可以看出，银行业营业总收入增长率在2009年出现大幅下滑，降至101.9%，随后又大幅上涨至133.6%，这主要是由于金融危机给该行业带来了巨大冲击，使得2009年的营业总收入增长率较低，金融危机之后，市场的回暖和政府的经济刺激措施使得该行业的营业收入大幅增加。2011年之后，该行业营业总收入增长率总体呈现下降趋势，2017年下降至102.6%，说明市场的景气程度对该行业产生较大影响。从图21-7中可以看出，银行业的总资产增长率2011年之后呈现下滑趋势，近年来趋于稳定，2017年年末总资产增长率为106.1%，说明受国民经济下行影响，银行业的资产规模扩张速度有所放缓并趋于稳定。

无论是 B 周期移动平均还是 A 周期移动平均，两项成长能力指标的预测值总体趋势和真实值趋势较一致，说明模型的预测效果较好。综合来看，银行业的成长能力相比期初出现大幅下降，进一步说明受宏观经济和行业自身结构调整等影响，该行业的发展受到一定的冲击，面临较大挑战。

21.4 银行业会计综合评价指数构建

根据银行业会计综合评价指数的计算方法，表 21－8 列示了银行业上市公司前 16 名。由表 21－8 可知，银行业会计综合评价指数排名前五的上市公司分别为招商银行（600036）、宁波银行（002142）、农业银行（601288）、工商银行（601398）和建设银行（601939）。

表 21－8　2017 年会计综合评价指数银行业前 16 名上市公司

股票简称	股票代码	会计综合评价指数	排名
招商银行	600036	100.00	1
宁波银行	002142	81.40	2
农业银行	601288	79.06	3
工商银行	601398	77.92	4
建设银行	601939	69.78	5
浦发银行	600000	60.60	6
华夏银行	600015	59.62	7
交通银行	601328	59.32	8
中国银行	601988	53.47	9
北京银行	601169	51.70	10
光大银行	601818	48.44	11
兴业银行	601166	45.70	12
民生银行	600016	45.55	13
平安银行	000001	44.44	14
南京银行	601009	44.06	15
中信银行	601998	40.20	16

注：会计综合评价指数的构建以公开财务数据真实有效为前提。

下　编

会计投资价值指数

企业投资价值关系着投资者的切身利益，因此受到资本市场各方的重点关注。会计信息能够真实、准确、完整地反映企业财务状况、经营成果和现金流量，经过提炼的会计信息有助于投资者对企业的投资价值进行判断。会计信息的价值相关性一直是会计研究的一个重要方面（例如，Ball and Brown，1968；Ohlson，1995；Maydew and Weiss，1997）。其中，盈余价格比（E/P，即市盈率的倒数）由于综合了会计信息和市场信息，在理论上成为学术研究的焦点之一（例如，Basu，1977；Lakonishok et al.，1994）。在国内外投融资实务界，它也是价值投资策略中用以选择个股或构建投资组合的重要工具。市盈率在我国甚至一度成为新股发行定价的主要依据。然而，传统盈余价格比所包含的信息有限，基于该指标进行股票估值进而预测未来股票收益的可靠性难免受到质疑，这从已有文献的研究结果中可见一斑（Banz and Breen，1986；Lau et al.，2002；陈信元等，2001；苏宝通等，2004）。事实上，一方面，上市公司的投资价值不仅取决于盈余规模，还与包括盈余持续性、稳健性在内的盈余质量相关；成长性也是决定股票内在价值的重要因素（Williams，1938）；不同的行业属性也会影响到上市公司的投资价值。另一方面，传统盈余价格比属于衡量股票投资价值的滞后指标，不仅大大损失了公司信息的时效性，更无法准确地反映出当下公司的投资价值。有鉴于此，本报告试图对传统盈余价格比进行改进，将盈余质量、成长性、行业属性以及相关预测会计信息纳入股票估值体系中，从而构建出包含更多基本面信息、更具时效性的会计投资价值指数。

第 22 章 会计投资价值指数编制原理及分析方法

自从实证会计研究的开山之作 Ball and Brown（1968）问世以来，研究会计盈余价值相关性的文献不断涌现，该文及其后大量经验证据表明，以盈余为代表的会计数字确实包含重要的企业价值信息，即会计数字对股价或其他经济变量具有一定的解释力与预测力。因此，营业收入、会计盈余、现金流等可视为反映公司基本价值的指标，据此可估计股票的内在价值。Lakonishok et al.（1994）将当前股价相对于会计盈余、股利、历史股价、净资产等基本价值指标被低估的股票称为价值型股票，而买入并长期持有价值型股票能获取正的超额收益，研究结果再次证实了“价值投资策略能战胜市场”。同时，研究发现，未来一年期股票收益与当期盈余价格比（市盈率的倒数，E/P）显著正相关，表明该指标对横截面股票收益具有一定的预测作用，与历史同类文献的结论相一致。

与欧美市场的经验证据相似的是，国内学者在研究中发现，市盈率（盈余价格比的倒数）与未来股票收益负相关。在国内投融资实务界，市盈率长期以来既是新股发行定价的主要依据，也是价值投资策略中用以选择个股或构建投资组合的重要工具。尽管如此，盈余价格比作为反映股票内在价值的重要指标仍然存在一定的缺陷。

首先，传统盈余价格比所包含的信息极其有限，基于该指标进行股票估值进而预测未来股票收益的可靠性饱受质疑，这从已有文献的研究结果中可见一斑。事实上，上市公司的投资价值不仅取决于盈余规模，还与包括盈余的持续性、稳健性在内的盈余质量相关。此外，成长性也是决定股票内在价值的重要因素。鉴于此，本报告试图对传统盈余价格比进行改进，将盈余质量、成长性和经营风险纳入股票估值体系中，从而构建出包含更多基本面信息的会计投资价值指数，即修正盈余价格比。

其次，传统盈余价格比属于衡量股票投资价值的滞后指标，这是因为计算该指标需要上市公司年报中的净利润信息，而上市公司通常在次年的4月份才会披露年报。然而，从会计年度结束（12月31日）到年报披露之间，上市公司的经营状况已经通过一些非正式渠道（例如媒体报道、分析师报告，抑或是内部知情者的传播）进入股票市场，从而反映在公司股价之中。因此，当我们计算出传统盈余价格比时，该指标所包含的会计信息已经滞后了约4个月。这不仅大大损失了公司信息的时效性，更无法准确地反映出当下公司的投资价值。鉴于此，本报告试图在修正盈余价格比的基础上，应用两种方法做出进一步改进：（1）应用上市公司前三个季度的会计信息提前预测出公司全年的会计信息，从而构建出包含预测会计信息的会计投资价值指数，即基于预测会计信息的修正盈余价格比（简称预测盈余价格比）。该指标牺牲了一部分会计信息的准确性，但较为充分地发挥了会计信息的时效性，同时保障了会计信息的完整性。（2）仅应用上市公司前三个季度的会计信息构建会计投资价值指数，即基于前三季度会计信息的修正盈余价格比（简称前三季度盈余价格比）。该指标牺牲了一部分会计信息的完整性，但较好地兼顾并保障了会计信息的时效性和准确性。

盈余价格比的收益预测作用得到国内外不少经验证据的支持，那么，在大力倡导价值投资理念、机构投资者持股比例不断上升的中国市场环境下，该指标能否成为有效的投资工具？修正盈余价格比作为投资工具是否比传统盈余价格比更有效？预测盈余价格比和前三季度盈余价格比能否充分利用公司会计信息的时效性，更好地挖掘股票的投资价值？本报告试图对以上问题做出回答。通过构建投资组合并进行实证分析，我们发现：首先，基于修正盈余价格比所构建的投资组合的长期市场表现要好于基于传统盈余价格比所构建的投资组合及指数组合的市场表现，而其投资风险并不高于其他组合。其次，基于预测盈余价格比和前三季度盈余价格比所构建的投资组合，其市场表现要显著好于修正盈余价格比投资组合、传统盈余价格比投资组合以及市场指数组合，而其投资风险并不高于其他投资组合。该结果揭示了除盈余以外的会计信息在资产定价中发挥着重要作用，充分利用会计信息的时效性对于挖掘股票的投资价值具有不容忽视的意义。

22.1 理论基础与文献支持

自20世纪70年代以来，国外不少学者对盈余价格比的收益预测作用展开了大量研究。Basu（1977）发现，与随机挑选的股票组合相比，持有高盈余价格比的股票组合能赚取更高的绝对收益及风险调整收益，而持有低盈余价格比的股票组合正好相反。该结果明显与资本资产定价模型及市场效率假说相悖，该文将这一资产定价异象归因于市场非效率。随后，Reinganum（1981）利用纽约证券交易所与美国证券交易所的混合样本对市盈率、公司规模与股票收益的相关性进行检验，结果发现，市盈率、公司规模均与横截面股票收益显著相关，而将二者纳入同一回归模型时，市盈率不再显著，而规模效应依然存在。对此，该文认为，市盈率与公司规模虽然都与资本资产定价模型遗漏的因素有关，但规模效应捕获了市盈率效应。无独有偶，Banz（1981）基于纽约证券交易所的样本数据发现，公司规模与股票收益显著负相关，这种规模效应似乎已经存续了 40 年之久。与 Basu（1977）的市场非效率观点不同的是，该文将这种异象归因于资本资产定价模型设定错误，并且断言盈余价格比只是公司规模的代理。针对其他学者提出的挑战，Basu（1983）以纽约证券交易所上市公司为样本，再次对盈余价格比、公司规模与股票收益的关系进行检验。结果发现，与持有低盈余价格比公司的股票相比，持有高盈余价格比公司的股票能赚取更高的风险调整收益，即使控制了公司规模，盈余价格比效应仍然显著。与此同时，尽管小公司的股票市场表现优于大公司，但在控制了风险差异与盈余价格比效应后，规模效应几乎消失殆尽。对此，该文审慎地指出，盈余价格比效应并不完全独立于规模效应，这两个变量可能只是众多预期股票收益决定因素的代理。

然而，Basu（1983）的观点并不意味着盈余价格比与股票收益之间的关系已成定论，争议似乎还在继续发展。Cook and Rozeff（1984）的研究结果表明，股票收益与盈余价格比和公司规模均显著相关，二者对横截面股票收益的解释力并无实质性差异。随后，Banze and Breen（1986）在其研究中发现了股票收益的规模效应，却没有找到独立的盈余价格比效应，与 Reinganum（1981）的研究结果大体一致。面对先前文献中存在的争议，Jaffe et al.（1989）指出，之所以很难区分股票收益中的盈余价格比效应与规模效应，一定程度上是因为取样期间较短，绝大多数文献未将 1 月与其他月份区分开来。鉴于此，该文在重新检验这两种效应时在研究设计上做了四项改进：延长取样期间（1951—1986 年）；克服样本的生存偏差问题；采用组合分析法与似不相关回归（SUR）检验；将 1 月与其他月份分别检验。结果发现，若不考虑月份差异，盈余价格比效应与规模效应均显著，与 Cook and Rozeff（1984）的结论一致；将 1 月与其他月份分开检验则发现，规模效应仅存在于 1 月，而盈余价格比效应在所有月份均显著。此外，对于那些亏损公司而言，不论其规模大小，均能取得较高的收益。此后，来自美国证券市场的证据再次表明，盈余价格比效应始终显著，而规模效应并非总是如此。Giannetti（2007）以 1994 年第 3 季度至 2002 年第 4 季度标普 500 成分股为样本，发现盈余价格比在短期内能有效预测横截面股票收益。具体而言，当季股票收益与上一季度的盈余价格比正相关，而与上一季度盈余价格比的增量负相关。

在美国学界尚未形成定论之前，亚太地区的不少学者也开始关注股票收益的盈余价格比效应与规模效应。Wong and Lye（1990）利用1975—1985年来自新加坡的样本数据对规模效应与盈余价格比效应进行检验，结果发现，股票收益与规模、盈余价格比均显著相关，并且盈余价格比效应强于规模效应。Chan et al.（1991）基于1971—1988年来自日本市场的样本数据对股票收益与盈余价格比、规模、账面市值比及现金流价格比之间的关系进行检验，发现盈余价格比效应与规模效应同时存在，但在控制账面市值比和现金流价格之后，盈余价格比与规模的关系不再显著。借鉴Fama and French（1992）的研究方法，Lam（2002）利用我国香港市场的样本数据对横截面股票收益的影响因素进行检验，结果发现，股票收益与盈余价格比显著正相关，与欧美市场的结论相一致。然而，公司规模的回归系数却显著为正。对此，该文并未给出明确解释。几乎与此同时，Lau et al.（2002）采用新加坡和马来西亚的样本数据检验股票收益与贝塔、公司规模、盈余价格比、现金流价格比、账面市值比及销售收入增长率之间的关系，结果发现，新加坡市场并不存在盈余价格比效应，而马来西亚市场的盈余价格比效应在2—12月显著。

由于我国证券市场成立时间较晚，国内相关研究集中于2000年以后。同时，由于取样期间不同、盈余价格比的定义不统一、计量方法存在差异等原因，研究结论也不尽相同，大致可以归为两类：第一类观点认为，盈余价格比（市盈率）与股票收益正（负）相关，持有高盈余价格比的股票或股票组合能获取正的超额收益。第二类观点认为，盈余价格比（市盈率）与股票收益无明显相关性，盈余价格比（市盈率）可能并不是有效的投资工具。

综上可见，国内外文献对盈余价格比（市盈率）能否预测横截面股票收益尚未达成共识，对于价值型投资的超额收益问题也未给出清晰的解释，会计信息在资产定价中的基础性作用尚需进一步发掘。基于此，本报告以价值投资策略作为逻辑起点，以检验会计投资价值指数作为投资工具的有效性为核心，通过比较传统盈余价格比组合、修正盈余价格比组合、预测盈余价格比组合、前三季度盈余价格比组合与各市场投资组合的持有期收益，判断会计投资价值指数对于投资者选股或构建股票组合的参考意义，并对相关期间我国证券市场的运行效率进行简要评价。

22.2　数据来源与样本筛选

本报告实证检验部分涉及上市公司财务报告与股票市场交易数据。其中，财务报告包括年度财务报告与季度财务报告，数据来源于Wind资讯数据库；股票市场交易数据包括个股月收益率、流通市值与总市值，数据来源于CSMAR数据库。

个别数据取自上海证券交易所与深圳证券交易所公布的上市公司年报。

由于上证 180、深证 100 及沪深 300 指数均于 2004 年以后构建，故本报告以 2004—2017 年全部 A 股上市公司为初选样本，考虑到变量特有的经济含义与数据的可得性，我们按照以下程序对样本进行筛选：(1) 剔除上年单季度营业总收入与本年年度营业总收入小于 0 的样本，剔除本年单季度营业总收入小于 0 的样本；(2) 剔除年度经营现金流入小于 0 的样本；(3) 剔除上市首年数据；(4) 剔除检验期间被 ST 及资不抵债的样本；(5) 对个别错误数据进行修正。需要指出的是，由于大盘指数成分股中包含金融类上市公司，而本报告旨在检验会计投资价值指数作为选股工具的有效性，因而未将金融类企业排除在外，但我们在会计投资价值指数的公式设计中考虑了两类公司业务性质的差异。

22.3　指数定义及计算公式

传统盈余价格比计算公式如下：

$$ETP=\frac{eps}{price}=\frac{income}{tolmktvalue} \tag{22-1}$$

式中，eps 为每股盈余；price 为每股价格；income 代表公司年度净利润；tolmktvalue 代表上市公司的总市值。

在传统盈余价格比中，净利润仅能反映一家上市公司在特定会计期间内的盈利水平，无法包含盈利质量、经营风险、成长性等会计信息，而这些信息都是决定上市公司内在价值的重要因素。因此，我们以传统盈余价格比为基础，综合考察上市公司的盈利能力、盈利质量、成长性与经营风险，从而编制了修正盈余价格比，计算公式如下：

$$ETP_{adj}=\frac{niae\times(1+growth)\times\dfrac{ocidsx}{trevenue}}{tolmktvalue} \tag{22-2}$$

式中，niae 代表扣除非经常性损益后的净利润，既能反映企业的盈利水平，又能反映盈利的可靠性与可持续性；ocidsx 代表经营活动产生的现金流入，等于“经营活动现金流入小计”减去“客户存款和同业存放款项净增加额”“向中央银行借款净增加额”“向其他金融机构拆入资金净增加额”；trevenue 代表营业总收入（2003—2006 年为“主营业务收入”与“其他业务利润”之和）；ocidsx/trevenue 代表营业总收入的现金保障倍数，一定程度上能反映盈利质量、经营风险及会计稳健性水平；growth 代表各年 4 个季度的单季度营业总收入同比增长率的均值，反映企业的成长能力。可见，修正盈余价格比指标兼顾了公司的市场价值、盈利能力、盈利质量、成长性及经营风险。当其他条件保持不变时，公司价值越是被低估、盈利能力越好、盈利质量越高、成长性越强、经营风险越小，那么修正盈余价格比将越大。因此，基于修正盈余价格比构建的投资组合能兼顾价值投资策略与成长投资策略的特点。

由于在计算传统盈余价格比和修正盈余价格比时需要公司年报的数据，而根据中国证监会的规定，公司年报披露的截止时间为次年的 4 月 30 日，因此这两个指标所包含的信息反映的是 4 个月前公司的投资价值，具有一定的滞后性。然而，从会计年度结束（当年 12 月 31 日）到年报披露截止（次年 4 月 30 日），虽然公司上一年度的会计信息没有正式公布，但部分信息已经通过一些非正式渠道（例如，公司内部知情者传播、媒体报道、分析师研报等）进入股票市场，最终反映在上市公司的股价中。这一现实情况导致传统盈余价格比和修正盈余价格比无法充分利用会计信息的时效性，基于这两者构建的投资组合会因信息的滞后性而损失次年 1—4 月的投资收益。因此，为了充分挖掘会计信息的时效性，避免指标滞后性造成的投资损失，我们以修正盈余价格比为基础，尝试应用公司前三个季度的会计信息预测公司全年的会计信息，包括扣除非经常性损益后的净利润（niae）、营业总收入（trevenue）、营业总收入增长率（growth）等，构建基于预测会计信息的修正盈余价格比。预测方法为会计综合评价指数编制原理与方法中提出的 A 周期预测法。由于公司经营活动现金流入指标（ocidsx）规律性较弱且波动性较大，预测相对困难，因此我们暂且只用前三季度的数据进行计算。基于预测会计信息的修正盈余价格比的计算公式如下：

$$ETP_{pre,adj}=\frac{niae_{pre}\times(1+growth_{pre})\times\dfrac{ocidsx_{q3}}{trevenue_{pre}}}{tolmktvalue} \quad (22-3)$$

基于预测数据的修正盈余价格比虽然较好地保障了会计信息的时效性，同时也兼顾了会计信息的完整性，但由于预测数据通常存在一定的误差，因此损失了一部分会计信息的准确性。进一步，本报告仅应用前三季度的会计信息构建会计投资价值指数，即基于前三季度会计信息的修正盈余价格比。该指标能够较为充分地利用会计信息的时效性，同时保障会计信息的准确性，但不可避免地会损失一部分会计信息的完整性。基于前三季度会计信息的修正盈余价格比的计算公式如下。

$$ETP_{q3,adj}=\frac{niae_{q3}\times(1+growth_{q3})\times\dfrac{ocidsx_{q3}}{trevenue_{q3}}}{tolmktvalue} \quad (22-4)$$

式中，$niae_{q3}$，$growth_{q3}$，$ocidsx_{q3}$，$trevenue_{q3}$ 分别为公司前三季度的扣除非经常性损益后的净利润、营业总收入增长率、经营活动现金流入、营业总收入。

22.4　投资组合构建

为了对会计投资价值指数的有效性进行检验，我们分别构建了四个投资组合：修正盈余价格比 200（ETP_{adj}200）、基于预测会计信息的修正盈余价格比 200（简称预测盈余价格比，$ETP_{pre,adj}$200）、基于前三季度数据的修正盈余价格比 200（简称前三季度盈余价格比，$ETP_{q3,adj}$200）和传统盈余价格比 200（ETP200）。在 2016 年及以前年度的报告中，我们仅在 A 股市场中选取 100 只股票构建投资组合并进行实证分析，从本报告开始，我们将投资组合的规模扩充为 200 只。采用这一做法的原因是：在会计投资价值指数形成的初期，A 股市场中仅有约 1 500 只股票，13 个行业分类，100 只股票已经足够覆盖各种行业，具有充分的市场代表性。如今，A 股市场经过快速发展，挂牌上市的公司已经达到 3 600 余家，行业分类扩充为 19 个，100 只股票已经无法对 19 个行业进行覆盖，市场代表性有所降低。因此，我们将投资组合的规模扩充至 200 只。

第一，修正盈余价格比 200 投资组合的构建步骤如下：（1）根据式（22－2），计算各上市公司的修正盈余价格比。根据中国证监会的规定，上市公司披露年报的截止日期是次年的 4 月 30 日。因此，按照历史研究的习惯做法，我们在计算上市公司的修正盈余价格比时取次年 4 月最后一个交易日的总市值，分子中的会计指标取自公司的年报或季报。（2）根据证监会发布的 2012 年上市公司行业分类代码，计算各行业上市公司占全部 A 股上市公司总数的比例，该比例即各行业上市公司在投资组合中的比例。（3）将各年度样本按照修正盈余价格比分行业降序排列，而后根据第（2）步计算出的比例，分行业选取修正盈余价格比最高的 200 只股票构成投资组合，记为修正盈余价格比 200。

第二，预测盈余价格比 200 投资组合的构建步骤如下：（1）根据式（22－3），计算各上市公司的预测盈余价格比。由于计算该指标仅需要前三个季度的财务报告，且根据中国证监会的规定，上市公司披露 3 季报的截止日期是当年的 10 月 31 日，因此，我们在计算预测盈余价格比时取当年 10 月最后一个交易日的总市值，预测公司全年会计信息的数据取自公司前三个季度的财务报告。（2）根据证监会发布的 2012 年上市公司行业分类代码，计算各行业上市公司占全部 A 股上市公司总数的比例，该比例即各行业上市公司在投资组合中的比例。（3）将各年度样本按照预测盈余价格比分行业降序排列，而后根据第（2）步计算出的比例，分行业选取预测盈余价格比最高的 200 只股票构成投资组合，记为预测盈余价格比 200。

第三，前三季度盈余价格比 200 投资组合的构建步骤如下：（1）根据式（22-4），计算各上市公司的前三季度盈余价格比。由于计算该指标仅需要前三个季度的财务报告，且根据中国证监会的规定，上市公司披露 3 季报的截止日期是当年的 10 月 31 日，因此，我们在计算上市公司的前三季度盈余价格比时取当年 10 月最后一个交易日的总市值，会计指标的数据取自公司前三个季度的财务报告。（2）根据证监会发布的 2012 年上市公司行业分类代码，计算各行业上市公司占全部 A 股上市公司总数的比例，该比例即各行业上市公司在投资组合中的比例。（3）将各年度样本按照前三季度盈余价格比分行业降序排列，而后根据第（2）步计算出的比例，分行业选取前三季度盈余价格比最高的 200 只股票构成投资组合，记为前三季度盈余价格比 200。

第四，传统盈余价格比 200 投资组合的构建步骤如下：（1）根据式（22-1），计算各上市公司的盈余价格比。同样，上市公司的总市值为次年 4 月最后一个交易日的总市值，净利润取自上市公司年报。（2）将各年度样本按照盈余价格比降序排列，选取盈余价格比最高的 200 只股票构成投资组合，记为传统盈余价格比 200。

同时，我们选取上证综指、沪深 300、上证 180、深证成指、深证 100 作为对照组。对于修正盈余价格比 200 和传统盈余价格比 200，我们于每年的 5 月初构建投资组合，并持有一年至次年的 4 月底；对于预测盈余价格比 200 和前三季度盈余价格比 200，我们于每年的 11 月初构建投资组合，组合形成期要比修正盈余价格比 200 和传统盈余价格比 200 提前 5 个月，持有一年至次年的 10 月底。虽然各投资组合的形成期有所不同，但为了使各投资组合的持有期收益率在横截面上具有可比性，我们将检验期统一划定为当年 5 月初至次年 4 月底。

第 23 章　会计投资价值指数编制结果及分析
——基于滞后会计信息的修正盈余价格比

根据前述编制原理与方法，我们应用 2004—2017 年[①]中国 A 股上市公司的财务数据和交易数据编制了修正盈余价格比，构建了投资组合，并对投资组合的收益与风险进行了测算分析。

23.1　描述性统计

如前所述，我们于每年 4 月底根据上市公司的修正盈余价格比和传统盈余价格比分别构建修正盈余价格比 200（$ETP_{adj}200$）和传统盈余价格比 200（ETP200）两个投资组合，并对这两个投资组合的修正盈余价格比和传统盈余价格比进行了描述性统计，结果如表 23－1 所示。

表 23－1　变量描述性统计

Panel A：修正盈余价格比 200（$ETP_{adj}200$）						
组合形成期	样本量	最小值	中位数	最大值	均值	标准差
2005.5	200	0.02	0.13	370.50	2.35	26.44
2006.5	200	0.01	0.05	34.96	0.24	2.47
2007.5	200	0.01	0.04	1.81	0.07	0.14
2008.5	200	0.02	0.06	19.54	0.28	1.83
2009.5	200	0.03	0.07	9.01	0.20	0.76
2010.5	200	0.02	0.06	9.05	0.18	0.74
2011.5	200	0.03	0.07	171.20	1.08	12.11

① 以 2017 年而非 2018 年为样本终点，是因为上市公司 2017 年年报披露的截止日为 2018 年 4 月 30 日，而我们测算根据 2018 年 4 月 30 日数据构建的投资组合的收益率需要 2018 年 5 月至 2019 年 4 月的数据。

续表

Panel A：修正盈余价格比 200（$ETP_{adj}200$）						
组合形成期	样本量	最小值	中位数	最大值	均值	标准差
2012.5	200	0.05	0.10	793.50	4.64	56.22
2013.5	200	0.05	0.09	602.70	3.38	42.62
2014.5	200	0.04	0.09	8.40	0.27	0.83
2015.5	200	0.02	0.05	6.09	0.16	0.68
2016.5	200	0.02	0.06	119.20	0.80	8.45
2017.5	200	0.03	0.08	56.35	0.61	4.13
全样本	2 600	0.01	0.07	793.50	1.10	21.34
Panel B：传统盈余价格比 200（ETP200）						
组合形成期	样本量	最小值	中位数	最大值	均值	标准差
2005.5	200	0.06	0.08	0.22	0.10	0.03
2006.5	200	0.03	0.05	0.25	0.05	0.02
2007.5	200	0.03	0.04	0.11	0.04	0.01
2008.5	200	0.04	0.05	0.16	0.06	0.02
2009.5	200	0.05	0.06	0.24	0.07	0.02
2010.5	200	0.04	0.06	0.14	0.06	0.02
2011.5	200	0.05	0.07	0.16	0.07	0.02
2012.5	200	0.07	0.09	0.21	0.10	0.03
2013.5	200	0.08	0.10	0.28	0.11	0.03
2014.5	200	0.08	0.11	1.52	0.14	0.11
2015.5	200	0.04	0.06	0.17	0.06	0.02
2016.5	200	0.06	0.08	0.23	0.09	0.03
2017.5	200	0.06	0.07	0.19	0.08	0.03
全样本	2 600	0.03	0.07	1.52	0.08	0.05

由表 23-1 可知，从变量的均值和中位数来看，修正盈余价格比和传统盈余价格比在年份趋势上基本一致。在 13 个组合形成期中，纳入投资组合的样本公司在 2005 年 5 月、2012 年 5 月、2013 年 5 月和 2014 年 5 月最有可能被低估或者被低估的程度最大，而在 2006 年 5 月、2007 年 5 月和 2015 年 5 月最有可能被高估或者被高估的程度最大，这一结果与同期沪深两市的大盘表现相一致，尤其是 2014 年下半年以来沪深两市迎来的“牛市”印证了 2012 年 5 月、2013 年 5 月和 2014 年 5 月的公司股价被低估，而 2015 年 6 月以来的“股灾”则证实 2015 年 5 月的公司

股价被高估。2017 年 5 月以来，A 股市场的走势一直处于较为平稳的状态，因此修正盈余价格比和传统盈余价格比的取值大致位于历史年份取值的中间位置。实际上，修正盈余价格比 200 和传统盈余价格比 200 所包含的股票大多为权重股，具有规模大、流动性强、市场表现稳定等特点，能较好地代表市场的整体走势。

23.2 投资组合的持有期“收益-风险”比较

为了检验修正盈余价格比作为投资工具的有效性，除了传统盈余价格比 200 投资组合之外，我们还选取了常见的作为股票投资组合业绩评价标准的市场投资组合作为对照组，包括上证综指、深证成指、沪深 300、上证 180 和深证 100。由于各类综合股价指数的权重选择标准不一，存在流通股和非流通股之分，因而本报告在计算修正盈余价格比 200 和传统盈余价格比 200 投资组合的收益率时选择流通市值加权和总市值加权两种方法，而综合股指收益率的算法保持不变，结果如表 23－2 和表 23－3 所示。

表 23－2 投资组合年均收益率与标准离差率：流通市值加权

检验期	$ETP_{adj}200$	ETP200	上证综指	深证成指	沪深 300	上证 180	深证 100
2005.5—2006.4	26.16%	27.55%	24.25%	23.97%	25.73%	21.97%	30.34%
2006.5—2007.4	205.33%	209.72%	166.71%	194.54%	203.55%	182.22%	203.90%
2007.5—2008.4	14.42%	17.80%	−3.86%	10.98%	11.25%	24.29%	22.33%
2008.5—2009.4	−28.00%	−31.85%	−32.91%	−34.43%	−33.75%	−29.64%	−29.46%
2009.5—2010.4	24.08%	20.18%	15.86%	14.68%	16.94%	17.47%	24.07%
2010.5—2011.4	19.23%	4.15%	1.42%	1.48%	4.09%	10.31%	11.66%
2011.5—2012.4	−19.11%	−12.54%	−17.70%	−16.86%	−17.75%	−17.32%	−19.84%
2012.5—2013.4	−8.27%	−0.61%	−9.11%	−5.21%	−6.81%	−14.63%	−10.07%
2013.5—2014.4	−2.00%	−6.79%	−6.96%	−11.44%	−11.79%	−15.86%	−11.30%
2014.5—2015.4	120.47%	116.63%	119.19%	124.43%	120.04%	102.64%	107.87%
2015.5—2016.4	−23.78%	−21.33%	−33.85%	−35.90%	−33.54%	−31.56%	−27.26%
2016.5—2017.4	23.26%	16.68%	7.36%	9.39%	8.97%	0.92%	8.34%
2017.5—2018.4	14.04%	14.65%	−2.30%	8.56%	9.22%	0.88%	11.52%
BHR	706.43%	633.36%	165.90%	268.69%	302.92%	227.07%	453.08%
年均收益率	17.42%	16.56%	7.81%	10.56%	11.32%	9.54%	14.06%
标准离差率	5.14	5.38	8.52	7.25	6.91	7.80	6.05

表 23-3　投资组合年均收益率与标准离差率：总市值加权

检验期	ETP_{adj}200	ETP200	上证综指	深证成指	沪深 300	上证 180	深证 100
2005.5—2006.4	29.53%	34.46%	24.25%	23.97%	25.73%	21.97%	30.34%
2006.5—2007.4	178.04%	184.92%	166.71%	194.54%	203.55%	182.22%	203.90%
2007.5—2008.4	12.18%	15.28%	−3.86%	10.98%	11.25%	24.29%	22.33%
2008.5—2009.4	−26.49%	−31.52%	−32.91%	−34.43%	−33.75%	−29.64%	−29.46%
2009.5—2010.4	22.20%	19.48%	15.86%	14.68%	16.94%	17.47%	24.07%
2010.5—2011.4	16.65%	4.64%	1.42%	1.48%	4.09%	10.31%	11.66%
2011.5—2012.4	−19.24%	−13.92%	−17.70%	−16.86%	−17.75%	−17.32%	−19.84%
2012.5—2013.4	−9.20%	−1.38%	−9.11%	−5.21%	−6.81%	−14.63%	−10.07%
2013.5—2014.4	−1.05%	−5.92%	−6.96%	−11.44%	−11.79%	−15.86%	−11.30%
2014.5—2015.4	122.01%	121.38%	119.19%	124.43%	120.04%	102.64%	107.87%
2015.5—2016.4	−24.09%	−21.51%	−33.85%	−35.90%	−33.54%	−31.56%	−27.26%
2016.5—2017.4	17.53%	16.13%	7.36%	9.39%	8.97%	0.92%	8.34%
2017.5—2018.4	10.18%	12.50%	−2.30%	8.56%	9.22%	0.88%	11.52%
BHR	570.45%	585.57%	165.90%	268.69%	302.92%	227.07%	453.08%
年均收益率	15.76%	15.96%	7.81%	10.56%	11.32%	9.54%	14.06%
标准离差率	5.46	5.48	8.52	7.25	6.91	7.80	6.05

观察表 23-2 不难发现，总体而言，修正盈余价格比 200 和传统盈余价格比 200 投资组合的 13 年持有期收益率（BHR）、年均收益率显著高于市场指数组合，这说明长期持有价值型股票能够获取正的超额收益，这与 Lakonishok et al.（1994）的研究结论相一致。与此同时，与传统盈余价格比 200 投资组合相比，基于流通市值加权的修正盈余价格比 200 投资组合的 13 年持有期收益率和年均收益率显著更高。具体来说，若不考虑交易成本，只需在每年 5 月初更新投资组合，修正盈余价格比 200 投资组合连续 156 个月的持有期收益率高达 706.43%，年均收益率为 17.42%。这表明，综合考虑公司市场价值、盈利能力、盈利质量、成长性、经营风险和所属行业的混合投资策略更为有效。

从单个年份的市场表现来看，修正盈余价格比 200 投资组合与传统盈余价格比 200 投资组合互有短长。但是从大多数年份来看，修正盈余价格比 200 投资组合的市场表现要好于传统盈余价格比 200 投资组合。例如，2009 年 5 月至 2010 年 4 月，修正盈余价格比 200 投资组合的持有期收益率高出传统盈余价格比 200 投资组合 3.9 个百分点；2010 年 5 月至 2011 年 4 月，修正盈余价格比 200 投资组合的持有期收益率高出传统盈余价格比 200 投资组合 15.08 个百分点；2013 年 5 月至 2014 年 4 月，修正盈余价格比 200 投资组合的持有期收益率高出传统盈余价格比 200 投资组合 4.79 个百分点。2014 年 5 月至 2015 年 4 月，我国 A 股市场处于“牛市”阶段，修正盈余价格比 200 投资组合的持有期收益率高达 120.47%，高出传统盈余价格比 200 投资组合 3.84 个百分点。2015 年 5 月至 2016 年 4 月，由于 A 股市场上发生“股灾”，修正盈余价格比 200 投资组合、传统盈余价格比 200 投资组合以及其他市场投资组合的收益率均为负值。尽管这次“股灾”的影响非常大，但修正盈余价格比 200 投资组合的持有期收益率仍明显高于市场投资组合。2016 年 5 月至 2017 年 4 月，我国股市逐渐走出“股灾”并开始趋于稳定。在这一持有期内，修正盈余价格比 200 投资组合的持有期收益率高达 23.26%，弥补了投资组合在“股灾”期间遭受的巨额损失（(1－23.78%)(1＋23.26%)＝0.94），基本消除了“股灾”带来的负面影响。同时，修正盈余价格比 200 投资组合的收益率比传统盈余价格比 200 投资组合高出 6.58 个百分点。

那么，高回报是否意味着高风险呢？根据有效市场假说，资产的收益和风险是对称的；换言之，既然修正盈余价格比 200 投资组合的持有期收益率高于其他投资组合，那么其必然会承担更高的风险。因此，本报告考察了以股票收益波动率度量的市场风险。对市场风险的度量采用投资组合业绩评价中最常用的均值-方差分析法，即以投资组合月收益率的标准离差率来衡量投资风险，计算公式如下：

$$SDTE=\frac{\sigma_p}{E(R_p)} \tag{23-1}$$

式中，$SDTE$ 为标准离差率，又称变异系数，代表单位期望收益所对应的风险水平；σ_p 代表股票组合的月收益率标准差；$E(R_p)$ 代表股票组合的月收益率期望值。从表 23－2 中可以看出，在整个检验期间（2005 年 5 月至 2018 年 4 月），修正盈余价格比 200 投资组合的标准离差率不仅远远低于市场投资组合，还低于传统盈余价格比 200 投资组合。结合表 23－2 的结果可知，基于修正盈余价格比的投资策略具有高收益、低风险的特征，而有效市场假定下“收益与风险对称”的观点不能解释这一结果；换言之，修正盈余价格比 200 投资组合的高收益不能归因于投资者承担了更高的市场风险。

观察表 23－3 同样可以发现，修正盈余价格比 200 投资组合的 13 年持有期收益率以及年均收益率基本高于其他投资组合，而标准离差率低于其他投资组合。对比表 23－2 可知，在考虑流通股和非流通股的计算差异之后，基于总市值加权的修正盈余价格比 200 投资组合与传统盈余价格比 200 投资组合的持有期收益率和年均收益率有所下降，标准离差率有所上升，但主要结果基本保持不变。

为了更直观清晰地反映修正盈余价格比作为投资工具的有效性，我们绘制了修正盈余价格比 200 投资组合、传统盈余价格比 200 投资组合和其他市场投资组合

156 个月的持有期累计收益率走势图。在计算累计收益率时，我们同样采用了流通市值加权和总市值加权两种方法，结果见图 23－1 和图 23－2。

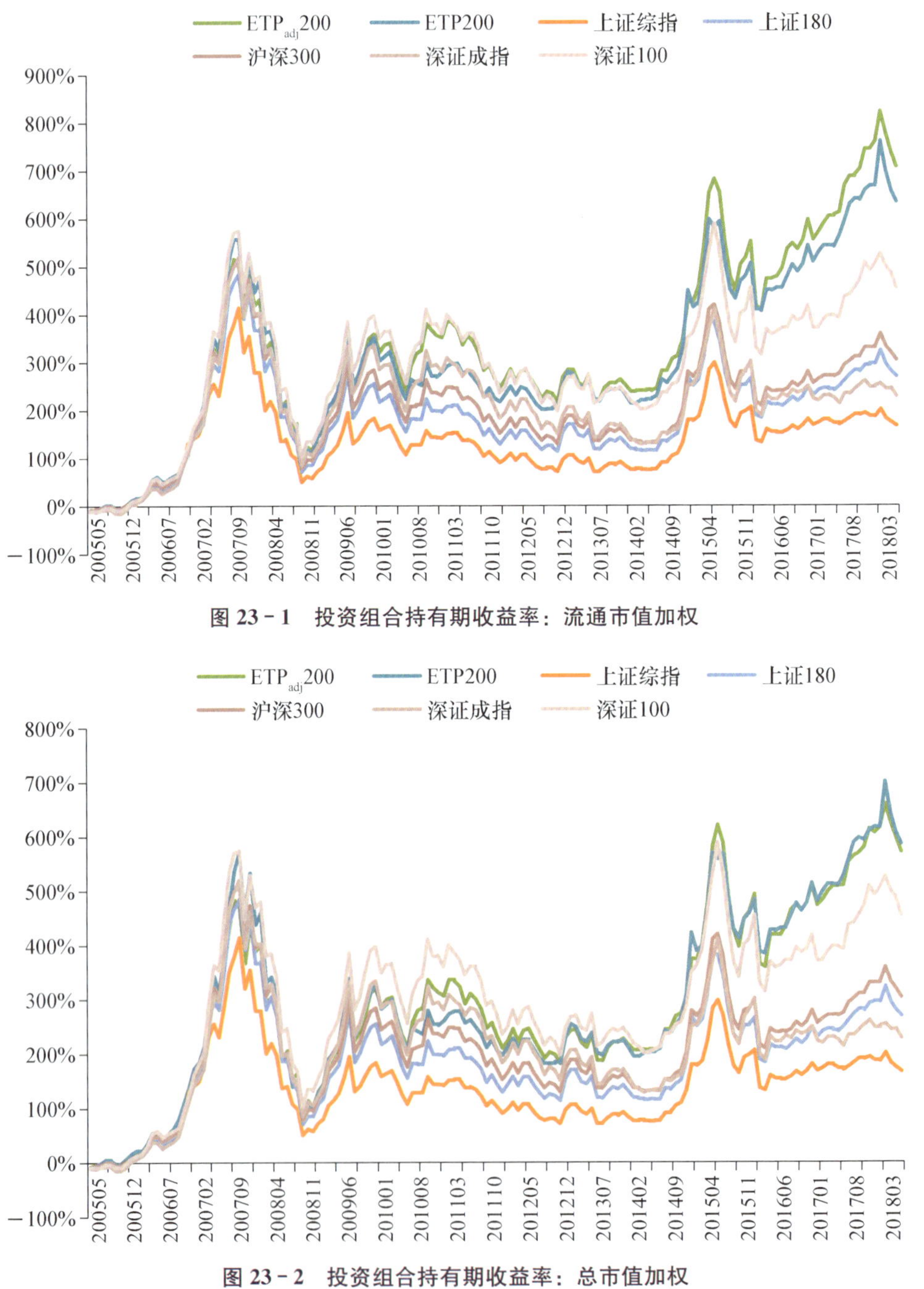

图 23－1　投资组合持有期收益率：流通市值加权

图 23－2　投资组合持有期收益率：总市值加权

由图 23－1 可知，在整个持有期内，修正盈余价格比 200 投资组合和传统盈余价格比 200 投资组合的收益表现显著好于其他市场投资组合。

特别是从长期来看，修正盈余价格比 200 投资组合的累计收益率基本维持在传统盈余价格比200以及其他市场投资组合之上。图23-1更为形象直观地表明，长期持有价值型股票是能够获取超额回报的，这与Lakonishok et al.（1994）的发现相一致，且除净利润以外的会计数字能为投资者选股提供增量信息，兼顾公司市场价值、盈利能力、盈利质量、成长性、经营风险和所属行业的混合价值投资策略相比传统的仅考虑市场价值和盈利能力的简单价值投资策略更为有效。由图23-2可知，在整个检验期间，所有投资组合的累计收益率走势与图23-1保持一致，基于修正盈余价格比构建的投资组合能够获得十分可观的超额回报。

根据上面的结论，我们已经知道，修正盈余价格比能够作为衡量股票投资价值的有效投资工具，长期持有修正盈余价格比200投资组合能够获得十分可观的超额收益。然而在实际应用过程中，对于我国股市的分配主体——中小投资者而言，由于资金量和技术层面的原因，同时对200只股票进行交易存在一定的困难，大部分的中小投资者只能从修正盈余价格比200投资组合中选取部分股票进行投资。因此，我们对修正盈余价格比200投资组合进行更为深入的探究，通过考察更多公司层面的因素，为投资者提供更为明确、直接、细致的指导。

23.3 进一步分析——公司规模的影响

我们先来考察公司规模的影响。对于纳入修正盈余价格比200投资组合中的股票，首先，我们根据公司规模（应用总市值衡量）的中位数将其分为规模小和规模大两组，每组包含100只股票。其次，为了探究公司规模对投资组合收益率的影响，我们计算了不同规模投资组合的各年度持有期收益率、持有期累计收益率和年均收益率。同时，由于各类综合股价指数的权重选择标准不一，存在流通股和非流通股之分，因而我们在计算收益率时选择流通市值加权和总市值加权两种方法。结果如表23-4所示。

表23-4 投资组合年均收益率与标准离差率：区分规模

ETP_{adj}200				
检验期	流通市值加权		总市值加权	
	规模小	规模大	规模小	规模大
2005.5—2006.4	29.70%	25.29%	31.89%	29.04%
2006.5—2007.4	249.88%	196.42%	246.41%	171.08%
2007.5—2008.4	6.12%	15.86%	4.87%	13.15%
2008.5—2009.4	-11.95%	-30.06%	-12.46%	-27.95%
2009.5—2010.4	46.30%	20.37%	46.09%	18.30%

续表

检验期	ETP$_{adj}$200			
	流通市值加权		总市值加权	
	规模小	规模大	规模小	规模大
2010.5—2011.4	6.07%	21.50%	9.50%	17.88%
2011.5—2012.4	−23.68%	−18.40%	−24.01%	−18.49%
2012.5—2013.4	−12.74%	−7.76%	−12.61%	−8.78%
2013.5—2014.4	17.71%	−4.17%	19.74%	−3.85%
2014.5—2015.4	125.29%	119.68%	126.01%	121.29%
2015.5—2016.4	−14.75%	−25.14%	−14.54%	−25.63%
2016.5—2017.4	10.92%	25.60%	8.90%	19.21%
2017.5—2018.4	−8.64%	17.71%	−10.88%	13.76%
BHR	904.03%	671.81%	900.16%	534.63%
年均收益率	19.41%	17.02%	19.38%	15.27%
标准离差率	5.06	5.24	5.09	5.60

表 23－4 分别报告了基于流通市值加权和基于总市值加权的投资组合年均收益率与标准离差率。由表 23－4 可知，将修正盈余价格比 200 投资组合按公司规模的中位数分组后，小规模组合连续 156 个月的持有期收益率高达 904.03%和 900.16%，年均收益率达到 19.41%和 19.38%；而大规模组合连续 156 个月的持有期收益率仅为 671.81%和 534.63%，约为前者的 2/3，年均收益率也只有 17.02%和 15.27%。以上结果表明，公司规模对投资组合的收益率存在显著影响，持有修正盈余价格比 200 投资组合中的小规模公司股票能够获取更高的市场回报。我们仍然应用投资组合月收益率的标准离差率，对修正盈余价格比 200 投资组合中小规模组合和大规模组合的投资风险进行考察。由表 23－4 可知，无论是基于流通市值加权还是基于总市值加权，小规模组合的标准离差率相对更小。这一结果说明，小规模组合不仅具有高收益的特点，而且每单位的期望收益所承担的风险低于大规模组合。因此，对于投资者来说，在构建投资组合时，侧重选取修正盈余价格比 200 投资组合中的小规模公司股票，不仅能够获得可观的回报，而且投资风险较小。

为了更直观且清晰地观察公司规模对投资组合收益率的影响，我们绘制了修正盈余价格比 200 投资组合中小规模组合和大规模组合 156 个月的持有期累计收益率走势图。在计算累计收益率时，我们同样采用了流通市值加权和总市值加权两种方法，结果见图 23－3 和图 23－4。

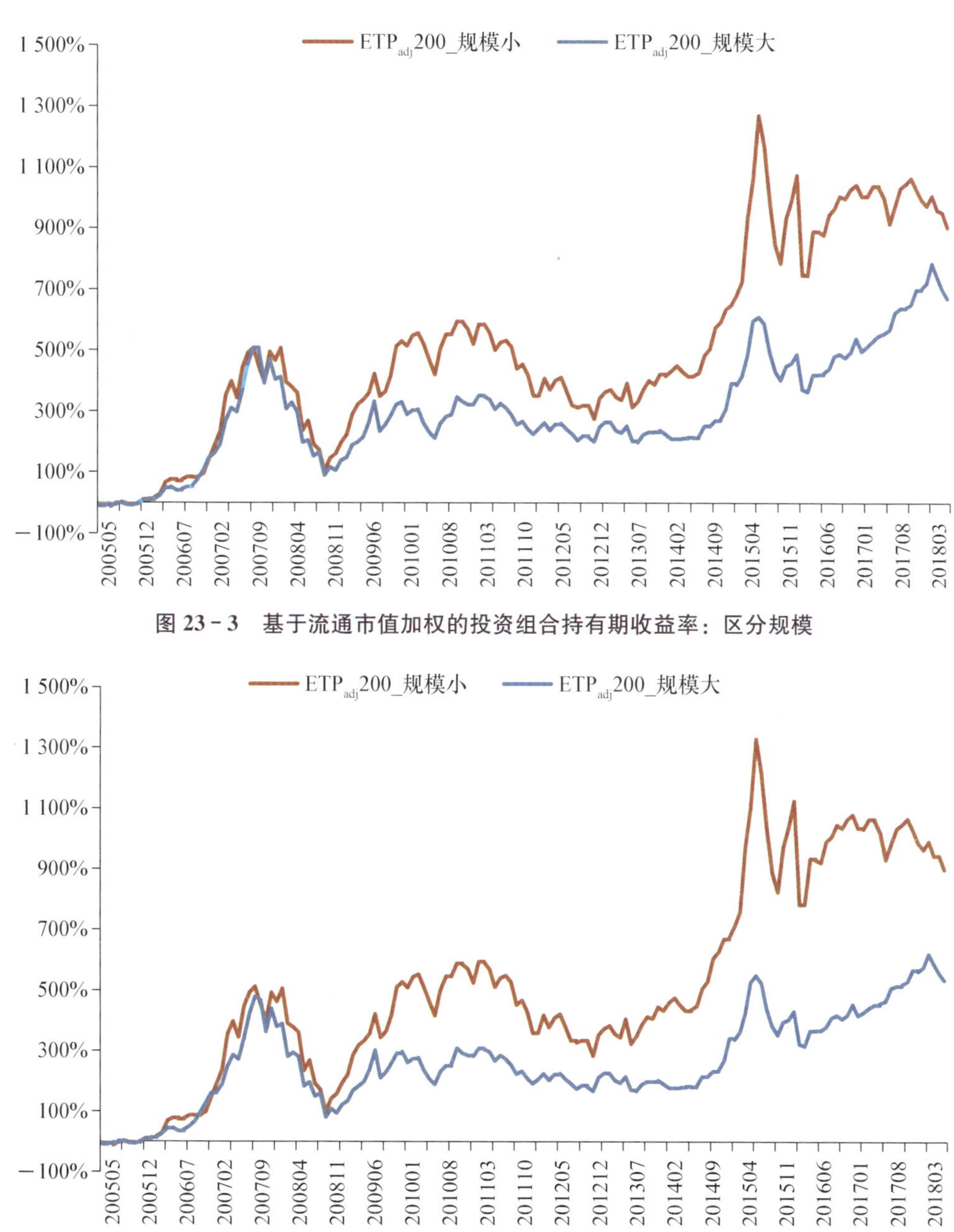

图 23 - 3　基于流通市值加权的投资组合持有期收益率：区分规模

图 23 - 4　基于总市值加权的投资组合持有期收益率：区分规模

由图 23 - 3 和图 23 - 4 可知，无论是基于流通市值加权还是基于总市值加权，在整个检验期内，小规模组合的累计收益率几乎都要高于大规模组合的累计收益率。特别是在 2009 年 1 月之后，两组间差距逐步扩大，2017 年 4 月底，大规模组合的累计收益率仅为小规模组合累计收益率的一半左右。该结果更为形象、直观地表明，在修正盈余价格比 200 投资组合中，小规模公司股票的市场表现要优于大规模公司股票，因此投资者在构建投资组合的过程中可以侧重选择小规模公司股票。

23.4 进一步分析——产权性质的影响

接下来，我们考察公司产权性质的影响。首先，对于纳入修正盈余价格比200投资组合中的股票，我们根据公司产权性质将其分为国有和非国有两组。其次，为了探究公司产权性质对投资组合收益率的影响，我们计算了不同产权性质投资组合的各年度持有期收益率、持有期累计收益率和年均收益率。同时，由于各类综合股价指数的权重选择标准不一，存在流通股和非流通股之分，因而在计算收益率时选择流通市值加权和总市值加权两种方法。结果如表23－5所示。

表23－5 投资组合年均收益率与标准离差率：区分产权性质

$ETP_{adj}200$				
检验期	流通市值加权		总市值加权	
	国有	非国有	国有	非国有
2005.5—2006.4	26.95%	21.03%	30.30%	22.68%
2006.5—2007.4	188.54%	261.91%	166.32%	252.15%
2007.5—2008.4	15.69%	7.49%	13.31%	5.20%
2008.5—2009.4	−30.15%	−15.52%	−28.03%	−16.32%
2009.5—2010.4	21.63%	34.67%	19.00%	34.90%
2010.5—2011.4	21.12%	22.24%	18.45%	21.28%
2011.5—2012.4	−17.71%	−24.68%	−17.24%	−26.16%
2012.5—2013.4	−7.87%	−9.65%	−8.63%	−10.91%
2013.5—2014.4	−1.04%	1.43%	−2.10%	5.60%
2014.5—2015.4	120.53%	120.15%	124.36%	116.63%
2015.5—2016.4	−26.08%	−21.30%	−26.15%	−22.78%
2016.5—2017.4	33.60%	13.18%	30.91%	7.27%
2017.5—2018.4	17.79%	10.41%	15.11%	5.31%
BHR	739.09%	878.65%	637.33%	716.85%
年均收益率	17.78%	19.18%	16.61%	17.53%
标准离差率	5.07	5.06	5.41	5.27

表23－5分别报告了基于流通市值加权和基于总市值加权的投资组合年均收益率与标准离差率。由表23－5可知，将修正盈余价格比200投资组合按公司的产权性质分组后，国有组合连续156个月的持有期收益率只有739.09%和637.33%，

年均收益率只有 17.78%和 16.61%；而非国有组合连续 156 个月的持有期收益率高达 878.65%和 716.85%，年均收益率达到 19.18 %和 17.53%。以上结果表明，公司产权性质对投资组合的收益率存在显著影响，持有修正盈余价格比 200 投资组合中的非国有组合能够获取更高的市场回报。我们仍然应用投资组合月收益率的标准离差率，对修正盈余价格比 200 投资组合中国有组合和非国有组合的投资风险进行考察。由表 23-5 可知，无论是基于流通市值加权还是基于总市值加权，非国有组合的标准离差率相对更小。这一结果说明，非国有组合不仅具有高收益的特点，而且每单位的期望收益所承担的风险低于国有组合。因此，对于投资者来说，在构建投资组合时，侧重选取修正盈余价格比 200 投资组合中的非国有股，不仅能够获得可观的回报，而且投资风险较小。

为了更直观清晰地观察公司产权性质对投资组合收益率的影响，我们绘制了修正盈余价格比 200 投资组合中国有组合和非国有组合 156 个月的持有期累计收益率走势图。在计算累计收益率时，我们同样采用了流通市值加权和总市值加权两种方法，结果见图 23-5 和图 23-6。

由图 23-5 和图 23-6 可知，无论是基于流通市值加权还是基于总市值加权，在整个检验期内，非国有组合的累计收益率几乎都要高于国有组合的累计收益率。特别是在 2009 年之后，两组间差距明显扩大。该结果更为形象、直观地表明，在修正盈余价格比 200 投资组合中，非国有股的市场表现要优于国有股，因此投资者在构建投资组合的过程中可以侧重选择非国有股。

图 23-5　基于流通市值加权的投资组合持有期收益率：区分产权性质

图 23－6　基于总市值加权的投资组合持有期收益率：区分产权性质

23.5　小结

会计数字的信息含量与价值投资策略是资本市场研究领域中的两大热门话题。本报告以传统盈余价格比为基础，综合考虑盈利质量、公司成长性及经营风险，继而构建修正盈余价格比，通过考察该指标作为股票投资工具的有效性，验证会计信息在资产定价中的基础性作用。

应用 2004—2017 年来自沪深 A 股的样本数据，本报告得出以下基本结论：基于修正盈余价格比的选股策略不仅能战胜市场指数，而且优于传统盈余价格比。长期来看，根据修正盈余价格比构建的投资组合能获取显著的超额回报，且具有高收益、低风险的特征。这一结果表明，企业的投资价值不仅受其盈利能力和市值的影响，还与盈利质量、成长性及经营风险相关。综上所述，本报告构建的修正盈余价格比充分发挥了会计信息在资产定价中的基础性作用，为投资者评估企业投资价值提供了借鉴。

第 24 章　会计投资价值指数编制结果及分析
——基于预测会计信息的修正盈余价格比

根据前述编制原理与方法，我们应用 2004—2017 年中国 A 股上市公司的财务数据和交易数据编制了基于预测会计信息的修正盈余价格比（简称预测盈余价格比），构建了投资组合，并对投资组合的收益与风险进行了测算分析。

24.1　描述性统计

如前所述，我们于每年 11 月初根据上市公司的预测盈余价格比构建预测盈余价格比 200 投资组合（$ETP_{pre,adj}200$），于每年 5 月初根据上市公司的传统盈余价格比构建传统盈余价格比 200 投资组合（ETP200），并对这两个投资组合的预测盈余价格比和传统盈余价格比进行描述性统计，结果如表 24－1 所示。

表 24－1　变量描述性统计

Panel A：预测盈余价格比 200（$ETP_{pre,adj}200$）						
组合形成期	样本量	最小值	中位数	最大值	均值	标准差
2004.11	200	0.02	0.06	778.91	5.59	59.32
2005.11	200	0.02	0.08	27.30	0.52	2.92
2006.11	200	0.03	0.07	1.41	0.10	0.13
2007.11	200	0.01	0.03	6.72	0.11	0.49
2008.11	200	0.04	0.14	780.22	7.08	63.08
2009.11	200	0.02	0.05	4.57	0.12	0.36
2010.11	200	0.02	0.06	125.78	1.42	11.36
2011.11	200	0.03	0.08	926.28	5.20	65.54
2012.11	200	0.04	0.08	346.19	2.25	24.59

续表

Panel A：预测盈余价格比 200（$ETP_{pre,adj}200$）						
组合形成期	样本量	最小值	中位数	最大值	均值	标准差
2013.11	200	0.02	0.08	57.71	0.73	5.56
2014.11	200	0.01	0.06	10.51	0.24	1.01
2015.11	200	0.01	0.05	418.52	3.55	34.41
2016.11	200	0.02	0.06	46.51	0.50	3.36
2017.11	200	0.02	0.09	311.13	2.13	22.40
全样本	2 800	0.01	0.07	926.28	2.11	31.93
Panel B：传统盈余价格比 200（ETP200）						
组合形成期	样本量	最小值	中位数	最大值	均值	标准差
2005.5	200	0.06	0.08	0.22	0.10	0.03
2006.5	200	0.03	0.05	0.25	0.05	0.02
2007.5	200	0.03	0.04	0.11	0.04	0.01
2008.5	200	0.04	0.05	0.16	0.06	0.02
2009.5	200	0.05	0.06	0.24	0.07	0.02
2010.5	200	0.04	0.06	0.14	0.06	0.02
2011.5	200	0.05	0.07	0.16	0.07	0.02
2012.5	200	0.07	0.09	0.21	0.10	0.03
2013.5	200	0.08	0.10	0.28	0.11	0.03
2014.5	200	0.08	0.11	1.52	0.14	0.11
2015.5	200	0.04	0.06	0.17	0.06	0.02
2016.5	200	0.06	0.08	0.23	0.09	0.03
2017.5	200	0.06	0.07	0.19	0.08	0.03
全样本	2 600	0.03	0.07	1.52	0.08	0.05

由表 24-1 可知，由于预测盈余价格比 200 投资组合的构建应用预测的会计信息，且构建时间比传统盈余价格比 200 投资组合早 6 个月，因此根据 2004—2017 年的财务数据可以形成 14 个预测盈余价格比 200 投资组合和 13 个传统盈余价格比 200 投资组合。

Panel A 报告了预测盈余价格比 200 投资组合的描述性统计结果，观察其中位数和均值可知，纳入投资组合的样本公司在 2004 年 11 月、2008 年 11 月、2011 年 11 月、2012 年 11 月、2015 年 11 月、2017 年 11 月最有可能被低估或者被低估的程度最大，而在 2006 年 11 月、2007 年 11 月、2009 年 11 月、2013 年 11 月和 2014 年 11 月最有可能被高估或者被高估的程度最大，这一结果与同期沪深两市的大盘表现相一致。这一结果初步说明，我们应用 A 周期预测法对上市公司的盈余价格比实现了较好的预测。Panel B 报告了传统盈余价格比 200 投资组合的描述性统计结果，观察其中位数和均值可知，纳入投资组合的样本公司在 2005 年 5 月、2012 年 5 月、2013 年 5 月和 2014 年 5 月最有可能被低估或者被低估的程度最大，而在 2006 年 5 月、2007 年 5 月和 2015 年 5 月最有可能被高估或者被高估的程度最大，这一结果与同期沪深两市的大盘表现相一致，尤其是 2014 年下半年以来沪深两市迎来的“牛市”印证了 2012 年 5 月、2013 年 5 月和 2014 年 5 月的公司股价被低估，而 2015 年 6 月以来的“股灾”则证实 2015 年 5 月的公司股价被高估。预测盈余价格比 200 投资组合和传统盈余价格比 200 投资组合囊括了诸多规模大、流动性强、市场表现稳定的权重股，能够较好地反映市场的整体走势。

24.2　投资组合的持有期“收益-风险”比较

为了检验预测盈余价格比作为投资工具的有效性，除了传统盈余价格比 200 投资组合之外，我们还选取了修正盈余价格比 200 投资组合，以及常见的作为股票投资组合业绩评价标准的市场投资组合作为对照组，包括上证综指、深证成指、沪深 300、上证 180 和深证 100。由于各类综合股价指数的权重选择标准不一，存在流通股和非流通股之分，因而本报告在计算预测盈余价格比、修正盈余价格比和传统盈余价格比投资组合的收益率时选择流通市值加权和总市值加权两种方法，而综合股指收益率的算法保持不变。同时，虽然预测盈余价格比 200 投资组合的形成时间为每年的 11 月初，但为了确保各投资组合的持有期收益率在横截面上具有可比性，我们将检验期统一确定为当年 5 月至次年 4 月。结果如表 24－2 和表 24－3 所示。

表 24－2　投资组合年均收益率与标准离差率：流通市值加权

检验期	$ETP_{pre,adj}200$	$ETP_{adj}200$	ETP200	上证综指	上证 180	沪深 300	深证成指	深证 100
2005.5—2006.4	37.31%	26.16%	27.55%	24.25%	23.97%	25.73%	21.97%	30.34%
2006.5—2007.4	229.01%	205.33%	209.72%	166.71%	194.54%	203.55%	182.22%	203.90%
2007.5—2008.4	19.84%	14.42%	17.80%	−3.86%	10.98%	11.25%	24.29%	22.33%
2008.5—2009.4	−18.51%	−28.00%	−31.85%	−32.91%	−34.43%	−33.75%	−29.64%	−29.46%
2009.5—2010.4	23.13%	24.08%	20.18%	15.86%	14.68%	16.94%	17.47%	24.07%
2010.5—2011.4	12.78%	19.23%	4.15%	1.42%	1.48%	4.09%	10.31%	11.66%
2011.5—2012.4	−17.12%	−19.11%	−12.54%	−17.70%	−16.86%	−17.75%	−17.32%	−19.84%
2012.5—2013.4	−11.11%	−8.27%	−0.61%	−9.11%	−5.21%	−6.81%	−14.63%	−10.07%
2013.5—2014.4	−0.54%	−2.00%	−6.79%	−6.96%	−11.44%	−11.79%	−15.86%	−11.30%

续表

检验期	$ETP_{pre,adj}$200	ETP_{adj}200	ETP200	上证综指	上证180	沪深300	深证成指	深证100
2014.5—2015.4	120.95%	120.47%	116.63%	119.19%	124.43%	120.04%	102.64%	107.87%
2015.5—2016.4	−22.64%	−23.78%	−21.33%	−33.85%	−35.90%	−33.54%	−31.56%	−27.26%
2016.5—2017.4	26.55%	23.26%	16.68%	7.36%	9.39%	8.97%	0.92%	8.34%
2017.5—2018.4	14.74%	14.04%	14.65%	−2.30%	8.56%	9.22%	0.88%	11.52%
BHR	1 014.13%	706.43%	633.36%	165.90%	268.69%	302.92%	227.07%	453.08%
年均收益率	20.37%	17.42%	16.56%	7.81%	10.56%	11.32%	9.54%	14.06%
标准离差率	4.66	5.14	5.38	8.52	7.25	6.91	7.80	6.05

表24-3　投资组合年均收益率与标准离差率：总市值加权

检验期	$ETP_{pre,adj}$200	ETP_{adj}200	ETP200	上证综指	上证180	沪深300	深证成指	深证100
2005.5—2006.4	40.76%	29.53%	34.46%	24.25%	23.97%	25.73%	21.97%	30.34%
2006.5—2007.4	225.74%	178.04%	184.92%	166.71%	194.54%	203.55%	182.22%	203.90%
2007.5—2008.4	18.12%	12.18%	15.28%	−3.86%	10.98%	11.25%	24.29%	22.33%
2008.5—2009.4	−19.24%	−26.49%	−31.52%	−32.91%	−34.43%	−33.75%	−29.64%	−29.46%
2009.5—2010.4	24.23%	22.20%	19.48%	15.86%	14.68%	16.94%	17.47%	24.07%
2010.5—2011.4	13.09%	16.65%	4.64%	1.42%	1.48%	4.09%	10.31%	11.66%
2011.5—2012.4	−18.09%	−19.24%	−13.92%	−17.70%	−16.86%	−17.75%	−17.32%	−19.84%
2012.5—2013.4	−11.63%	−9.20%	−1.38%	−9.11%	−5.21%	−6.81%	−14.63%	−10.07%
2013.5—2014.4	−0.01%	−1.05%	−5.92%	−6.96%	−11.44%	−11.79%	−15.86%	−11.30%
2014.5—2015.4	121.08%	122.01%	121.38%	119.19%	124.43%	120.04%	102.64%	107.87%
2015.5—2016.4	−23.80%	−24.09%	−21.51%	−33.85%	−35.90%	−33.54%	−31.56%	−27.26%
2016.5—2017.4	20.79%	17.53%	16.13%	7.36%	9.39%	8.97%	0.92%	8.34%
2017.5—2018.4	10.29%	10.18%	12.50%	−2.30%	8.56%	9.22%	0.88%	11.52%
BHR	898.02%	570.45%	585.57%	165.90%	268.69%	302.92%	227.07%	453.08%
年均收益率	19.36%	15.76%	15.96%	7.81%	10.56%	11.32%	9.54%	14.06%
标准离差率	4.82	5.46	5.48	8.52	7.25	6.91	7.80	6.05

观察表24-2不难发现，总体而言，预测盈余价格比200、修正盈余价格比200和传统盈余价格比200投资组合的13年持有期收益率（BHR）、年均收益率显著高于市场指数组合，这说明长期持有价值型股票能够获取正的超额收益，这与Lakonishok et al.(1994）的研究结论相一致。与此同时，与修正盈余价格比和传统盈余价格比投资组合相比，预测盈余价格比200投资组合的13年持有期收益率和年均收益率显著更高。具体来说，若不考虑交易成本，只需在每年11月初更新投资组合，预测盈余价格比200投资组合连续156个月的持有期收益率高达

1 014.13%，年均收益率为 20.37%。这表明，基于预测会计信息的修正盈余价格比能够充分利用公司会计信息的时效性，明显优于基于滞后会计信息的修正盈余价格比和传统盈余价格比。

从单个年份的市场表现来看，预测盈余价格比 200 投资组合、修正盈余价格比 200 投资组合和传统盈余价格比 200 投资组合互有短长。但是从大多数年份来看，预测盈余价格比 200 的市场表现显著更好。例如，2005 年 5 月至 2006 年 4 月，预测盈余价格比 200 投资组合的持有期收益率为 37.31%，而同期修正盈余价格比 200 和传统盈余价格比 200 投资组合的持有期收益率仅为 26.16%和 27.55%。2006 年 5 月至 2007 年 4 月，预测盈余价格比 200 投资组合的持有期收益率为 229.01%，而同期修正盈余价格比 200 和传统盈余价格比 200 投资组合的持有期收益率仅为 205.33%和 209.72%。2007 年 5 月至 2008 年 4 月，预测盈余价格比 200 投资组合的持有期收益率为 19.84%，而同期修正盈余价格比 200 和传统盈余价格比 200 投资组合的持有期收益率仅为 14.42%和 17.80%。在世界金融危机期间（2008 年 5 月至 2009 年 4 月），所有投资组合都发生了亏损，市场投资组合的平均亏损程度达到惊人的－30%，而预测盈余价格比 200 投资组合的亏损幅度远低于各市场投资组合，仅为－18.51%，同期修正盈余价格比 200 和传统盈余价格比 200 投资组合的收益率为－28.00%和－31.85%。2014 年 5 月至 2016 年 4 月，我国 A 股“牛市”和“股灾”接连上演，在“牛市”期间，预测盈余价格比 200 投资组合的持有期收益率达到 120.95%，高于修正盈余价格比 200 和传统盈余价格比 200 投资组合的 120.47%和 116.63%。在“股灾”期间，市场投资组合的平均亏损程度大多超过－30%，而预测盈余价格比 200 投资组合的收益率为－22.64%。2016 年 5 月至 2017 年 4 月，预测盈余价格比 200 投资组合的持有期收益率为 26.55%，远高于其他市场投资组合，完全弥补了“股灾”造成的亏损。

那么，高回报是否意味着高风险呢？根据有效市场假说，资产的收益和风险是对称的；换言之，既然预测盈余价格比 200 投资组合的持有期收益率高于其他投资组合，那么其必然会承担更高的风险。因此，本报告考察了以股票收益波动率度量的市场风险，对市场风险的度量采用投资组合业绩评价中最常用的均值-方差分析法，即以投资组合月收益率的标准离差率来衡量投资风险，计算公式如下：

$$SDTE=\frac{\sigma_p}{E(R_p)} \tag{24-1}$$

式中，$SDTE$ 为标准离差率，又称变异系数，代表单位期望收益所对应的风险水平；σ_p 代表股票组合的月收益率标准差；$E(R_p)$ 代表股票组合的月收益率期望值。从表 24－2 中可以看出，在整个检验期间（2005 年 5 月至 2018 年 4 月），预测盈余价格比 200 投资组合的标准离差率不仅远远低于市场投资组合，还低于修正盈余价格比 200 投资组合和传统盈余价格比 200 投资组合。结合表 24－2 的结果可知，基于预测盈余价格比的投资策略具有高收益、低风险的特征，而有效市场假定下“收益与风险对称”的观点不能解释这一结果；换言之，预测盈余价格比 200 投资组合的高收益不能归因于投资者承担了更高的市场风险。

观察表 24－3 同样可以发现，预测盈余价格比 200 投资组合的 13 年持有期收益率以及年均收益率均高于其他投资组合。对比表 24－2 可知，在考虑流通股和非流通股的计算差异之后，基于总市值加权的预测盈余价格比 200 投资组合、修正盈余价格比 200 投资组合和传统盈余价格比 200 投资组合的持有期收益率和年均收益率有所下降，标准离差率稍有上升，但主要结果均保持不变。

为了更直观清晰地看出预测盈余价格比作为投资工具的有效性，我们绘制了预测盈余价格比 200 投资组合、修正盈余价格比 200 投资组合、传统盈余价格比 200 投资组合和其他市场投资组合 156 个月的持有期累计收益率走势图。在计算累计收益率时，我们同样采用了流通市值加权和总市值加权两种方法，结果见图 24－1 和图 24－2。

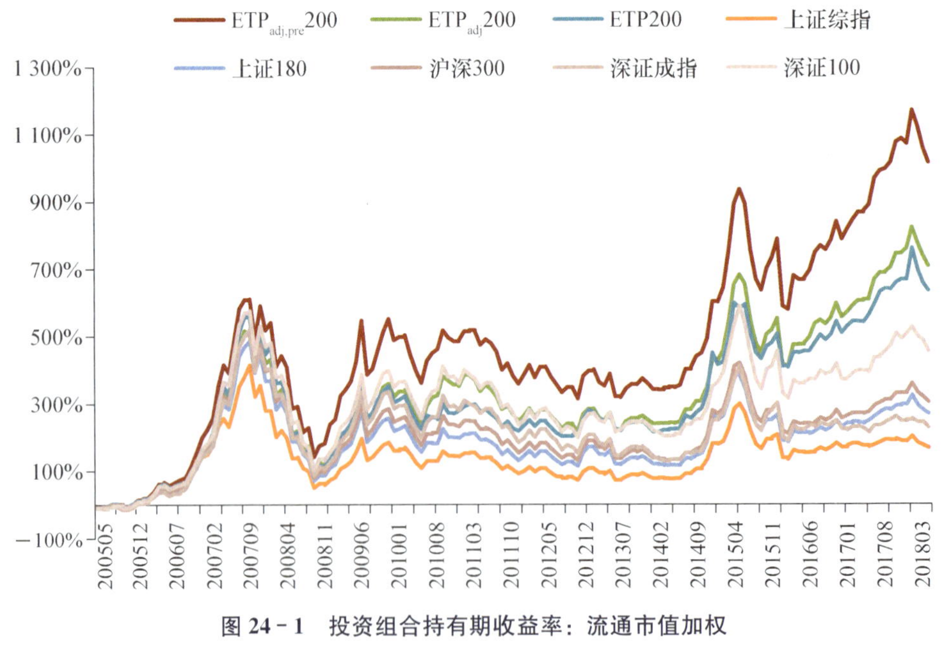

图 24－1　投资组合持有期收益率：流通市值加权

由图 24－1 可知，在整个持有期内，预测盈余价格比 200 投资组合、修正盈余价格比 200 投资组合和传统盈余价格比 200 投资组合的累计收益率基本位于其他市场投资组合之上，这再一次说明，长期持有价值型股票能够带给投资者十分可观的回报，这与 Lakonishok et al.（1994）的发现相一致。与此同时，从 2006 年 1 月开始，预测盈余价格比 200 投资组合的累计收益率一直高于修正盈余价格比 200 投资组合和传统盈余价格比 200 投资组合。这一结果更为形象、直观地表明，会计信息的时效性对投资组合的构建非常重要，充分利用会计信息的时效性能够帮助投资者获得丰厚的超额回报，而基于滞后信息的投资工具往往会让投资者损失部分投资收益。由图 24－2 可知，在整个检验期间，所有投资组合的累计收益率走势和顺序与图 24－1 基本保持一致，基于预测盈余价格比构建的投资组合能够带来十分可观的超额回报。

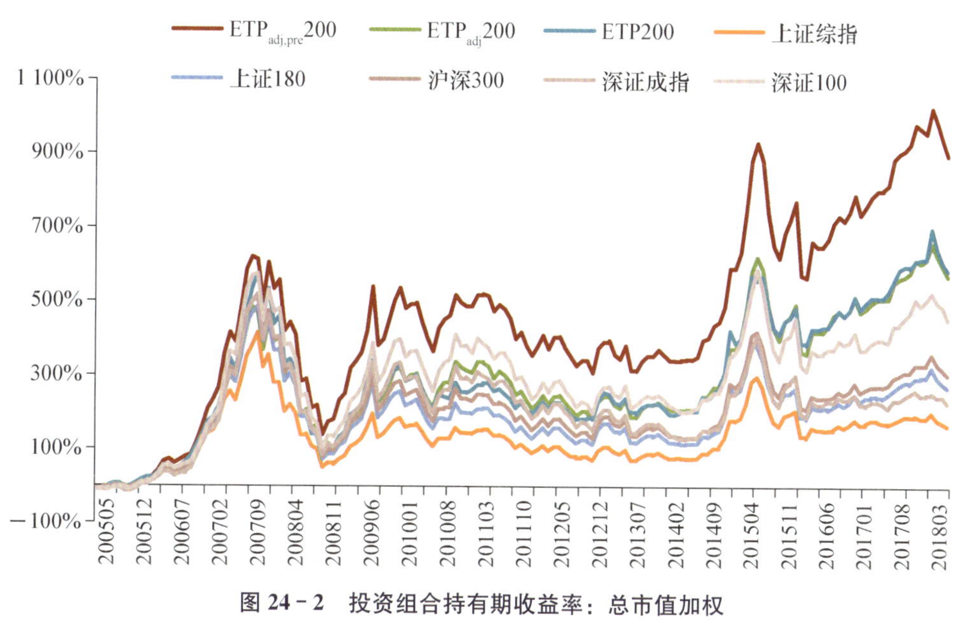

图 24－2　投资组合持有期收益率：总市值加权

24.3　进一步分析——公司规模的影响

我们先来考察公司规模的影响。对于纳入预测盈余价格比 200 投资组合中的股票，首先，我们根据公司规模（应用总市值衡量）的中位数将其分为规模小和规模大两组，每组包含 100 只股票。其次，为了探究公司规模对投资组合收益率的影响，我们计算了不同规模投资组合的各年度持有期收益率、持有期累计收益率和年均收益率。同时，由于各类综合股价指数的权重选择标准不一，存在流通股和非流通股之分，因而我们在计算收益率时选择流通市值加权和总市值加权两种方法。结果如表 24－4 所示。

表 24－4 分别报告了基于流通市值加权和基于总市值加权的投资组合年均收益率与标准离差率。由表 24－4 可知，将预测盈余价格比 200 投资组合按公司规模的中位数分组后，小规模组合连续 156 个月的持有期收益率高达 1 343.66%和

1 419.59%，年均收益率达到 22.80%和 23.28%；大规模组合连续 156 个月的持有期收益率仅为 961.24 %和 830.48%，约为前者的 2/3，年均收益率也只有 19.92%和 18.72%。以上结果表明，公司规模对投资组合的收益率存在显著影响，持有预测盈余价格比 200 投资组合中的小规模公司股票能够获取更高的市场回报。我们仍然应用投资组合月收益率的标准离差率，对预测盈余价格比 200 投资组合中小规模组合和大规模组合的投资风险进行考察。由表 24-4 可知，无论是基于流通市值加权还是基于总市值加权，小规模组合的标准离差率相对更小。这一结果说明，小规模组合不仅具有高收益的特点，而且每单位的期望收益所承担的风险低于大规模组合。因此，对于投资者来说，在构建投资组合时，侧重选取预测盈余价格比 200 投资组合中的小规模公司股票，不仅能够获得可观的回报，而且投资风险较小。

表 24-4　投资组合年均收益率与标准离差率：区分规模

$ETP_{pre,adj}200$				
检验期	流通市值加权		总市值加权	
	规模小	规模大	规模小	规模大
2005.5—2006.4	30.83%	38.76%	32.40%	42.26%
2006.5—2007.4	247.01%	225.00%	243.90%	222.09%
2007.5—2008.4	14.93%	21.23%	16.98%	18.65%
2008.5—2009.4	−3.61%	−21.24%	−3.70%	−21.81%
2009.5—2010.4	54.96%	19.37%	56.10%	20.32%
2010.5—2011.4	11.92%	12.92%	14.37%	12.95%
2011.5—2012.4	−24.01%	−16.36%	−23.46%	−17.45%
2012.5—2013.4	−11.81%	−11.09%	−11.03%	−11.78%
2013.5—2014.4	14.68%	−2.35%	17.56%	−2.29%
2014.5—2015.4	145.73%	117.34%	147.63%	116.68%
2015.5—2016.4	−8.97%	−24.86%	−11.85%	−25.75%
2016.5—2017.4	7.49%	29.88%	7.19%	23.38%
2017.5—2018.4	−10.44%	18.71%	−11.42%	14.04%
BHR	1343.66%	961.24%	1419.59%	830.48%
年均收益率	22.80%	19.92%	23.28%	18.72%
标准离差率	4.51	4.76	4.46	4.95

为了更直观清晰地观察公司规模对投资组合收益率的影响，我们绘制了预测盈余价格比 200 投资组合中小规模组合和大规模组合 156 个月的持有期累计收益率走势图。在计算累计收益率时，我们同样采用了流通市值加权和总市值加权两种方法，结果见图 24-3 和图 24-4。

图 24－3　基于流通市值加权的投资组合持有期收益率：区分规模

图 24－4　基于总市值加权的投资组合持有期收益率：区分规模

由图 24－3 和图 24－4 可知，无论是基于流通市值加权还是基于总市值加权，在整个检验期内，小规模组合的累计收益率几乎都要高于大规模组合的累计收益率。特别是从 2010 年开始，两组间差距逐步扩大，2017 年 4 月底，大规模组合的累计收益率仅为小规模组合累计收益率的 2/3 左右。该结果更为形象、直观地表明，在预测盈余价格比 200 投资组合中，小规模公司股票的市场表现要优于大规模公司股票，因此投资者在构建投资组合的过程中可以侧重选择小规模公司股票。

24.4 进一步分析——产权性质的影响

进一步，我们考察公司产权性质的影响。首先，对于纳入预测盈余价格比200投资组合中的股票，我们根据公司产权性质将其分为国有和非国有两组。其次，为了探究公司产权性质对投资组合收益率的影响，我们计算了不同产权性质投资组合的各年度持有期收益率、持有期累计收益率和年均收益率。同时，由于各类综合股价指数的权重选择标准不一，存在流通股和非流通股之分，因而在计算收益率时选择流通市值加权和总市值加权两种方法。结果如表24-5所示。

表24-5 投资组合年均收益率与标准离差率：区分产权性质

检验期	$ETP_{pre,adj}200$			
	流通市值加权		总市值加权	
	国有	非国有	国有	非国有
2005.5—2006.4	39.17%	30.37%	42.90%	30.83%
2006.5—2007.4	225.79%	240.42%	221.34%	245.71%
2007.5—2008.4	22.26%	12.42%	20.21%	10.37%
2008.5—2009.4	−18.28%	−21.90%	−19.20%	−22.37%
2009.5—2010.4	17.75%	42.84%	18.20%	44.28%
2010.5—2011.4	9.73%	22.66%	9.54%	23.40%
2011.5—2012.4	−14.74%	−25.61%	−15.86%	−25.56%
2012.5—2013.4	−14.98%	−12.13%	−14.98%	−12.61%
2013.5—2014.4	−2.86%	8.04%	−3.08%	9.10%
2014.5—2015.4	122.42%	121.97%	125.81%	116.09%
2015.5—2016.4	−25.31%	−18.47%	−26.87%	−18.12%
2016.5—2017.4	38.30%	15.26%	35.16%	9.95%
2017.5—2018.4	15.99%	14.69%	13.85%	6.34%
BHR	998.31%	1 053.55%	917.32%	913.00%
年均收益率	20.24%	20.70%	19.54%	19.50%
标准离差率	4.70	4.71	4.81	4.94

表24-5分别报告了基于流通市值加权和基于总市值加权的投资组合年均收益率和标准离差率。由表24-5可知，将预测盈余价格比200投资组合按公司的产权性质分组后，国有组合连续156个月的持有期收益率为998.31%和917.32%，年

均收益率为 20.24%和 19.54%；非国有组合连续 156 个月的持有期收益率为 1 053.55%和 913.00%，年均收益率达到 20.70%和 19.50%。以上结果表明，在本报告构建的预测盈余价格比 200 投资组合中，持有国有组合和非国有组合的累计收益率较为相近，均能够获得较高的投资回报。我们仍然应用投资组合月收益率的标准离差率，对预测盈余价格比 200 投资组合中国有组合和非国有组合的投资风险进行考察。由表 24－5 可知，无论是基于流通市值加权还是基于总市值加权，国有组合和非国有组合的标准离差率都相差不大。因此，对于投资者来说，在应用预测盈余价格比构建投资组合时，无论是投资国有股还是非国有股，均能获得较为可观的回报，同时投资风险较小。

为了更直观清晰地观察公司产权性质对投资组合收益率的影响，我们绘制了预测盈余价格比 200 投资组合中国有组合和非国有组合 156 个月的持有期累计收益率走势图。在计算累计收益率时，我们同样采用了流通市值加权和总市值加权两种方法，结果见图 24－5 和图 24－6。

由图 24－5 和图 24－6 可知，无论是基于流通市值加权还是基于总市值加权，在整个检验期内，国有组合和非国有组合的累计收益率的走势都较为相近。值得注意的是，非国有组合的收益率波动相对较大，具体表现为在“牛市”阶段收益率增长较快，在“熊市”阶段收益率下跌也更快。相比之下，国有组合则呈现出相对较低的市场风险。因此投资者在构建投资组合的过程中可以采取国有股和非国有股合理配置的策略，以平衡投资组合的收益和风险。

图 24－5　基于流通市值加权的投资组合持有期收益率：区分产权性质

图 24-6 基于总市值加权的投资组合持有期收益率：区分产权性质

24.5 小结

会计信息的时效性对于基于公司会计信息的投资策略具有至关重要的意义。本报告以修正盈余价格比为基础，应用 A 周期预测法构建基于公司预测会计信息的预测盈余价格比，进而考察构建优质投资组合的能力以及投资组合的市场表现。该指标虽然在一定程度上损失了会计信息的准确性，但却更为充分地利用了会计信息的时效性，保障了会计信息的完整性。

应用 2004—2017 年来自沪深 A 股的样本数据，本报告得出以下结论：基于预测盈余价格比的选股策略不仅能够战胜市场指数，还显著优于基于滞后会计信息的修正盈余价格比和传统盈余价格比，并且具有高收益、低风险的特征。这一结果表明，企业会计信息的时效性对于准确评估企业的投资价值、构建优质投资组合具有重要的理论和现实意义。对于投资者来说，充分利用会计信息的时效性能够降低投资风险，获取更为丰厚的市场报酬。

第 25 章　会计投资价值指数编制结果及分析

——基于前三季度会计信息的修正盈余价格比

根据前述编制原理与方法，我们应用 2004—2017 年中国 A 股上市公司的财务数据和交易数据编制了基于前三季度会计信息的修正盈余价格比（简称前三季度盈余价格比），构建了投资组合，并对投资组合的收益与风险进行了测算分析。

25.1　描述性统计

如前所述，我们于每年 11 月初根据上市公司的前三季度盈余价格比构建前三季度盈余价格比 200 投资组合（$ETP_{q3,adj}200$），于每年 5 月初根据上市公司的传统盈余价格比构建传统盈余价格比 200 投资组合（ETP200），并对这两个投资组合的前三季度盈余价格比和传统盈余价格比进行描述性统计，结果如表 25－1 所示。

表 25－1　变量描述性统计

Panel A：前三季度盈余价格比 200（$ETP_{q3,adj}200$）						
组合形成期	样本量	最小值	中位数	最大值	均值	标准差
2004.11	200	0.03	0.08	393.18	2.19	27.80
2005.11	200	0.03	0.08	28.10	0.29	2.02
2006.11	200	0.01	0.07	1.42	0.09	0.11
2007.11	200	0.01	0.03	9.82	0.16	0.97
2008.11	200	0.05	0.14	21.73	0.47	2.15
2009.11	200	0.02	0.04	5.51	0.15	0.65
2010.11	200	0.02	0.05	11.16	0.18	0.85
2011.11	200	0.03	0.08	773.07	4.27	54.68
2012.11	200	0.03	0.07	754.02	4.09	53.32

续表

Panel A：前三季度盈余价格比 200（$ETP_{q3,adj}$200）						
组合形成期	样本量	最小值	中位数	最大值	均值	标准差
2013.11	200	0.02	0.07	11.88	0.23	0.97
2014.11	200	0.02	0.06	8.77	0.22	0.99
2015.11	200	0.01	0.05	294.67	1.97	21.48
2016.11	200	0.02	0.06	67.19	0.60	4.85
2017.11	200	0.05	0.15	761.67	4.37	53.87
全样本	2 800	0.01	0.07	773.07	1.38	26.72
Panel B：传统盈余价格比 200（ETP200）						
组合形成期	样本量	最小值	中位数	最大值	均值	标准差
2005.5	200	0.06	0.08	0.22	0.10	0.03
2006.5	200	0.03	0.05	0.25	0.05	0.02
2007.5	200	0.03	0.04	0.11	0.04	0.01
2008.5	200	0.04	0.05	0.16	0.06	0.02
2009.5	200	0.05	0.06	0.24	0.07	0.02
2010.5	200	0.04	0.06	0.14	0.06	0.02
2011.5	200	0.05	0.07	0.16	0.07	0.02
2012.5	200	0.07	0.09	0.21	0.10	0.03
2013.5	200	0.08	0.10	0.28	0.11	0.03
2014.5	200	0.08	0.11	1.52	0.13	0.11
2015.5	200	0.04	0.06	0.17	0.06	0.02
2016.5	200	0.06	0.08	0.23	0.09	0.03
2017.5	200	0.06	0.07	0.19	0.08	0.03
全样本	2 600	0.03	0.07	1.52	0.08	0.05

由表 25－1 可知，由于前三季度盈余价格比 200 投资组合的构建仅应用前三季度的会计信息，且构建时间比传统盈余价格比 200 投资组合早 6 个月，因此根据 2004—2017 年的财务数据可以形成 14 个前三季度盈余价格比 200 投资组合和 13 个传统盈余价格比 200 投资组合。

Panel A 报告了前三季度盈余价格比 200 投资组合的描述性统计结果，观察其中位数和均值可知，纳入投资组合的样本公司在 2004 年 11 月、2008 年 11 月、2011 年 11 月、2012 年 11 月、2015 年 11 月和 2017 年 11 月最有可能被低估或者被低估的程度最大，而在 2006 年 11 月、2007 年 11 月、2009 年 11 月、2010 年 11

月、2013 年 11 月和 2014 年 11 月最有可能被高估或者被高估的程度最大，这一结果与同期沪深两市的大盘表现相一致。Panel B 报告了传统盈余价格比 200 投资组合的描述性统计结果，观察其中位数和均值可知，纳入投资组合的样本公司在 2005 年 5 月、2012 年 5 月、2013 年 5 月和 2014 年 5 月最有可能被低估或者被低估的程度最大，而在 2006 年 5 月、2007 年 5 月和 2015 年 5 月最有可能被高估或者被高估的程度最大，这一结果与同期沪深两市的大盘表现相一致，尤其是 2014 年下半年以来沪深两市迎来的“牛市”印证了 2012 年 5 月、2013 年 5 月和 2014 年 5 月的公司股价被低估，而 2015 年 6 月以来的“股灾”则证实 2015 年 5 月的公司股价被高估。事实上，前三季度盈余价格比 200 投资组合和传统盈余价格比 200 投资组合囊括了诸多规模大、流动性强、市场表现稳定的权重股，能够较好地反映市场的整体走势。

25.2　投资组合的持有期“收益-风险”比较

为了检验前三季度盈余价格比作为投资工具的有效性，除了传统盈余价格比 200 投资组合之外，我们还选取了预测盈余价格比 200 投资组合和修正盈余价格比 200 投资组合，以及常见的作为股票投资组合业绩评价标准的市场投资组合作为对照组，包括上证综指、深证成指、沪深 300、上证 180 和深证 100。由于各类综合股价指数的权重选择标准不一，存在流通股和非流通股之分，因而本报告在计算前三季度盈余价格比、预测盈余价格比、修正盈余价格比和传统盈余价格比投资组合的收益率时选择流通市值加权和总市值加权两种方法，而综合股指收益率的算法保持不变。同时，虽然前三季度盈余价格比 200 投资组合的形成时间为每年的 11 月初，但为了确保各投资组合的持有期收益率在横截面上具有可比性，我们将检验期统一确定为当年 5 月至次年 4 月。结果如表 25－2 和表 25－3 所示。

表 25－2　投资组合年均收益率与标准离差率：流通市值加权

检验期	$ETP_{q3,adj}200$	$ETP_{pre,adj}200$	$ETP_{adj}200$	ETP200	上证综指	上证 180	沪深 300	深证成指	深证 100
2005.5—2006.4	36.07%	37.31%	26.16%	27.55%	24.25%	23.97%	25.73%	21.97%	30.34%
2006.5—2007.4	227.30%	229.01%	205.33%	209.72%	166.71%	194.54%	203.55%	182.22%	203.90%
2007.5—2008.4	19.63%	19.84%	14.42%	17.80%	−3.86%	10.98%	11.25%	24.29%	22.33%
2008.5—2009.4	−18.76%	−18.51%	−28.00%	−31.85%	−32.91%	−34.43%	−33.75%	−29.64%	−29.46%
2009.5—2010.4	30.11%	23.13%	24.08%	20.18%	15.86%	14.68%	16.94%	17.47%	24.07%
2010.5—2011.4	18.13%	12.78%	19.23%	4.15%	1.42%	1.48%	4.09%	10.31%	11.66%
2011.5—2012.4	−16.11%	−17.12%	−19.11%	−12.54%	−17.70%	−16.86%	−17.75%	−17.32%	−19.84%
2012.5—2013.4	−10.12%	−11.11%	−8.27%	−0.61%	−9.11%	−5.21%	−6.81%	−14.63%	−10.07%

续表

检验期	$ETP_{q3,adj}200$	$ETP_{pre,adj}200$	$ETP_{adj}200$	ETP200	上证综指	上证 180	沪深 300	深证成指	深证 100
2013.5—2014.4	−1.35%	−0.54%	−2.00%	−6.79%	−6.96%	−11.44%	−11.79%	−15.86%	−11.30%
2014.5—2015.4	130.52%	120.95%	120.47%	116.63%	119.19%	124.43%	120.04%	102.64%	107.87%
2015.5—2016.4	−27.68%	−22.64%	−23.78%	−21.33%	−33.85%	−35.90%	−33.54%	−31.56%	−27.26%
2016.5—2017.4	25.30%	26.55%	23.26%	16.68%	7.36%	9.39%	8.97%	0.92%	8.34%
2017.5—2018.4	16.05%	14.74%	14.04%	14.65%	−2.30%	8.56%	9.22%	0.88%	11.52%
BHR	1 099.60%	1 014.13%	706.43%	633.36%	165.90%	268.69%	302.92%	227.07%	453.08%
年均收益率	21.06%	20.37%	17.42%	16.56%	7.81%	10.56%	11.32%	9.54%	14.06%
标准离差率	4.57	4.66	5.14	5.38	8.52	7.25	6.91	7.80	6.05

表 25-3　投资组合年均收益率与标准离差率：总市值加权

检验期	$ETP_{q3,adj}200$	$ETP_{pre,adj}200$	$ETP_{adj}200$	ETP200	上证综指	上证 180	沪深 300	深证成指	深证 100
2005.5—2006.4	36.80%	40.76%	29.53%	34.46%	24.25%	23.97%	25.73%	21.97%	30.34%
2006.5—2007.4	221.93%	225.74%	178.04%	184.92%	166.71%	194.54%	203.55%	182.22%	203.90%
2007.5—2008.4	18.39%	18.12%	12.18%	15.28%	−3.86%	10.98%	11.25%	24.29%	22.33%
2008.5—2009.4	−19.50%	−19.24%	−26.49%	−31.52%	−32.91%	−34.43%	−33.75%	−29.64%	−29.46%
2009.5—2010.4	29.84%	24.23%	22.20%	19.48%	15.86%	14.68%	16.94%	17.47%	24.07%
2010.5—2011.4	14.68%	13.09%	16.65%	4.64%	1.42%	1.48%	4.09%	10.31%	11.66%
2011.5—2012.4	−16.99%	−18.09%	−19.24%	−13.92%	−17.70%	−16.86%	−17.75%	−17.32%	−19.84%
2012.5—2013.4	−9.90%	−11.63%	−9.20%	−1.38%	−9.11%	−5.21%	−6.81%	−14.63%	−10.07%
2013.5—2014.4	0.77%	−0.01%	−1.05%	−5.92%	−6.96%	−11.44%	−11.79%	−15.86%	−11.30%
2014.5—2015.4	132.24%	121.08%	122.01%	121.38%	119.19%	124.43%	120.04%	102.64%	107.87%
2015.5—2016.4	−28.12%	−23.80%	−24.09%	−21.51%	−33.85%	−35.90%	−33.54%	−31.56%	−27.26%
2016.5—2017.4	19.43%	20.79%	17.53%	16.13%	7.36%	9.39%	8.97%	0.92%	8.34%
2017.5—2018.4	10.94%	10.29%	10.18%	12.50%	−2.30%	8.56%	9.22%	0.88%	11.52%
BHR	941.80%	898.02%	570.45%	585.57%	165.90%	268.69%	302.92%	227.07%	453.08%
年均收益率	19.75%	19.36%	15.76%	15.96%	7.81%	10.56%	11.32%	9.54%	14.06%
标准离差率	4.77	4.82	5.46	5.48	8.52	7.25	6.91	7.80	6.05

观察表 25-2 不难发现，总体而言，前三季度盈余价格比 200、预测盈余价格比 200、修正盈余价格比 200 和传统盈余价格比 200 投资组合的 13 年持有期收益率（BHR）、年均收益率显著高于市场指数组合，这说明长期持有价值型股票能够获取正的超额收益，这与 Lakonishok et al.（1994）的研究结论相一致。与此同时，与预测盈余价格比、修正盈余价格比和传统盈余价格比投资组合相比，前三季度盈余价格比 200 投资组合的 13 年持有期收益率和年均收益率整体上更高。具体来说，若不考虑交易成本，只需在每年 11 月初更新投资组合，前三季度盈余价格比 200 投资组合连续 156 个月的持有期收益率高达 1 099.60%，年均收益率为

21.06%。这表明，尽管损失了部分会计信息的完整性，但前三季度盈余价格比充分利用了公司会计信息的时效性，优于预测盈余价格比，更明显优于基于滞后数据的修正盈余价格比和传统盈余价格比。

从单个年份的市场表现来看，前三季度盈余价格比 200 投资组合、预测盈余价格比 200 投资组合、修正盈余价格比 200 投资组合和传统盈余价格比 200 投资组合互有短长。但是从大多数年份来看，前三季度盈余价格比 200 的市场表现相对更好。例如，2005 年 5 月至 2006 年 4 月，前三季度盈余价格比 200 投资组合的持有期收益率为 36.07%，而同期修正盈余价格比 200 和传统盈余价格比 200 投资组合的持有期收益率仅为 26.16%和 27.55%。2006 年 5 月至 2007 年 4 月，前三季度盈余价格比 200 投资组合的持有期收益率为 227.30%，而同期修正盈余价格比 200 和传统盈余价格比 200 投资组合的持有期收益率仅为 205.33%和 209.72%。2007 年 5 月至 2008 年 4 月，前三季度盈余价格比 200 投资组合的持有期收益率为 19.63%，而同期修正盈余价格比 200 和传统盈余价格比 200 投资组合的持有期收益率仅为 14.42%和 17.80%。在世界金融危机期间（2008 年 5 月至 2009 年 4 月），所有投资组合都发生了亏损，市场投资组合的平均亏损程度超过－30%，而前三季度盈余价格比 200 投资组合的亏损程度远低于各市场投资组合，仅为－18.76%，同期修正盈余价格比 200 和传统盈余价格比 200 投资组合的收益率为－28.00%和－31.85%。2009 年 5 月至 2010 年 4 月，前三季度盈余价格比 200 投资组合的持有期收益率为 30.11%，而同期预测盈余价格比 200、修正盈余价格比 200 和传统盈余价格比 200 投资组合的持有期收益率仅为 23.13%、24.08%和 20.18%。2014 年 5 月至 2016 年 4 月，我国 A 股“牛市”和“股灾”接连上演，在“牛市”期间，前三季度盈余价格比 200 投资组合的持有期收益率达到 130.52%，高于预测盈余价格比 200、修正盈余价格比 200 和传统盈余价格比 200 投资组合的 120.95%、120.47%和 116.63%。在“股灾”期间，市场投资组合的平均亏损程度大多超过－30%，而前三季度盈余价格比 200 投资组合的亏损程度要小于市场投资组合。2017 年 5 月至 2018 年 4 月，前三季度盈余价格比 200 投资组合的持有期收益率为 16.05%，高于其他市场投资组合，完全弥补了“股灾”造成的亏损。

那么，高回报是否意味着高风险呢？根据有效市场假说，资产的收益和风险是对称的；换言之，既然前三季度盈余价格比 200 投资组合的持有期收益率高于其他投资组合，那么其必然会承担更高的风险。因此，本报告考察了以股票收益波动率度量的市场风险，对市场风险的度量采用投资组合业绩评价中最常用的均值-方差分析法，即以投资组合月收益率的标准离差率来衡量投资风险，计算公式如下：

$$SDTE=\frac{\sigma_p}{E(R_p)} \tag{25-1}$$

式中，$SDTE$ 为标准离差率，又称变异系数，代表单位期望收益所对应的风险水平；σ_p 代表股票组合的月收益率标准差；$E(R_p)$ 代表股票组合的月收益率期望值。

从表 25－2 中可以看出，在整个检验期间（2005 年 5 月至 2018 年 4 月），前三季度盈余价格比 200 投资组合的标准离差率不仅远远低于市场投资组合，还低于预测盈余价格比 200、修正盈余价格比 200 和传统盈余价格比 200 投资组合。结合表 25－2 的结果可知，基于前三季度盈余价格比的投资策略具有高收益、低风险的特征，而有效市场假定下"收益与风险对称"的观点不能解释这一结果；换言之，前三季度盈余价格比 200 投资组合的高收益不能归因于投资者承担了更高的市场风险。

观察表 25－3 同样可以发现，前三季度盈余价格比 200 投资组合的 13 年持有期收益率以及年均收益率均高于其他投资组合。对比表 25－2 可知，在考虑流通股和非流通股的计算差异之后，基于总市值加权的前三季度盈余价格比 200 投资组合、预测盈余价格比 200 投资组合、修正盈余价格比 200 投资组合和传统盈余价格比 200 投资组合的持有期收益率和年均收益率有所下降，标准离差率稍有上升，但主要结果均保持不变。

为了更直观清晰地看出前三季度盈余价格比作为投资工具的有效性，我们绘制了前三季度盈余价格比 200 投资组合、预测盈余价格比 200 投资组合、修正盈余价格比 200 投资组合、传统盈余价格比 200 投资组合和其他市场投资组合 156 个月的持有期累计收益率走势图。在计算累计收益率时，我们同样采用了流通市值加权和总市值加权两种方法，结果见图 25－1 和图 25－2。

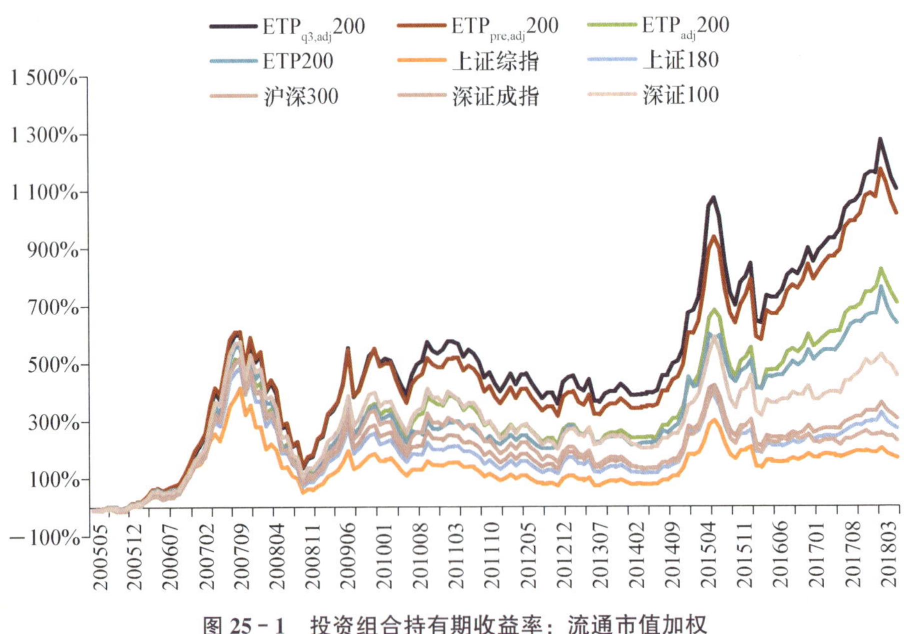

图 25－1　投资组合持有期收益率：流通市值加权

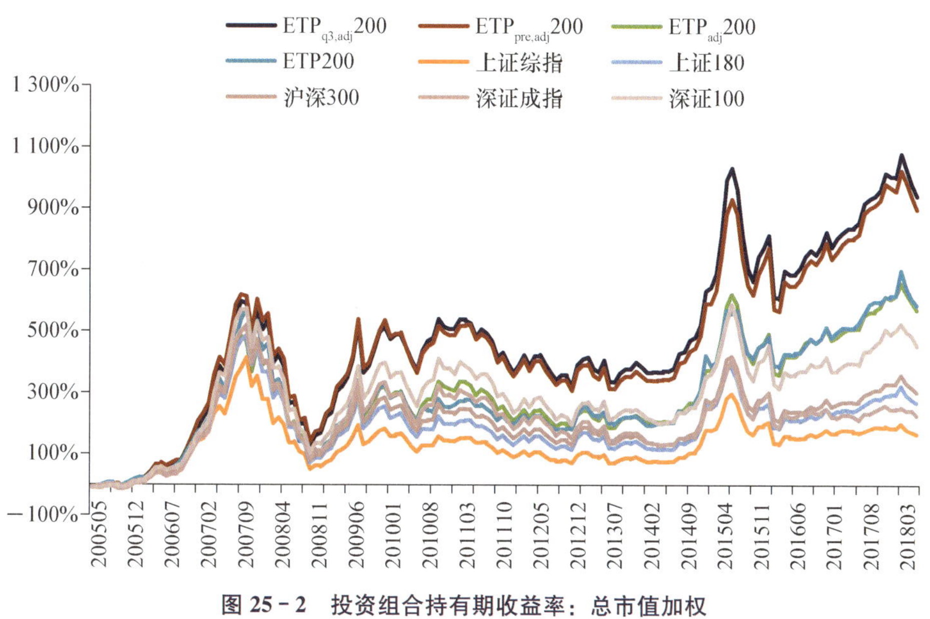

图 25－2　投资组合持有期收益率：总市值加权

由图 25－1 可知，在持有期内，前三季度盈余价格比 200 投资组合、预测盈余价格比 200 投资组合、修正盈余价格比 200 投资组合和传统盈余价格比 200 投资组合的累计收益率整体上高于其他市场投资组合，这再一次说明，长期持有价值型股票能够带给投资者十分可观的回报，这与 Lakonishok et al.（1994）的发现相一致。与此同时，从长期来看，前三季度盈余价格比 200 投资组合的累计收益率在大部分时间里高于预测盈余价格比 200 投资组合、修正盈余价格比 200 投资组合和传统盈余价格比 200 投资组合。这一结果更为形象、直观地表明，会计信息的时效性对投资组合的构建非常重要，充分利用会计信息的时效性能够帮助投资者获得丰厚的超额回报，而基于滞后信息的投资工具往往会让投资者损失部分投资收益。由图 25－2 可知，在整个检验期间，所有投资组合的累计收益率走势和顺序与图 25－1 基本保持一致，基于前三季度盈余价格比构建的投资组合能够带来十分可观的超额回报。

25.3　进一步分析——公司规模的影响

我们先来考察公司规模的影响。对于纳入前三季度盈余价格比 200 投资组合中的股票，首先，我们根据公司规模（应用总市值衡量）的中位数将其分为规模小和规模大两组，每组包含 100 只股票。其次，为了探究公司规模对投资组合收益率的影响，我们计算了不同规模投资组合的各年度持有期收益率、持有期累计收益率和年均收益率。同时，由于各类综合股价指数的权重选择标准不一，存在流通股和非流通股之分，因而我们在计算收益率时选择流通市值加权和总市值加权两种方法。结果如表 25－4 所示。

表 25－4　投资组合年均收益率与标准离差率：区分规模

$ETP_{q3,adj}200$				
检验期	流通市值加权		总市值加权	
	规模小	规模大	规模小	规模大
2005.5—2006.4	48.07%	33.42%	50.70%	34.37%
2006.5—2007.4	231.40%	225.82%	221.54%	221.37%
2007.5—2008.4	15.39%	20.93%	16.56%	18.84%
2008.5—2009.4	−8.86%	−20.57%	−8.79%	−21.37%
2009.5—2010.4	51.01%	26.69%	50.22%	26.63%
2010.5—2011.4	14.99%	19.15%	14.52%	15.00%
2011.5—2012.4	−25.65%	−14.90%	−24.77%	−15.95%
2012.5—2013.4	−9.35%	−10.22%	−9.48%	−10.03%
2013.5—2014.4	15.29%	−3.35%	19.91%	−1.94%
2014.5—2015.4	134.68%	129.73%	138.43%	130.72%
2015.5—2016.4	−11.93%	−29.96%	−10.61%	−30.79%
2016.5—2017.4	8.37%	28.06%	6.07%	21.91%
2017.5—2018.4	−13.32%	20.92%	−14.96%	15.52%
BHR	1 251.63%	1 059.59%	1 291.17%	879.96%
年均收益率	22.18%	20.75%	22.45%	19.19%
标准离差率	4.63	4.64	4.60	4.88

表 25－4 分别报告了基于流通市值加权和基于总市值加权的投资组合年均收益率与标准离差率。由表 25－4 可知，将前三季度盈余价格比 200 投资组合按公司规模的中位数分组后，小规模组合连续 156 个月的持有期收益率高达 1 251.63%和 1 291.17%，年均收益率达到 22.18%和 22.45%；大规模组合连续 156 个月的持有期收益率仅为 1 059.59%和 879.96%，年均收益率也只有 20.75%和 19.19%。以上结果表明，公司规模对投资组合的收益率存在显著影响，持有前三季度盈余价格比 200 投资组合中的小规模公司股票能够获取更高的市场回报。我们仍然应用投资组合月收益率的标准离差率，对前三季度盈余价格比 200 投资组合中小规模组合和大规模组合的投资风险进行考察。由表 25－4 可知，无论是基于流通市值加权还是基于总市值加权，小规模组合的标准离差率相对更小。这一结果说明，小规模组合不仅具有高收益的特点，而且每单位的期望收益所承担的风险低于大规模组合。因此，对于投资者来说，在构建投资组合时，侧重选取前三季度盈余价格

比 200 投资组合中的小规模公司股票，不仅能够获得可观的回报，而且投资风险较小。

为了更直观清晰地观察公司规模对投资组合收益率的影响，我们绘制了前三季度盈余价格比 200 投资组合中小规模组合和大规模组合 156 个月的持有期累计收益率走势图。在计算累计收益率时，我们同样采用了流通市值加权和总市值加权两种方法，结果见图 25－3 和图 25－4。

图 25－3　基于流通市值加权的投资组合持有期收益率：区分规模

图 25－4　基于总市值加权的投资组合持有期收益率：区分规模

由图 25－3 和图 25－4 可知，无论是基于流通市值加权还是基于总市值加权，在整个检验期内，小规模组合的累计收益率几乎都要高于大规模组合的累计收益率。特别是从 2010 年开始，两组间差距逐步扩大。该结果更为形象、直观地表明，在前三季度盈余价格比 200 投资组合中，小规模公司股票的市场表现要优于大规模公司股票，因此投资者在构建投资组合的过程中可以侧重选择小规模公司股票。

25.4　进一步分析——产权性质的影响

进一步，我们考察公司产权性质的影响。首先，对于纳入前三季度盈余价格比 200 投资组合中的股票，我们根据公司产权性质将其分为国有和非国有两组。其次，为了探究公司产权性质对投资组合收益率的影响，我们计算了不同产权性质投资组合的各年度持有期收益率、持有期累计收益率和年均收益率。同时，由于各类综合股价指数的权重选择标准不一，存在流通股和非流通股之分，因而在计算收益率时选择流通市值加权和总市值加权两种方法。结果如表 25－5 所示。

表 25－5　投资组合年均收益率与标准离差率：区分产权性质

$ETP_{q3,adj}200$				
检验期	流通市值加权		总市值加权	
	国有	非国有	国有	非国有
2005.5—2006.4	36.16%	34.22%	36.82%	35.32%
2006.5—2007.4	222.84%	248.87%	217.35%	248.79%
2007.5—2008.4	23.28%	7.09%	21.80%	5.36%
2008.5—2009.4	−18.22%	−22.97%	−19.39%	−22.89%
2009.5—2010.4	25.69%	45.20%	25.38%	43.80%
2010.5—2011.4	19.28%	16.42%	16.13%	13.91%
2011.5—2012.4	−14.50%	−24.05%	−15.43%	−24.19%
2012.5—2013.4	−14.98%	−9.32%	−15.19%	−7.19%
2013.5—2014.4	−5.31%	10.84%	−5.11%	15.33%
2014.5—2015.4	126.88%	144.77%	130.51%	141.62%
2015.5—2016.4	−29.93%	−24.36%	−30.76%	−23.87%
2016.5—2017.4	37.94%	10.50%	35.42%	5.00%
2017.5—2018.4	16.58%	14.02%	13.39%	6.59%
BHR	1 069.25%	1 062.72%	935.39%	949.34%
年均收益率	20.82%	20.77%	19.70%	19.82%
标准离差率	4.63	4.75	4.81	4.92

表 25－5 分别报告了基于流通市值加权和基于总市值加权的投资组合年均收益率和标准离差率。由表 25－5 可知，将前三季度盈余价格比 200 投资组合按公司的产权性质分组后，国有组合连续 156 个月的持有期收益率为 1 069.25%和 935.39%，年均收益率为 20.82%和 19.70%；而非国有组合连续 156 个月的持有期收益率达到 1 062.72%和 949.34%，年均收益率为 20.77%和 19.82%。以上结果表明，在前三季度盈余价格比 200 投资组合中，持有国有组合和非国有组合均能获得较为客观的投资收益，且两个组合的收益率相差不大。我们仍然应用投资组合月收益率的标准离差率，对前三季度盈余价格比 200 投资组合中国有组合和非国有组合的投资风险进行考察。由表 25－5 可知，无论是基于流通市值加权还是基于总市值加权，国有组合与非国有组合的标准离差率都较为相近。这一结果说明，国有组合和非国有组合不仅在收益水平上较为一致，同时还承担了相近的市场风险。因此，对于投资者来说，在构建投资组合时，无论选取前三季度盈余价格比 200 投资组合中的国有股还是非国有股，均能够获得可观的回报，同时投资风险较小。

为了更直观清晰地观察公司产权性质对投资组合收益率的影响，我们绘制了前三季度盈余价格比 200 投资组合中国有组合和非国有组合 156 个月的持有期累计收益率走势图。在计算累计收益率时，我们同样采用了流通市值加权和总市值加权两种方法，结果见图 25－5 和图 25－6。

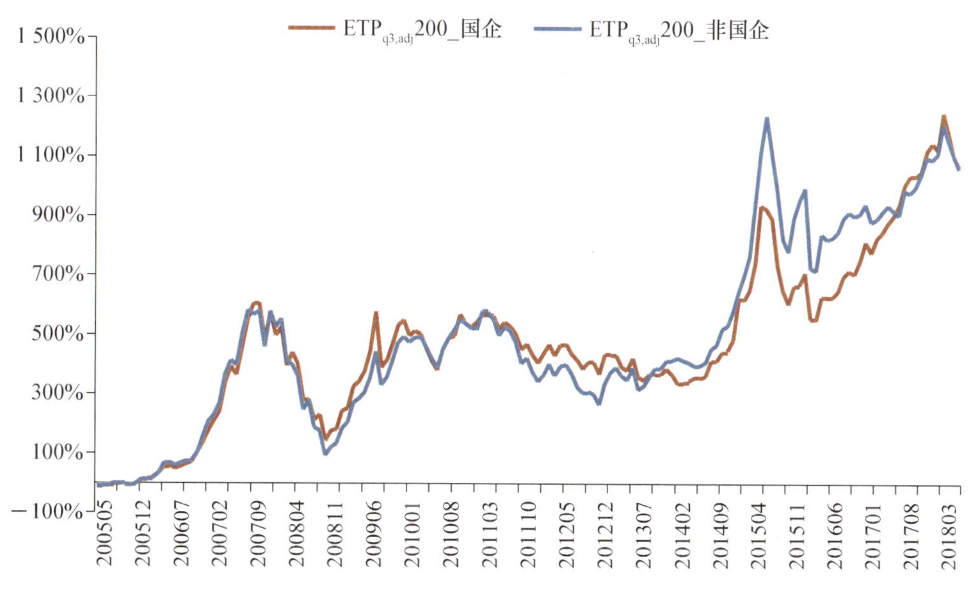

图 25－5　基于流通市值加权的投资组合持有期收益率：区分产权性质

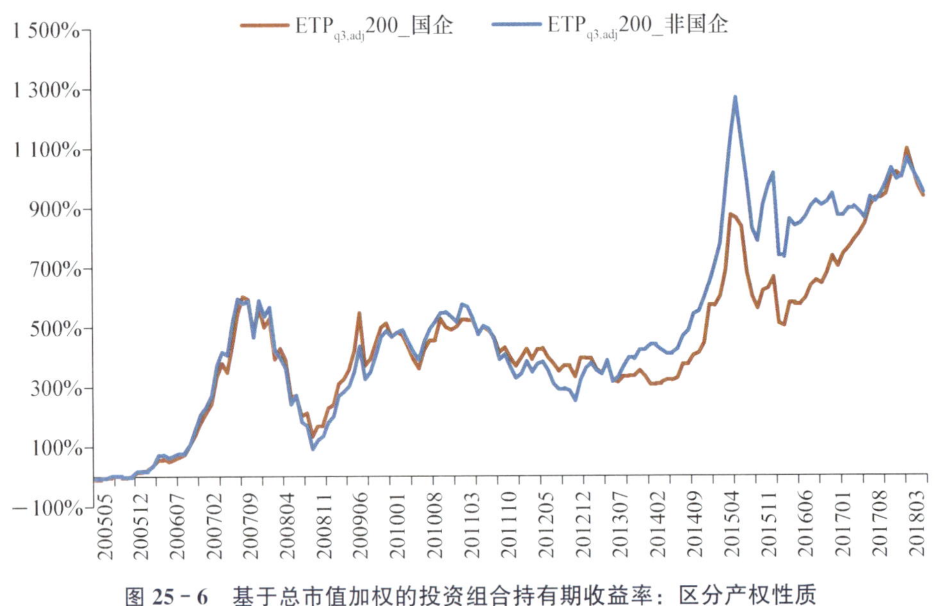

图 25-6　基于总市值加权的投资组合持有期收益率：区分产权性质

由图 25-5 和图 25-6 可知，无论是基于流通市值加权还是基于总市值加权，在整个检验期内，国有组合与非国有组合的累计收益率的走势都基本一致，虽然在 2015 年接连爆发的“牛市”和“熊市”期间出现短暂的偏离，但随后又恢复至相近的水平。该结果更为形象、直观地表明，在前三季度盈余价格比 200 投资组合中，国有股和非国有股的市场表现并无明显的优劣之分，因此投资者在构建投资组合的过程中可以对两类股票进行合理配置，以平衡投资组合的收益与风险。

25.5　小结

会计信息的时效性对于基于公司会计信息的投资策略具有至关重要的意义。本报告以修正盈余价格比为基础，仅应用前三季度的会计信息构建前三季度盈余价格比，进而考察构建优质投资组合的能力以及投资组合的市场表现。该指标虽然放弃了公司第 4 季度的会计信息，牺牲了会计信息的完整性，但却在一定程度上充分利用了会计信息的时效性，保障了会计信息的准确性。

应用 2004—2017 年来自沪深 A 股的样本数据，本报告得出以下结论：基于前三季度盈余价格比的选股策略不仅能够战胜市场指数，同时显著优于基于滞后会计信息的修正盈余价格比和传统盈余价格比，而且具有高收益、低风险的特征。这一结果表明，企业会计信息的时效性对于准确评估企业的投资价值、构建优质投资组合具有重要的理论和现实意义。对于投资者来说，充分利用会计信息的时效性能够降低投资风险，获取更为丰厚的市场报酬。

第 26 章　总结与展望

26.1　研究总结

26.1.1　会计宏观价值指数研究总结

在《中国会计指数研究报告（2017）》中，课题组基于全样本对会计宏观价值指数进行了编制和分析，以适应我国经济体量持续扩大、上市公司数量不断增多以及产业结构变化的发展现状。结果显示，相比传统的 1 273 家公司样本的编制结果，基于全样本的会计宏观价值指数能够较为全面、准确地反映宏观经济运行状况和产业结构变化对宏观经济的影响。因此，在 2018 年度报告中，课题组沿用基于全样本的会计宏观价值指数编制方法，对 2017 年以来我国宏观经济的发展现状进行了系统的考察。

分析结果显示，2017 年以来，会计宏观价值指数呈现出一些新的变化趋势和特点：（1）整体来看，价值创造额指数继续保持强劲的增长态势，价值创造效率指数经过多年的连续下滑，开始出现稳中有升的回暖趋势。这表明我国的供给侧结构性改革取得了阶段性成果。（2）国有控股公司在价值创造总量中占有绝对优势，体现出国有经济在国民经济发展中起主导作用，但非国有控股公司单位资产价值创造额更大，资源利用效率更高。（3）对价值创造额区分四类主体后，2017 年季均员工薪酬所得占比最高，政府税收所得次之，随后是股东获利所得以及债权人利息所得。（4）分地区的分析结果表明，2017 年以来华南地区经济发展增幅最大；西南、华东、华中地区稳中有升；东北、华北地区增长较为平缓；西北地区由于样本量较少，整体走势波动幅度较大。（5）大制造业价值创造额指数继续增长，但价值创造效率整体走低。原因可能在于：在经济转型期，大制造业产能过剩、创新缓慢等问题仍然存在；产业转型滞后，大量资产拉低了价值创造效率；目前我国经济下行压力大，实体经济困难重重，使得价值创造效率进一步下降。（6）大服务业的地区发展极不平衡，华东、华南及华北地区大服务业上市公司的价值创造总量远高于其他地区。此外，国有控股公司的价值创造效率处于稳定状态，而非国有控股公司的价值创造效率持续下滑。（7）农林牧渔业的价值创造额指数出现回升趋势，价值创造效率指数持续下降的现状需引起有关部门的足够重视。（8）作为国民经济的润滑剂，金融业自 2015 年“股灾”之后陷入发展瓶颈，价值创造额指数与价值创造效率指数双双增长缓慢。而与行业整体的瓶颈期相比，保险业迎来了自身发展的窗口期，价值创造额指数和价值创造效率指数持续上涨，动力强劲。

随着会计指数研究的深入，课题组对会计宏观价值指数的编制理念和编制方法进行了细化，以求更准确地把握各行业的运行状况和发展趋势。基于上述认识，课题组按照行业、经济性质和地区等对全样本、大制造业、大服务业、农林牧渔业和金融业的价值创造额、价值创造效率等进行了细致的分析和思考，得出一系列具有启发性的结论。可以说，会计宏观价值指数的编制工作愈发成熟，初步做到从不同角度解释不同行业的发展态势，能为各类利益主体（股东、政府、员工和债权人）制定合理和富有成效的经济决策提供有益的建议。

26.1.2 会计综合评价指数研究总结

在 2018 年度会计综合评价指数的编制工作中，课题组进一步将橡胶和塑料制品业，电子器械及器材制造业，电力、热力、燃气及水生产和供应业等三个制造业次类行业纳入研究范围。目前，会计综合评价指数共计涵盖制造业（食品制造业，医药制造业，橡胶和塑料制品业，非金属矿物制品业，金属制品业，通用设备制造业，专用设备制造业，汽车制造业，电子器械及器材制造业，计算机等电子设备制造业，电力、热力、燃气及水生产和供应业）、零售业、交通运输业、房地产业和货币金融服务业（银行业）等 15 个行业。通过对行业资产负债表和利润表主要项目进行准确预测，会计综合评价指数实现了会计信息的提前披露，极大提高了会计数据的信息含量，能够为企业、投资者、商业银行等机构改善经营决策提供借鉴。进一步，依据选取的财务指标构建会计综合评价指数，实现了从会计角度对上市公司经营业绩的财务评估，提升了会计信息对企业和利益相关者的可用性。

具体来讲，制造业、交通运输业和房地产业的会计综合评价指数主要从回报（净资产收益率、总资产收益率和销售净利率）、风险（资产负债率、流动比率）和成长（总资产周转率、应收账款周转率、营业总收入增长率和总资产增长率）

三个角度对财务报表主要项目进行预测与分析；零售业在制造业次类行业的基础上，将成长部分评价指标更新为存货周转率、总资产周转率、应付账款周转率、营业总收入增长率和总资产增长率 5 个指标；货币金融服务业（银行业）由于自身经营特点有别于传统行业，其会计综合评价指数主要从盈利能力（净资产收益率、总资产收益率、成本收入比、中间业务收入占比）和成长能力（总资产增长率、营业总收入增长率）两个角度进行分析与评价。此外，课题组根据会计综合评价指数的计算方法，得到了各行业综合运行情况最好的 20 家上市公司。

26.1.3　会计投资价值指数研究总结

企业的投资价值关乎投资者的切身利益，是资本市场关注的焦点。企业的会计信息能够真实、准确、完整地反映其财务状况，有助于投资者评估企业的投资价值。传统盈余价格比（E/P，即市盈率的倒数）能够同时反映企业的会计信息和市场信息，因此在学术研究中广受关注，在实务界选择个股、构建投资组合、制定投资策略的过程中应用广泛。

尽管如此，盈余价格比作为反映股票内在价值的重要指标仍然存在一定的缺陷。首先，传统盈余价格比所包含的信息极其有限。上市公司的投资价值不仅取决于盈余规模，还与包括盈余持续性、稳健性在内的盈余质量相关。此外，成长性也是决定股票内在价值的重要因素。鉴于此，本报告将盈余质量、成长性和经营风险纳入股票估值体系中，从而构建出包含更多基本面信息的会计投资价值指数，即修正盈余价格比。其次，传统盈余价格比属于衡量股票投资价值的滞后指标，这是因为计算该指标需要上市公司年报中的净利润信息，而上市公司通常在次年的 4 月才会披露年报。这不仅大大损失了公司信息的时效性，更无法准确反映出当下公司的投资价值。鉴于此，本报告从两个视角出发，在修正盈余价格比的基础上进一步改进，包括构建基于预测会计信息的修正盈余价格比以及基于前三季度会计信息的修正盈余价格比。在这两个指标中，前者放弃了部分会计信息的准确性，后者牺牲了会计信息的完整性，但相对于滞后指标来说更充分地挖掘了会计信息的时效性，在一定程度上避免了滞后指标可能造成的对公司价值的误判。研究结果表明，基于企业会计投资价值指数的选股策略不仅能战胜市场指数，还优于传统的盈余价格比，并且具有高收益、低风险的特征。

此外，值得注意的是，在 2018 年度会计投资价值指数的编制工作中，课题组对投资组合收益率的计算方法做了一些改动：投资组合收益率的计算采用月末流通市值或总市值加权方法。经过科学的理论推导与系统的科学评估，课题组认为应用月初流通市值或总市值加权方法计算的投资组合收益率更为准确合理。因此，从 2018 年度研究报告开始，投资组合收益率的计算统一采用月初流通市值或总市值加权方法，以前年度报告中的结果得到修正。

26.2 研究不足

在过去的一年，会计指数的研究范围和研究目标进一步清晰，采用的分析方法日臻成熟，会计指数的理论和实践意义日渐凸显。但是，课题组的工作依然存在一些有待完善的地方，具体表现在以下几个方面：

第一，会计宏观价值指数的理论基础不够坚实，不能全面反映宏观经济的运行状况，在现实经济活动中的应用有待进一步推广。在今后的研究工作中，课题组将致力于以马克思劳动价值论为指导，构建宏观视角下的会计理论体系，以夯实会计宏观价值指数编制的理论基础。同时，课题组将结合我国现阶段宏观经济发展的需求，对会计宏观价值指数进一步深化和改进，以更全面地刻画我国宏观经济运行的现实状况。此外，课题组还将积极开展与实务界和有关部门的合作，大力推进会计宏观价值指数在现实经济活动中的应用与推广。

第二，会计综合评价指数在前一年报告的基础之上，进一步拓宽了行业评价的覆盖范围，目前囊括了制造业次类行业、零售业、交通运输业、房地产业、货币金融服务业等 15 个行业。在随后年度的研究工作中，会计综合评价指数的行业范围将进一步扩展，并尝试实现预测周期更短、方法更为灵活的季度预测和滚动预测，以增强该指数的理论价值和实践意义。

第三，会计投资价值指数的会计信息含量，会计信息的时效性、准确性和完整性都存在完善的空间。在今后的工作中，课题组将尝试把更多能够反映股票投资价值的会计指标纳入考察范围内，并实现对更多会计指标的合理预测，综合考虑会计信息作为价值投资工具的信息含量、时效性、完整性与准确性，为投资者选择投资标的、制定投资决策提供一定的指导意见。

第四，会计指数的时效性依然存在提高的可能性。本报告中会计综合评价指数首次实现了会计信息的提前预测，极大提高了会计信息的应用价值。随着时间的推移，会计指数数据来源的及时性问题亟待解决。课题组建议，现有国有企业和金融企业的每月月报能够详细披露人工成本、企业税费等详细数据，帮助会计指数更好地反映企业的经营状况，从而为政府和企业制定合理的经济决策提供及时准确的建议。

第五，2018 年我国会计准则发生了重大变更，变更内容涉及会计政策、会计调整、会计估计、会计差错、报告日后事项等多方面。由于公司会计信息是会计指数研究的基础，因此会计准则的变更将对会计指数研究工作造成重大影响。例如，新会计准则下会计科目所包含的会计信息可能与变更前完全不同，导致原有的会计指数编制方法不再适用。

展望未来，课题组将在已有研究成果的基础上，着力做好以下几方面的工作：第一，成立会计准则学习小组，尽快明确 2018 年会计准则变更对会计指数研究工作产生的具体影响，进而合理调整会计指数的编制方法；第二，致力于构建以马克思劳动价值论为指导的宏观会计体系，夯实会计宏观价值指数编制的理论基础；第三，进一步拓展会计宏观价值指数的数据来源，提升指数编制的及时性；第四，扩大会计综合评价指数的行业范围，实现预测周期更短、方法更加灵活的季度预测和滚动预测；第五，进一步完善会计投资价值指数的编制方法，充分挖掘会计信息的时效性、准确性和完整性；第六，着力推动与实务界和相关部门的合作，进一步提升会计指数在宏观、中观和微观等各个层面的现实经济活动中的应用价值。

图书在版编目（CIP）数据

中国会计指数研究报告. 2018/王化成主编. —北京：中国人民大学出版社，2020. 4
（中国人民大学研究报告系列）
ISBN 978-7-300-28013-4

Ⅰ. ①中… Ⅱ. ①王… Ⅲ. ①会计-指数-研究报告-中国-2018 Ⅳ. ①F23

中国版本图书馆 CIP 数据核字（2020）第 054813 号

中国人民大学研究报告系列
中国会计指数研究报告（2018）
主　编　王化成
副主编　叶康涛　刘　欢　李昕宇　刘金钊
Zhongguo Kuaiji Zhishu Yanjiu Baogao（2018）

出版发行	中国人民大学出版社		
社　　址	北京中关村大街 31 号	**邮政编码**	100080
电　　话	010－62511242（总编室）		010－62511770（质管部）
	010－82501766（邮购部）		010－62514148（门市部）
	010－62515195（发行公司）		010－62515275（盗版举报）
网　　址	http://www. crup. com. cn		
经　　销	新华书店		
印　　刷	北京玺诚印务有限公司		
规　　格	185 mm×260 mm　16 开本	**版　　次**	2020 年 4 月第 1 版
印　　张	23. 5 插页 1	**印　　次**	2020 年 4 月第 1 次印刷
字　　数	441 000	**定　　价**	85. 00 元